厚德博學
經濟匡時

匡时 经济学系列

|第 2 版|

区域与城市经济学

踪家峰　潘丽群　著

上海财经大学出版社
SHANGHAI UNIVERSITY OF FINANCE & ECONOMICS PRESS

上海学术·经济学出版中心

图书在版编目(CIP)数据

区域与城市经济学 / 踪家峰, 潘丽群著. -- 2版.
上海：上海财经大学出版社, 2025.2. -- (匡时).
ISBN 978-7-5642-4534-4

Ⅰ. F061.5; F290

中国国家版本馆 CIP 数据核字第 2024N2P758 号

责任编辑：江　玉
封面设计：张克瑶
版式设计：朱静怡
投稿邮箱：jiangyu@msg.sufe.edu.cn

区域与城市经济学(第2版)

著　作　者：踪家峰　潘丽群　著
出版发行：上海财经大学出版社有限公司
地　　　址：上海市中山北一路369号(邮编200083)
网　　　址：http://www.sufep.com
经　　　销：全国新华书店
印刷装订：上海华业装璜印刷厂有限公司
开　　　本：787mm×1092mm　1/16
印　　　张：24.75(插页:2)
字　　　数：484 千字
版　　　次：2025年2月第2版
印　　　次：2025年2月第1次印刷
定　　　价：78.00元

第 2 版前言

《区域与城市经济学》(第 2 版)在 2021 年初版的基础上修订而成。本次修订最大的变化是:删除了初版中的第十三章至第十八章中高级部分,这部分内容经增补后将作为《高级区域与城市经济学》另行出版。本次修订还包括:修正了初版中的错误,补充了最新的数据,更新了思考与练习题,增加了第十一章"地理的力量"。整本书理论阐述更清晰,中国实践更具体。我们再次友情提示读者:这本著作的正文、思考与练习、延伸阅读等是一个整体,不能分割,而且不是每个思考与练习都有标准答案。

《区域与城市经济学》(第 2 版)由踪家峰、潘丽群撰写而成,主要由潘丽群负责修订,岳耀民博士、褚敏副教授、黄信灶副教授、周亮博士、杨琦博士提出了宝贵的意见和建议。本次修订还得到了众多其他老师和读者的支持与帮助,在此一并谢过。追求完美是我们的目标,尽管我们花费了大量精力,但本著作肯定还存在着缺点、错误和疏忽之处,敬请各位老师和读者批评指正。

《区域与城市经济学》(第 2 版)可以作为经济学、管理学、地理学等专业的教材和教学参考书,也可供高职高专、MPA、MBA 等相关专业使用,对于区域、城市和中国经济等专业的科研工作者同样具有参考意义。

为方便授课教师开展教学工作,本版教材配备了课件等丰富的教学资料。教师如有需要,可用微信扫码(请标注姓名、院校、教材名称及版本),验证教师身份后入群获取。

教学资料
获取通道

踪家峰
2024 年 10 月

第 1 版前言

本书是在《城市与区域经济学》(2016年版)的基础上全面修改而成的,将整本书的内容分成初级与中级两部分:第一章至第十二章为初级内容,主要供低年级本科生使用;第十三章至第十八章为中级内容,主要供高年级本科生和研究生使用。章末的思考与练习由学生选做,学有余力者可以继续阅读课后所列文献。本书可供经济类、公共管理类、地理与规划类等专业的本科生与研究生选用,也可以作为相关研究人员的参考用书。

这次修订得到众多学者的大力帮助,得到岳耀民博士、周亮博士、杨琦博士、潘丽群博士、林宗建博士的支持,在此表示感谢。我要特别感谢上海财经大学出版社的领导和编辑老师,为他们的鼓励和精致的工作点赞,特别感谢刘业进教授的牵线搭桥。这次修订挂一漏万,缺点与错误在所难免。欢迎广大读者继续提出宝贵意见。

这本《区域与城市经济学》是"城市与区域经济学系列"之一,系列的其他两本是《城市与区域治理学》和《城市与区域系统的评价方法》。《城市与区域治理学》是在国内第一本关于城市与区域治理的学术专著《城市与区域治理》(2008年版)的基础上进行较大修改而成的;《城市与区域系统的评价方法》在《系统分析与评价方法》(2007年版)的基础上增加了空间计量、因果推断、大数据分析等内容,以体现与时俱进。

关于区域与城市经济学(城市与区域经济学),也有区域经济学、城市经济学、空间经济学等称谓,国际上学术界一般称为城市与区域经济学,很多课程直接称为城市经济学。这几种称谓虽然在国内由于历史原因对应不同的学科,但这些学科的研究内容、方法等几无区别。这门学科的核心包括经典区位论、现代集聚理论、交通运输经济、城市及其房地产、地方公共经济等内容。本书中的区域与城市经济学、城市经济学、区域经济、空间经济学等为同义词。

关于区域与城市经济学,本科生应主要学习经典的集聚理论、产业集聚、城市集聚(城市化和房地产)、区域集聚与差异、城市与区域政策等内容,初步熟悉经典的集聚理论及其在产业、城市、区域三个尺度的集聚事实,为研究生阶段继续学习打下基础。研究生不仅要学习集聚的理论,而且要学习集聚的实证研究方法。集聚的理论不仅是新经济地理,而且有 Hotelling 模型、城市经济模型和 Tiebout 模型,新经济地理只是一类模型;实证的研究方法除了基础的计量经济学方法外,还包括因果推断方法(如 DID

和 RDD 等)、空间计量经济、GIS 和大数据等方法。我们推荐使用 stata、python 和 R 语言等软件,本科生需要掌握 stata,研究生则需要掌握三者中的两种。会写代码越来越成为从事区域与城市经济学研究的必备技能。

改革开放以来,中国的区域与城市经济学研究取得了很大的进展,但距离国际先进水平还有较大差距,尚需同仁们不断努力。谨以此书与大家共勉,以文会友、以友辅仁、共同提高!

作 者

2020 年 11 月

目 录

第一章 导论 / 1
第一节 集聚:密度的故事 / 1
第二节 相互作用:流动、距离、分割 / 3
第三节 研究的对象与内容 / 8
第四节 中国的城市与区域经济学的发展 / 9
第五节 理解区域与城市 / 10
参考文献 / 12
思考与练习 / 14
延伸阅读 / 15

第二章 经典区位理论 / 17
第一节 杜能模型 / 17
第二节 韦伯的工业区位理论 / 21
第三节 克里斯泰勒的中心地理论 / 24
第四节 勒施的经济空间秩序 / 29
第五节 空间相互作用 / 32
第六节 中国古代的五服制度 / 32
参考文献 / 34
思考与练习 / 35
延伸阅读 / 36

第三章 现代集聚理论 / 37
第一节 集聚外部性理论 / 37
第二节 空间竞争模型 / 40
第三节 核心与边缘模型 / 45
第四节 集聚的微观基础 / 52
第五节 集聚的制度与演化分析 / 55

参考文献 / 58
思考与练习 / 59
延伸阅读 / 60

第四章 产业革命与产业集聚 / 62

第一节 产业革命 / 62
第二节 产业分类与演化 / 67
第三节 产业集聚形态 / 73
第四节 集聚的测度 / 77
第五节 中国的产业集聚 / 79
参考文献 / 91
思考与练习 / 93
延伸阅读 / 97

第五章 全球化、全球价值链与价值链区位 / 98

第一节 全球化进程 / 98
第二节 产业链、价值链与全球价值链 / 101
第三节 价值链区位与产业转移 / 106
第四节 中国的全球化进程 / 111
参考文献 / 120
思考与练习 / 122
延伸阅读 / 123

第六章 城市与城市化 / 124

第一节 城市的概念与标准 / 124
第二节 城市化的形成与城市化 / 128
第三节 中国的城市化 / 137
第四节 人口流动及其原因 / 150
第五节 中国城市化的两大制度背景 / 154
参考文献 / 163
思考与练习 / 165
延伸阅读 / 169

第七章 城市的空间结构：从单中心到城市体系 / 170

第一节 早期理论探索 / 170

第二节　单中心城市　/ 173
第三节　多中心城市　/ 180
第四节　职住分离、居住分割与邻里过程　/ 181
第五节　城市体系　/ 186
第六节　城市群　/ 194
第七节　最优城市规模与城市分层　/ 199
参考文献　/ 204
思考与练习　/ 209
延伸阅读　/ 212

第八章　城市房地产市场　/ 213
第一节　房地产市场　/ 213
第二节　房地产需求　/ 221
第三节　房地产供给　/ 226
第四节　特征定价法　/ 229
第五节　城市间住房价格关系　/ 230
第六节　消费城市与城市品质　/ 232
第七节　中国住房制度　/ 235
参考文献　/ 239
思考与练习　/ 242
延伸阅读　/ 244

第九章　区域差异与趋同　/ 245
第一节　区域及其尺度　/ 245
第二节　中国的地区差异　/ 250
第三节　世界范围的区域差异　/ 259
第四节　区域差距测度方法　/ 261
第五节　区域差异的影响因素　/ 265
第六节　钟形曲线与发展战略　/ 272
第七节　比较优势理论与偏离份额方法　/ 276
第八节　区域趋同　/ 280
参考文献　/ 281
思考与练习　/ 283
延伸阅读　/ 286

第十章 区域增长与问题 / 287

第一节 地区经济增长 / 287
第二节 交通运输发展 / 296
第三节 地区分割 / 303
第四节 环境污染与碳排放 / 306

参考文献 / 312
思考与练习 / 314
延伸阅读 / 317

第十一章 地理的力量 / 318

第一节 地理的概念 / 318
第二节 地理的重要性 / 318
第三节 历史与地理的共同作用 / 323
第四节 中国地理环境的特征 / 325
第五节 中国地理环境的影响 / 327

参考文献 / 334
思考与练习 / 334
延伸阅读 / 337

第十二章 地方公共经济 / 338

第一节 多层级政府 / 338
第二节 转移支付 / 338
第三节 用脚投票与 Tiebout 筛选 / 340
第四节 地方政府竞争 / 342
第五节 财政与政治的相互作用 / 344

参考文献 / 353
思考与练习 / 354
延伸阅读 / 356

第十三章 城市与区域政策 / 357

第一节 政策概念 / 357
第二节 政策的目标与工具 / 358
第三节 国家区域发展战略 / 363
第四节 城市化政策 / 371

第五节　开发区政策　/ 376
参考文献　/ 380
思考与练习　/ 382
延伸阅读　/ 385

附录　/ 386

第一章 导 论

在认识区域与城市经济学研究对象之前,我们来看一下我们的世界,有两件事情引人注目:一件是整个世界或一个国家或一个地区,其经济发展水平往往是有差异的,有些是巨大的差异;另一件是整个世界或一个国家或一个地区不是孤立的,而是相互联系的,封闭的世界几乎不存在。

第一节 集聚:密度的故事

一、世界不是平的

世界不是平的,不仅表现在世界各地的自然地理特征如平原、高原、山地,雄伟壮丽的珠穆朗玛峰高达8 844米,而马里亚纳海沟最深处在海平面下1万多米,更主要地表现在人类的活动特别是经济活动的巨大差异上。在世界夜光地图上可以发现,最亮的部分集中在北美、欧洲、日本、南美的部分地区、印度、中国东部,而非洲的大部分地区、中亚地区、俄罗斯的西伯利亚地区、澳大利亚的中西部地区则一片黑暗。光亮的地区代表了经济活动活跃,而黑暗的地区则缺乏人类的经济活动。一国内部的不均衡也是明显可见的,比如中国的东部地区是比较光亮的地区,而中西部地区的亮度大大降低,乃至没有亮光,这与中国经济发展的空间分布是一致的,东部地区经济比较发达,而中西部地区经济则欠发达。如澳大利亚光亮的地区主要是东南部地区,这正是其经济活动主要分布在东南部地区的狭窄区域的生动写照。

具体来说,人均GDP 3万美元以上的高收入国家主要集中在北美的美国和加拿大、欧洲的大部分地区、日本、澳大利亚、新西兰、韩国、中东的沙特阿拉伯等国,而人均GDP较低的国家非洲占了多数,另外还有亚洲的缅甸、阿富汗、尼泊尔、孟加拉等。

世界银行的数据表明,全球生产总值的1/4集中在面积和喀麦隆相当的区域,1/2集中在面积和阿尔及利亚相当的区域。2000年,欧盟15国、北美和东亚地区的国内生产总值占全世界生产总值的80%以上。

二、人口分布不均衡

经济发展的空间差异是非常明显的,世界范围内集聚于北美、欧洲、东亚,世界人口的分布也是不均匀的,上述几个地区也是人口集聚的区域。世界范围内人口过亿的国家包括中国、印度、美国、印度尼西亚、巴西、巴基斯坦、尼日利亚、俄罗斯、日本、墨西哥等,其中中国、印度的人口超过10亿。世界人口最为稠密的区域包括东亚、南亚、欧洲、北美等地区,其中中国东部、印度、日本等的人口密度更大;而俄罗斯的广大地区、加拿大的大部分地区、撒哈拉沙漠、澳大利亚的大部分地区、中国的青藏高原等地区人烟稀少,人口密度较低。

与地区之间人口分布的差异相比,人口的城市化进程更受人关注,越来越多的人迁移到城市,城市日益成为人类居住的主要家园。发达国家如美国、加拿大、法国、澳大利亚等的城市化水平大于80%,南美洲的巴西等国的城市化水平也达到80%以上。中国的城市化水平2012年达到52%,城市人口首次超过农村人口。

三、中国的状元分布

中国历史上经济社会的发展也是不平衡的,中国的状元分布大致反映了中国的社会经济文化发展的一般状况,经济社会发达的地区往往状元多。中国科举制从隋朝大业三年(607年)开始实行到清朝光绪三十一年(1905年)举行最后一科进士考试为止,经历了近1 300年,科举制度是中国传统社会的重要支柱,对中华文明的传承发挥了巨大的作用。明清时期科举考试分为三级:乡试、会试、殿试。乡试通常每三年在各省省城举行一次,参加乡试的是秀才,乡试考中后称为举人,第一名称为解元,第二名至第十名称为亚元。会试于乡试后的第二年春天在礼部举行,参加会试的是举人,取中后称为贡士,第一名称为会元。殿试是皇帝主试的考试,参加殿试的是贡士,取中后称为进士。殿试分三甲录取,第一甲赐进士及第,第二甲赐进士出身,第三甲赐同进士出身。第一甲录取三名,第一名为状元,第二名为榜眼,第三名为探花。可以说,状元是全国考试的第一名。

总的来看,中国状元最多的地区是江苏、浙江、河南、河北、江西、山东、福建、安徽等省份,尤其是明清以来,江苏、浙江更是状元辈出。以清朝为例,清朝科举始于顺治三年,终于光绪三十一年,共有状元114名,其中江苏为49名,浙江为20名,两省状元人数之和超过全国的60%,这与江南地区富甲天下的经济发展是相匹配的。

第二节　相互作用：流动、距离、分割

一、世上再无桃花源

晋陶渊明的名篇《桃花源记》：

晋太元中，武陵人捕鱼为业。缘溪行，忘路之远近。忽逢桃花林，夹岸数百步，中无杂树，芳草鲜美，落英缤纷。渔人甚异之。复前行，欲穷其林。

林尽水源，便得一山，山有小口，仿佛若有光。便舍船，从口入。初极狭，才通人。复行数十步，豁然开朗。土地平旷，屋舍俨然，有良田美池桑竹之属。阡陌交通，鸡犬相闻。其中往来种作，男女衣着，悉如外人。黄发垂髫，并怡然自乐。

……

美好的桃花源曾是多少文人雅士的梦想，多少人希望找到这样一片净土。1700多年前的晋朝人没找到，我们现在更找不到，因为空间之间有相互作用，各个地区存在着各种联系，人口、产业、城市、区域的发展都不是孤立的，想与世隔绝已经几乎不可能。我们可以通过网络与远在万里之外的亲人或网友聊天，我们可以乘飞机在很短的时间内遨游全球，我们可以乘火车去拉萨看那美丽的布达拉宫，我们可以乘高铁去北京看天安门升旗仪式。运输费用的持续降低和通信技术的发展，使得地球正在变成一个村落。设想如果真有一个桃花源，现在也通了网络了吧。

二、茶马古道和丝绸之路

茶马古道是我国西南地区茶马贸易的商道，共有两条：一条从昆明出发，经大理、丽江、中甸、德钦到拉萨，然后入尼泊尔和印度；另一条从雅安出发，经理塘、巴塘、芒康、邦达、西昌到拉萨，然后入尼泊尔和印度。

1877年，德国地理学家李希霍芬在其所著《中国》一书中，第一次将汉代中国与中亚南部、西部及印度之间以丝绸贸易为主的交通运输路线称为"丝绸之路"（silk road）。1910年，德国地理学家赫尔曼根据新发现的文物考古资料，进一步将丝绸之路延伸到地中海沿岸和小亚细亚。有学者研究认为，公元前5世纪左右，丝绸之路就已经存在，汉朝张骞开凿西域正式开始了官方丝绸之路之旅。丝绸之路作为贸易和民族迁徙交流的大通道，是中西经济文化交流的大动脉，不仅给中国引入了佛教、伊斯兰教等宗教，而且带来了冬小麦、胡桃、胡椒、胡萝卜等水果和蔬菜（见表1.1），丰富了中国人的食谱，若穿越到秦帝国，中国人既吃不到麦当劳、肯德基，也吃不到苹果、胡萝卜、西瓜、菠菜、辣椒、西红柿、土豆等，食谱可能十分单调，即使到宋朝，辣椒、西红柿、

土豆等也遥不可及,因为这些植物还远在美洲大陆、欧亚大陆。与此同时,通过丝绸之路,中国的丝绸、瓷器、四大发明也传送到世界各地,改变了世界发展的进程。

表1.1　　　　　　　　　　通过丝绸之路传入中国的作物

作物	原产地	传入中国时间
葡萄	黑海与地中海	西汉
石榴	安石国(今乌兹别克附近)	汉朝
核桃	西域一些国家	汉朝
大蒜	欧洲南部及中亚	西汉
香菜	地中海及中亚	西汉
黄瓜	喜马拉雅南麓	西汉
苜蓿	东南亚与印度	汉朝
茄子	东南亚与印度	汉朝
芝麻	非洲	西汉
扁豆	印度	东汉—西晋
西瓜	非洲	唐朝
丝瓜	印度	唐末
胡萝卜	亚洲西南部	宋朝
菠菜	波斯	唐朝
苹果	欧洲	清末(19世纪70年代)

丝绸之路主要包括两条线路:一条是自西安(长安)出发,经陕西、甘肃、青海,从新疆出境经过中亚、沿阿姆河、咸海、黑海到达地中海沿岸;另一条从海上(江苏太仓、福建泉州等)出发,经东南亚到南亚印度、西亚、东非。前一条称为陆上丝绸之路,后一条称为海上丝绸之路,现在统称为"一带一路"。

三、人口流动

人口流动是最重要的社会经济现象之一。表1.2和表1.3为我们列出了20世纪50年代以来人口在国家(地区)间流动的状况。从1950年到2010年,美国是最大的人口净流入国家,其他如法国、加拿大、德国等发达国家也是人口净流入国家。人口净流出国家的情况则不同。1950—1960年,俄罗斯是最大的人口净流出国;而2000—2010年,墨西哥成为最大的人口净流出国。中国在1950—1960年是第十大人口净流出国,而在2000—2010年则成为第二大人口净流出国,这一时期也正是中国经济发展最为迅速的时期。

表1.2　　　　　　　　国家或地区之间的人口流动(净流入)　　　　　　　　单位:千人

排名	国家或地区	1950—1960年	排名	国家或地区	1980—1990年	排名	国家或地区	2000—2010年
1	美国	3 064	1	美国	8 620	1	美国	10 728
2	哈萨克斯坦	1 640	2	巴基斯坦	2 940	2	西班牙	4 254
3	法国	1 151	3	沙特阿拉伯	2 450	3	意大利	3 400
4	加拿大	1 120	4	俄罗斯	2 014	4	加拿大	2 139
5	德国	996	5	德国	1 848	5	英国	1 895
6	澳大利亚	793	6	伊朗	1 737	6	阿富汗	1 805
7	巴西	549	7	埃塞俄比亚	1 379	7	泰国	1 711
8	阿根廷	522	8	加拿大	1 219	8	德国	1 480
9	以色列	454	9	澳大利亚	1 156	9	南非	1 400
10	中国香港	375	10	韩国	842	10	法国	1 261

资料来源：United Nations. Department of Economic and Social Affairs. Population Division(2009). World Population Prospect：The 2008 Revision.

表1.3　　　　　　　　国家或地区之间的人口流动(净流出)　　　　　　　　单位:千人

排名	国家或地区	1950—1960年	排名	国家或地区	1980—1990年	排名	国家或地区	2000—2010年
1	俄罗斯	1 328	1	阿富汗	4 873	1	墨西哥	5 132
2	西班牙	777	2	墨西哥	3 872	2	中国	3 789
3	意大利	763	3	莫桑比克	1 673	3	巴基斯坦	2 655
4	阿尔及利亚	722	4	索马里	1 464	4	印度	2 540
5	朝鲜	686	5	越南	1 462	5	菲律宾	1 800
6	葡萄牙	631	6	哈萨克斯坦	1 006	6	印度尼西亚	1 730
7	英国	577	7	埃及	994	7	缅甸	1 500
8	巴拉多斯	564	8	伊拉克	830	8	伊朗	1 493
9	波多黎各	470	9	孟加拉国	815	9	津巴布韦	1 400
10	中国	435	10	尼日利亚	763	10	孟加拉国	1 270

资料来源：United Nations. Department of Economic and Social Affairs. Population Division(2009). World Population Prospect：The 2008 Revision.

百度公司每年都推出中国春节迁徙图。以2017年为例，人口流出总量前五名的省份依次为广东、浙江、北京、江苏、上海，人口流入总量前五名的省份依次为河南、广东、湖南、江西、安徽。春节前全国平均迁移距离为341公里，京津冀平均对外迁移距离为758公里，长三角为622公里，珠三角为588公里。北京迁出人口主要流向河北、河南、山东等地，上海主要流向江苏、安徽、浙江等地，广州主要流向广东、湖南、广西等地,深圳主要流向广东、湖南、广西等地。如果在春节迁徙图上画一条从黑龙江瑷珲到云南腾冲的线(胡焕庸线),就可以看出线的东南部为主要的迁徙出发地和目的地,而线的西北部则是次要的迁徙地区,与东南部相比,西北部出发的人不多,到达的人也不多;从春节迁徙图上还可以隐约看出中国主要城市的四边形架构,即以北京、上海、广州、成都四个城市为顶点构成的四边形,北京、上海、广州、成都四个城市亮度最大。

四、国际贸易

2014年国际海运贸易的主要商品包括原油、铁矿石、石油制品、天然气与化工产品、煤炭等,其中原油占17%,货柜和散货各占15%,生铁占13%,煤炭占12%,石油制品占9%,天然气和化工产品占6%,粮食占4%(UNCTAD,2015)。表1.4显示了世界三大宗贸易商品的出口与进口情况。其中,铁矿石出口中澳大利亚占54%,铁矿石进口中国占68%,世界上大多数铁矿石由中国进口;煤炭出口中印度尼西亚和澳大利亚合计占65%,进口中中国占20%;粮食的出口方主要是美国、欧洲和加拿大,而进口方是亚洲、非洲、拉美地区等。

表1.4　　　　　　　　　　　世界主要商品流向　　　　　　　　　　单位:%

	出口比重	进口比重
铁矿石	澳大利亚 54	中国 68
	巴西 25	日本 10
	南非 5	欧洲 9
	加拿大 3	韩国 6
	瑞士 2	其他 7
	其他 12	
煤炭	印度尼西亚 34	中国 20
	澳大利亚 31	欧洲 19
	俄罗斯 9	印度 18
	哥伦比亚 6	日本 15
	南非 6	韩国 11
	加拿大 3	中国台湾 5
	其他 12	马来西亚 2
		泰国 2
		其他 9

续表

	出口比重	进口比重
粮食	美国 26	亚洲 33
	欧盟 14	非洲 21
	乌克兰 10	不发达的美洲地区 20
	加拿大 9	西亚 19
	阿根廷 8	欧洲 5
	俄罗斯 8	转型经济体 2
	其他 25	

注：表中数据为 2014 年数据。

资料来源：UNCTAD,2015.

进一步分析可以看到，各国（地区）之间的贸易与各国（地区）的发展水平、发展阶段、相互之间的距离有关系。以铁矿石为例，20 世纪 50 年代中国的铁矿石需求量较小，不可能大规模进口，即使进口，也由于国际关系等影响不可能从澳大利亚大规模进口。贸易的这种关系可以利用重力模型（Gravity Model）来解释，即两个国家（地区）之间的单项贸易流量与其各自的经济规模（GDP）成正比，与两个国家（地区）之间的距离成反比。

五、生产的全球化——波音 787 的例子

飞机制造业是现代工业的杰出代表。波音 787 飞机是中型双发动机宽体中远程运输机，是波音公司 1990 年后推出的首款全新机型，在 2004 年 4 月正式启动，2009 年 12 月 15 日试飞成功，2010 年交付使用。波音 787 是航空史上首架超长程中型客机，突破了以往一般大客机与长程客机挂钩的定律，被称为"梦想飞机"。参与制造波音 787 的有美国、日本、韩国、中国、澳大利亚、加拿大、英国、瑞典、法国、意大利的 10 家公司。美国公司负责机头和悬挂引擎的挂架、垂直尾舵及最后的组装，中国公司负责垂直尾舵、垂直安定面前缘、前裙板，日本公司负责机身桶段、固定尾缘襟、机身段的中央翼盒、机身两侧的翼盒，加拿大公司负责机身机翼整合构建、前置机翼挂架整流片、机身机翼整体整流片、主起落架门、主起落架装配线，英国公司负责发动机。波音 787 是通过全球生产完成的，见表 1.5。

表 1.5　　　　　　　　　　　　　波音 787 的全球生产

地　区	厂　商	生产模块
美国	波音公司	垂直尾舵
		发动机机舱
	斯普林特公司	机头和悬挂引擎的挂架
英国	Rolls-Royce(罗尔斯-罗伊斯公司)	发动机
加拿大	波音公司	机身机翼整合构建
		主起落架
	梅西埃公司	主起落架装配
日本	川崎重工	机身桶段等
	富士重工	机身段的中央翼盒
	三菱重工	机身两侧的翼盒
韩国	大韩航空	翼尖等
中国	中航工业	垂直尾舵等

资料来源：根据 www.boeing.com 的相关资料整理。

第三节　研究的对象与内容

从上面的论述我们可以知道，社会经济发展是不平衡的，各地区的社会经济发展又存在联系，正所谓世界不是平的，世界又是平的。不平衡就意味着经济的集聚程度不同，有联系也就是存在空间相互作用。我们说区域与城市经济学就是研究资源空间配置的一门科学，空间配置的最突出特征就是集聚，因此，可以说区域与城市经济学是研究经济集聚的原因及其效应的一门学科。集聚，从静态上看，是指一个高密度的空间秩序；从动态上看，就是要素向一个地区集中，走向高密度空间秩序的过程。不平衡意味着集聚，而集聚又是相互作用的结果。区域与城市经济学主要关注产业集聚、城市集聚与区域集聚，这也是区域科学、空间经济学、地理经济学、经济地理学的研究领域，可以说它们大同小异并逐步融合为一个空间集聚科学。

空间经济学、城市经济学、区域经济学、区域科学、经济地理学尤其是国内的经济地理研究等所谓貌似分割的学科，其实研究对象和内容几乎完全一样，完全可以看成同一学科的不同称谓。

和区域与城市经济学相关的学科包括经济学中的产业组织理论、国际贸易理论、公共经济学,地理学特别是城市地理学、地理信息系统,人口学中的城市人口学、人口迁移学,社会学中的城市社会学等,还有近年来复杂系统理论、城市计算、大数据等也在区域与城市经济学中得到迅速应用。产业组织理论中的垄断竞争模型已经成为很多空间分析的基础工具,国际贸易理论中的比较优势理论、要素禀赋理论、新贸易理论、新新贸易理论是空间经济学的主要来源,新经济地理来自国际贸易理论但现在成为空间经济的核心模型,公共经济中的地方公共经济特别是 Tiebout 模型成为空间经济的不可或缺的模型,城市地理学中关于城市概念的界定、关于城市空间结构的学说等也都深刻影响城市经济中的模型发展,等等。总而言之,学科的交叉越来越明显,传统学科的边界越来越模糊。

第四节 中国的区域与城市经济学的发展

1978 年的改革开放为中国的区域与城市经济学的发展带来了新的机会。引进和吸收国外的研究成果、翻译和出版经典著作成为首选,这些著作包括 1984 年翻译出版的巴顿的《城市经济学:理论和政策》、1990 年翻译出版的赫希的《城市经济学》、1991 年翻译出版的山田浩之的《城市经济学》、2002 年翻译出版的奥沙利文的《城市经济学》、2003 年后翻译出版的《区域与城市经济学手册》(1—4 册)、1990 年翻译出版的胡佛等的《区域经济学导论》。这使得中国学者有机会学习到国际上的学科经典。随着 20 世纪 90 年代杜能、韦伯等经典著作陆续翻译出版,中国的区域与城市经济研究也逐步开展起来。21 世纪以来,随着藤田昌久、克鲁格曼和维纳布鲁斯的《空间经济学》、鲍德温等的《经济地理与公共政策》中文版相继出版,新经济地理学逐渐为学者们熟悉。

可以说,一方面,中国的区域与城市经济研究和教学已经取得了很大的进步,并逐渐与国际接轨,一些学者陆续在国际期刊上发表学术论文,而且很多学者开始将理论应用于中国区域与城市发展的实践中。另一方面,中国的区域与城市经济和教学研究还处于初级阶段。这主要表现在:第一,原创性的成果还很少,基本上还是利用国外的理论和方法加上中国的数据,处于学习模仿阶段;第二,学科发展跟不上中国的生动活泼的城市发展实践,不能从中国的实践中总结出新的理论来。

本书在借鉴中外学者的基础上,力求将区域与城市经济学原原本本呈现给读者,力求顶天立地,既能与国际接轨,又能研究和服务于中国的实践。本书介绍了经典的区位理论、现代集聚理论、产业集聚、城市集聚、区域发展以及空间政策,主要面向低年级的本科生;除了主体内容外,每章末均安排了"思考与练习"和"延伸阅读",它们都是本书不可或缺的部分,"延伸阅读"罗列了部分经典文献,而"思考与练习"对于熟悉基本理论、进行基本的学术训练是有益的补充。本书结构如图1.1所示。

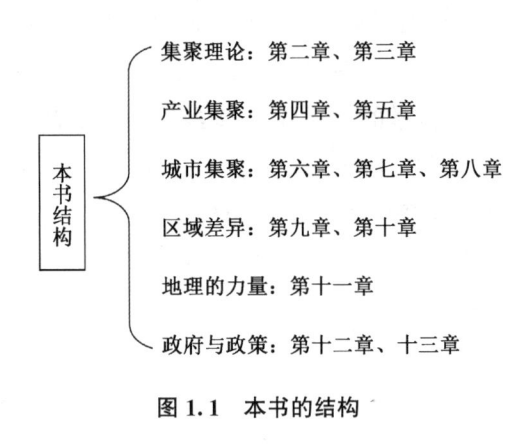

本书结构
- 集聚理论：第二章、第三章
- 产业集聚：第四章、第五章
- 城市集聚：第六章、第七章、第八章
- 区域差异：第九章、第十章
- 地理的力量：第十一章
- 政府与政策：第十二章、十三章

图 1.1　本书的结构

第五节　理解区域与城市

区域与城市的概念对于区域与城市经济学来说是极为重要的,弄清楚区域与城市经济学研究的对象后,就要知道区域与城市的概念。但如何精确定义它们是非常困难的,可以说没有精确的定义。

一、区域

什么是区域？区域科学家伊萨德(Isard,1975)给出了一个比较经典的定义：区域科学家心目中的区域或区域系统,是包括无数形形色色的政治的、经济的、社会的和文化的行为单位在内的活生生的有机体,它们的相互依存行为受心理、风俗习惯的及其他因素的制约。他专门注意一个区位或一个区位系统,一个城市地区或一个城市地区系统,一条运输线或一个运输网,一项资源的利用或一个资源利用系统,以上种种都是对区域科学家有意义的空间或区域,或有意义的空间或区域系统的组成部分。

胡佛(1990)给出的区域概念可能最为流行。他认为,区域是基于描述、分析、管理、计划或制定政策等目的而作为一个应用性整体加以考虑的一片地区,它可以按照内部的同质性或功能一体化原则划分。

区域是一片地区,它不等于行政区,但往往是一个、几个或部分行政区的组成,在进行科学研究的时候,我们可以把一个城市、一个社区、一个县、一个省、一个国家、几个国家(如欧盟)称为一个区域。

区域有尺度之别,区域的关键词是尺度(scale)。尺度即比例尺,反映出对事物概括能力的大小,以多大的比例尺进行科学研究是区域经济的一个核心问题,比如全球尺度、国家尺度、市县尺度、社区尺度等,相同尺度的研究才能更好地进行比较,特别是对于区域差异、产业集聚的测量,尺度不同,结果有异。

区域还有一个关键词是范围(面积)。以长三角为例,在研究长三角问题时,长三角区域范围的界定常常是个棘手的问题:长三角的范围多大? 根据 1999 年版的《辞海》解释,自然地理意义上的长江三角洲是江苏省镇江市以东、通扬运河以南、浙江省杭州湾以北,由长江和钱塘江冲击而成的面积近 5 万平方公里的河口三角洲。但人文经济意义上的长三角的空间尺度是不确定的。1982 年国务院提出成立上海经济区,范围包括上海、苏州、无锡、常州、南通、杭州、嘉兴、湖州、宁波、绍兴 10 个城市。1992 年长三角城市协调办公室提出的长三角范围包括 14 个城市,即上海、苏州、无锡、常州、南通、杭州、嘉兴、湖州、宁波、绍兴、南京、镇江、扬州、舟山。2010 年《长三角地区区域规划》确定长三角的范围为江苏、浙江和上海两省一市。2016 年国家发展改革委发布《长江三角洲城市群发展规划》,安徽省被纳入长三角,这样长三角就包括三省一市。2019 年中共中央、国务院印发《长江三角洲区域一体化发展规划纲要》,指出长三角包括上海市、江苏省、浙江省、安徽省三省一市,面积 35.8 万平方公里,其中中心区面积 22.5 万平方公里,包括 27 个城市,它们是上海,江苏省的南京、常州、无锡、苏州、南通、盐城、泰州、扬州、镇江,浙江省的杭州、绍兴、宁波、舟山、台州、温州、金华、湖州、嘉兴,安徽省的合肥、滁州、马鞍山、芜湖、宣城、铜陵、池州、安庆。因此,在研究中明确区域的空间范围十分重要。

二、城市

什么是城市? 著名的城市学家雅各布斯(Jacobs)说,一座城市承载了它的缔造者的梦想、渴望和骄傲。"当我们面对城市时,我们面对的是一种生命,一种最为复杂、最为旺盛的生命。正因为如此,在处理城市问题时,我们会遇到一种基本的审美局限——城市不能成为一件艺术品。"(雅各布斯,2005)

著名的城市史学者芒福德(Mumford,2005)认为,城市的主要功能是化力为形,化能量为文化,化死物为活灵的艺术形象,化生物繁衍为社会创新。他指出:"城市是一个地理集合体,一种经济组织,一个制度进程,一座社会活动的剧场和集体创造的美学象征。城市培育艺术,其本身也是艺术品;城市创造了剧场,其本身更是剧场。在城市这座剧场里,人们各种有目的的活动得到关注,通过冲突和合作形成事件、群体,或者达到更为重要的顶峰。"

社会学家沃斯(Wirth,1938)认为:"在社会学的意义上,城市可以被定义为一个规模较大、人口较为密集的、各类有差异的社会个体的永久居住地。"大的人口规模、高的人口密度和异质性的社会个体是城市的三个主要社会学特征。

当代著名的城市经济学家格莱泽(Glaeser,2012)认为,城市是人类最伟大的发明,城市是创新的发动机,城市是人的组合而不是混凝土森林。

城市相对于乡村来讲,其特点是在一定空间内人口密度较高,其居民主要从事第二、第三产业。布罗代尔(1981)认为:"任何城市,不论位于何方,都包含一定数量的、带有明显规律性的现实和过程。没有起码的分工,就没有城市;反过来,没有城市的参与,就不会有比较发达的分工。没有市场就没有城市;没有城市就不会有地区性或全国性的市场。"城市居民从事非农产业。马克斯·韦伯认为:"城市是个密集的聚落,而不仅仅是一些分散的居住的集合体,其居民主要依赖工业和商业而不是农业为生的聚落。"因此,城市是一个高密度的集聚组织,人口密度大是其基本特征,城市的关键词是高密度。

中国的很多城市不是经济发展的产物,而是行政机关的驻地,除了密度外,中国特色的城市关键词还包括行政级别。马克斯·韦伯发现,中国的"官吏的所在地是城市的一个决定性的特征,而且城市是按官吏的等级分类的"。这个特点至今仍然存在。

参考文献

[1] (德)杜能,1986.孤立国同农业和国民经济的关系[M].吴衡康,译.北京:商务印书馆.
[2] (德)克里斯塔勒,2010.德国南部中心地原理[M].常正文,王兴中,译.北京:商务印书馆.
[3] (德)勒施,2005.经济空间秩序——经济财贸与地理间的关系[M].王守礼,译.北京:商务印书馆.
[4] (德)韦伯 A,1997.工业区位论[M].李刚剑,陈志人,张英保,译.北京:商务印书馆.
[5] (德)韦伯 M,2003.城市类型学[M].康乐,简慧美,译.桂林:广西师范大学出版社.
[6] (法)布罗代尔,1981.地中海与地中海世界在菲利普二世时代[M].邓晓芒,译.北京:商务印书馆.
[7] (加)雅各布斯,2005.美国大城市的死与生[M].金衡山,译.南京:译林出版社.
[8] (美)奥沙利文,2002.城市经济学[M].影印本.北京:中信出版社.
[9] (美)格蒂斯 A,(美)格蒂斯 J,(美)费尔曼,2017.地理学与生活[M].黄润华,韩慕康,孙颖,译.北京:世界图书出版公司.
[10] (美)格莱泽,2012.城市的胜利[M].刘润泉,译.上海:上海社会科学院出版社.
[11] (美)胡佛,1990.区域经济学导论[M].王翼龙,译.北京:商务印书馆.
[12] (美)克鲁格曼,2000.地理和贸易[M].张兆杰,译.北京:北京大学出版社,中国人民大学出版社.
[13] (美)芒福德,1989.城市发展史:起源、演变和前景[M].宋俊岭,倪文彦,译.北京:中国建筑

工业出版社.

[14](日)藤田昌久,(比)蒂斯,2015.集聚经济学:城市、产业区位与全球化[M].石敏俊,等,译.曾道智,校.上海:格致出版社,上海三联书店,上海人民出版社.

[15](意)卡佩罗,2014.区域经济学[M].安虎森,译.北京:经济管理出版社.

[16](英)寇,(加)凯利,(新加坡)杨伟聪,2012.当代经济地理学导论[M].刘卫东,译.北京:商务印书馆.

[17]陆铭,2016.大国大城[M].上海:上海人民出版社.

[18]钱颖一,2003.现代经济学与中国经济改革[M].北京:中国人民大学出版社.

[19]世界银行,2009.2009年世界发展报告——重塑世界经济地理[M].胡光宇,等,译.北京:清华大学出版社.

[20]周其仁,2017.城乡中国[M].北京:中信出版社.

[21] DURANTON G, HENDERSON J V, STRANGE W C, 2015. *Handbook of Regional and Urban Economics*: Vol. 5[M]. Amsterdam: Elsevier Science.

[22] EVANS A, 2003. The development of urban economics in the twentieth century[J]. *Regional Studies*, 37.

[23] FRIEDMAN T L, 2007. *The World Is Flat*[M]. New York: McGraw-Hill.

[24] FUJITA M, KRUGMAN P, VENABLES A J, 1999. *The Spatial Economy: Cities, Regions and International Trade*[M]. Cambridge: MIT Press.

[25] FUJITA M, MORI T, 2005. Frontiers of the new economic geography[D]. Institute of Economic Research, Kyoto University, Working Paper.

[26] GLAESER E, 2005. Reinventing Boston: 1630—2003[J]. *Journal of Economic Geography*, 5(2).

[27] GLAESER E, 1999. The future of urban research: Non-market interactions[D]. Brookings-Wharton Papers on Urban Affairs.

[28] GLAESER E, 2012. *Triumph of the City: How Our Greatest Invention Makes Us Richer, Smarter, Greener, Healthier, and Happier*[M]. New York: Penguin Press.

[29] ISARD W, 1975. *Introduction to Regional Science*[M]. Englewood Cliffs: Prentice-Hall.

[30] KRUGMAN P, 1998. Space: the final frontier[J]. *Journal of Economic Perspective*, 12.

[31] MILLS E, 2000. A thematic history of urban economic analysis[D]. Brookings-Wharton Papers on Urban Affairs.

[32] MILLS E, HAMILTON B, 1994. *Urban Economics*[M]. 5th ed. New York: Harper Collins College Publishers.

[33] PIERRE-PHILIPPE C. MAYER T, THISSE J, 2008. *Economic Geography — The Integration of Regions and Nations*[M]. Princeton: Princeton University Press.

[34] RICHARD A, MCMILLEN D, 2000. *A Companion to Urban Economics*[M]. Malden, MA: Blackwell.

[35] UNCTAD. https://unctadstat.unctad.org/datacentre/, 2015.

[36] WIRTH L, 1938. Urbanism as a way of life[J]. *The American Journal of Sociology*, 44(1).

思考与练习

1. 访问美国经济学会网站 https://www.aeaweb.org,查看其相关链接,了解经济学分类,并熟悉 R 类的内容。

2. 为什么说城市经济学、区域经济学、经济地理学、空间经济学几乎可以画等号?可以用区域与城市经济学代替上述名称吗?

3. 研读世界夜间灯光图,从这幅图上你发现了什么?

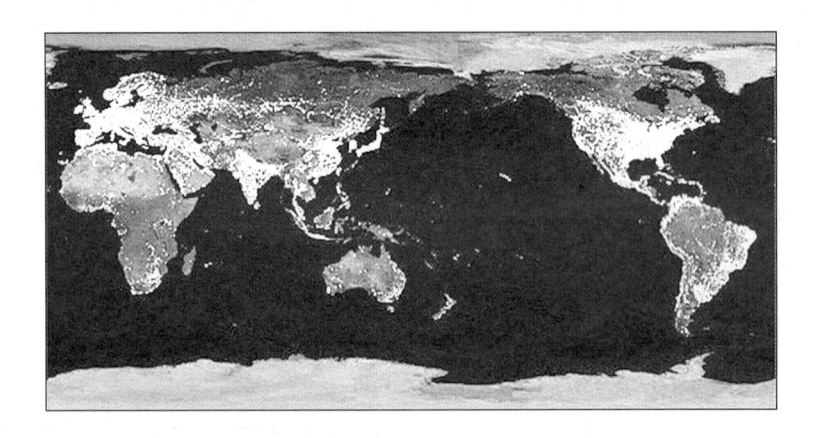

4. 下表描述了中国明清状元分布情况(单位:人),请回答:①明清状元的分布有什么特点?②明清状元多的省份今天是否经济与教育更发达?

地区	明代	清代
河南	2	1
河北	3	3
山东	4	5
山西		
陕西	2	1
甘肃		
黑龙江		
辽宁		
北方合计	11	10
江苏	17	27
浙江	20	20
福建	10	3
江西		2

续表

地区	明代	清代
安徽		7
四川		1
广东		1
广西		2
湖南	1	
湖北	2	3
贵州		2
南方合计	78	88

资料来源：韩茂莉，胡兆量，1998. 中国古代状元分布的文化背景[J]. 地理学报，(6).

5. 调查你的朋友使用 QQ、微信、抖音、小红书、知乎、B 站、淘宝、ChatGPT、Facebook、Twitter、电子邮箱等的情况，了解流行的 App 及其对人们生产、生活、学习的影响，并思考数字经济的发展对经济社会发展有什么影响。

6. 你用什么品牌的手机？你用的手机是否有与波音 787 同样的故事？

7. 查阅中国近 10 年的百度和腾讯春节迁徙地图，从中可以发现什么规律？多年来的流出城市都是北京、上海、广州、深圳、苏州、东莞、杭州、佛山等，这说明了什么？

8. 查阅你所在城市的手机信令数据、公交车刷卡等数据，讨论大数据在区域与城市经济研究中的作用。

9. 一些平台网站如淘宝、京东、美团等每天都会产生大量的数据，请问这些数据反映了什么？

10. 理解城市、区域、地理、空间。说明城市的关键词为什么是密度，区域的关键词为什么是尺度。

11. 苏轼是宋朝伟大的文学家，1037 年出生于四川眉山，1056 年途经秦岭到京城开封参加科考，1059 年又从眉州途经荆州到开封，1066 年经大运河转长江到眉州，1069 年又回到开封，1071 年到杭州，1074 年到密州（今诸城），1077 年到徐州，1079 年到湖州，然后经开封到黄州（黄冈），1084 年到庐山，1085 年到江宁、扬州、登州（今蓬莱），然后回开封，1089 年到杭州，然后回开封，到颍州，到扬州，然后到定州、惠州，1097 年到儋州，1100 年到合浦，1101 年 8 月病逝于常州，葬于汝州（今河南郏县）。请查阅有关资料并回答：①苏轼从眉州到开封大概需要多长时间？②各地的方言和土特产各是什么？③宋朝的时候，苏轼工作地区中哪个最为发达？④当时开封的人口规模是多少？

12. 登录国家基础信息中心的全国地理信息资源目录服务系统（www.webmap.cn），下载中国地图及所在省市区的矢量地图，并利用 GIS 软件（如 ArcGIS 或 QGIS）打开地图。

延伸阅读

[1] (英)弗兰科潘，2016. 丝绸之路：一部全新的世界史[M]. 邵旭东，孙芳，译. 徐文堪，审校. 杭

州:浙江大学出版社.

[2](澳)麦昆,2021.未来已来[M].周建兴,译.北京:清华大学出版社.

[3](英)佩西,(英)白馥兰,2023.世界文明中的技术[M].朱峒樾,译.北京:中信出版社.

[4](英)沃尔玛尔,2019.铁路改变世界[M].刘媺,译.上海:上海人民出版社.

第二章 经典区位理论

"区位"一词来源于德语"standort",英文为"location",意为地点、位置。所谓区位论,就是关于经济活动之地点的学说。杜能的区位理论、龙哈德-韦伯的工业区位理论、克里斯塔勒-廖氏的中心地理论是区位理论的经典学说,它们构成经济地理学的经典,亦是城市与区域经济学的经典,这些理论的着力点在于寻求经济的空间秩序。这些理论中最为重要的是杜能的区位理论,可以说杜能的区位理论是整个空间经济学包括经济地理、城市经济、区域经济等的理论渊源,克鲁格曼(Krugman,1991)认为,杜能的贡献在整个空间经济学中是最重要的,超过空间经济学的其他传统。

中国具有悠久的区位论传统,《盐铁论·通有第三》说:"富在术数,不在劳身;利在势居,不在力耕也。"赚钱不在于辛苦耕作,而在于处于好的区位上。这一思想超越了西方两千年。本章还将着重介绍中国的五服制度,这是中国古代区位思想的杰出代表。

第一节 杜能模型

一、杜能及其贡献

约翰·冯·杜能(Johann Heinrich von Thünen,1783—1850)出生于德国的Canarienhausen Manor,是德国北部的一位农场主。他于1826年出版的《孤立国的经济学理论》奠定了现代区位理论的基础,这本书直到1966年才被翻译成英语。由于杜能的开创性贡献,所以杜能被称为区位理论、经济地理学、城市经济学乃至空间经济学之父。1850年杜能去世后,他的墓碑上刻着其著名的自然工资的公式$\sqrt{AP}$,其中A为劳动和资本产品的价值,P为维持工人与家庭的生活资料。

杜能的贡献对整个经济学的发展也是巨大的。克鲁格曼(2000)认为,杜能阐述了新古典经济学中的许多概念如均衡的概念、价值的本质、市场机制的作用;萨缪尔森(Samuelson,1983)认为,杜能不仅创立了边际分析方法和管理经济学,而且最早使用了一般均衡和计量经济学的方法。

二、杜能模型

(一)模型的假设

杜能模型有以下基本假设:①存在一个孤立国(isolated state),孤立国外都荒无人烟;②一个城市位于孤立国的中央;③孤立国的土地完全平坦而且没有河流与山脉;④土壤质量和气候条件适宜;⑤农民将自己的产品运输到城市,马车是唯一运输工具;⑥农民是理性的最大化者。

存在一个城市、运输成本与农民最大化行为的假设在现代区域与城市经济学中还被经常用到,而其他假设都被忽略或者赋予新的含义。在这些假设下,杜能模型要解决的是围绕城市的农业产品的生产区位问题。

(二)一种作物

生产者租用土地种植小麦,然后将小麦全部销往城市,则生产者的利润方程可以简化为:

$$\Pi = PQ - Qtd - Qc - Q \cdot R(d)$$

其中,P 为城市的小麦价格;Q 为小麦总产量;t 为单位运输费用;d 为到城市的距离;$T=td$,可以看成是运输成本;c 为单位小麦的成本;$R(d)$ 为单位小麦租用土地要缴纳的地租,与距离(空间分布)相关。生产者的利润等于销售额减去生产成本,再减去运输成本,还得扣除租用土地的成本 R。城市得到小麦供给的条件是必须支付足以补偿最远地点生产为城市所需小麦的费用和运输成本的价格,这时候最远地点的地租等于0。"由城市向外,距离无止境地增加,最终必定到达这么一点,那里谷物的生产成本和运输成本之和与在城市的售价相等,这里的地租消失,以运往城市出售为目的地的谷物种植便告终止。"(Thünen,1826)

上式可以变形为:

$$Q \cdot R(d) = PQ - Qtd - Qc - \Pi$$

根据利润最大化条件对距离 d 求导可得:

$$\frac{\partial R(d)}{\partial d} = -t < 0$$

地租随着距离城市的远近而不同,距离城市近则多交地租,距离城市远则地租较少,在孤立国的边缘(图 2.1 中的 F 点),地租为 0,运输成本与地租的权衡在这里体现。图 2.1 中地租随距离变化的曲线就是竞租曲线(bid rent),当然这是最简化的只有一种作物的竞租曲线,多数情况下竞租曲线是多个生产者安排多种作物生产进行竞争而形成的曲线。

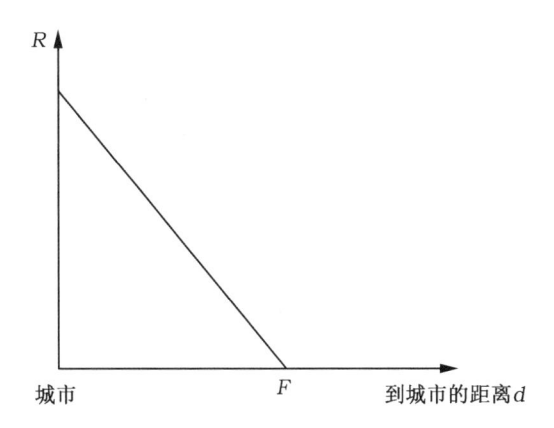

图 2.1　地租随距离的变化

(三) 多种作物与竞租

竞租的意思就是谁出的地租高,地主就会将土地租给他,这是因为打算租种土地的生产者可能不止一个,可以种植的农产品或从事的生产活动也不止一类,如可以种植小麦、白菜、萝卜,或者饲养奶牛等。这里,不同作物 i 的单位运输成本 t_i 不同。

再看生产者的利润方程:

$$\Pi = PQ - Qtd - Qc - Q \cdot R(d)$$

在可自由进入的情况下,生产者的利润 $\Pi = 0$,则

$$Q \cdot R(d) = PQ - Qtd - Qc$$

在其他条件不变的情况下,不同作物/生产活动的运输费用是不同的,因此,

$$\frac{\partial R(d)}{\partial d} = -t_i < 0$$

不同作物/生产活动对 R 的敏感度不同,

$$\frac{\partial R_1}{\partial d} < \frac{\partial R_2}{\partial d}$$

与城市不同距离的土地上种植什么由这种竞争性选择而决定,这也是所谓竞租的意思。多种产品的竞租曲线如图 2.2 所示。

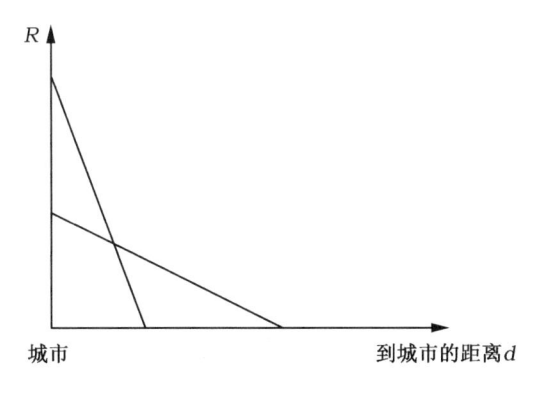

图 2.2　地租随距离的变化(多种产品)

(四)杜能圈

根据上面的分析,我们很容易得出杜能圈,离城市最近的那个圈层为自由农业圈,最外的圈层是畜牧业圈,畜牧业圈外围则荒无人烟(如图2.3所示)。

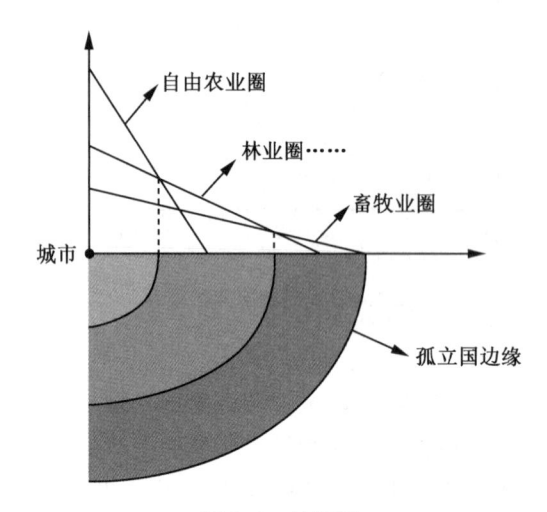

图 2.3 杜能圈

第一圈 自由农业圈:主要生产易腐难运的产品,如蔬菜、鲜奶。
第二圈 林业圈:生产城市用的薪材、建筑用材、木炭等。
第三圈 轮作农业圈:以谷物和饲料作物的轮作为主要特色。
第四圈 谷草式农业圈:谷物(麦类)、牧草、休耕轮作地带。
第五圈 三圃式农业圈:每一块地分为三区,第一区黑麦,第二区大麦,第三区休闲,三区轮作,这就是三圃式的含义。
第六圈 畜牧业圈:主要是种植牧草放牧,然后将畜牧业产品卖给城市。

三、杜能模型的评价

(一)模型的创造性

(1)交通运输是影响土地利用方式的重要因素,地租与交通运输成本的权衡(trade-off)成为认识土地利用方式的核心。离城市远,地租低,交通费用高;离城市近,地租高,交通费用低。交通运输成本与地租的权衡是了解集聚的关键,而杜能模型则发现了这一核心问题。杜能模型后来被运用到城市经济学研究中,发展出单中心城市模型,因而杜能模型不仅是农业区位的理论,而且是城市区位的理论,这也是本书不用农业区位论而用杜能模型的原因。

(2)杜能模型包含了很多重要理论或模型的基本要素,这些理论或模型包括 Ricardo-Torrens 的比较优势理论、Malthus-West-Ricardo 的地租理论、Hecksher-Ohlin

和 Stolper-Samuelson 的要素产品价格理论、Marx-Dimitriev-Leontief-Sraffa 的投入-产出模型。藤田昌久(Fujita,2010)认为,杜能的理论还预见了如下理论思想:马歇尔-韦伯的产业集聚理论、克里斯塔勒- Lösch 的中心地理论、克鲁格曼(Krugman,1991)的新经济地理学。正是从这个意义上说,杜能模型是区域与城市经济学最重要和最基础的模型。

(二)模型的局限

(1)城市(市场)是外生的,即杜能模型先验地认为孤立国中央存在一个中心即城市,但并没有解释为什么存在城市,城市从何处而来。

(2)与第(1)点相联系,杜能解释了使得经济活动远离中心的力量即离心力,而创造中心的向心力则没有得到解释(克鲁格曼,2000)。

这些局限存在的主要原因是杜能模型是一个完全竞争条件下的报酬不变的模型,未涉及不完全竞争、报酬递增的概念,而这要等到新经济地理学出现才能得到完满的解决。

(三)杜能模型的假设

杜能模型提出了六条假设,这些假设对于理论研究是必要的,这也是科学研究常用的方法。杜能注意到现实的国家与孤立国有重大的区别:

(1)不存在肥力到处相同、物理性质完全一样的国家。

(2)大城市往往靠近河道或通航运河。

(3)一个国家可能有大量的城市。

(4)畜牧产品的价格受游牧地区影响强烈。

因此,现实世界中多是变形的或者修正的同心圆农业土地利用结构或者城市土地利用结构,但这丝毫不影响杜能模型的伟大及其在城市与区域经济学中的基础地位。

第二节 韦伯的工业区位理论

一、韦伯及其贡献

阿尔弗雷德·韦伯(Alfred Weber,1868—1958)出生于德国 Prussian Saxony 的 Erfurt,是他家的 7 个孩子之一,其兄长马克斯·韦伯(Marx Weber)是现代社会学与公共行政学的重要奠基者。

阿尔弗雷德·韦伯于 1907—1933 年期间任德国海德堡大学(University of Heidelberg)教授,1945 年继续担任海德堡大学教授,1958 年病逝于海德堡。他在海德堡这个风景如画的大学城生活了 40 多年。韦伯在多个领域做出了贡献,他是经济学家、地理学家、社会学家，也是文化理论的大师。他在1909年发表的《工业区位理论：论工业区位》和1914年发表的《工业区位理论：区位的一般及资本主义的理论》是工业区位理论的经典著作。前者对工业区位进行纯理论的探讨，提出了工业区位的基本理论；后者则结合实际，对德国从1861年以来工业区位和资本主义国家人口及工业分布进行了综合研究。这些著作成为工业区位理论的开山之作，韦伯也成为工业区位理论的奠基人，影响到后来整个空间经济学的发展，尤其是工业区位与集聚的实证研究。

《工业区位理论：论工业区位》详细地阐述了其工业区位理论。工业区位理论是研究工业经济活动空间组织和优化的理论，即研究工业企业或工业企业组合在一定区域内合理分布从而获得最好效益的理论。韦伯认为：工业区位问题是经济活动的地区分布这个基本问题的一部分。在每个经济组织和技术经济演进的各个阶段中，一定存在着生产、分布、消费"在某个地方"以及"何种方式"的问题，可以认为，"在某个地方"和"何种方式"生产、分布和消费都存在着规则。

二、区位因素

区位因素（locational factors）是韦伯工业区位论最重要的概念。所谓区位因素，就是影响企业区位选择的因素，通过此因素可以使得经济活动发生在某个特定地点或者某些特定地点有成本节约的优势。所有区位因素，均可以分成两类：一类是将工业导向地球上某个确定的（definite）区域，从而为工业区位建立了一个基本架构（fundamental framework），韦伯称其为区域性分布因素（distribute regionally）；另一类是在上面的基本架构内吸引企业到某些地点，韦伯称之为集聚因素（agglomerate and to deglomerate）。举例来说，影响一家企业选择在北京而不是天津建厂的因素就是区域性分布因素，而在北京境内选择中关村还是上地的因素则是集聚因素。

韦伯认为，区域性分布因素主要包括土地成本，建筑物、机器和其他固定资本成本，原料、电力、燃料成本，劳动力成本，运输成本，利率，固定资产折旧七项。

所谓集聚因素，是指某个地点的生产或市场的廉价优势。而分散因素是由于生产的分散化而带来的成本节约。韦伯认为没有必要将集聚与分散划分成两组因素，因为分散就是集聚的相反趋势（counter-tendencies）而已。

三、运输、劳动力与集聚因素

韦伯认为，运输成本、劳动力成本与集聚因素是三个最主要的区位因素，工业区位首先指向运输成本最低的地点，然后根据劳动力成本的高低做第一次调整，而集聚（扩散）因素使得工业区位做第二次调整。最后得到成本最低点，就是一家制造业企业的区位，显然韦伯的工业区位理论属于最低成本理论（Lowest Cost Theory）。

韦伯模型的假设为：①所有产品存在一个点状的市场；两个原材料市场成点状分布，彼此有一定的距离；②完全竞争的市场，厂商无垄断优势；③最终产品需求缺乏价格弹性；④每个可能的区位使用相同的技术，生产成本保持不变。

图 2.4 是著名的韦伯三角形，我们利用这个三角形来分析韦伯的理论。

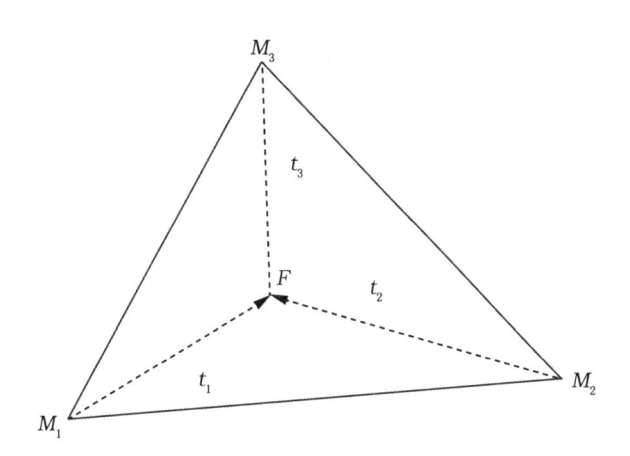

图 2.4 韦伯的区位三角形

原料产地为 M_1、M_2，生产地为 F，市场为 M_3，运输费用分别为 t_1、t_2、t_3，则生产成本最小的地点 F 满足：

$$\min Cost T = \min \sum_{i=1}^{3} t_i M_i$$

F_0 是交通费用最低点，围绕 F_0 还有很多运输费用相同的点构成的环，韦伯将它们称为等运输费用线（见图 2.5）。

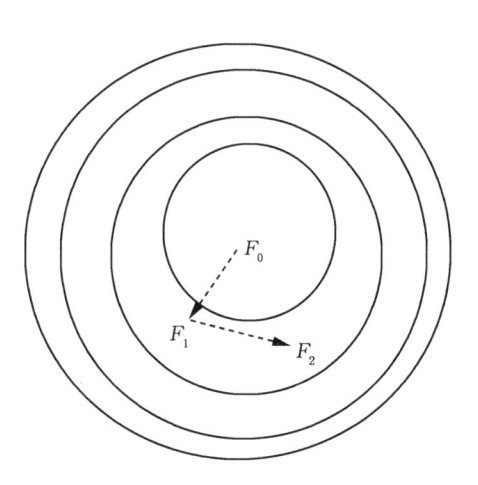

图 2.5 等运输费用线与区位的转移

企业除了考虑运输费用外，还必须考虑劳动力成本的因素，寻求交通运输费用与劳动力成本最低的地点建厂，实现区位的第一次转变，即 $F_0 \to F_1$，这时，

$$\min Cost(L+T) = \min(L+T)$$

其中，L 是劳动力成本，T 是运输费用。

实现第二次转移是因为企业考虑的集聚因素，即 $F_1 \to F_2$，这时候企业考虑的运输、劳动与集聚三者加起来的成本最小化。

$$\min Cost(L+T) + \max A = \min(L+T) + \max A$$

其中，A 是集聚带来的成本节约。

四、理论评价

(1) 作为工业区位论的奠基之作，韦伯创造了一个工业区位论的系统研究方法。韦伯的三个重要区位因素也是现代空间经济学模型构建中的核心要素。运输因素、劳动力因素、集聚因素等依然是影响现代工业区位的重要因素，当然主要的区位因素随着时代的发展而有所不同。

(2) 韦伯提出并分析了集聚及其相反过程分散的重要性，这也成为当代空间经济学研究的主题。应该指出，运输、劳动力本身也是集聚的因素。

(3) 韦伯研究的工业区位论，实质上是制造业区位论，当然韦伯暗含的假设为要素之间不存在替代性，整个分析也是报酬不变。替代性和报酬递增这些问题到克鲁格曼(Krugman,1991)才得以解决。

(4) 韦伯理论没有考虑企业之间的相互作用，也就是说属于局部均衡分析，而不是一般均衡分析。而且原材料的重量等因素在现代企业区位决策中处于次要地位，甚至很多企业不予考虑。

(5) 韦伯的工业区位论被应用于工业的选址、物流中心的选址等领域，发挥了重要作用。

(6) 韦伯区位论是工业区位论，没有涉及服务业区位问题，而现代服务业发展使得服务业区位的研究越来越重要。

第三节 克里斯塔勒的中心地理论

一、克里斯塔勒的贡献

沃尔特·克里斯塔勒(Walter Christaller,1893—1969)，德国地理学家，毕业于海德堡大学(University of Heidelberg)，1933 年出版《德国南部的中心地原理》(*Die zentralen Orte in Süddeutschland*, *The Central Places in the Southern Germany*)。在第一次世界大战中,他应征入伍;在第二次世界大战中,他就职于德国政府。1950年,他与高斯、迈南共同创办德国应用地理学会,德国应用地理学奖即以克里斯塔勒命名。

二、理论模型

(一)城市体系的学说

克里斯塔勒的中心地理论(Central Place Theory)是关于城市体系的学说,研究一国或一地区城市之间的空间关系,这里的关系最主要的是城市之间的数量关系和产业联系。克里斯塔勒认为,城市体系在空间上构成一个正六边形的关系,上一等级的中心地处于下一等级的中心地的中心,与下一等级的中心地构成一个类似蜂巢状的空间关系,而各级中心地的数目亦有不同,高等级的中心地的数量多于次级中心地。如以克里斯塔勒所研究的德国南部的中心地为例(见表2.1),区域首府(如法兰克福)中心度在1 200~3 000,人口在50万以上;省会(如黑森州的威斯巴登)中心度在50~1 200,人口10万以上;地区中心(如美因茨)中心度为12~30,人口1万以上,当然这些城市的人口现在增长很多,如法兰克福2012年人口达到了170万。

表2.1　　　　　　　　　　德国南部的各级中心地

类型	人口数	电话线路数	中心度
区域首府(L)	50万	25 000~6 000	1 200~3 000
省会(P)	10万	2 500~25 000	150~1 200
小州首府(G)	3万	500~2 500	30~150
地区中心(B)	1万	150~500	12~30
县城(K)	4000	50~150	4~12
镇区中心(A)	2 000	20~50	2~4
村集(M)	1 000	10~20	0.5~2
小村(H)	800	5~10	−0.5~0.5

资料来源:克里斯塔勒(2010)。

(二)正六边形的中心地结构

1. 一些假设条件

在推导中心地的聚落结构之前,克里斯塔勒作了一些假设,这些假设与杜能模型的假设条件几乎相同:①一望无际的大平原,没有山脉河流;②自然资源平均分布;③人口均匀分布;④居民具有同样的购买力;⑤运输成本是距离的函数,相同的距离下,运输成本相同;⑥完全竞争。这些假设中,第①②项假设避免了自然条件对模型的影响,第③④项是对居民的假设,后来将这些假设称为典型消费者,第⑤⑥项是关于厂商/居民和市场结构的假设。

2. 几个基本概念

(1)中心地。所谓中心地,是为周围居民提供一种或多种服务的聚落(settlement),这种聚落可以为城市、镇、乡村、集市、购物中心等形态。

(2)服务门槛(threshold)和服务上限(range)。服务门槛是指一种或多种服务的最少服务人口,而服务上限就是指一种或多种服务的最多服务人口。如图2.6所示,中间的小圆是最小的服务范围(服务人口,因为人口均匀分布,圆面积可以代表人口),而外面的大圆就是最多的服务人口,即服务上限。低于服务门槛,厂商无法维持下去;高于服务上限,厂商则无法满足居民的需求。

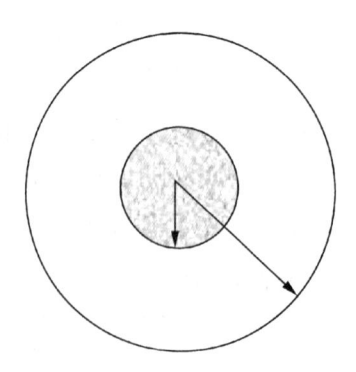

图 2.6　服务门槛与服务上限

3. 正六边形结构

克里斯塔勒认为,每个厂商理想的服务范围为圆形,服务高于门槛的人口。可能形成的聚落结构为直线形、三角形、四边形、六边形等。然而,如图2.6所示,厂商的服务会留下空白区,这些空白区得不到服务,每个厂商都想占有空白区的市场,这时候圆形的市场就"挤压"为正六边形的市场,空白区的市场被全部服务,而且厂商可以实现利润最大化,见图2.7。

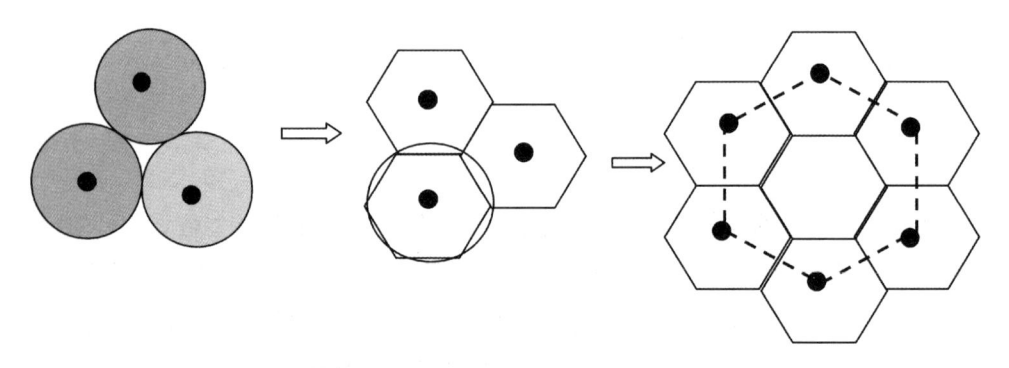

图 2.7　从圆形市场区到正六边形聚落

(三)不同机制下的城市体系

克里斯塔勒认为,在不同的机制下,中心地呈现不同的空间分布特征。在市场原则、交通运输原则与行政管理原则下,中心地呈现不同的正六边形的经济景观(hexagonal pattern),见图2.8至图2.10。

1. 市场原则

克里斯塔勒研究发现,德国南部的中心地大多是在市场原则下形成的,市场机制是主导的。在市场原则下,高等级的中心地位于市场的中心,6个低一级的中心地位于正六边形的角上,每个低级的中心地亦有更低一级的中心地,如此嵌套。在这种原则下,每个中心地服务更低级中心地的1/3,再加上其本身所在的1个服务区,则$6×1/3+1=3$,即$K=3$系统。在$K=3$系统下,市场区面积(服务区域)的系列为1,3,9,27,…,即1个高级中心地服务区域为低一级的3倍,中心地的数量系列为1,2,6,18,…,即1个高等级中心地、2个低级中心地、6个更低级中心地,如图2.8所示。

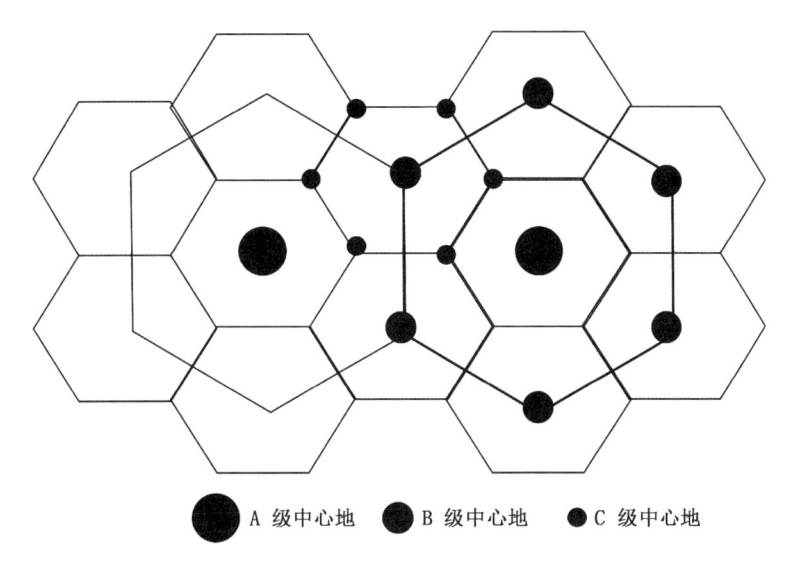

图2.8 中心地-市场原则

2. 交通运输原则

在交通运输原则下,高等级中心地的服务区为$6×1/2+1=4$,即服务于本身所在一级中心地再加上邻近的6个1/2中心地,相当于服务于4个低一级中心地,被称为$K=4$系统。在$K=4$系统下,市场区面积(服务区域)的系列为1,4,16,64,…,即1个高级中心地服务区域为低一级的4倍,中心地的数量系列为1,3,12,48,…,即1个高等级中心地、3个低级中心地、12个更低级中心地,如图2.9所示。

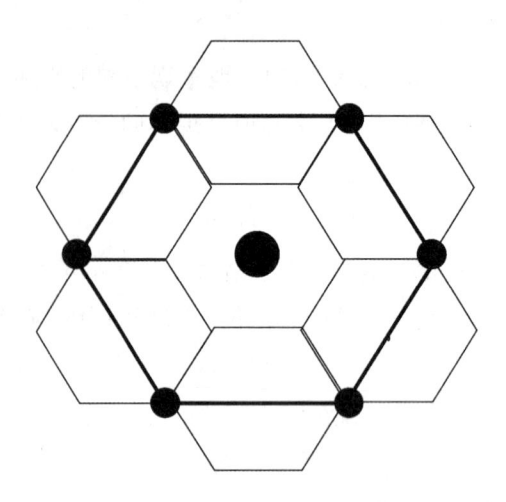

图 2.9 中心地-交通运输原则

3. 行政管理原则

在行政管理原则下,高等级中心地服务于本身所在一级中心地再加上邻近的 6 个中心地(注意这 6 个低等级中心地部分地区没有服务到,但其他低等级中心地有超额服务地区,这样互补后仍可以成为一个完整的中心地),高等级中心地的行政管辖区域为 6+1=7,即服务于 1 个本身所在的一级中心地再加上 6 个邻近的一级中心地,相当于服务于 7 个低一级中心地,被称为 $K=7$ 系统。在 $K=7$ 系统下,市场区面积(服务区域)的系列为 1,7,49,343,…,中心地的数量依次为 1,6,42,294,…,如图 2.10 所示。

三、理论评价

(一)实践

(1)第二次世界大战时期,中心地理论就被广泛应用于德国及其占领区的城市体系规划,第二次世界大战后,中心地学说更被应用于德国的城市体系规划。随着中心地理论被翻译成英文,该理论也得到广泛传播,以中心地理论为指导的城市体系规划在全世界得到应用,如荷兰的居民点规划等。

(2)中心地理论不仅应用于城市体系规划,而且被应用于商业网店规划、物流中心规划等领域。

(二)理论

(1)克里斯塔勒的中心地理论是关于城市体系的学说,自从提出这个学说后,城市体系便成为城市地理学与城市经济学的重要研究内容,因此有人说,没有中心地理论,便没有城市地理学,当然也可能没有城市经济学中的城市体系的研究。克里斯塔勒开创了地理学从描述转向科学分析的先河,因而克里斯塔勒在地理学界尤其是人文和经

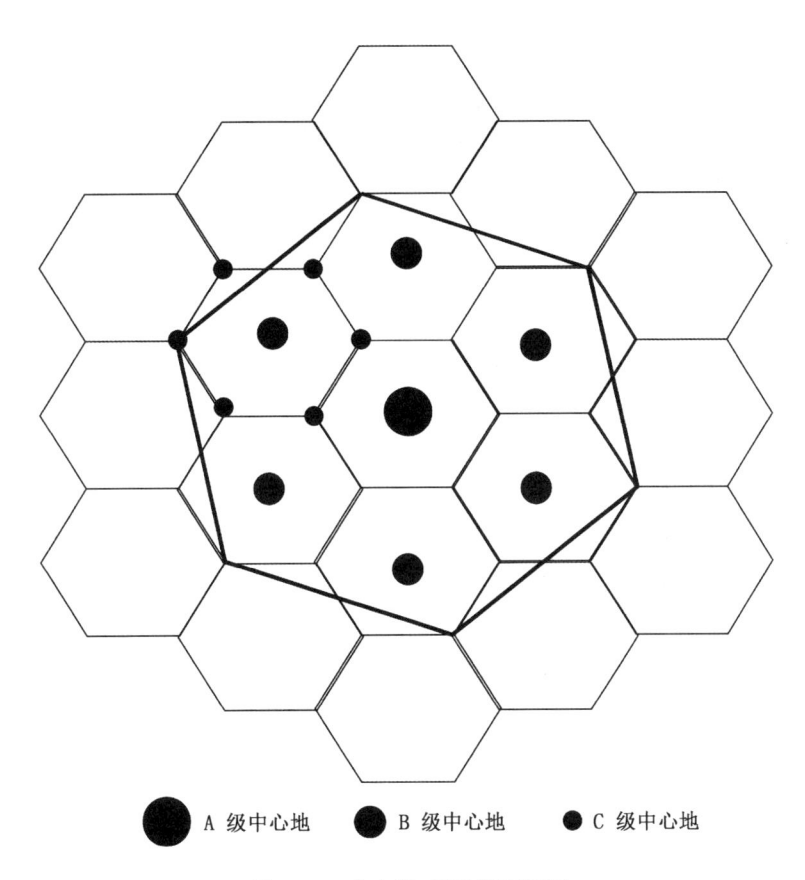

● A 级中心地　　● B 级中心地　　● C 级中心地

图 2.10　中心地-行政管理原则

济地理学界的影响更大。

(2) 克里斯塔勒的中心地理论提出了城市体系的命题，这些命题成为当代空间、城市与区域经济学研究的重要课题，即大中小城市之间存在一种关系，这种关系中最重要的是对 Zipf 法则的研究；克里斯塔勒的中心地理论还提出了经济集聚的多重均衡问题，即多个经济集聚中心的出现。

(3) 应该看到，克里斯塔勒的理论是在一定的假设条件下得出的，这些假设包括无河流、无山脉等，但是，自然景观多种多样、科学技术不断发展，使得完全拘泥于克里斯塔勒的 K 系统规划变得没有必要。

第四节　勒施的经济空间秩序

一、勒施其人

奥古斯特·勒施(August Lösch,1906—1945)，德国经济学家，曾任德国基尔大学经济研究所研究员，在 1940 年出版《经济的空间秩序》(Die räumliche Ordnung der Wirtschaft)，系统地发展了农业区位论、工业区位论和城市区位论，提出了经济区理论，被称为区位相互作用的一般均衡体系的第一人。由于勒施完全独立地得出了与克里斯塔勒类似的结论，因此，中心地理论也被称为 Christaller-Lösch 中心地理论。

二、空间秩序

德国是个重视秩序（德文为 ordnung）的国家，秩序也是众多学者研究的对象。所谓秩序，是指各种各样的要素之间的相互作用构成的一种事态，"既可以指我们的感觉从不同方面对物体或事件加以排列或划分的精神活动的结果，也可以是人们设想客体或事件在一定时间内所具有的或人们赋予它的一定的物质格局"（哈耶克，2000），人类社会存在种种有序的结构，它们是许多人行动的产物，而不是人之设计的结果。社会结构之所以具有且能够具有这种程度的复杂性，完全是因为它们是由自生自发的有序化力量产生出来的。空间秩序就是各种要素之间相互作用形成的空间上的事态和结构。研究人类行为在空间上的秩序，是杜能、韦伯和勒施等学者的共同追求，德国的古典区位论可以说就是德国的空间秩序理论，这种传统后来在欧美主流理论中反而被忽视了。

三、多因素相互作用的区位

勒施认为，区位因素是复杂的，区位的选择存在着许多理由，没有一个单一的因素能说明区位。除了运输成本、劳动力成本等外，还有很多因素影响区位（如图 2.11 所示）。勒施注意到地理的、地质的、种族的、宗教的、民族的和国民性差别的重要的空间经济意义，它们的差异亦是影响区位的重要因素，它们相互作用、相互叠加，共同形成经济空间的秩序。

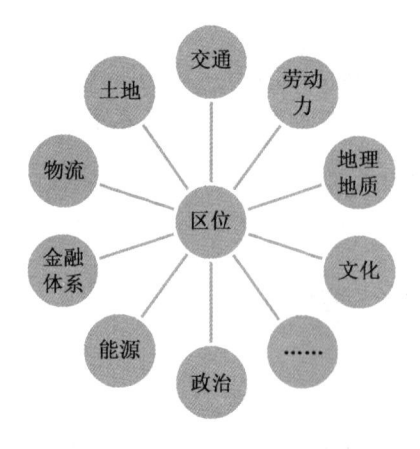

图 2.11　多因素影响区位选择

勒施认为,工业区位是以企业家的效用为导向的,工业企业的区位选择是由企业家来选择的,"当为自己的企业选择地点时,企业家只为了一个正式的目标而努力,那就是保证获得最大限度的效用"(勒施,2005)。勒施考虑到了企业之间的相互作用。区位的均衡是在不断有企业进入市场的条件下,新企业选择区位、现有企业不断调整区位而形成的。

四、关于产业集聚的理论

勒施在论述城镇形成理由的时候,提出集聚的三种形态:一家特别大的企业、同类企业的集聚、不同类企业的集聚,用现在的通用词汇分别被称为企业化经济、地方化经济(产业集群)和城市化经济。

一种商品的大规模生产或几种产品的联合生产而形成的优势可能导致某地建立特别大的企业;大量生产和联合的利益、位置和供应链的利益、共同供给市场带来的利益等促使同类企业集聚。

大量生产和联合的利益来自:

某些产业大量同类型企业建立起来,一部分是因为这样会增大对某一种个别商品的需求,一部分是因为来自巨大的劳动力市场、有效率的辅助性工业、相互间的促进和服务的外部性而节约这些企业的生产费用。

位置和供应链的利益来自:

技术上与中间产品相连,或者是大量的消费市场相连,或者是劳动力市场巨大,与政府关系紧密,或邻近交通枢纽。

不同企业的集聚来自与企业数目有关的利益、与企业联合有关的利益、与企业接近有关的利益。与企业数目有关的利益来自多家企业可以共享基础设施如火车站,或共享劳动力市场;与企业联合有关的利益来自靠近消费市场,有利于抗击经济波动,以及经济结构变化;与企业接近有关的利益来自基础产业对非基础产业的支撑、非基础产业对基础产业的补充作用。

五、经济区及其形状

勒施认为,与政治一样,经济也有空间的境界。政治上的边界形成国家或行政区域,经济上的境界形成面积不等的经济区。经济区不是派生的,而是各种经济力量相互作用的结果。可以将这种力量分成集聚力和扩散力。集聚力来自专业化和大规模生产,扩散力来自运输费用的降低和多样化。

勒施认为,经济区的空间形状不是三角形,也不是圆形,而是正六边形,这一点与克里斯塔勒有异曲同工之妙。正因为此,中心地理论才被称为 Christaller-Lösch 中心地理论。

第五节 空间相互作用

1687年牛顿发现万有引力定律。引力定律表述为任何物体之间均存在相互作用力,力的大小与各个物体的质量成正比例,而与它们之间的距离的平方成反比,即:

$$F=G\frac{M_1 M_2}{D^2}$$

其中,F为吸引力;M_1、M_2分别为物体1和物体2的质量;D为两物体之间的距离。

后来万有引力定律被应用于社会经济领域,如城市之间的相互作用等方面,万有引力方程也变成更为一般的形式:

$$F=G\frac{M_1^\alpha M_2^\beta}{D^\gamma}$$

两边取对数,整理得$\ln F=\ln G+\alpha\ln M_1+\beta\ln M_2-\gamma\ln D$,这个方程又被称为重力方程。

哈里斯(Harris,1954)提出了市场潜力(market potential)理论,定义一个地区i的市场潜力为:

$$MP_i=\sum_{j=1}^{N}\left(\frac{M_j}{D_{ij}}\right)$$

其中,M_j是来自地区j的需求,D_{ij}是地区i与地区j之间的距离。

第六节 中国古代的五服制度

中国古代有没有区位理论或思想?回答是肯定的,例如在城市建设方面,就产生过光辉的思想,影响了后世两千年。《管子》提出,"凡立国都,非于大山之下,必于广川之上。高毋近旱,而水用足;下毋近水,而沟防省。因天材,就地利,故城郭不必中规矩,道路不必中准绳",这种思想充分考虑了自然地理条件。《周礼·考工记》则更为微观具体:"匠人营国,方九里,旁三门。国中九经九纬,经涂九轨,左祖右社,面朝后市,市朝一夫。"而且,《周礼·考工记》介绍了夏商周三代的住房建设:"夏后氏世室,堂修二七,广四修一,五室,三四步,四三尺,九阶,四旁两夹,窗,白盛,门堂三之二,室三之一。殷人重屋,堂修七寻,堂崇三尺,四阿重屋。周人明堂,度九尺之筵,东西九筵,南北七筵,堂崇一筵,五室,凡室二筵。"古人很早就意识到区位的重要性,《管子·大匡》说:"凡仕者近宫,不仕与耕者近门,工贾近市",公务员住在衙门附近,手工业与商人住在市场附近,而农民则住在城门附近,居住与工作在一起。

在中国古代的区位理论中,影响较大的是五服制度。中国古代的五服制度是中国特色的宏观区位理论,对中国及东亚地区的发展影响深远。五服制度由《尚书·禹贡》提出:从京师向四方每五百里为一"服"。由近及远,分别是甸服、侯服、绥服、要服、荒服。

五百里甸服:百里纳总,二百里纳铚,三百里纳秸服,四百里纳粟,五百里纳米。

五百里侯服:百里采,二百里男邦,三百里诸侯。

五百里绥服:三百里揆文教,二百里奋武卫。

五百里要服:三百里夷,二百里蔡。

五百里荒服:三百里蛮,二百里流。

以王城为中心,向外有5个圈层。第一圈甸服圈,从里到外分别缴纳谷物、禾穗、去掉藁芒的禾穗、谷子、米;第二圈侯服圈,分别是卿大夫、男爵、诸侯;第三圈绥服圈,主要是文教和军队;第四圈要服圈,夷狄和犯人居住;第五圈荒服圈,蛮荒和犯人居住之。五服制度形成了5个大圈14个小圈(见图2.12)。

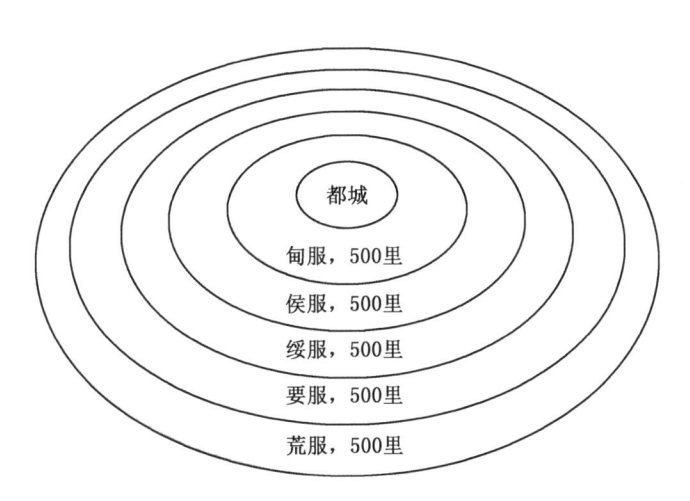

图 2.12 中国古代的五服制度

五服制度的5个大圈14个小圈与杜能模型极为相似,尤其是甸服地带的5个小圈层几乎就是农业区位分布图,由里向外围绕都城分别为总(蔬菜)、铚(饲料)、秸(建材)、粟(小米)、米,与杜能模型的蔬菜、建材、饲料、麦子、畜牧有异曲同工之处。

五服制度确定了中央与地方的关系,中央不仅是政治中心,而且是文化教育中心,地方需要服务中央,由此地方之间的关系也得以明确。由五服制度衍生的朝贡制度,更是长期作为东亚地区的政治经济秩序。

西方的经典区位理论是工业化革命后形成的企业和消费者区位选择的理论,不涉及国家与国家之家的问题,不涉及任何价值观问题。五服理论则是一种更宏观的区位理论,不仅涵盖西方理论中的区位选择问题,涉及国家区位秩序,而且是一种价值观区位理论,针对每一服中价值观的差异性而选择不同的经济策略,这种理论对于全球化时代的产业区位选择行为亦有解释作用。

参考文献

[1] (德)杜能,1986. 孤立国同农业和国民经济的关系[M]. 吴衡康,译. 北京:商务印书馆.

[2] (德)克里斯塔勒,2010. 德国南部中心地原理[M]. 常正文,王兴中,译. 北京:商务印书馆.

[3] (德)勒施,2005. 经济空间秩序——经济财贸与地理间的关系[M]. 王守礼,译. 北京:商务印书馆.

[4] (德)韦伯 A,1997. 工业区位论[M]. 李刚剑,陈志人,张英保,译. 北京:商务印书馆.

[5] (美)克鲁格曼,2000. 地理和贸易[M]. 张兆杰,译. 北京:北京大学出版社,中国人民大学出版社.

[6] (英)哈耶克,2000. 法律、立法与自由:第一卷[M]. 邓正来,等,译. 北京:中国大百科全书出版社.

[7] (英)马歇尔,2005. 经济学原理[M]. 廉运杰,译. 北京:华夏出版社.

[8] 尚书[M]. 顾迁,译注. 北京:中华书局,2016.

[9] CHRISTALLER W,1933. *Die zentralen Orte in Sddeutschland:Eine konomischgeographische Untersuchung,ber die Gesetzmfligkeit der Verbreitung und Entwicklung der Siedlungen mit stdtischen Funktionen*[M]. Jena:Gustav Fischer.

[10] FUJITA M,2010. The evolution of spatial economics:From Thünen to the new economic geography [J]. *The Japanese Economic Review*,61(1).

[11] HARRIS C D, 1954. The market as a factor in the localization of industry in the United States[J]. *Annals of the Association of American Geographers*, 44(4).

[12] JACOBS J,1996. *The Economy of Cities*[M]. New York:Vintage.

[13] KRUGMAN P,1991. *Geography and Trade*[M]. Cambridge,MA:MIT Press.

[14] PORTER M,1990. *The Competitive Advantage of Nations*[M]. New York:The Free Press.

[15] SAMUELSON P A,1983. Thunen at two hundred[J]. *Journal of Economic Literature*,21(4).

[16] Thünen J H von, 1826. *Der Isolierte Staat in Beziehung auf Landwirtschaft und Nationalökonomie*[M]. Tübingen:J. G. Cotta.

思考与练习

1. 请查阅资料,了解西欧特别是英国和德国的历史与地理,特别是工业革命以来的发展进程。
2. 试说明杜能的区位理论在城市与区域经济学中的重要地位。
3. 请推导克里斯塔勒的正六边形空间结构。
4. 试评述《尚书·禹贡》之五服制度对中国的影响。
5. 到你所在城市的几家菜市场调研各类菜蔬的来源地,绘制出它们的分布图,看一下是否存在杜能环。
6. 杜能的理论论述了影响农业(种植业)区位的因素是市场需求和交通运输成本,除了这两个因素,还有哪些因素影响传统农业(种植业)的区位选择?
7. 云南省咖啡种植面积、产量、农业产值均占全国的 90% 以上,是中国最重要的咖啡产地。请问:什么因素影响了咖啡种植的区位?
8. 以色列是个干旱少雨土壤贫瘠的国家,但欧洲蔬菜、水果消费量的 1/3 以上来自以色列,这说明了什么?
9. 印度是世界上重要的牛肉出口国,这是受什么因素影响而成的?
10. 请绘制你所在城市去年的房价分布图。请回答:围绕中心商务区房价是否存在圈层现象?
11. 运输、劳动力、集聚因子还是现代制造业区位的影响因素吗?有些企业从东部地区迁往中西部地区,有的迁往东南亚地区,请问有哪些因素在起作用?
12. 中国的许多矿产依赖型城市如石油城、煤炭城等由于资源的枯竭而收缩乃至接近消亡。请结合一些矿产依赖型城市说明自然条件是不是第二产业特别是矿产业区位选择的重要因素。
13. 比较中、日、美、德等国的制造业、快递业、律师业从业人员的工资水平,请回答:①中国哪些行业的工资水平比较高,哪些比较低?②如果中国这些行业的工资水平与欧美等国家持平,则对这些行业的发展有何影响?
14. 研究星巴克、麦当劳、肯德基的区位特征及其选址过程,回答下面两个问题:①从全国范围讲,它们选择哪些城市?什么因素影响其选址?②具体到一个城市如北京、上海、深圳,它们选址的特征和影响因素是什么?
15. 经典区位理论都非常重视交通运输的作用。请查阅资料,分析明清时期中国大运河对产业集聚以及城镇形成与发展的影响。试以高铁、高速公路的发展为例,说明交通运输对产业集聚以及城市形成与发展的影响。
16. 劳动力费用是影响产业区位的重要因素。随着人工智能的发展,越来越多的工作人员被机器人替代,出现了无人工厂、无人超市、无人银行等。请思考:在这种情况下,劳动力成本还是产业区位的重要影响因素吗?为什么?
17. 开车从你所在城市到北京大概需要缴纳多少路桥费?如果从海南将 10 吨西瓜用火车运输到北京,则每斤西瓜的运输成本大概为多少?如果从福州将 1 吨海鲜由飞机运往成都,则运输成本大概为多少?100 吨石油由海洋运输从非洲的苏丹运到上海的成本为多少?从克拉玛依由铁路运输到上海的成本又是多少?
18. 观察蜂巢的形状,是不是正六边形?观察你所在城市的手机基站的分布情况,是否属于正六边形分布?

19. 什么是服务门槛?菜蔬、矿泉水、面包、烤鸭、麦当劳、影院、话剧、LV包等的服务门槛有什么不同?数字经济是否改变了它们的服务门槛?

21. 试求1978—2022年各省会城市的市场潜力指数,并分析各省会城市市场潜力的变化及其原因。如果将距离D换成两地之间的高铁通达时间,上述结果又有何变化?

21. 区位决策的主体往往是企业家,这是经典区位理论没有考虑的内容。请查阅资料,举例来说明企业家在企业决策中的作用。

延伸阅读

[1] (德)杜能,1986.孤立国同农业和国民经济的关系[M].吴衡康,译.北京:商务印书馆.

[2] (德)克里斯塔勒,2010.德国南部中心地原理[M].常正文,王兴中,译.北京:商务印书馆.

[3] (德)勒施,2005.经济空间秩序——经济财贸与地理间的关系[M].王守礼,译.北京:商务印书馆.

[4] (德)韦伯 A,1997.工业区位论[M].李刚剑,陈志人,张英保,译.北京:商务印书馆.

[5] 尚书[M].顾迁,译注.北京:中华书局,2016.

[6] SAMUELSON P A,1983. Thunen at two hundred[J]. *Journal of Economic Literature*,21(4).

第三章 现代集聚理论

第一节 集聚外部性理论

一、集聚外部性

一个行为主体的成本或福利直接(directly)影响另一个行为主体的行为,或者说一个行为主体的成本或福利没有直接(not directly)包含在交易中,我们称之为外部性(externality)。外部性可以分成负的外部性(negative externality)与正的外部性(positive externality)。负的外部性是指行为主体的成本直接影响另一个行为主体的行为,正的外部性是指行为主体的福利直接影响另一个行为主体的行为。

由于企业的地理集中而产生的外部性称为集聚外部性,集聚外部性可能带来产业的成本降低和效率的提高。集聚外部性通常可以分成金钱外部性(pecuniary externalities)和技术外部性(technological externalities)两类。金钱外部性是指厂商的行为影响到其他厂商的价格行为,使得其他厂商的投入成本可能更低,企业的投入低可能来自更大的劳动力市场和消费市场更大以及更易获得的中间产品;技术外部性是指厂商的行为影响了其他厂商的生产技术,可能使得其他厂商具有更高的生产率,这种外部性可能来自企业物理上的邻近性,使得企业更容易相互学习,共享知识、信息与技术。

二、马歇尔外部性

阿弗里德·马歇尔(Alfred Marshall,1842—1924)出生于英国伦敦,毕业于英国剑桥大学,曾担任牛津大学、剑桥大学教授,是著名的经济学家,剑桥学派的创立者,也是新古典经济学的开拓者和集大成者。1890年,马歇尔出版具有里程碑式的巨著《经济学原理》,这本书直到现在还有重要的影响。

马歇尔(2004)指出:"我们可把因任何一种货物的生产规模之扩大而发生的经济分为两类:第一是有赖于此工业的总体发展的经济;第二是有赖于从事这工业的个别

企业的资源、组织和经营效率的经济。我们可称前者为外部经济,后者为内部经济……外部经济,这种经济往往能因许多性质相似的小型企业集中在特定的地方——即通常所说的工业地区分布——才能得到。"企业的外部经济可能产生锁定效应(lock-in effect),一旦选择了适合自己发展的地区,就不轻易离开那儿。

可见马歇尔外部性主要是指一个产业内部的不同企业的地理集中导致的成本的降低和效率的提高,是集聚的外部性。后来罗默、阿罗等新增长理论所阐述的"干中学"机制与其一致,故称之为 MAR 外部性,MAR 对应的是地方化经济性范畴。

马歇尔认为,影响产业集聚的三个重要原因是劳动力市场共享、中间投入品与最终产品供给者的关联,以及知识外溢。

(一)劳动力市场共享(labor pooling)

劳动力市场共享一方面使企业更容易从更多技能、更多数量上选择劳动力,另一方面有利于劳动者与企业之间匹配,高生产率的企业可以找到高技能的劳动力,低生产率的企业可以找到低技能的劳动力。地理上的集中使"雇主们往往到能找到所需要的优秀的专门的技术工人的地方;同时,寻找职业的人自然也会到有许多雇主的地方去,因而在那里技能就会有良好的市场"。而分散的工厂"即使能获得一般劳动的大量供给,也往往会因为某种专门的劳动而束手无策;而特殊技能的工人遭到解雇,也不容易有别的出路"(马歇尔,2004)。

(二)中间投入品与最终产品供给者的关联(linkages)

中间投入品集中的地区更容易吸引最终产品供给商的集聚,因为这样既可以节约运输费用,又由于中间投入品间的竞争使得其价格较低(Krugman et al.,1995)。"辅助工业用生产过程中的一个小的部门为许多邻近的工业进行工作,这些辅助工业就能不断地使用具有高度专门化的机械,虽然这种机械的原价也许很高,折旧率也许很大,但也能回本。""在一个有许多同类生产活动集聚的地方,即使该行业使用的每一件资本品都不大,有时经济地使用昂贵机械在相当大的程度上也会成为可能。因为每一个附属产业虽然只服务生产过程中一个很小的分支,但它为附近的许多产业工作。"

(三)知识外溢

面对面交流产生的知识外溢更有利于企业的技术更新换代,更可能促进企业成长和形成产业集群。马歇尔认为,"行业的秘密不再成为秘密,而似乎是公开散发到空气中,孩子们不知不觉地学到很多秘密。优良的工作受到恰当的赏识,机械上以及制造方面和企业总体组织上的发明和改良之成绩,得到迅速的研究:如果一个人有了一种新思想,就为他人所采纳,并与别人的意见结合起来,因此它成为更新思想的源泉"。

三、雅各布斯和波特外部性

简·雅各布斯(Jane Jacobs,1916—2006)是美国的记者、作家和城市活动家,其一生的研究兴趣都在城市发展上。她撰写并出版了《美国大都市的生与死》(*The Death and Life of Great American Cities*,1961)、《城市经济》(*The Economy of Cities*,1969)、《城市与国家富强》(*Cities and the Wealth of Nations*,1984)等城市著作。在《城市经济》一书中,雅各布斯提出城市是经济增长的主要动力,这种动力来自城市拥有的外部性。

波特(Michael Porter,1947—),美国哈佛商学院教授,是竞争理论和战略管理的集大成者。他的竞争三部曲最为有名:《竞争战略》(*Competitive Strategy*,1980)、《竞争优势》(*Competitive Advantage*,1985)、《国家竞争优势》(*The Competitive Advantage of Nations*,1990)。

雅各布斯外部性是指在不同产业的企业之间的外部性,产业多样化能够促进知识的流动、溢出和创新,雅各布斯外部性对应的是城市化经济。

波特外部性是指产业集群带来的外部性,这点类似于 MAR 外部性;波特又认为不同产业的竞争有利于产业之间的溢出和创新,这点类似于雅各布斯外部性。

对集聚外部性的划分是格莱泽等(Glaeser et al.,1992)首先提出的,他们将外部性分为 MAR 外部性、雅各布斯外部性和波特外部性。MAR 外部性指产业内部的外部性,雅各布斯外部性是产业之间的外部性。不仅如此,MAR 认为产业内部的企业创新投入会很快被其他企业模仿,垄断会使企业更容易创新。而雅各布斯和波特都认为竞争更会使企业不断创新,从而促进不同产业的发展。

四、规模经济与范围经济

(一)规模经济

早期的规模经济揭示的是大批量生产的经济性规模。马歇尔在《经济学原理》一书中提出:"大规模生产的利益在工业上表现得最为清楚。大工厂的利益在于:专门机构的使用与改革、采购与销售、专门技术和经营管理工作的进一步划分。"马歇尔还论述了规模经济形成的两种途径,即依赖于个别企业对资源的充分有效利用、组织和经营效率的提高而形成的"内部规模经济"和依赖于多个企业之间因合理的分工与联合、合理的地区布局等所形成的"外部规模经济"。

当然,还有另一个分支代表是马克思的规模经济学。马克思在《资本论》第一卷中详细分析了社会劳动生产力的发展必须以大规模的生产与协作为前提的主张。他认为,大规模生产是提高劳动生产率的有效途径,是近代工业发展的必由之路,在此基础上,"才能组织劳动的分工和结合,才能使生产资料由于大规模积聚而得到节约,才能产生那些按其物质属性来说适于共同使用的劳动资料,如机器体系等,才能使巨大的自然力为生产服务,才能使生产过程变为科学在工艺上的应用"。马克思还指出,生产规模的扩大,主要是为了实现以下目的:①产、供、销的联合与资本的扩张;②生产成本的降低。显然,马克思的理论与马歇尔关于"外部规模经济"和"内部规模经济"的论述具有异曲同工的结果。

(二)范围经济

范围经济(economies of scope)是指由厂商的范围而非规模带来的经济,即同时生产两种及以上产品的费用低于分别生产每种产品所需成本的总和。只要把两种或更多的产品合并在一起生产比分开来生产的成本低,就会存在范围经济。

企业进行多产品联合生产时,产品种类的数量是有限度的,并不是越多越好,总是存在一个合理的范围,表现为企业的一体化或多元化经营总是有限度的,而且理论上存在一个最优的经营组合。

将范围经济与规模经济相比较,规模经济主要是指在一个给定的技术水平上,随着规模扩大,产出增加,则平均成本(单位产出成本)逐步下降;而范围经济是产品的多样化或者活动的多样化带来的经济效益的提高。

第二节 空间竞争模型

我们来看一个沙滩卖冰棍的故事。在一个旅游胜地的海水浴场的沙滩上,比如厦门鼓浪屿的沙滩上,游人均匀分布在沙滩上,有商贩在卖冰棍,游客去哪家商贩买冰棍取决于两个因素,一个是冰棍的价格,一个是路途的远近。在相同的价格下,游客会去距离近的商贩处购买;在不同的价格下,游客会去冰棍与路途总和费用低的商贩处购买。我们来看看商贩的行为。

一、一个商贩

先看最简单的一个商贩的情形。假如冰棍价格为 10 元一支,商贩位于沙滩的 x_0 处,消费者的单位旅费是 1 元/公里,消费者位于沙滩的 x 处($0 \leqslant x \leqslant 1$),那么消费者的总支出为 $10+|x-x_0|$。其中,10 元是冰棍的销售价(mill price),$|x-x_0|$ 为消费者到商贩处的通勤成本(即消费者到商贩的距离乘以单位旅费 1 元/公里)。

图 3.1 是商贩在沙滩最左边的情形($x_0=0$),这时候消费者的总支出为 $10+|x-x_0|=10+|x-0|=10+x$,商贩的总收入为 $10+x$。

如果商贩在沙滩的中央,即 0.5 处(见图 3.2),这时候消费者的总支出为 $10+|x-0.5|$。如果消费者在商贩的左边,则 $10+|x-0.5|=10+0.5-x$;如果消费者在商贩的右边,则 $10+|x-0.5|=10+x-0.5$。商贩的总收入为 $10+x$。因为一个

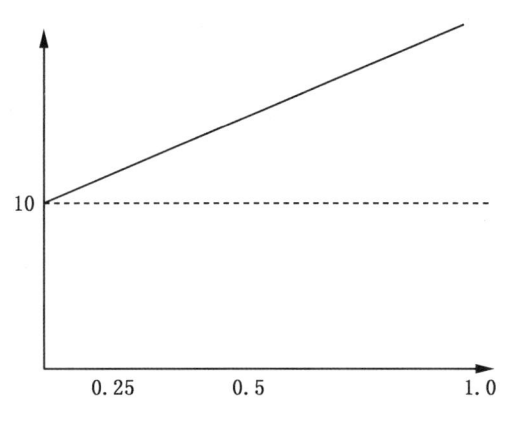

图 3.1　商贩在沙滩最左边的情形

商贩没有竞争者,所以这个商贩可以在沙滩的任一地点销售冰棍,只要这个商贩的销售价格不是太高,他就会轻松赚钱。如果销售价格太高,致使消费者的总支出太高,超过消费者的承受价格(经济学上称为保留价格),那么消费者可能就去另外一个沙滩或者市内购买冰棍了。

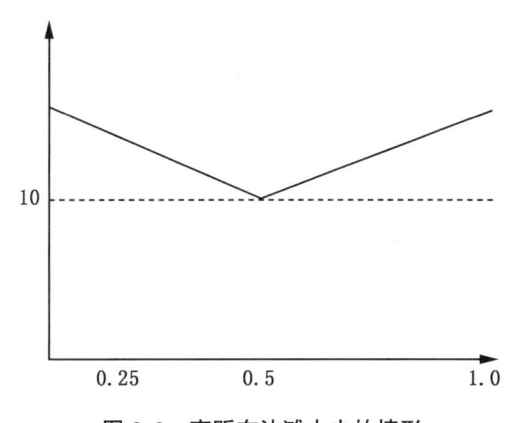

图 3.2　商贩在沙滩中央的情形

二、两个商贩

如果沙滩上有两个商贩甲和乙,那么问题就复杂起来,卖冰棍就面临空间竞争问题,因为消费者既可以到甲处购买,也可以到乙处购买,但是无论到哪里买冰棍,消费者支出最小化是原则。

如图 3.3 所示,当商贩甲和商贩乙在沙滩的两端时,那么对于 x 处的消费者来说,如果到甲处购买,他的支出为 $10+|x|=10+x$。如果消费者到乙处购买,他的支出为 $10+|1-x|=10+1-x$。这时候甲的总收入为 $10+x$,乙的总收入为 $10+(1-$

x)。但消费者基于支出最小化原则的考虑,会根据其与商贩甲和乙的距离来选择去哪里购买:$\min(10+x; 10+1-x)$。根据消费者购买成本的最小化,可以计算当:$x=0.5$ 时,消费者可以任意选择去商贩甲或乙处购买,购买成本相同,$10+x=10+1-x$;当 $x\in[0,0.5)$ 时,消费者去商贩甲处购买,因为此时 $10+x<10+1-x$;当 $x\in[0.5,1)$ 时,消费者去商贩乙处购买,因为此时 $10+1-x<10+x$。也就是说,当商贩甲和乙位于沙滩的两端时,他们的消费者分别是 $[0,0.5]$ 和 $[0.5,1]$。

但是,当商贩乙保持固定位置不变时,甲可以通过向沙滩靠近来获得更多的消费者。同样,当商贩甲保持位置不变时,乙也同样可以通过向沙滩靠近来获得更多的消费者。只要甲或乙向沙滩中心迁移,其利润就会增加。对甲来说,其左边的市场都是自己的;对乙来说,其也有向中间迁移的激励,因为向中间迁移,不仅可以与甲平分共同的市场,而且其右边的市场也是自己的。这样,甲、乙两个商贩都希望向沙滩中心迁移,因而甲、乙两个商贩在沙滩两边不是一个均衡。

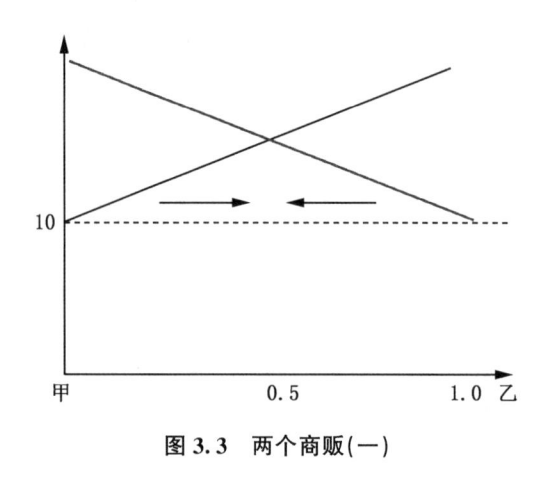

图 3.3 两个商贩(一)

如图 3.4 所示,假如商贩甲挪到了 0.25 处,商贩乙挪到了 0.75 处,这时候,在 x 处的消费者如果到甲处购买冰棍,他的支出为:

$$10+|x-0.25|$$

如果到乙处购买冰棍,他的支出为:

$$10+|x-0.75|$$

令

$$10+|x-0.25|=10+|x-0.75|$$

得

$$x=0.5$$

也就是说,沙滩 $[0,0.5]$ 区间内的消费者都会到甲处买冰棍,而 $[0.5,1]$ 处的消费者则会到乙处购买。但是,只要商贩甲向沙滩中心移动,他就可以卖更多的冰棍,而乙也同样会这么干。

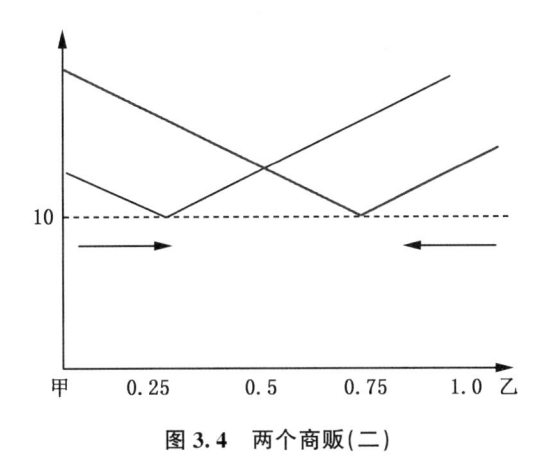

图 3.4 两个商贩(二)

如图 3.5 所示,甲向右移,乙向左移,最后到达沙滩的中心,甲、乙皆没有移动的激励了,因为无论哪方移动,其市场份额将会减少,利润会降低。沙滩的中心就是甲、乙两个商贩最佳的位置。上述均衡一般称为纳什均衡。

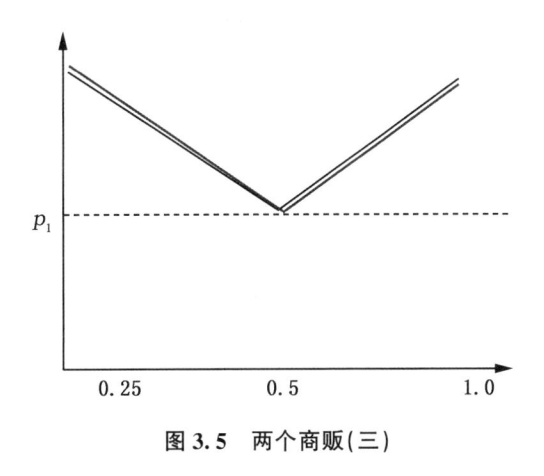

图 3.5 两个商贩(三)

上述空间竞争的严格证明来自霍特林(Hotelling,1929),因而也称为空间竞争的霍特林模型。

三、三个及以上的商贩

三个及以上商贩的情形更为复杂。如图 3.6 所示,甲、乙、丙初始位置分别为 0.25、0.5、0.75 处,这时候甲的市场份额为:

$$\underline{0.25} + \underline{0.25/2} = 0.375$$

乙的市场份额为：

$$\underbrace{0.25}_{\text{乙的右边}} + \underbrace{0.25/2}_{\text{乙与丙平分}} = 0.375$$

（甲的左边　　甲与丙平分）

丙的市场份额为：

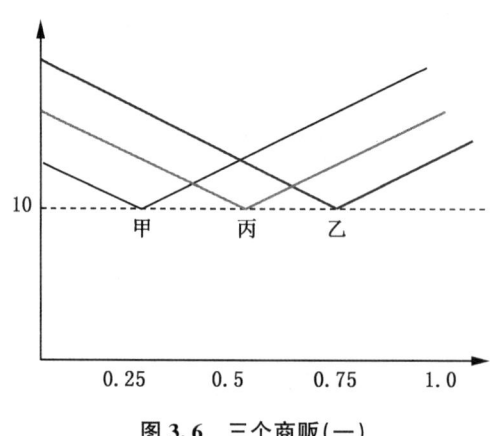

$$\underbrace{0.25/2}_{\text{甲与丙平分}} + \underbrace{0.25/2}_{\text{乙与丙平分}} = 0.25$$

图 3.6　三个商贩(一)

甲、乙的市场份额皆为0.375，大于1/3，而丙的市场份额为0.25，小于1/3。丙显然会发现这种情况，他如果迁移到甲处，如图3.7所示，这时候甲的市场份额为0.25/2+0.25/2=0.25，丙的市场份额为0.25，乙的市场份额为0.25+0.25=0.5，丙的收益没有变，而甲的市场份额变小了，乙的市场份额增大了。甲、乙、丙的位置固定了吗？或者说是一个均衡了吗？显然不是，这时候甲发现自己的市场份额变小了，所以甲就要变动位置，如果甲、乙、丙的位置分别在1/6、0.5、5/6处，如图3.8所示，则三者的市场份额相同，都是1/6+1/6=1/3。这是一个均衡吗？不是，因为只要甲、丙不变动位置，而乙向左迁移，则乙的收益就会增加。人们会发现沙滩上三个商贩跑来跑去，不断寻找对于自己最优的位置，可以证明的是，这种位置是不存在的。对于多于三个的商贩，比如四个、五个等，则可能存在这种位置均衡。

以上例子是基于霍特林(Hotelling,1929)模型的简化版本，旨在简要说明不同数量的商贩存在着空间竞争，以及均衡状态和不均衡状态的情形。更多关于原模型信息以及后续的发展运用，请参看文后参考文献。

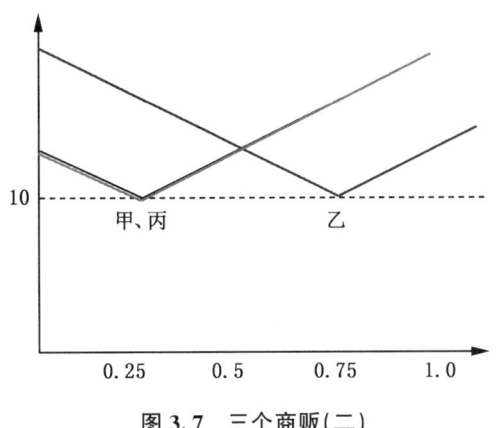

图 3.7　三个商贩(二)

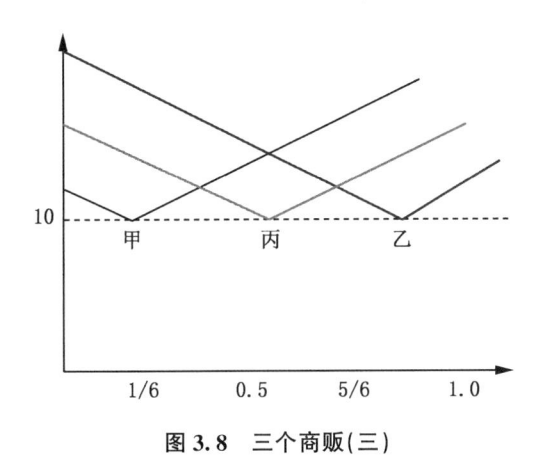

图 3.8　三个商贩(三)

第三节　核心与边缘模型

一、核心与边缘的由来

核心边缘思想中国自古就有,在古代中国的很长一段时间内,华夏民族认为自己居住的地方为中国,在中国的东面为东夷,西面为西戎,北面为北狄,南面则为南蛮(如图 3.9 所示)。《礼记·王制》载:"中国,戎夷,五方之民,皆有性也,不可推移。东方曰夷,西方曰戎,南方曰蛮,北方曰狄,中国、夷、蛮、戎、狄皆有安居,和味,宜服,利用,备器,五方之民,言语不通,嗜欲不同,达其志,通其欲。"明末的传教士利玛窦(Matteo Ricci,1602)对中国的观察为:"中国人对海外世界的全无了解如此彻底,以致中国人认为整个世界都包括在他们的国家之内。总的说来,中国人,尤其是有知识的阶层,当时对外国人始终怀有一种错误的看法,把外国人都归入一类并且都称之为蛮夷。"

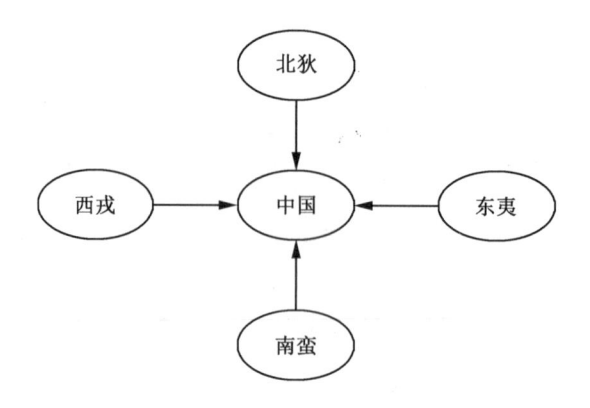

图 3.9　《礼记》之中心边缘

中心-外围理论最初由阿根廷经济学家普雷比什(Prebisch,1950)提出,当时他是联合国拉美与加勒比地区经济委员会主任。该理论认为,世界由中心和外围两部分组成,中心主要是发达的工业化国家,主要提供工业品,而外围是发展中国家,主要提供原料燃料和初级产品,外围国家依附于中心国家,中心国家的发展不但没有带来外围国家的同步发展,而且造成中心国家与外围国家居民收入的差距越来越大。

缪尔达尔(Myrdal,1957)和弗里德曼(Friedman,1967)完善了中心-外围理论。弗里德曼将一个国家或地区分成核心区域和边缘区域两部分,核心区域一般指经济与技术发达的城市,边缘区域是指落后的地区。边缘区域又可以分成上转移区域(upward transition regions)、下转移区域(downward transition regions)和资源前沿区域(resource frontier regions)。上转移区域是指核心区域之间的开发走廊,下转移区域是指衰退的区域,而资源前沿区域是指离核心区域较远但有丰富的自然资源、有可能形成次核心的区域。

克鲁格曼(Krugman,1991)发展出了新的核心-边缘理论,即新经济地理学。核心是指产业聚集的区域、资本、技术、劳动力等规模大、密度高;而边缘区域是产业分散的区域,资本、技术、劳动力等规模小、密度小。

核心与边缘的概念是相对的,核心与边缘的相互关系是动态的。例如,东部地区是核心,则中西部地区是边缘;西部地区的四川省之成都是核心,成都以外是边缘;京津冀地区中,北京是核心,天津、河北是边缘;世界经济中,可以将美国、日本、欧洲视为核心,将其他地区视为边缘。

二、一个简单的例子

下面举例说明克鲁格曼的核心-边缘模型:现在有两个地区——东部和西部,有两个部门——制造业部门和农业部门,农业部门东部地区有 4 单位农民,西部地区有 2 单位农民,农民不能在东部、西部地区间流动,制造业企业的工人数量有 4 单位,可以在东西部之间流动。不论农民和工人,每个人都需要 1 单位工业品,每单位工业品跨区域流动的成本为 1 元,农民和工人对农产品的需求忽略不计。

如果现有制造业企业(简称现有企业)在东部,工人也都在东部,西部无工人。在东部销售 4 单位工业品给 4 个农民,4 单位工业品给 4 个工人,在西部销售 2 单位工业品给农民,东部、西部的销售总额为 10 单位。表 3.1 报告了三种情况下贸易的地理结构。

表 3.1 贸易的地理结构

	在东部销售	在西部销售	销售量
现有企业在东部	4+4=8	0+2=2	10
现有企业在西部	0+4=4	4+2=6	10
企业 25% 在东部,75% 在西部	1+4=5	3+2=5	10

资料来源:根据 Brakman et al.(2009)制作而成。

表 3.1 中,

$$\begin{pmatrix} 4 \\ 0 \\ 1 \end{pmatrix}$$

表示四种情况下的东部工人数量,从而也是销售量,因为一个工人需求 1 单位工业品。西部类似。

$$\begin{pmatrix} 4 \\ 4 \\ 4 \end{pmatrix}$$

是东部地区的农民数量,从而也是销售量,因为一个农民需求 1 单位工业品,东部地区有 4 单位农民而且农民不能流动。西部类似。

在这种结构下,一个新企业如何选择区位呢? 是建在西部还是建在东部? 在这个例子中,销售量是不变的,除运输成本外其他因素都被忽略。运输成本的结构为:

$$单位运输成本 = \begin{cases} 0, 地区内部(东部—东部或西部—东部) \\ 1, 跨地区(东部—西部或西部—东部) \end{cases}$$

企业选择不同的区位,可能带来运输成本的变化,如表 3.2 所示。

表 3.2 运输成本

	假如在东部建厂	假如在西部建厂
现有企业在东部	0+2=2(给西部农民)	4+4=8(给东部的工人与农民)
现有企业在西部	4+2=6(给西部的工人与农民)	0+4=4(给东部的农民)
企业25%在东部,75%在西部	3+2=5(给西部的工人与农民)	1+4=5(给东部的工人与农民)

资料来源：根据 Brakman et al.(2009)制作而成。

表 3.2 中，

$$\begin{matrix} 2 \\ 2 \\ 2 \end{matrix}$$

是销售给西部农民的工业品的运输成本，因为西部的农民数量是 2 单位，所以在东部建厂要承担这个成本。

$$\begin{matrix} 0 \\ 4 \\ 3 \end{matrix}$$

是销售给西部工人的工业品的运输成本。西部工人的数量是变化的。如果现有企业都在东部，则西部工人数量为 0；如果现有企业都在西部，则西部工人数量为 4；如果有 75% 的企业在东部，则西部工人数量为 1。如果东部建厂，就要分别承担这些运输成本。

我们发现有三个区位选择方案，这三个方案都是可能的结果（如图 3.10 所示）：第一，所有企业都在东部时，选择东部建厂运输成本最低；第二，所有企业都在西部时，选择西部建厂运输成本最低；第三，企业 25% 在东部、75% 在西部时，选择东部还是西部，运输成本相同，建厂地点无差异。

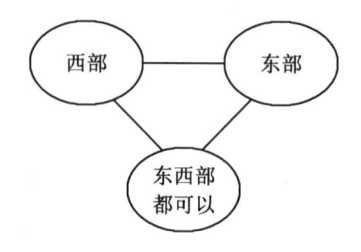

图 3.10 三个区位

三、多个可能的区位

上述例子显示出企业区位选择的三种方案都是可行的,即企业区位存在三种均衡状态,东部、西部、东西部皆可。当现有企业全部集聚于东部或西部,相应地在东部或西部建厂运输成本最低;当现有企业处于中间的某种状态,则在东部还是西部建厂成本最低存在不确定性,该例中是东部、西部都可以,企业存在多个可能的区位选择,这种现象被称为多重均衡。如果企业都在东部或者西部,则称为集聚均衡;而最常见的状态是处于两者中间的情形,既可能是东部80%、西部20%,也可能是东部50%、西部50%。图3.11就存在三种这样的均衡。

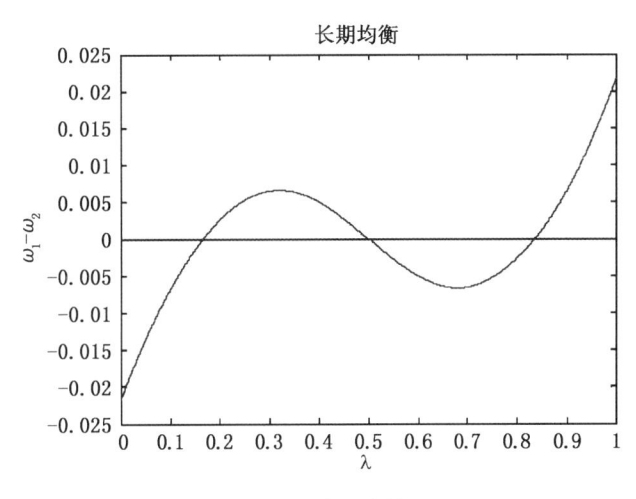

图 3.11 多个可能的区位

四、循环累积(滚雪球)效应

先看一个最简单的循环累积的例子:某种原因造成了贫困,这种原因可能是地理因素,或历史因素,或家庭因素等,因为贫困而无钱上学或者选择优质学校,无钱上学的一个结果可能导致技术水平低,技术水平低则收入水平低,收入水平低又加剧了贫困,如图3.12所示。

再看上面建厂的例子。现有企业都集中在东部或西部,那么新建企业的选择也是东部或西部,这样东部或西部将成为产业集聚的核心。越来越多的企业在东部建厂,东部对企业的吸引力越大,工作机会越多,劳动力越多,市场越大,利润越多,吸引的企业越来越多,而作为边缘的西部企业相对来说越来越少,东西部的差距越来越大。这就是产业集聚的循环累积效应(见图3.13)。

图 3.12 贫困累积

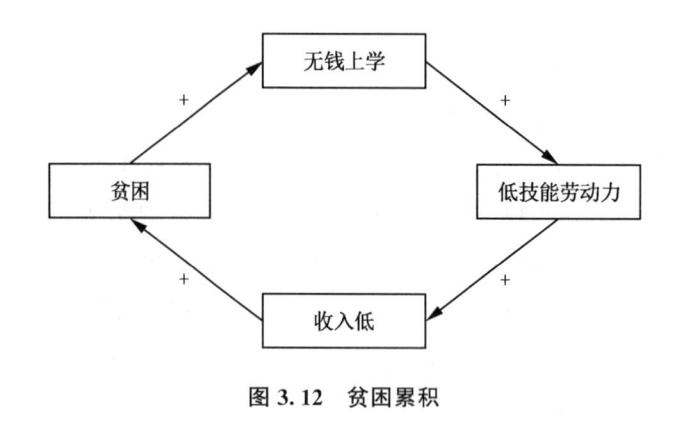

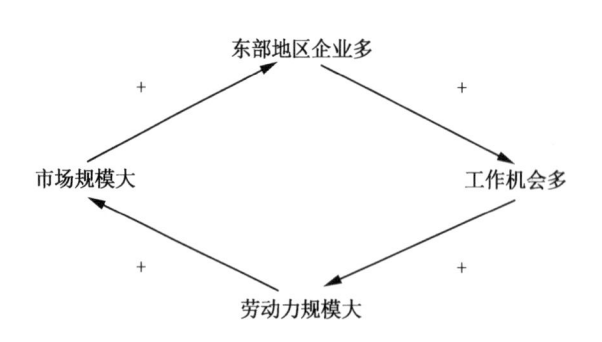

图 3.13 集聚的循环累积过程

循环累积(cumulative causation)最初由制度经济学家凡勃伦(2009)于1899年提出,杨格(Young,1928)又探讨了这一思想,提出分工既是经济进步的原因,又是其结果的累积因果关系。缪尔达尔于1944年在《美国的困境》一书中提出循环累积因果论(Myrdal,1944),1957年又在《经济理论与不发达地区》一书中进行了系统的分析(Myrdal,1957)。循环累积是说很多事物的相互作用是累积的,最初的偶然发生的某个事件或状态或者历史原因可能导致一系列的因果循环。

五、市场(报酬递增)与运输成本的权衡

再回到上面的例子。表3.3列出了东部、西部地区在三种情况下的市场份额、运输成本和区位选择。首先,三种情况下运输成本分别为2、4、5,运输成本并不相同,运输成本为2时是一种区位选择,运输成本为4时是一种区位选择,运输成本为5时也是一种区位选择。其次,第一种情况下区位选择为东部,这时运输成本为2,东部地区的市场份额为8;第二种情况下区位选择为西部,这时运输成本为4,西部地区的市场份额为6;第三种情况下区位选择东部或西部,市场份额都为5,运输成本也为5。我

们发现,区位选择是一个运输成本和市场份额相互权衡(trade-off)的过程,可能是低的运输成本、高的市场份额,也可能是高的运输成本、低的市场份额。市场份额和运输成本的权衡成为集聚的核心问题。

表 3.3　　　　　　　　　　　运输成本与市场规模

	东部市场份额	西部市场份额	运输成本最低时的区位
现有企业在东部	8	2	东部,2
现有企业在西部	4	6	西部,4
现有企业东部25%,西部75%	5	5	东西部都可以,5

将上面的例子推广一下,将运输成本(见图3.14)分成三种情况:第一,东部地区与西部地区的运输成本无限大,这种情况下不需要考虑运输问题,各个地区无法进行贸易,自给自足;第二,东部与西部地区运输成本非常小,这时候运输不再是一个区位选择的因素;第三,东部与西部地区运输成本介于两者中间,这时候就面临着运输成本和市场份额的权衡问题。

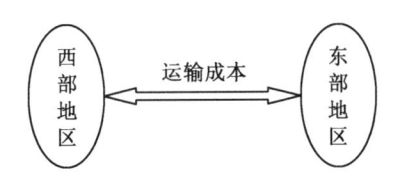

图 3.14　运输成本

市场份额和运输成本的权衡严格地说是报酬递增和运输成本的权衡。报酬递增(increasing returns)是指企业的产出增长大于投入增长,报酬递增来自劳动分工、产业之间的溢出效应、生产要素的重新组织等。而分工受制于市场,从这个意义上,可以将市场份额的不断扩大近似地看成报酬递增的持续增加。报酬递增多指规模报酬递增(increasing returns of scales),即随着产出的增加,平均成本下降(如图3.15所示)。规模报酬递增一般又可以分成内部规模报酬递增和外部规模报酬递增。内部规模报酬递增是指企业由于内部规模的扩大而导致的平均成本下降,外部规模报酬递增是指企业由于外部(可能是行业也可能是地域范围)规模的扩大而导致的平均成本下降的趋势。

六、集聚黑洞

黑洞的概念来自物理学,是指由质量足够大的恒星在核聚变反应的燃料耗尽而死亡后,发生引力坍缩而形成的一种天体。黑洞的特点是质量大,引力场大,其引力之强

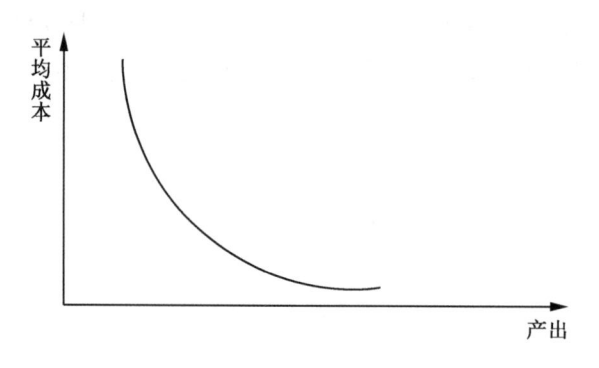

图 3.15　报酬递增

使得任何物质和辐射都无法逃逸出来。在核心边缘模式中,如果核心的吸引力特别大,边缘的资本、劳动等被不断地吸引进核心,则核心越来越大,边缘越来越小,以至于核心与边缘的差距不断增大,称之为集聚的黑洞。

第四节　集聚的微观基础

罗森塔尔和斯特兰奇(Rosenthal et al.,2003)认为,影响集聚的因素包括投入品共享、知识外溢、劳动力市场共享、本地市场效应、消费和寻租。藤田昌久和克鲁格曼(Fujita et al.,2004)则从离心力与向心力的角度来认识集聚,离心力包括拥挤、地租、通勤等,而向心力包括产业关联、知识溢出、更大的市场等。杜兰顿和普加(Duranton et al.,2004)系统总结了集聚的微观因素(micro-foundations),提出了匹配、学习与共享三大机制。

一、匹配机制

集聚的一个主要原因来自匹配机制(matching),匹配主要涉及人、企业/产业与空间三者之间的匹配(见图 3.16)。

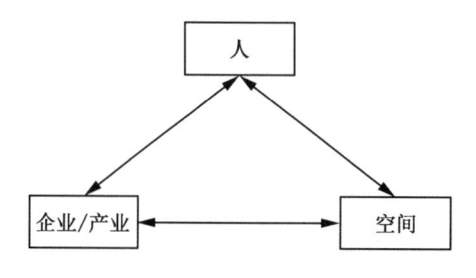

图 3.16　人、企业/产业、空间的匹配

匹配包括人与人的匹配、人与企业/产业的匹配、企业/产业与企业/产业的匹配、人与空间的匹配、企业/产业与空间的匹配、空间与空间的匹配等。关于人与人的匹配,在劳动力市场上,匹配很重要,我们经常在网上看到很多企业找不到工人,同时很多工人找不到工作,这就是不匹配的典型例子;婚姻市场的"门当户对"也是匹配的生动体现,众所周知,我国大城市所谓的"剩女"很多,而农村的"光棍"也很多,但他们不容易匹配,所以不能解决双方的婚姻问题;关于人与企业的匹配,企业的发展需要匹配的人力投入要素,劳动密集型企业需要普通的劳动力,高新技术企业则需要高技术人员,而这些都与教育的结构有关;关于人与空间的匹配,一方水土养育一方人,有一定的地域特征;关于企业与空间的匹配,一个制度文化背景产生一种企业发展态势,水土与人应匹配,制度文化与企业发展特征应匹配,相反,不匹配则可能导致水土不服,比如许多跨国企业到一个陌生的国度发展可能由于不匹配该国的制度文化而折戟沉沙。

当前,数字经济发展如火如荼,新的电商平台不断涌现,如抖音电商等,另外还有以兴趣为主导的电商形式也在快速发展。新的电商形式能够以更高的效率来匹配消费和供给。该种形式的匹配体现为智能技术精准发现消费者的需求,通过电商平台的推广机制,从而让生产企业实现更好的供需匹配机制。

赫尔斯利和斯特兰奇(Helsley et al.,1990)、奥沙利文(2013)提出了一个简单的匹配例子:拥有唯一技术类型的工人平均分布在单位圆上,每家企业需要雇用两个工人。

有两种技术类型的工人1和工人2,他们的位置为$\{0,2/4\}$,企业A进入,选择位置$\{1/4\}$,则每个工人离企业A的技术差距为1/4(见图3.17)。

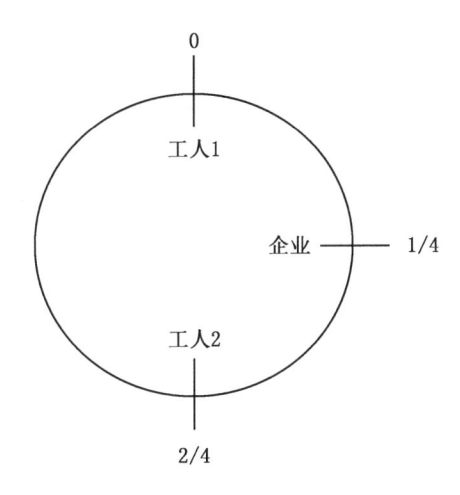

图 3.17　两种技术类型

有4种技术类型的工人1、工人2、工人3、工人4,他们的位置为$\{0,2/8,4/8,$

6/8},企业 A 和企业 B 进入,选择位置{1/8}和{5/8},每个工人离企业 A 的技术差距为 1/8(见图 3.18)。

如果继续增加工人,则企业数量增加,技术差距越来越小,匹配度越来越多。

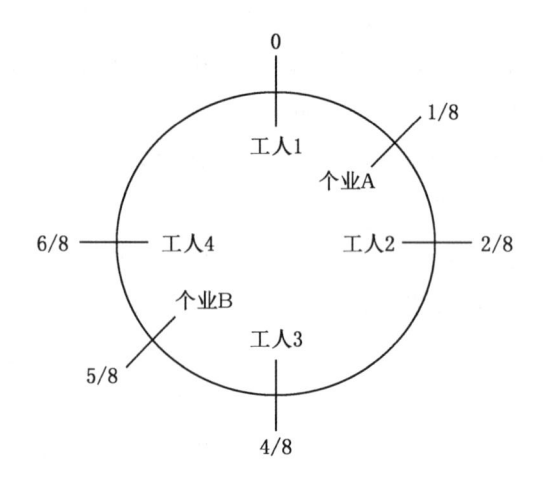

图 3.18 四种技术类型

二、学习机制

广义的学习(learning)包括学校学习、培训与研究等过程,是社会经济发展中最重要的活动。荀子曰:"不闻不若闻之,闻之不若见之,见之不若知之,知之不若行之,学至于行之而止矣。"孔子也说:"三人行则必有我师焉;择其善者而从之,其不善者而改之。"由此,足见学习的重要性。

学习是个相互作用的过程,教学相长说的就是这个意思。学习大多数情况下是个面对面的过程(face-to-face),或近似于面对面的过程。尽管现代信息技术的发展使得远距离学习成为可能,如慕课(massive open online course,MOOC),也使得远距离的交互作用成为可能,如人们通过 QQ、微博、微信、facebook、Twitter 交往,但面对面依然是个主导方式或主要学习方式。集聚为更多的学习提供了可能,为知识产生、扩散与传播提供了可能。

城市存在的部分原因是高密度的城市更有利于人们交流和学习,高技能的劳动力比低技能的劳动力更需要交流与学习,因此,R&D 活动比一般劳动更为集中,大城市比小城市或农村的空气中拥有更多灵感或思想(Carlino,2012),在信息化时代,城市不会消亡反而会更加兴盛(Glaeser,1999)。

三、共享机制

集聚的一个机制是共享(sharing),可以共享不可分的物品或设施,共享多样化的好处,共享专业化的利益,共享风险。

共享专业化的利益最著名的例子是亚当·斯密对制针活动的观察:如果他们各自独立工作,不专习一种特殊业务,那么他们不论是谁,绝对不能一日制造 20 枚针,说不定一天连一枚也制造不出来。他们不但不能制造出今日由适当分工合作而制造的数量的 1/240,可能连数量的 1/4 800 也制造不出来。其实墨子早就注意到分工的好处,墨子曰:"譬若筑墙然,能筑者筑,能实壤者实壤,能欣者欣,然后墙成也。为义犹是也,能谈辩者谈辩,能说书者说书,能从事者从事,然后义事成也。"能筑造的筑造,能填土的填土,能测量的测量,这样城墙才得成;能辩论的辩论,能讲古书的讲古书,能做实际工作的做实际工作,这样好事情就能办成。墨子的想法更容易在城市变成现实,大家共享某种特殊的服务才使得该服务能够维持下去。

物品或设施不可分性使得共享更为必要,比如城市中的物品或设施都具有规模经济效益,如大剧院、电影院、污水处理厂、体育场等,这些物品或设施都具有不可分性。

第五节 集聚的制度与演化分析

一、集聚的制度分析

(一)什么是制度?

制度分析是城市与区域经济学(空间经济学)的一个重要方向,这种分析方向得益于制度经济学的引入。凡勃伦和康芒斯开创了制度经济学,奈特、科斯、诺斯、阿尔钦、张五常、巴泽尔等发展创立了新制度经济学(new institutional economics)等。新制度经济学"力图在古典经济理论基础上,通过修正和扩展新古典经济学理论,使人们能够把握和处理迄今为止还处于其分析范围之外的大量问题"(诺斯,2002)。

诺斯(1994)认为:制度是一系列被制定处理的规则、守法程序和行为的道德伦理规范,是一个社会的游戏规则,目的是约束追求福利或效用最大化的个人行为,制度的建立是为了减少人们交易中的不确定性。制度包括正式制度和非正式制度。正式制度是指成文的规定,包括法律、法规、契约等;非正式制度是指在长期社会活动中逐步形成的,并得到社会认可的价值理念、风俗习惯、文化传统和伦理道德(冯兴元,2013)。

(二)制度影响集聚

格兰诺维特(Granovetter,1984)在《经济行动与社会结构:根治性问题》中提出了嵌入性理论。嵌入性理论最核心的思想是经济行为嵌入社会文化结构中,经济交易根植于社会资本中。所谓社会资本,是指社会生活的特征,诸如社会网络、规范和信任,能够使参与者通过合作而达到他们的目标(Putnam,1994),简而言之,就是社会联系、参与者的规范与信任。社会资本的核心理念在于社会网络存在价值。人或企业的行为具有潜入性的特点,即根植于其所处的社会结构和社会网络中。区位选择和集聚行为是人类重要的社会经济行为,无不嵌入具体的社会网络中,无不打上一个区域或城市的制度、文化的烙印。离开制度文化。很难深入认识经济集聚行为,企业的区位选择正是一种对地区或城市的制度文化背景的战略行为。

(三)影响集聚的主要制度因素

影响集聚的主要制度因素包括资源配置方式、宗教、政府治理模式、财税体制、人口流动制度、土地制度和企业家制度(见图3.19)。资源配置方式主要包括市场经济与计划经济两种方式,市场经济体制下企业区位选择具有较大的自主性,而计划经济体制下政府是经济集聚的主导力量。

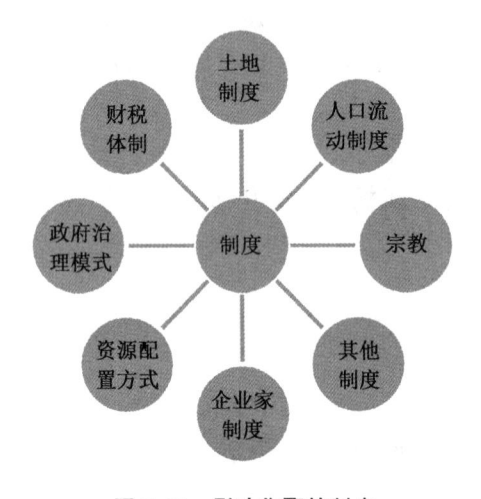

图 3.19 影响集聚的制度

二、集聚的演化分析

城市与区域经济的演化分析来自演化经济学的思想。演化经济学与制度经济学渊源很深。斯密、马克思、马歇尔、凡勃伦、熊彼特、哈耶克为经济演化思想的产生做出了贡献。20世纪80年代,纳尔逊和温特(Nelson et al.,1982)、史密斯(Smith,1982)、艾克斯罗德和汉密尔顿(Axelrod et al.,1984)的研究使得演化经济学成为一种新的经济学范式,尽管这种范式本身还存在种种问题。演化经济学的理论应用于产业集聚的分析,就产生了所谓的演化经济地理学等新学科。

什么是演化？纳尔逊和温特（Nelson et al.，1982）认为：广义的演化是对长期的渐进变化过程的关注，探索可观察的规则性。在目前现实中可观察到的规则性，并不被解释成对静态问题的解决办法，而是被解释成可理解的动态过程。可理解的动态过程是从已知的或合理猜测到的过去情况进行推理所产生的结果，也可以被解释成一个阶段的特点。依据这种规则性，还可以从目前阶段预测并不完全相同的未来的整个动态过程。因此，一切自然科学基本上都是演化的。演化经济学对空间集聚的分析是主流传统分析（新经济地理学和城市经济学）的有益补充，而主流分析如新经济地理学本身也运用了演化思想。演化经济学研究经济集聚的视角表现在：

（一）历史与路径依赖

经济发展及其制度变迁是历史过程，现实是历史的积累、历史的函数，也是未来的基础，从历史的角度来探寻经济集聚的规律是演化思想的重要体现。

与历史紧密联系的一个概念是路径依赖（path dependence），路径依赖主要是指人类经济发展中的惯性，在惯性的驱使下，人类一旦进入某种路径（发展方式），就会沿着这条路径走下去，不管这条路径是不是最优路径，这被称为历史事件而导致的锁定（lock-in）。路径依赖最早由古生物学家提出，经济史学家戴维（David，1985）以QWERTY键盘为例将此概念引入经济学，成为经济学分析的基础性概念。QWERTY键盘是肖尔斯于1868年发明的，1888成为市场首选的键盘，普遍应用于打字机。而后来发明的键盘，如Maltron键盘，效率远大于QWERTY键盘，但是Maltron键盘在20世纪80年代才出现，比QWERTY整整晚了一个世纪，由于历史而导致的锁定，我们现在还在用QWERTY键盘。

（二）偶然与不确定性

演化经济集聚理论强调集聚的偶然性与不确定性，很多集聚不是人们刻意规划的，而是充满了偶然与不确定性。"小的事件和偶然环境的结果可能决定一些解，一旦他们流行开来，就会引导一个特定的路径"（North，1991）。杜能（1986）就注意到一些城市的形成是偶然因素造成的：

实际上城市的形成往往是偶然的事。第一个移民在某地定居，第二个移民就可能在他旁边定居，因为相互协助对双方都有益。出于同样的原因，第三个，第四个……最后形成城市。

（三）循环累积效应

硅谷的偶然事件导致这些区域开始成长，现有厂商和工人的存在为更多厂商和工人集聚到该地区提供了激励，经过循环累积过程，硅谷成了世界闻名的科技中心。循环累积的基础来自硅谷的叛逆精神以及对叛逆的宽容、对失败的容忍、对卓越的追求和多元的文化。这是一个地区的第二属性（second nature），其他地区短时期内难以复制。

参考文献

[1] (德)杜能,1986. 孤立国同农业和国民经济的关系[M]. 吴衡康,译. 北京:商务印书馆.
[2] (美)奥沙利文,2013. 城市经济学[M]. 中京奎,译. 北京:中国人民大学出版社.
[3] (美)凡勃伦,2009. 有闲阶级论 关于制度的经济研究[M]. 蔡受百,译. 北京:商务印书馆.
[4] (美)克鲁格曼,2000. 发展、地理学与经济理论[M]. 蔡荣,译. 北京:北京大学出版社,中国人民大学出版社.
[5] (美)克鲁格曼,2002. 地理和贸易[M]. 刘国晖,译. 北京:北京大学出版社,中国人民大学出版社.
[6] (美)诺斯,1994. 制度、制度变迁与经济绩效[M]. 刘守英,译. 北京:生活·读书·新知三联书店.
[7] (美)诺斯,2002. 经济变迁的过程[J]. 经济学(季刊),1(4).
[8] (意)利玛窦,(比)金尼阁,2010. 利玛窦中国札记[M]. 何高济,王遵仲,李申,译. 北京:中华书局.
[9] (英)马歇尔,2004. 经济学原理[M]. 廉运杰,译. 北京:华夏出版社.
[10] 冯兴元,2013. 规则与繁荣[M]. 北京:中信出版社.
[11] 王则柯. 博弈论平话[M]. 北京:中信出版社,2011.
[12] AXELROD R,HAMILTON W D,1984. The evolution of cooperation [J]. *Science*,211(4489).
[13] BRAKMAN S,GARRETSEN H,VAN MARREWIJK C,2009. *The New Introduction to Geographical Economics*[M]. Cambridge:Cambridge University Press.
[14] Carlino G A,2012. *Economies of Scale in Manufacturing Location:Theory and Measure*[M]. Berlin:Springer Science & Business Media.
[15] DAVID P A,1985. Clio and the Economics of QWERTY [J]. *The American Economic Review*,75(2).
[16] DURANTON G,PUGA D,2004. Micro-foundations of urban agglomeration economies [M]//HENDERSON J V,THISSE J F. *Handbook of Regional and Urban Economics*:Vol. 4. New York:North Holland.
[17] FRIEDMAN J,1966. *Regional Development Policy*[M]. Cambridge,Mass:MIT Press.
[18] FRIEDMANN J,1967. A general theory of polarized development [J].
[19] FUJITA M,KRUGMAN P,2004. The new economic geography:Past,present and the future [M]// FLORAX R,PLANE D A. *Fifty Years of Regional Science*. Berlin:Heidelberg.
[20] GLAESER E L,1999. Learning in cities[J]. *Journal of Urban Economics*,46(2).
[21] GLAESER E L,KALLAL H D,SCHEINKMAN J A,et al. ,1992. Growth in cities [J]. *Journal of Political Economy*,100(6).
[22] GRANOVETTER M S,1984. Economic action and social structure:The problem of embeddedness [J]. *Administrative Science Quarterly*,19.

[23] HELSLEY R W, STRANGE W C, 1990. Matching and agglomeration economies in a system of cities [J]. *Regional Science and Urban Economics*, 20(2).

[24] HENDERSON J, 2003. Marshall's scale economies[J]. *Journal of Urban Economics*, 53.

[25] HOTELLING H, 1929. Stability in competition[J]. *The Economic Journal*, 39(153).

[26] KRUGMAN P, 1991. *Geography and Trade* [M]. Cambridge, MA: MIT Press.

[27] KRUGMAN P, VENABLES A J, 1995. Globalization and the inequality of nations [D]. NBER Working Papers.

[28] MATTEO RICCI S J, 1602. *De Christiana Expeditione apud Sinas* [M]. Lisbon: Typographia Regia.

[29] MYRDAL G, 1944. *An American Dilemma: The Negro Problem and Modern Democracy* [M]. New York: Harper & Brothers.

[30] MYRDAL G, 1957. *Economic Theory and Underdeveloped Regions* [M]. London: Gerald Duckworth and Co.

[31] NELSON R R, WINTER S G, 1982. *An Evolutionary Theory of Economic Change* [M]. Cambridge: Harvard University Press.

[32] NORTH D C, 1991. Towards a theory of institutional change[J]. *Quarterly Review of Economics and Business*, 31(4).

[33] PREBISCH R, 1950. The economic development of Latin American and its principal problems[J]. *Economic Bulletin for Latin America*, 7.

[34] PUGA D, 2010. The magnitude and causes of agglomeration economies[J]. *Journal of Regional Science*, 50.

[35] PUTNAM R D, 1994. Social capital and public affairs [J]. *Bulletin of the American Academy of Arts and Sciences*, 5—19.

[36] ROSENTHAL S S, STRANGE C W, 2003. Geography, industrial organization, and agglomeration [J]. *The Review of Economics and Statistics*, 85(2).

[37] SMITH J M, 1982. Evolution and the theory of games [M]//SMITH J M. *Did Darwin Get It Right? Essays on Games, Sex and Evolution*. Boston, MA: Springer US.

[38] Young A A, 1928. Increasing returns and economic progress [J]. *Economic Journal*, 38(152).

思考与练习

1. 什么是集聚外部性？马歇尔的集聚三要素有什么特点？如何理解雅各布斯外部性？

2. 请思考：沙滩卖冰棍的故事中，如果有三个小贩，空间均衡如何？四个商贩呢？如果消费者主要集中在沙滩的中部，空间均衡又如何？

3. 核心边缘中的核心是指什么？边缘是指什么？如何理解中国东部是核心、中西部是边缘，北京是核心、天津河北是边缘，金融中心纽约是核心、其他城市是边缘？

4. 如何理解循环累积效应？利用 python 编程演示滚雪球过程。

5. 如何理解报酬递增？如何理解集聚中的运输成本与报酬递增的权衡？

6. 报酬递增主要是随着规模的扩大而导致的平均成本降低的现象，报酬递增（分工）受制于市场规模，而市场规模可以简单地理解为人口及其消费能力或者说人口及其收入，即市场规模＝人口×收入水平，请以世界各国的高铁发展说明之。

7. 运输成本是影响产业集聚的重要因素。如果地区之间的运输成本皆为0，产业集聚会如何？如果运输成本无穷大，产业集聚会如何？

8. 一些企业注册地在天津，而实际运营地在北京，这是什么原因？你所在的城市有这种现象吗？

9. 在中国各地旅游，经常发现很多旅游小商品产自浙江、广东等地，为什么是浙江和广东而不是其他地区？请查阅资料，了解浙江和广东1978年以来的企业发展历程。

10. 在经典和现代集聚理论中，税收都是没有涉及的一个重要因素，请实地调查你所在城市税收对于企业的影响。

11. 历史是影响产业集聚的重要因素。请查阅资料并分析：①科举、基督教进入中国、洋务运动、1952年高校西迁、三线建设对产业集聚的长期影响是什么？②辣椒于明末传入中国，是如何影响中国人的饮食结构的？③日本黑船事件、西方列强殖民非洲、印度种姓制度的长期影响是什么？

12. 试讨论：随着现代信息技术的迅速发展，人们可以召开视频会议而不必车马劳顿去开会，也可以在家里点外卖而不必去超市或餐馆。请思考：现代信息技术下集聚更加突出还是被削弱了？

13. 试讨论：中国人口向东南沿海流动，而中西部地区有更多的开发区，这是匹配还是错配？会产生什么影响？

14. 共享单车已经成为大中城市的一道风景。请问共享单车属于集聚的共享机制吗？

15. 现代通信技术的发展使得远距离学习成为可能，那么人们为什么还要去大学现场学习？

16. 微信、抖音、微博、Facebook、Youtube、WhatsAPP、Instagram等App每月的活跃用户都在10亿人以上，这是什么类型的集聚？如何解释这种集聚？

17. 数字产品往往具有低边际成本特征，除此之外，还具有哪些特征？以大语言模型、各种数字平台为例说明之。

18. 20世纪50年代以来，长江逐渐成为一条重化工业集聚带。请查阅资料，分析各个时期长江产业集聚的原因。

19. 请利用天眼查（www.tianyancha.com）等网站查找企业有关数据，完成下列要求：①查找你所在城市火车站周围5公里的企业；②查找你所在城市开发区所有企业，分析开发区企业主要是制造业还是服务业；③查找你所在城市所有制造业企业，分析制造业空间分布有何特点；④试利用GIS绘制所在城市制造业分布图。

20. 请尝试利用python等软件爬取省会城市有关餐饮类平台排名前10位的餐饮企业名单。它们提供的是本地菜还是其他菜系的菜？

21. 请思考人工智能对集聚和集聚理论的影响。

延伸阅读

[1]（美）克鲁格曼，2002. 地理和贸易[M]. 刘国晖，译. 北京：北京大学出版社，中国人民大学出

版社．

[2]（英）马歇尔，2004．经济学原理[M]．廉运杰，译．北京：华夏出版社．

[3] 王则柯，2011．博弈论平话[M]．北京：中信出版社．

[4] DURANTON G，PUGA D，2004. Micro-foundations of urban agglomeration economies [M]//HENDERSON V，THISSE J F. *Handbook of Regional and Urban Economics*：Vol. 4. Amsterdam，Netherlands：Elsevier.

第四章 产业革命与产业集聚

第一节 产业革命

一、产业革命

产业革命也叫工业革命,迄今人类历史发生了三次产业革命,第一次发生于18世纪60年到19世纪40年代,代表性的国家是英国,蒸汽机、纺织机得到大规模应用,冶金工业获得了发展,热力学原理开始广泛应用。在这一阶段,机器代替了手工劳动,工厂代替了手工工场,农民开始大规模地转变成工人,农村城市化进程大规模展开,机械化使大规模生产成为可能。第二次工业革命发生于19世纪60年到20世纪40年代,发轫于英国和美国,电力、内燃机、石油化工、家电工业成为这一时期的代表,电、电磁学和电动力学原理广泛应用,人类从蒸汽时代进入电气时代。第三次工业革命发生于1950年以来的美国和英国,主要代表性产业为计算机技术、信息与通信技术、航空航天技术、生物医药技术、互联网技术等,人类从电气时代走向信息时代。

第一次工业革命的主要事件为:1733年,英国人凯伊发明了织布的飞梭;1765年,哈格里夫斯又发明了多轴纺纱机(命名为珍妮机,珍妮是哈氏的夫人),珍妮机的发明带动了织布、运输等的发展;1776年,瓦特改良了蒸汽机,蒸汽机开始大量投入使用。至此,机器大规模取代手工劳动,工厂也取代手工作坊,第一次工业革命全面展开。在铁路方面,1802年,英国工程师特里维西克成功制造出一台蒸汽机车,时速为3.9公里;斯蒂文森于1814年制造了一个火车头,又于1829年制造出新的机车——火箭号,顺利从利物浦到达曼彻斯特,利物浦—曼彻斯特铁路也成为世界上第一条完全靠蒸汽机运输的铁路线。在钢铁工业方面,1856年和1861年,贝塞麦转炉炼钢法和西门子平炉炼钢法相继问世。第一次工业革命使得英国在19世纪初成为世界上第一个工业化国家。

第二次工业革命的主要事件为:1831年,英国科学家法拉第发现电磁感应现象,建立了发电机的理论基础;1844年,美国人摩尔斯发明电报;1876年,美国人贝尔发明电话;1882年,美国人爱迪生在纽约曼哈顿建成人类历史上第一个集中供电的照明系统;1879年,德国西门子电气公司在柏林商业展览会上进行了第一次电力机车载人实验,4个月时间共运送了9万多名游客。1806年,瑞士科学家里瓦兹设计了以氢和氧混合物为燃料的内燃机;1860年,比利时人里诺发明煤气发动机;1879年,德国人奥托发明四冲程内燃机;1888年,美国人特斯拉发明电动机;1893年,德国人狄塞尔发明柴油机。第二次工业革命产生了电气、化学、石油、汽车等新兴工业,德国、美国等西方国家成为工业化国家。

第三次工业革命的主要事件为:美国人莫克利和艾克特于1946年发明了世界上第一台计算机"ENIAC",占地170平方米,重达30吨,耗电功率约150千瓦,每秒钟可进行5 000次运算,这是一台电子管计算机;1959年,美国制造出第一台晶体管计算机;1964年,第三代集成电路计算机问世。1957年,苏联发射人类第一颗人造卫星——斯普特尼克1号(Sputnik-1);1958年,美国发射人造卫星;1969年,美国宇航员成功登上月球,人类探月正式开始。1964年,日本新干线开通运行,成为世界上第一个商业运行的高铁系统。1969年,美国国防部高级研究计划局(Advance Research Projects Agency,ARPA)开始建立一个命名为ARPANET的网络,这是互联网的前身。1975年,盖茨与艾伦创办微软,1985年开始发行Windows系列的第一个产品Microsoft Windows1.0。1983年,ARPA的全部计算机完成了向TCP/IP的转换,并在UNIX(BSD4.1)上实现了TCP/IP。1991年6月,Internet商业用户首次超过了学术界用户。2004年,扎克伯格创建Facebook公司,脸谱网成为世界著名的社交网络服务网站。1987年,中国第一封电子邮件发出。第三次工业革命使人类进入计算机与信息化社会,产生了计算机、微电子、航空航天、生物工程等新兴产业。

二、工业革命的影响

马克思和恩格斯说:"资产阶级在它的不到一百年的阶级统治中所创造的生产力,比过去一切世代创造的全部生产力还要多,还要大。自然力的征服,机器的采用,化学在工业和农业中的应用,轮船的行驶,铁路的通行,电报的使用,整个大陆的开垦,河川的通航,仿佛用法术从地下呼唤出来的大量人口——过去哪一个世纪料想到在社会劳动里蕴藏有这样的生产力呢?"而这一切都是工业革命的结果,三次工业革命是人类历史上的伟大事件,特别是第一次工业革命在人类文明史上具有分水岭作用。

(一)促进了人口增长和人类预期寿命提升

如图4.1所示,世界人口在公元1年为1.7亿左右,公元1000年达到2.5亿左右,1500年达到4.3亿左右,1700年达到6.3亿左右,在1700多年里人口增加了不到5亿,增长缓慢,人口处于高出生率、高死亡率、低增长率阶段。第一次工业革命促进了人口的迅速增加,1800年达到9亿,1900年为16亿左右,1950年达到25亿左右,不到200年的时间,人口增加了15亿左右,工业化国家进入高出生率、低死亡率、高增长率阶段。第二次世界大战后,第三次工业革命促使人口进一步膨胀,2000年达到61亿,2010年达到70亿,50年时间里人口增加了45亿左右,发达国家开始进入低出生率、低死亡率、低增长率阶段,发展中国家进入高出生率、低死亡率、高增长率阶段。1949—1978年,中国为高出生率、低死亡率、高增长率阶段,1980年以来,中国开始进入低出生率、低死亡率、低增长率阶段。

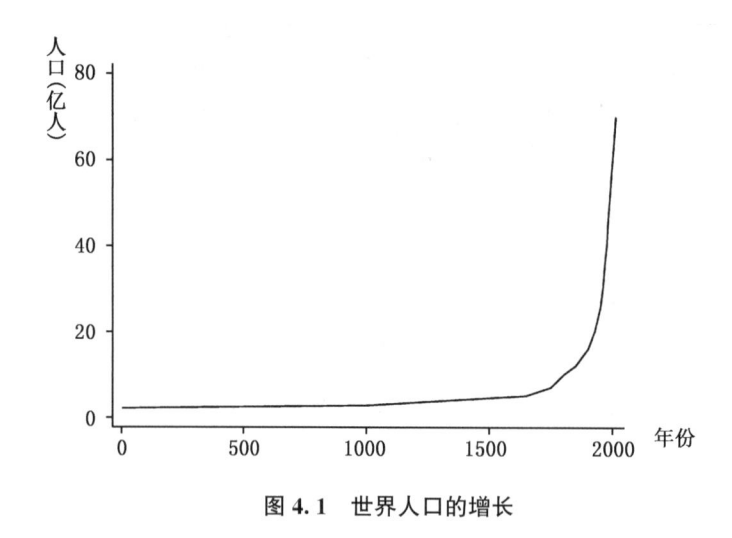

图 4.1 世界人口的增长

工业革命带来的更高的收入和更好的医疗条件,促使世界人口预期寿命增加。2015年,超过80岁的国家或地区共29个,全部属于高收入国家,日本、瑞士、新加坡、澳大利亚、西班牙是世界上预期寿命最长的国家。而预期寿命不到60岁的国家或地区有22个,全部在撒哈拉以南地区。1950—2015年,中国平均预期寿命从41岁提高到76岁。以世界预期寿命最高的日本为例,可以看出工业革命对人口预期寿命的影响。1891—1898年,日本男性平均预期寿命为42.80岁,女性为44.30岁,1947年男性为50岁,女性为53.96岁,2005年则分别达到79岁和86岁。

(二)促进了经济长期增长

第一次工业革命是人类历史的分水岭,经过这次革命,人类告别了传统的农业社会,开始进入工业社会。工业革命带来了经济的长期增长,在工业革命之前的数千年,世界GDP增速一直接近0,长期处于近乎停滞的边缘。工业革命促进了经济的长期增长。人类GDP增长和人均GDP增长的曲线与世界人口增长曲线类似,也是长时间停滞,而后在工业革命后持续增长,人们形象地将这种曲线称为曲棍球曲线(Hockey-stick Diagram)。

现代产业发展是工业革命之后的事情,没有工业革命就没有现代产业的出现和发展,随着第一、二、三次工业革命的发展,新的产业开始出现,一些老的产业开始衰落。

(三)促进了交通运输发展与时空压缩

工业革命促进了交通运输行业的发展,火车、轮船、汽车、飞机等交通运输工具代替了牛马等畜力交通工具。以飞机的发展为例,世界上第一架飞机"飞行者"(Flyer)由美国人赖特兄弟于1903年研制而成功,Douglas DC-3型飞机于1935年投入商业运营,其巡航速度达到346公里/小时,载客量可达30人,2007年投入运行的空客A380巡航速度达到930公里/小时,最大载客量为555人,见表4.1。

表4.1　　　　　　　　　　　　　飞机的发展

飞机类型	商业运营时间	速度	最大巡航里程	载客容量
Douglas DC-3	1935年	346	563	30
Boeing 707-100	1958年	897	6 820	110
Boeing 747-100	1970年	907	9 045	385
Airbus A300	1974年	847	3 420	269
Boeing 747-400	1989年	939	13 444	416
Airbus A380	2007年	930	14 800	555
Boeing 787-8	2011年	1 040	15 700	250

时空压缩的一个表现是旅行时间不断降低。鲁迅先生1920年从北京回老家绍兴共用了86个小时,其中北京—天津、天津—浦口、南京—上海、上海—杭州皆乘火车,杭州—绍兴乘船。1800年,乘船完成这段行程则需要一个多月时间。2018年,乘高铁从北京到绍兴大概需要6个小时;乘飞机从北京到杭州为2个小时,再加上杭州到绍兴的时间,总共3个多小时。2018年从北京到温哥华坐飞机大概12个小时。如果在清末乘轮船,大概需要半年时间,这是中国第一批留学美国的学生所用的时间。如果骑马或步行,则因面临白令海峡的阻碍而根本不可能到达。

时空压缩的一个主要原因是运输成本大规模降低,特别是20世纪以来。20世纪是交通运输模式不断扩展、运输成本大规模降低的100年。以美国为例,1890年铁路运输成本每吨英里为0.185美元,2000年则降为0.023美元,是原来的10%左右。其他运输方式的运输成本也在下降。但是运输成本的相对重要性有增无减,美国进口的货物中,运输费用与关税(中值)之比在1958年为1/2,1965年为1,2004年则达到9(Hummels,2007)。

马歇尔(2004)指出,运输成本的降低让"相距甚远的两地之间的思想自由交流有了新的方便条件时,就会使得那些决定工业地区化分布的种种因素的作用也随之发生变化"。正是时空压缩,为全球商品和人员的大规模流动提供了可能。

(四)大分流

1300 年,中国的人均 GDP 和 GDP 总量都超过欧洲,人均高出欧洲不多,而总量是欧洲的近 2 倍。1700 年,欧洲的 GDP 总量还小于中国,但人均 GDP 超过中国。1820 年,中国的 GDP 总量仍超过欧洲,但人均 GDP 小于欧洲。1952 年,中国人均 GDP 为欧洲的 12.4%,GDP 总量为欧洲的 17.7%(麦迪森,2009)。100 多年时间内,中国已经开始大大落后于欧洲(参见表 4.2)。彭慕兰(2010)认为,工业革命带来大分流,工业化国家走向了富强与繁荣,而没有工业化的国家则处于衰落滞后的境地,自此中国与西欧发展分岔,西欧逐渐代替中国成为世界经济中心,资本主义世界体系形成并逐渐推广到世界各地。

表 4.2　　　　　　　　　　　历史上的 GDP

年份	中国人均 GDP	欧洲人均 GDP	中国 GDP 总量	欧洲 GDP 总量
1	450	550	60	30
960	450	422	59	32
1300	600	576	100	52
1700	600	924	138	100
1820	600	1 090	228.6	184.8
1952	538	4 342	305.9	1 730.7

注:欧洲不包括土耳其和俄罗斯等国家。GDP 按 1990 年国际美元计算。
资料来源:麦迪森(2009)。

也有一种观点是,北宋时期中国生活水平世界领先,1400 年前后被英国超过,1750 年之前全面落后于西欧(李稻葵,2017),也就是说,在工业革命之前,中国已经落后于西欧了,工业革命后,中国更加落后于西欧工业国家。

我们如果把工业革命前后的中西方进行比较,可能更一目了然(见表 4.3):北宋绍兴三年,牛津大学成立;明朝万历十八年,欧洲发明了显微镜;康熙二十六年,牛顿发表三大定律;清朝同治二年,英国建设了世界第一条地铁。

表 4.3　　　　　　　　　　工业革命前后的中西方

1096 年	北宋绍兴三年	牛津大学成立
1225 年	南宋宝庆元年	英国通过《大宪章》
1492 年	明朝万历十八年	哥伦布到达美洲大陆 欧洲发明显微镜 伽利略比萨斜塔自由落体实验
1687 年	清朝康熙二十六年	牛顿发表三大定律

续表

1776 年	清朝乾隆四十一年	亚当·斯密出版《国富论》 《独立宣言》发表,美利坚合众国(美国)成立
1781 年	清朝乾隆四十六年	瓦特改良蒸汽机
1792—1794 年	清朝乾隆五十七年至五十九年	马戛尔尼前往北京见乾隆
1799 年	清朝嘉庆四年	乾隆病逝;乔治·华盛顿病逝
1821 年	清朝道光元年	法拉第发明第一台电动机
1840 年	清朝道光二十年	鸦片战争;美国选举第九任总统
1863 年	清朝同治二年	英国建设世界第一条地铁
1872 年	清朝同治九年	中国第一家股份制企业——轮船招商局成立
1896 年	清朝光绪二十二年	李鸿章访问美国;大清邮政创办

知耻而后勇,知不足而奋力追赶,新中国成立后特别是改革开放的 40 多年,中国基本完成工业化进程。

第二节 产业分类与演化

产业分类是把产业活动及其联系按一定的原则进行分解与组合,是人们认识和掌握产业运行规律的一个重要工具。最常用的也是最著名的是三次产业分类法、标准产业分类法等。

一、产业分类方法

(一)三次产业分类法

费希尔(Fisher,1935)和克拉克(Clark,1940)创立的三次产业分类法奠定了传统产业经济理论的基础,对处于工业化阶段的产业结构演进具有明显的说服力。他们将产业分成三个层次:

第一产业:广义的农业,包括种植业、畜牧业、林业和狩猎业等。

第二产业:工业与建筑业。

第三产业:包括商业、金融、保险、运输、公共事业等,现在也称为服务业。

(二)要素密集(factor intensity)分类法

要素密集是指产品生产中某种要素投入比例的大小。如果某要素投入比例大,称为该要素密集程度高。按要素密集程度,可以将产业划分为劳动密集型、资本密集型、技术密集型、资源密集型产业。劳动密集型产业是指相对其他要素使用劳动力较多的产业,使用资本较多的产业为资本密集型产业,使用技术较多的产业为技术密集型产业,而对自然资源开发利用的产业为资源密集型产业。一个行业的要素密集度不是固定的,如传统农业是劳动密集型产业,而现代化农业则是资本和技术密集型产业。

(三)农业、轻工业和重工业分类法

还有一种产业分类方法将产业分为农业、轻工业和重工业(重化工业)。农业包括种植业、林业、牧业、渔业等;轻工业是指生产生活资料的产业,主要包括食品、纺织、日用化工、文化用品等产业;重工业也称作重化工业,是指生产生产资料的产业,主要包括能源、机械制造、电子、化学、冶金、建筑材料等产业。

(四)标准产业分类法

在科学研究中,常用的是标准产业分类法。标准产业分类法是将三次产业再进行细分,从而得出更详细的产业类型。著名的产业分类标准是 SIC(standard industrial classification),即标准产业分类,这种产业分类标准是北美最先提出和采用的,因而也称作北美产业分类标准。分类标准如表 4.4 所示。

表 4.4　　　　　　　　　　　　标准产业分类

代码(2 字代码)	说　　明
11	农业、林业、渔业、牧业
21	采矿、采石、石油、采气
22	公共设施(utilities)
23	建筑业
31—33	制造业
42	批发贸易
44—45	零售贸易
48—49	运输和仓储
51	信息业
52	金融与保险
53	房地产与租赁
54	职业、科学与技术服务
55	公司与企业的管理
56	行政、支持、废物管理、矫正服务
61	教育服务
62	医疗与社会援助

续表

代码(2字代码)	说　明
71	艺术、娱乐
72	住宿与餐饮服务
81	其他(除公共行政)
92	公共行政

每一个大类又可以分成若干小类,比如制造业,如表 4.5 所示。

表 4.5　　　　　　　　　　　标准产业分类——小类

31—33	制造业
311	食物制造
3111	动物食物制造
31111	狗和猫食物制造
……	

资料来源:http://www.census.gov/eos/www/naics/和 http://www.naics.com/naicsfiles/2012_NAICS_Changes.pdf。

二、产业演化

(一)新产品和产业不断出现

1700 年,人类生产和消费的产品种类不足 1 000 种,2017 年则达到几十亿种,新的产品不断出现,老的产品不断消失。下面是胶卷和传呼机的例子。

1. 胶卷、相机与柯达公司(Kodak)

1881 年,柯达公司创立。1888 年,柯达公司正式推出世界上第一台傻瓜式胶卷相机。1892 年,柯达公司正式命名为伊士曼柯达公司。1900 年,柯达公司推出世界上第一台博朗宁盒式相机。1930 年,柯达公司占据世界摄影器材行业 75% 的份额。1935 年,柯达公司推出彩色胶片,1959 年推出 Starmatic 自动相机,1963 年推出 instarmatic 系列傻瓜相机。1975 年,柯达公司发明世界上第一台数码相机。1976 年,柯达公司发明拜耳绿色器,这时候美国市场 90% 以上的胶卷和约 85% 的相机都是柯达产品。1990 年,柯达公司推出 CCD 数字相机。1997 年,柯达公司市值达到顶峰的 300 亿美元。2000 年以来,无胶卷摄影兴起,手机摄影成为潮流,柯达公司逐渐失去优势,公司业绩一路下滑。2012 年,柯达公司提出破产申请。

2. 传呼机和摩托罗拉公司

1948年,贝尔公司推出世界上第一台传呼机Bell Boy。1983年,中国内地市场第一家寻呼台落户上海,传呼机正式进入中国。1990年,摩托罗拉推出了首台支持中文信息显示的传呼机。1998年,全国寻呼机用户突破6 546万,名列世界第一。1987年,中国第一台手机摩托罗拉3200手机进入市场,手机逐渐替代传呼机。2007年,传呼机几乎完全退出市场,成为一代人的记忆,摩托罗拉公司也逐渐衰落。

3. 手机

1973年4月3日,摩托罗拉公司经理库帕打通了史上第一个移动电话,这部手机是世界上第一款商用手机——摩托罗拉DynaTAC 8000x的原型。随后,手机不断更新换代(参见表4.6),日益成为人们的生活必需品。

表4.6　　　　　　　　　　　　　手机的演变

年　份	演变过程
1973	摩托罗拉Martin Cooper打通了史上第一个移动电话
1987	进入中国市场,摩托罗拉3200
1990	杭州通信设备厂以SKD(主要零组件方式)为摩托罗拉代工
1995	爱立信第一款GSM,GH337 第一款翻盖手机摩托罗拉8900、9900
1996	微软,Windows CE手机操作系统
1999	摩托罗拉第一台折叠手机328C 摩托罗拉CD928第一款全中文手机 诺基亚3210,第一款内置天线机型
2000	诺基亚7110,第一次将手机与互联网相连 摩托罗拉A6188,第一款具有触摸屏的手机 西门子6688,第一款整合MP3、移动存储器功能的手机
2001	爱立信T68,第一款彩屏手机 塞班公司推出Symbian S60操作系统
2002	诺基亚7650,第一款塞班系统智能手机,第一款内置摄像头手机
2003	诺基亚1100,全球销售2亿台 黑莓6230,第一款加密通信智能手机
2007	苹果公司,iOS操作系统和iPhone手机
2008	苹果公司推出iPhone 3G手机 Google,安卓系统(Android)
2010年以来	2010年6月,苹果公司推出iPhone;2012年9月,推出iPhone 5;2014年9月,推出iPhone 6;2016年9月,推出iPhone 7;2017年9月,推出iPhone 8,2019年9月,推出iPhone 11…… 2018年星链(starlink)计划

(二)产业关联

工业革命促进了迂回生产,迂回生产是先生产出资本品,再用这些产品生产消费品。迂回生产延长了生产的价值,提升了产业的效率,产业内部的关联和产业之间的关联得到加强。图 4.2 是一个简单的产业关联的例子,挖煤,发电,炼钢铁和铝,制成各种家电,最后组装到房子里去。

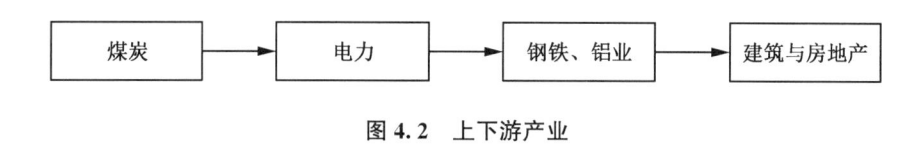

```
┌──────┐   ┌──────┐   ┌──────────┐   ┌──────────────┐
│ 煤炭 │──▶│ 电力 │──▶│ 钢铁、铝业 │──▶│ 建筑与房地产 │
└──────┘   └──────┘   └──────────┘   └──────────────┘
```

图 4.2 上下游产业

在这个例子中,我们称电力行业为钢铁业的上游产业,钢铁业为电力产业的下游产业,钢铁-电力产业关联为前项关联,钢铁-建筑房地产的关联为后项关联。

数字经济加速了产业的融合发展,产业之间的界限越来越模糊。

(三)产业结构的动态演进

马克思(2009)很早就注意到由分工而带来的产业结构演进:"一个民族内部的分工,首先引起工商业劳动同农业劳动的分离,从而也引起城乡的分离和城乡利益的对立。分工的进一步发展导致商业劳动同工业劳动的分离。同时,由于这些不同部门内部的分工,共同从事某种劳动的个人之间又形成不同的分工。"库兹涅茨(Simon Kuznets,1957)对此进行了实证分析,他利用19世纪末到第二次世界大战后的长期数据对美国、英国、法国、德国、加拿大、日本、丹麦、比利时、奥地利、南斯拉夫、匈牙利、芬兰、爱尔兰、荷兰、瑞士、瑞典、葡萄牙、西班牙、印度、南非等国家产业结构进行了分析,他将产业结构分成农业(A部门)、工业(M部门)、服务业(S部门),将这些国家分成7组,研究发现长期内存在这样的趋势:

(1)所有国家,农业部门国民收入比重都在下降;除了南非和新西兰,工业部门国民收入比重都在上升;服务业部门的比重在一些国家上升,在一些国家下降,在同一个国家,有的时期上升,有的时期下降;服务业部门比重下降的国家往往是一些初始的服务业比重高的国家,比重上升的国家是初始的服务业比重低的国家。

(2)除了南斯拉夫和印度,其他所有国家的农业劳动力比重都下降,英国和美国下降得更为厉害;在大多数国家,工业部门劳动力比重都在上升;除了奥地利、加拿大和南斯拉夫,其他国家服务业部门劳动力比重都在上升,而且上升的速度超过工业部门;在服务业部门内部,劳动力就业结构也在发生变化。

库兹涅茨的研究发现被国内一些学者称为库兹涅茨定律,这是不准确的。库兹涅茨主要进行的是实证研究,时间主要是在1950年之前,第二次世界大战后的大部分时期并没有涉及,有些结构变化发生于所有国家,有些结构变化并没有出现在所有国家;

另外,库兹涅茨的研究尺度为国家层面,进行的国家层面的比较分析,对其他尺度的研究如城市并不一定能得出同样的结果。

图4.3是法国、印度、新加坡、韩国的第二产业比重自1960年以来的演变情况。法国的第二产业比重从1960年的22.7%演变为2020年的不足10%;印度的第二产业比重从1960年的15.4%到2020年的14%,60年间一直在15%左右徘徊;而韩国的第二产业在1960年为12%,到1988年增加为27.6%,此后在25%上下徘徊,2011年曾达到28.2%;新加坡的第二产业比重从1961年的10.3%增加到1980年的26.5%,再到2004年的27.1%,此后第二产业比重下降,维持在20%上下。

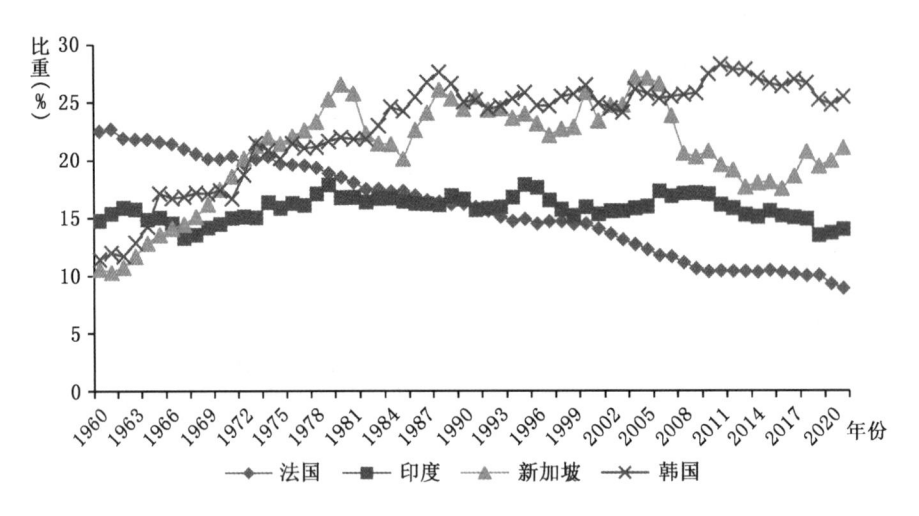

图4.3 法国、印度、新加坡、韩国的第二产业比重演变

资料来源:世界银行。

我们再来看一下美国、日本和OECD的情况(见图4.4)。美国1998年的第二产业比重为15.8%,此后持续下降,2021年为10.7%;日本第二产业比重在1995年为23.5%,此后有所下降,但基本上都在20%以上;而OECD的平均趋势与美国类似,1998年为17.7%,此后下降,2021年为13.4%,基本在13%以上。

(四)数字经济加速产业发展和融合

数字经济是以数字资源为关键要素、以现代信息网络为主要载体的新兴经济。它以人工智能、云计算、大数据等为代表,嵌入社会经济生活的方方面面,催生了新的业态,加速了产业融合,推动了数字贸易的发展。产业数字化和数字产业化使得现代产业在数字经济下更加你中有我我中有你,难以分开。在传统社会中,农业与农民、农村"三农"合为一体;而在现代社会,农业与农民、农村分离,农业成为第一产业,农民成为第一产业工人。在现代服务业中,为生产和制造服务的部分既是服务业的重要组成部分,更是制造业不可或缺的组成部分。在数字经济下,农业成为数字化农业,工业成为数字化工业,服务业成为数字化服务业。

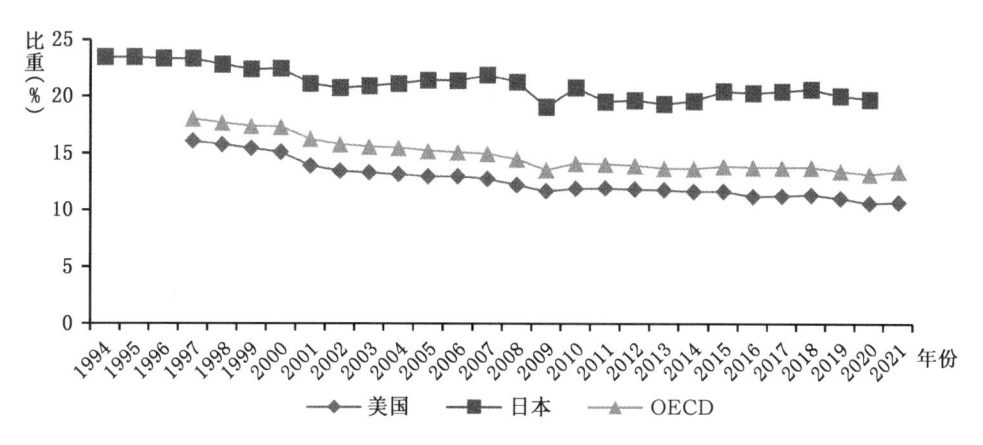

图 4.4　美国、日本和 OECD 的第二产业比重演变

资料来源:世界银行。

第三节　产业集聚形态

集聚形态主要包括企业化经济、地方化经济与城市化经济三种,还有平台经济。企业化经济主要是由于一个企业的规模经济导致的集聚,地方化经济主要是一个产业内部企业之间集聚,而城市化经济是不同产业之间的集聚(McCann,2001)。近年来,随着信息与通信技术的发展,作为一种新的集聚形态的平台经济(platform economy)正在成长,并且对传统的集聚形态产生影响。

一、企业化经济

一些企业因为它们自身庞大的规模,取得了巨大的内部规模报酬,这种单个企业所具有的规模报酬被称为企业化经济(internal returns to scale)。企业化经济具有空间的特征,这是因为它们往往是在特定的区位进行了大规模的投资,将各个生产过程集中于单一的区位内。一家大型的工厂,需要大量的资本和劳动投资于特定的厂区,如中国的钢铁企业上海宝钢、天津滨海新区的空客集装厂、台资鸿海集团在内地兴建的富士康科技园区等。依托并围绕于大型企业,特定区域逐步形成生产和生活等配套较为齐全完善的社区。

二、地方化经济

地方化经济(economies of localization)是在相同的地点,同一产业内部的不同企业(公司、供应商、服务提供商和相关部门)相互作用而产生的集聚经济。这种集聚可以共享不可分的设备,共享劳动力市场和共享风险。一般将地方化经济集聚称为产业集群(industry cluster)。产业集群的概念是波特(Porter,1990)提出并系统论述的。

马库森(Markusen,1996)将产业集群分成四类:马歇尔式、轮辐式、卫星平台式、政府力量依赖式(见表 4.7)。马歇尔式集群主要由中小型当地企业组成,集群内企业的联系密切,集群靠协同提升竞争力;轮辐式集群是有一家或数家大型企业,很多小型供应商为其服务,类似于航空网络中的轮辐式结构;卫星平台式集群是通过中型或大型企业的分支联系形成的集聚状态;政府力量依赖式集群是大的或非营利组织构成的集群,其公共实体与供应商之间的交换关系受到抑制。

表 4.7　　　　　　　　　　　Markusen 集群分类的特征

集群类型	成员企业的特征	集群内部相互关系	集群就业前景
马歇尔式	中小型当地企业	实质性企业之间的贸易与相互合作强的制度支持	依靠集群带来的协同作用(synergies)
轮辐式	一家或数家大型企业 很多小型供应商与服务企业	大企业与更小的供应商合作 通过大型 Hub 型企业	依靠大企业增长前景
卫星平台式	中型与大型企业分支工厂	最小的企业间贸易与网络关系	依靠雇佣和维持分支工厂
政府力量依赖式	大的公共或非营利机构和相关的供应与服务企业	公共实体和供应商之间的买卖关系受到限制	为公用事业依靠区域能力拓展政治支持

资料来源:Markusen(1996)。

马歇尔式产业集群(参见图 4.5)又被称为产业区(industrial districts),这是派克、贝卡蒂尼和森根伯格(Pyke et al.,1990)的著作《产业区和意大利企业之间的合作》基于对"第三意大利"的观察提出的概念,是一种以中小企业为主体的产业集群。

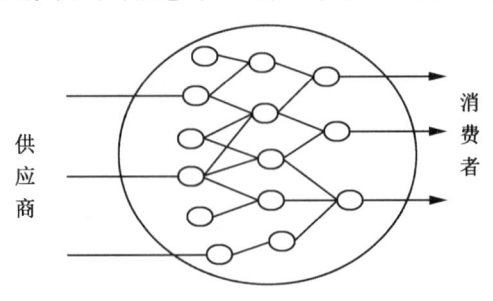

图 4.5　马歇尔式产业集群

资料来源:Markusen(1996)。

轮辐式产业集群(参见图 4.6)一般有几家规模较大的龙头企业,其周边集聚了一大批依托龙头企业进行生产经营的小企业,大型企业与中小企业共存、共生。由于龙头企业规模较大,产值较高,在一个区域往往具有不可替代性,在集群中占据核心地位,掌握权威话语权,表现出比较明显的层级治理特征。

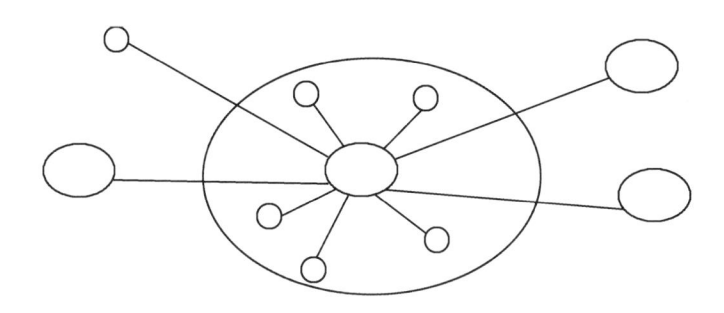

图 4.6 轮辐式产业集群

资料来源:Markusen(1996)。

卫星平台式产业集群(参见图 4.7)是基地在外部的多工厂企业的分厂设施的集合,此类产业集群往往缺乏区内联系或网络,难以共担风险,如果核心企业中途转移,本区域的经济增长将难以可持续发展。例如,一些外商直接投资的区域具有较为明显的卫星平台式特征。

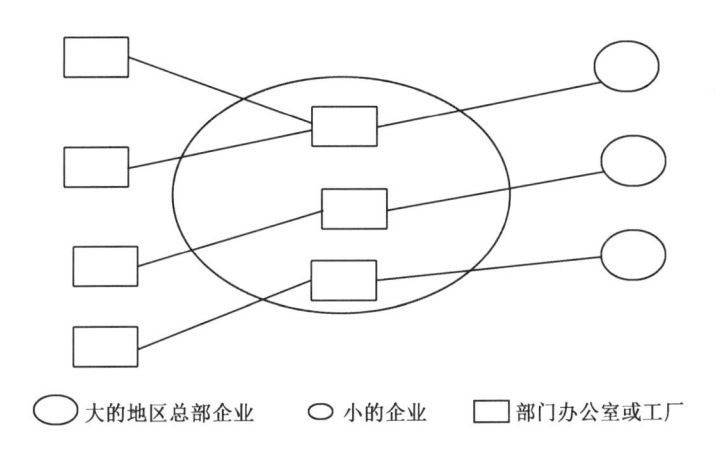

○ 大的地区总部企业　○ 小的企业　□ 部门办公室或工厂

图 4.7 卫星平台式产业集群

资料来源:Markusen(1996)。

政府力量依赖式产业集群依赖于外部力量的作用,不是市场自发选择的结果。一家或多家大型国家机构,如军事基地、国防工厂、武器研究室、大学、政府办公机构等对一个地区的经济发展起到支配作用,地方私营企业之间的合作程度较低,而支配机构与其在区外的供应组织有高度的合作与联系。东北老工业基地、西昌卫星发射中心等具有这样的特征。

马歇尔式产业集群(产业区)由于具有空间临近性、社会文化接近性、中小企业集中、产业专门化等特点,使得产业区具备了降低生产成本和交易费用、提升生产率和提高动态效率等竞争优势(见表4.8)。

表4.8　　　　　　　　　　　　　　　产业区的竞争优势

	空间临近性	社会和文化接近性	中小企业集中	产业专门化
降低生产成本	降低中间产品的运输成本	嵌入当地社会文化,生产环节外包	弹性生产制度	共享劳动力市场
降低交易费用	劳动力的匹配,上下游市场的匹配	关系网络,社会资本等	企业间灵活的关系	供应商选择时的知识技能充分
提升生产率	专门化、基础性的服务	知识的流动,企业家才能的传播	投入品质量和数量的控制	提供给专门化部门的信息服务
提高动态效率	知识的地方性积累	共享风险,共享知识	竞争导致创新	专门化知识的积累

资料来源:卡佩罗(2014)。

三、平台经济

随着信息技术的发展,产生了一种新的商业模式或者说集聚模式,即平台经济。平台经济正成为一种现代的经济生态系统,成为现代经济体系的一个组成部分。平台作为一个消费者和生产者共生的经济生态系统,重塑了整个商业模式。对于消费者来说,通过平台可以方便地获得更多商品与服务的选择,货比三家变成了货比万家;对于生产者来说,借助平台能够提升效率,更容易发现消费者的偏好,从而更好地满足消费者的需求。

平台经济的核心在于平台。平台可以分成许多类型,比如旅游服务型平台、社交平台、软件平台、媒体平台等,见表4.9。

表4.9　　　　　　　　　　　　　　　　平台类型

平台类型	例　子
社交平台	QQ、微信、脸谱网(facebook)、Instagram
交易型平台	淘宝、京东、亚马逊(Amazon)、易贝(ebay)
媒体平台	优酷、油管(Youtube)
旅游服务型平台	爱彼迎(Airbnb)、优步(Uber)、滴滴
软件平台	苹果操作系统、谷歌安卓系统
餐饮服务平台	美团、饿了么

第四节　集聚的测度

测度产业集聚的指标或指标体系有多种,这里介绍几种最常用的指标。假设一个国家有 $N(j=1,2,3,\cdots,M)$ 个地区,有 $M(i=1,2,3,\cdots,N)$ 个部门,x_{ij} 为 j 地区 i 部门的产量或产值或就业数量,则

$$X_i = x_{i1} + x_{i2} + \cdots + x_{iN} = \sum_{j=1}^{N} x_{ij}$$ 为该国 i 部门的产值或就业数量;

$$X_j = x_{1j} + x_{2j} + \cdots + x_{Mj} = \sum_{i=1}^{M} x_{ij}$$ 为 j 地区的产值或就业数量;

$$X = \sum_{j=1}^{M} \sum_{i=1}^{N} x_{ij}$$ 为该国所有地区和部门的总产值或就业数量。

一、均值

均值(mean)是指所有观察值之和除以观察值的数量,即

$$\mu = \frac{X_1 + X_2 + \cdots + X_M}{M} = \frac{\sum_{i}^{M} X_i}{M}$$

为 M 个部门的平均产量。均值(或称作简单的算术平均值)是最典型、最具代表性的集中趋势指标。还有一类均值,叫作几何均值(geometric mean),为了区别开来,而将上述平均值称为算术平均值。几何均值的表达式为:

$$GM = \sqrt[M]{x_1 \cdot x_2 \cdot \cdots \cdot x_M}$$

二、集中度比率

集中度比率(concentration ratio)又称为 CR_n 系数,是指行业或地区中最大的 n 项之和所占的比率。计算公式是:

$$CR_n = \sum_{i=1}^{n} X_i \bigg/ \sum_{i=1}^{N} X_i$$

其中,n 一般取值为 4 或 8,即 CR_4 和 CR_8。CR_4 和 CR_8 在产业组织理论中也常被用来衡量市场结构,是指规模最大的前 4 位和前 8 位企业占整个产业的比例。贝恩(Bain,1959)就曾用此指标来划分市场结构,如表 4.10 所示。

表 4.10　　　　　　　　　　　　　　　贝恩分类方法

	$CR_4(\%)$	$CR_8(\%)$
寡占 1 型	$CR_4 \geqslant 85$	—
寡占 2 型	$85 > CR_4 \geqslant 75$	$CR_8 \geqslant 85$
寡占 3 型	$75 > CR_4 \geqslant 50$	$85 > CR_8 \geqslant 75$
寡占 4 型	$50 > CR_4 \geqslant 35$	$75 > CR_8 \geqslant 45$
寡占 5 型	$35 > CR_4 \geqslant 30$	$45 > CR_8 \geqslant 40$
竞争型	$30 > CR_4$	$40 < CR_8$

资料来源：贝恩(1983)。

三、区位商(Hoover 指数)

区位商(Hoover 指数)定义为：

$$LQ = \frac{x_{ij}/X_i}{X_j/X} = \frac{x_{ij}/\sum_{j=1}^{N} x_{ij}}{\sum_{i=1}^{M} x_{ij}/\sum_{j=1}^{N}\sum_{i=1}^{M} x_{ij}}$$

其中，x_{ij} 是 j 地区 i 部门的产值或就业数量，X_j 是 j 地区所有部门的总产值或就业数量；X_i 是所有地区 i 部门的总产值或就业数量，X 是所有地区的总产值或就业数量。

四、赫芬达尔-赫希曼指数

赫芬达尔-赫希曼指数(Herschman-Herfindah index，HHI)是由美国经济学家赫芬达尔和德国经济学家赫希曼提出的。赫芬达尔-赫希曼指数定义为：

$$H = s_{i1}^2 + s_{i2}^2 + \cdots + s_{iM}^2 = \left(\frac{x_{i1}}{X_i}\right)^2 + \left(\frac{x_{i2}}{X_i}\right)^2 + \cdots + \left(\frac{x_{iN}}{X_i}\right)^2 = \sum_{j=1}^{N}\left(\frac{x_{ij}}{X_i}\right)^2$$

其中，x_{ij} 代表 j 地区 i 部门的产值或就业数量，X 是所有地区 i 部门的总产值或就业数量，$\frac{x_{ij}}{X_i}$ 代表 i 部门在 j 地区的产出或市场份额，N 代表地区数。如果 $H=1$，则所有经济活动集中于 1 个地区，完全集聚；如果 $H=1/N$，则经济活动完全平均地分布于 N 个地区。

五、空间基尼系数

自意大利统计学家基尼在 1912 年提出基尼系数以来，基尼系数成为衡量经济不平等的重要指标，也常用来衡量产业集聚的程度。空间基尼系数是借鉴基尼系数而构建的，i 部门的空间基尼系数为：

$$G = \sum_{j=1}^{N}(s_{ij}-s_j)^2 = \sum_{j=1}^{N}\left(\frac{x_{ij}}{X_i}-\frac{\sum_{i=1}^{M}x_{ij}}{\sum_{j=1}^{N}\sum_{i=1}^{M}x_{ij}}\right)^2$$

其中,$s_{ij}=\frac{x_{ij}}{X_i}$ 为 j 地区 i 部门产值占 i 部门总产值的比重,$s_j=\frac{\sum_{i=1}^{M}x_{ij}}{\sum_{j=1}^{N}\sum_{i=1}^{M}x_{ij}}$ 为 j 地区总产值占整个国家总产值的比重。

六、Ellison-Glaeser 指数

埃利森和格莱泽(Ellison et al.,1997)提出 Ellison-Glaeser 指数。这个指数定义为:

$$\gamma = \frac{G-H(1-\sum_{j=1}^{N}s_j^2)}{(1-H)(1-\sum_{j=1}^{N}s_j^2)}$$

其中, $G = \sum_{j=1}^{N}\left(\frac{x_{ij}}{X_i}-\frac{\sum_{i=1}^{M}x_{ij}}{\sum_{j=1}^{N}\sum_{i=1}^{M}x_{ij}}\right)^2$ 为空间基尼系数,$H = \sum_{j=1}^{N}\left(\frac{x_{ij}}{X_i}\right)^2$ 为 i 部门的赫芬达尔-赫希曼指数,$s_j = \frac{\sum_{i=1}^{M}x_{ij}}{\sum_{j=1}^{N}\sum_{i=1}^{M}x_{ij}}$ 为 j 地区总产值占整个国家总产值的比重。

γ 指数越大,表明产业集聚程度越高,反之越低。E-G 指数比较容易计算,而且对于企业的数量、规模和地理单元的数目具有稳健性,所以,E-G 指数自提出后就被广泛应用于产业集聚的研究中,成为最为常用的研究产业集中与集聚的工具。一般来说,利用 γ 指数测度产业的集中度应遵循以下原则:

(1)γ<0.02,产业分布比较分散;
(2)0.02<γ<0.05,产业分布比较均匀;
(3)γ>0.05,产业分布比较集中。

第五节 中国的产业集聚

一、中国的三次工业化

1840 年以来,中国经历了三次工业化进程,用了近 200 年的时间基本完成了工业

化。2017年,中国工业增加值总量达到28万亿元,超过美国、日本和德国工业增加值之和。中国钢铁工业规模世界第一,年产量超过8亿吨,超过世界其他国家产量的总和;中国的水泥产量世界第一,超过其他国家产量的总和;中国石油和化学工业规模世界第一;中国的煤电设备工业世界规模最大,水电、风电、光伏、核电的设备工业均为世界最大等等。2017年,中国货物进出口总额为27.79万亿元,其中出口货物总额为15.33万亿元,机电产品出口8.95万亿元,占出口货物总额的58.4%,进口货物总额为12.46万亿元,其中原油进口1.1万亿元,天然气进口1 573亿元,铁矿石进口5 175亿元,煤与褐煤进口1 535亿元。

(一)第一次努力:洋务运动与民国时期的工业化

1840年后,中国的大门被帝国主义的坚船利炮打开,中国正式进入近代社会。以富国强兵为目的的洋务运动开始将西方的科学技术特别是工业制造技术引入中国,后来经过1927—1937年的发展,中国不仅能够生产一般的轻工业品,而且可以生产重化工业品,如1867年江南制造局生产出我国第一台车床,1871年福州船政局生产出我国第一台蒸汽机,1929年辽宁迫击炮厂生产出我国第一辆汽车,载重为1.8吨,近代中国已经不是单单生产茶叶、瓷器的国家。

现代交通运输业也获得了发展。1865年,英国人在宣武门外修建小铁路,火车正式输入中国;1876年,英国怡和洋行修建上海至吴淞铁路,这是中国第一条营业铁路,全长14.5公里;1876年,中国修建唐胥(唐山—胥各庄)铁路,全长9.7公里,成为中国自建并运营至今的第一条铁路;到1911年,全国铁路通车里程达到9 618公里;到1949年,全国可通车铁路达21 989公里。邮政电信业务也从无到有发展起来。1896年,大清邮政正式开办;1911年,邮政总长19.05公里;到1933年,全国有邮局12 088所,邮路近47万公里;1935年,全国共有电话局24处,电话线路30多万公里(吴松弟,2015)。

洋务运动的主阵地集中于上海、广州、南京、苏州等沿海地区和长江中下游大中型城市。上述地区在一系列不平等条约的签订过程中,被动冲破了传统封闭政治环境的桎梏,在与外国通商办厂的过程中逐步蜕变为商业口岸,交通便捷,贸易条件优越。例如,清政府于1861—1894年兴办的19家大型军工企业基本分布于沿海沿江地区。表4.11也反映了这一趋势。民国时期的黄金十年(1927—1937年),中国利用列强无暇顾及的空隙全面走向现代化,教育、医疗、卫生、工业等都获得了很大发展,可以说如果没有日本帝国主义的侵略,中国可能就在这一时期完成了工业化进程。

表 4.11 近代中国工业发展

年 份	公 司	成 就
1866	福州船政局	1869年,第一艘千吨级轮船;1871年,第一台蒸汽机;1882年,最大吨位铁肋木壳兵船;1889年,第一艘钢壳网甲军舰;1919年,第一架"甲型一号"双翼水上飞机
1867	江南制造局	中国第一台车床
1879	巧明火柴厂	制造火柴
1887	上海张万祥福记铁工厂	中国第一台轧花机
1889	汉阳铁厂	亚洲最大的钢铁联合企业,1894—1895年外销生铁达 2 965 吨
1906	天津启新洋灰公司	销量达到全国水泥总销量的90%以上
1913	广州协同和机器厂	中国第一台柴油机,烧球式40马力柴油机
1915	上海荣昌泰机器厂	中国第一家机床厂
1918	上海王岳记机器厂	中国第一台万能铣床
1920	上海江南造船厂	第一批共4艘万吨级货轮:"官府"号、"天朝"号、"东方"号、"震旦"号
1924	永利碱厂	"红三角"纯碱和侯氏制碱法
1924	上海新样机器厂	第一台重型柴油机
1929	天津永明漆厂	油漆工业第一个名牌产品
1929	沈阳辽宁迫击炮厂	中国第一辆汽车,65马力,载重为1.8吨
1935	顺德糖厂	中国第一家机械化甘蔗制糖厂
1936	天津昌和工厂	月产900辆26英寸"铁锚"牌自行车

应该指出,这一阶段的中国工业化水平是比较低的,尤其是与工业化国家相比,1936年中国人均煤炭消费量为80千克,而1810年的英国、法国、美国就分别达到了600千克、200千克、250千克;1936年中国人均钢铁产量为1千克,而1760年的英国、法国、美国分别为3千克、2千克、2千克(刘佛丁,1999)。如果以1900年英国的工业化水平为100,则中国1800年工业化水平为8,1860年为4,1900年为3,而相应的日本为7、7、12,美国为4、21、69,见表4.12。洋务运动希望通过官办(国有制)、官商合办(合资企业)、官督商办(承包制),通过模仿西方的技术来实现中国的工业化,它是在"坚持清朝政府的政治垄断,没有司法独立和保护私人企业的法律制度的基础之上展开的,不但是官方对大工业的垄断,而且表现为亦官亦商,官商勾结。虽然中国的工业化进程开始了,但在经历黄金十年后因受到外辱而停止,没有完成整个工业化进程。尽管传统产业始终占据绝对比重,但是相对于传统产业,现代产业中工业和交通运输业的增长率一直远远高于代表传统产业的农业(刘佛丁,1999)。

表 4.12　　　　　　　　　　　　按人口计算的工业化水平

	1800 年	1860 年	1900 年
英国	10	64	100
美国	4	21	69
德国	8	15	52
法国	9	20	39
日本	7	7	12
中国	8	4	3

注:以 1900 年英国的工业化水平为 100。
资料来源:肯尼迪(2013)。

(二)第二次努力:计划经济体制下的重化工业

1949 年,中华人民共和国成立。在比较贫弱的基础上,新中国利用 3 年的时间完成了国民经济的恢复,1952 年,工农业主要产量超过新中国成立前的最高水平。1953 年,中国开始了以重化工业为核心的工业化进程,推行赶英超美的战略,逐步建立起社会主义计划经济体制,这一赶超战略的特点是靠政府对各种资源要素价格的扭曲来降低重工业的投资和生产成本,由政府直接按计划配置资源来保证重工业的发展和生产能够得到所需资源,以及用国有制和对企业微观经营的直接干预以保证企业会按政府的计划生产,林毅夫等(1993)称之为三位一体的发展战略。这一战略是以农产品统购统销、人民公社制度与户口制度为基础,通过工农业产品的价格差为工业提供资本,以牺牲农民利益来取得工业的发展,1951—1978 年农民为工业化提供了 4 340 亿元的净积累(刘守英,2018)。这一时期的工业化取得了很大进展,1953—1977 年,中国工业总产值年均增长 11.3%,1978 年中国工业总产值比重上升至 61.9%,初步建立起比较完整的工业体系,特别是重化工业体系,重要的成就如 1956 年长春第一汽车厂生产新中国第一辆汽车——解放 CA10 中型卡车,1957 年北京客车总厂生产第一款大型客车 BK640,1965 年北京地铁一期工程开建,拉开了中国地铁建设的序幕。然而,过于集中的工业化带来了很多问题。毛泽东(1976)认识到"重工业是中国建设的重点,必须优先发展生产资料的生产,这是已经定了的。但是决不可因此忽视生活,资料尤其是粮食的生产,我们现在的问题,就是还要适当地调整重工业和农业、轻工业的投资比例,更多地发展农业、轻工业"。随后,国家开始实施央地分权、启动"三线建设"、鼓励社队企业等措施。在传统计划经济体制下,不仅存在农轻重工业不协调的问题,更重要的是缺失市场、缺乏企业家,自力更生变成了自我封闭发展,中国 1956—1977 年全要素生产率平均增长低于 0。这种情况随着 1978 年改革开放而得到根本性改变。

(三)第三次努力:基本完成中国工业化进程

20 世纪 80 年代中国工业化的一个特点是乡镇企业的崛起。乡镇企业是以农村集体经济组织或者农民投资为主,在乡镇(包括所辖村)举办的承担支援农业义务的各类企业。乡镇企业最初称为社队企业,1984年改称乡镇企业,同年中央出台4号文件,肯定了农民自主联合办企业和农民个体办企业的行为,实现了乡镇企业的第一次大发展;1992—1993年,在邓小平南方谈话的指引下,乡镇企业迎来第二次大发展。1980—1990年,乡镇企业数增长了12.2倍,就业人数增长了2.1倍。1978年,社队企业总产值相当于当年农业总产值的37%左右。1987年,乡镇企业产值合计增加到4 854亿元,相当于农业总产值的104%,超过了农业总产值。到2007年,乡镇工业增加值达47 800亿元,占全国工业增加值的46.5%,而在1978年,这一比重只有9.95%。江苏、浙江、山东、福建和广东成为乡镇企业最为发达的地区,江苏乡镇企业还创造了著名的苏南模式。中国乡镇企业发展的一个重要原因是国家给予农村土地进行工业化的权利,土地与工业化实现了较为良性的互动,1985—1995年集体建设用地使用量超过城市建设用地数量。乡镇企业打破了国有经济主导的国民经济格局。

从20世纪90年代中期开始,由于来自外资企业和民营企业的竞争加剧,且乡镇企业本身的产权模糊导致激励不足,也由于分税制改革、国有商业银行改革、要素市场化改革和土地制度改革的滞后等原因,乡镇企业政策优惠丧失,开始走向衰落(白苏珊,2009)。

乡镇企业转型的同时,外资企业和民营企业开始崛起。其一,中国对外贸易全面发展,贸易总额从1978年的355亿元增加到1990年的5 560亿元,再到2000年的39 273亿元、2015年的245 502亿元。其二,中国成为外商直接投资的主要目的地。其三,民营企业开始崛起。民营企业的主要来源之一是乡镇企业,1998年,乡镇企业中个体私营企业共有1 897万家,从业人员7 706万人,分别占94.68%、61.47%;此外,也有部分民营企业由地方国有企业和集体体制改制而来。民营企业的特征可概括为"56789":"5"就是民营企业对国家的税收贡献超过50%;"6"就是国内民营企业的国内生产总值、固定资产投资以及对外直接投资均超过60%;"7"就是高新技术企业占比超过了70%;"8"就是城镇就业超过80%;"9"就是民营企业对新增就业贡献率达到了90%(冉万祥,2017)。2022年,我国民营企业数量达4 700多万家,其中上市公司超过3 000家。较低的工人工资成为中国工业化进程的重要特征,而中国的产业工人主要来自农民工,农民再次为中国工业化做出了巨大贡献。

20世纪90年代中后期,中国的重化工业再次获得了发展,有些地区的重化工业比重超过了1978年。进入21世纪,中国现代服务业发展迅速,第三产业增加值开始提升。图4.8列出了中国三次产业对GDP的贡献率。1990之前第一产业对GDP的贡献率相对较大,有的年份达到40%,1990年后农业对GDP的贡献均低于10%;第二产业对GDP的贡献率一直较大,除个别年份外均保持在40%以上,有的年份达到

60%以上;第三产业的贡献率在2000年之前低于40%,2000年后,第三产业获得发展,贡献率提升,2015年开始超过第二产业,达到52.9%。

1995年后中国工业化和重工业加快发展以及外商直接投资快速发展,皆与1994年的分税制改革有关。分税制带来两个变化:第一,地方政府特别是东部地区大力发展工业园区,吸引外商直接投资,开发区最高时达7 000个,有国家级开发区、省级开发区、市县级开发区、县级开发区等;第二,随着1998年的房地产改革,地方政府相互学习、借鉴,并逐步精通利用以地生财的土地财政来进行城市建设。

在中国工业化进程中,产业结构发生了根本性转变。1970年,中国第二产业产值超过第一产业;1985年,第三产业比重超越第一产业;2012年,第三产业超越第二产业。现代产业体系已经形成,见图4.8。

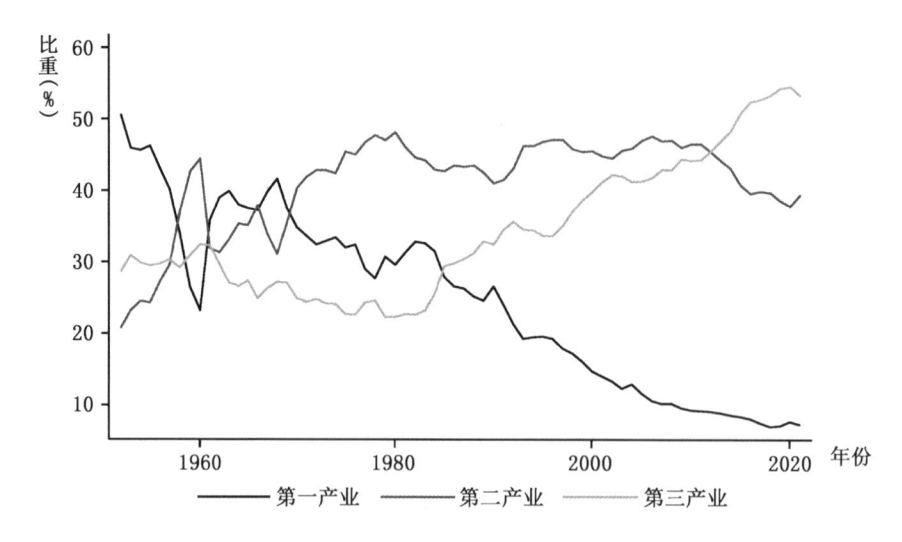

图4.8 中国产业结构的变化

资料来源:根据相关年份《中国统计年鉴》绘制。

2010年,中国制造业总产值在世界制造业总产值中占比19.8%,首次超过美国的19.4%,成为世界第一制造业大国。中国2021年GDP为114万亿元,居世界第二位,中国第二产业产值和制造业规模居世界第一,并且建成了世界最大的高速铁路网、高速公路网和完善的现代产业体系,以及比较发达的机场、港口、水利、能源、信息等基础设施。1978年以来的对外开放、市场化改革、企业家与企业家精神的涌现、民营经济的发展等因素助推中国基本完成工业化进程,中国成为世界工厂,正向着世界制造强国和经济强国迈进。中国工业化的完成得益于对外开放和市场经济,中国世界工厂和世界制造强国的维持和发展也离不开对外开放和市场经济,这就是一条中国产业发展的经验。

二、三次工业化下的产业集聚

(一)第一次产业集聚：沿海地区

近代中国产业发展的特点是沿海集聚，特别是高度集中在长江三角洲地区，以1933—1938年的工厂分布为例（如图4.9所示），长三角占全国总数的近60%，而其中上海集聚又是一枝独秀，占全国的30%左右，上海已经成为中国经济最发达的城市，这种地位虽然在以后的岁月几经沉浮，但一直难以撼动。

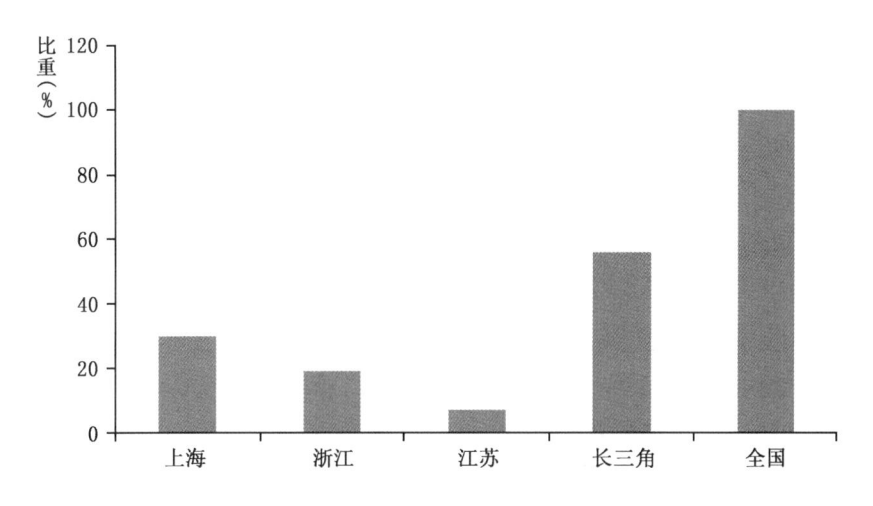

图4.9　1933—1938年全国工厂分布情况

资料来源：陈真(1961)。

(二)第二次产业集聚：试图西进

1949—1980年中国产业集聚的特点是中西部倾向，大量的工厂和人员被迁移到中西部，是中华人民共和国成立后第一次西部大开发。这段时间，国家确立了三线战略，即将全国划分为一线、二线和三线地区：

一线是沿海与边疆省区，包括北京、上海、天津、辽宁、黑龙江、吉林、新疆、西藏、内蒙古、山东、江苏、浙江、福建、广东等。

三线包括西南三省（四川、云南、贵州，含重庆）、西北四省（陕西、青海、甘肃乌鞘岭以东、宁夏），以及京广线以西的河北、河南、湖北、湖南的部分，以及广西的河池地区和山西雁门关以南等，共13个省区。

二线是一线和三线的中间地带。

1964—1980年间，国家在三线地区共审批1 100多个大中型工矿企业、科研单位和大专院校，包括：攀枝花钢铁集团，酒泉钢铁集团，金川有色冶金基地，酒泉航天中心，西昌航天中心，葛洲坝、刘家峡等水电站，六盘水工业基地，渭北煤炭基地，成昆、襄渝、川黔、阳安、青藏(西格段)等铁路干线,贵州、汉中航空工业基地,川西核工业基地,长江中上游造船基地,四川、江汉、长庆、中原等油气田,重庆、豫西、鄂西、湘西常规兵器工业基地,湖北中国第二汽车厂、东方电机厂、东方汽轮机厂、东方锅炉厂等制造基地,中国西南物理研究院、中国核动力研究设计院(陈东林,2007)。表4.14列示了这段时期三线地区的工业发展情况。

表4.14　　　　　　　　　　　1964—1980年三线地区的工业发展

行　业	地　区
钢铁工业	攀枝花、酒泉
有色金属	四川、陇西
煤炭工业	四川綦江、珙县,云南永仁宝顶山、宣威羊场,贵州六枝、盘县、水城,甘肃窑街,宁夏石炭井、汝箕沟,青海大通,陕西蒲城等12个矿区
电力工业	四川映秀湾、龚咀、夹江,重庆,云南以礼河、绿水河,甘肃刘家峡,贵州贵阳、清镇,陕西宝鸡
机械工业	四川成都主要接收轻工业、电子工业及飞机制造业,绵阳、广元接收核工业与电子工业,重庆为常规兵器制造基地,贵州贵阳主要接收光电工业,安顺主要接收飞机工业

资料来源:陈东林(2007)。

近20年的三线建设取得了初步进展,促进了中西部的工业发展和集聚。1952年,西部工业总产值仅占全国比例的9.61%。1964年三线建设开始时,全国14个百万人口以上的大城市集中了约60%的主要民用机械工业和52%的国防工业。到了1978年,西部工业总产值已占全国的13.26%,其中重工业占14.76%。

三线建设是新中国成立后第一次大规模的西部开发,是计划经济和对当时世界政治经济考量的产物,产业布局遵循"山、散、洞"原则,缺乏对集聚经济效率的考量,这种情况在1978年后迅速得到改变。

(三) 第三次产业集聚:重回沿海

1978年以来,中国经济获得了大发展出现了中国的奇迹;中国的产业发展也重归沿海集聚,主要表现为:一是中国制造业加速向沿海集聚进程,二是招商引资步伐加快FDI集中于东部明显,三是高端产业集中于大城市,特别是东部大城市。

1. 沿海集聚

中国制造业沿海集聚趋势明显,以分行业地理集中度前五位省市来看,中国东部地区广东、江苏、山东、浙江、上海是产业集聚密集地区,而中西部省份在一些特殊的资源性产业如烟草、矿产等领域才排得上名次。

随着沿海地区加快经济结构的优化调整和产业的升级换代,内陆地区逐步承接沿海地区的产业转移,以农副食品加工、纺织、服装等为代表的劳动密集型产业开始转移,行业空间基尼系数呈下降趋势,而对技术和智力要素依赖较大的制造业如医药制造、化学纤维、专用设备制造、高新技术空间集聚并未发生太大改变,甚至集聚的趋势更加明显,主要集中在北京、上海、广州、深圳、成都、重庆、天津、武汉、杭州、苏州、无锡等城市(参见表4.15)。

表4.15　　　　　　中国制造业分行业地理集中度前五位省市

行业及编码	2004年	2010年	2015年
农副食品加工业C13	山东、河南、江苏、广东、辽宁	山东、河南、辽宁、四川、江苏	山东、河南、湖北、辽宁、江苏
食品制造业C14	山东、广东、河南、福建、河北	山东、河南、广东、福建、四川	山东、河南、广东、天津、福建
饮料制造业C15	山东、四川、江苏、河南、安徽	四川、山东、河南、湖北、广东	四川、湖北、河南、山东、广东
烟草制品业C16	云南、河南、贵州、湖北、安徽	云南、河南、湖南、山东、贵州	云南、上海、湖南、湖北、广东
纺织业C17	江苏、浙江、山东、广东、河南	江苏、浙江、山东、广东、河南	山东、江苏、浙江、广东、河南
纺织服装、鞋、帽制造业C18	广东、江苏、浙江、福建、山东	广东、江苏、浙江、福建、山东	江苏、广东、浙江、山东、福建
造纸及纸制品业C22	山东、广东、浙江、河南、江苏	广东、山东、浙江、江苏、河南	山东、广东、江苏、浙江、河南
石油加工、炼焦及核燃料加工业C25	山西、山东、辽宁、黑龙江、河北	山西、山东、辽宁、黑龙江、河北	山东、辽宁、广东、江苏、河北
化学原料及化学制品制造业C26	江苏、山东、广东、湖南、浙江	江苏、山东、广东、湖南、浙江	山东、江苏、广东、浙江、湖北
医药制造业C27	山东、江苏、河南、浙江、广东	山东、江苏、浙江、河南、广东	山东、江苏、河南、广东、四川
化学纤维制造业C28	江苏、浙江、山东、辽宁、河南	江苏、浙江、山东、辽宁、福建	江苏、浙江、福建、山东、四川
交通运输设备制造业C37	浙江、江苏、湖北、山东、重庆	江苏、浙江、山东、广东、湖北	江苏、山东、重庆、浙江、广东
非金属矿物制品业C31	山东、广东、河南、江苏、河北	山东、河南、广东、江苏、福建	河南、山东、江苏、广东、辽宁
黑色金属冶炼及压延加工业C32	河北、辽宁、江苏、山西、山东	河北、辽宁、江苏、山东、四川	河北、江苏、山东、辽宁、天津
有色金属冶炼及压延加工业C33	河南、甘肃、山东、广东、江苏	河南、江苏、山东、广东、湖南	山东、江西、江苏、广东、广东
金属制品业C34	广东、江苏、浙江、山东、上海	广东、江苏、浙江、山东、上海	山东、广东、江苏、河北、浙江
通用设备制造业C35	江苏、浙江、山东、上海、广东	江苏、浙江、山东、上海、广东	江苏、山东、浙江、上海、广东
专用设备制造业C36	江苏、山东、广东、河南、浙江	江苏、广东、山东、浙江、河南	山东、江苏、河南、湖南、辽宁

续表

行业及编码	2004 年	2010 年	2015 年
电气机械及器材制造业 C39	广东、浙江、江苏、山东、上海	广东、江苏、浙江、山东、上海	江苏、广东、山东、浙江、安徽
通信设备、计算机及其他电子设备制造业 C40	广东、江苏、上海、浙江、福建	广东、江苏、上海、浙江、山东	广东、江苏、上海、山东、四川
仪器仪表及文化、办公用机械制造业 C41	广东、江苏、浙江、上海、福建	广东、江苏、浙江、福建、上海	江苏、广东、山东、浙江、河南

2.500 强企业主要分布在东部地区

表 4.16 列出了 2017 年和 2022/2021 年中国企业 500 强的分布，北京、江苏、广东、山东和浙江五省市共有 302 家进入中国企业 500 强，比重超过了 60%，其中北京的数量为 100 家，占 20%。此外，北京自 2013 年后还成为世界 500 强企业总部最多的城市。西藏和海南均未有企业进入中国企业 500 强。再看中国民营企业的分布。2017 年浙江、江苏、山东、广东四省进入民营企业 500 强的企业数量为 312 家，占据总数的 62.4%，西藏、贵州、甘肃、海南四省区为 0，而云南、新疆、黑龙江数量为 1。2017 年纳税总额超过 300 亿元的 6 家企业——华为、万科、恒大、碧桂园、吉利、万达，均在东部地区。2022 年中国企业 500 强和 2021 年中国民营企业 500 强数据与 2017 年基本一致。

表 4.16 中国企业 500 强分布

省区市	2017 年 企业 500 强（家）	占比（%）	民营企业 500 强（家）	占比（%）	2022/2021 年 企业 500 强（家）	占比（%）	民营企业 500 强（家）	占比（%）
北京	100		15		88		22	
广东	51		60		59		61	
上海	29		18		31		21	
江苏	52		86		44		92	
山东	51	75.8	73	79.9	50	74	53	80
浙江	48		93		46		96	
河北	24		24		23		33	
福建	10		20		19		17	
天津	7		7		6		6	
辽宁	7		6		4		4	

续表

省区市	2017年 企业500强（家）	占比（%）	民营企业500强（家）	占比（%）	2022/2021年 企业500强（家）	占比（%）	民营企业500强（家）	占比（%）
湖北	10	11.2	15	10.7	13	11.2	16	10.8
山西	9		5		8		5	
安徽	12		4		9		5	
河南	10		15		11		12	
江西	6		6		8		6	
湖南	7		7		6		7	
吉林	2		2		1		3	
陕西	7	13	5	9.4	10	14.8	5	8.2
四川	13		8		15		8	
重庆	13		14		12		13	
云南	7		1		7		1	
甘肃	5		3		6		0	
广西	6		2		7		3	
新疆	4		3		7		3	
内蒙古	3		7		4		4	
黑龙江	3		1		1		1	
宁夏	2		3		1		2	
贵州	1		0		3		1	
青海	1		0		1		0	

资料来源：中国企业500强发布会。

3. 产业集群主要集中在东部

中国产业群比较有特色的是广东省和苏南的专业镇、浙江省的块状经济、京津地区的专业街、FDI集群，还有一些社会网络集群。

广东省的专业镇以广州市狮岭镇的皮具集群、东莞市虎门镇的服装集群、珠海市平沙镇的游艇产业集群、汕头市谷饶镇的纺织业集群、惠州市黄埔镇的制鞋业集群而闻名。此外，还有东莞的电子信息代工产业集群，"东莞塞车，全球缺货"，一度被用来形容作为"世界工厂"东莞代工制造业的盛况；以及东莞市塘厦镇的高尔夫集群，全世界60%以上的高尔夫产品由塘厦镇制造。

苏南的专业镇也很有名。费孝通(1983)调研发现，吴江的小城镇分为五种类型：第一种类型是作为农副产品和工业品集散中心的震泽镇，第二种类型是作为纺织工业中心的盛泽镇，第三种类型是作为地方政府所在地的政治中心的松陵镇，第四种类型是作为消费、休闲和游览的文化中心的同里镇，第五种类型是作为地方交通枢纽中心的平望镇。现在最著名的当数昆山市的台资企业集群，昆山台资占全国台资总量的1/9，是全国台资最密集的县级市。还有丹阳市的眼镜产业集群，丹阳是世界最大镜片生产基地、亚洲最大眼镜产品集散地。

浙江的块状经济是浙江特色的产业集群，如温州的打火机集群、黄岩的模具集群、玉环的水暖阀门集群。另外，桐庐形成快递业集群，"三通一达"(圆通、申通、中通、韵达)均来自桐庐。义乌吸引大批阿拉伯商人入驻，大量的义乌商品经由他们进入中东市场，形成了独特的阿拉伯商贸集群。诸暨形成以大唐镇为中心，辐射周边乡镇，年产袜子近亿双的产业集群，为全球最大的袜子生产基地。

4. 数字经济发展

数字经济正在从根本上改变着人类生产生活和社会组织方式，成为重组全球要素资源、重塑全球经济结构、改变全球竞争格局的重要力量。中国1987年发出第一封电子邮件，邮件标题是"越过长城，走向世界"。从1996年起，中国陆续建成并开通ChinaNET全国骨干网、中国教育科研网(CERNET)、中国科学院科技网(CSTNET)、中国金桥网(ChinaGBN)。2005年中国网民人数超过1亿人；2022年中国网民人数超过10亿人，互联网普及率超过70%，移动电话用户总数超过16亿户，建成全球最大的光纤和移动宽带网络，拥有世界上著名的华为、百度等高科技公司和腾讯、抖音、美团、淘宝等平台公司，见表4.17。

表 4.17   中国数字经济发展

1987年9月20日	中国发出第一封电子邮件，邮件标题是"越过长城，走向世界"
1993年3月	中国科学院高能物理研究所接入国际互联网，开通了国内接入国际互联网的首条专线
1994年4月20日	中国开通64K国际专线，与国际互联网接轨，运行TCP/IP协议
1994年5月15日	中国科学院高能物理研究所设立了国内首个Web服务器，并推出中国首个网页
1996年	ChinaNET全国骨干网建成并开通，中国教育科研网(CERNET)、中科院科技网(CSTNET)、中国金桥网(ChinaGBN)陆续建成
1996年8月	搜狐公司前身——爱特信公司成立
1998年11月	腾讯公司成立，QQ走向前台
1999年3月	阿里巴巴公司成立

续表

2000 年	新浪、搜狐和网易在纳斯达克上市
2005 年 6 月 30 日	中国网民规模突破 1 亿人
2006 年	《时代》周刊年度风云人物:网民
2008 年 6 月	中国网民总人数达到 2.53 亿,超过美国
2010 年 3 月 23 日	谷歌宣布退出中国搜索市场
2013 年 12 月 4 日	工业和信息化部发放 4G 牌照
2014 年 9 月 19 日	阿里巴巴在纽约证券交易所上市
2016 年 3 月 9 日	阿尔法狗战胜围棋世界冠军李世石
2018 年	微信全球月活跃用户数突破 10 亿
2019 年 2 月 24 日	华为发布首款 5G 折叠屏手机 Mate X
2022 年	中国网民规模超过 10 亿,使用手机上网的比例达 99.6%

新中国成立后,国家产业集聚在 1978 年之前是以计划经济为主导,受国家经济政策的影响因素为主,1978 年之后随着市场经济的发展,产业集聚逐步由市场机制起作用。产业集聚在两个时期呈现不同的特点。处理好沿海与内地的关系始终是产业布局政策的重要问题,"好好地利用和发展沿海的工业老底子,可以使我们更有力量来发展和支持内地工业。如果采取消极态度,就会妨碍内地工业的迅速发展。所以这也是一个对于发展内地工业是真想还是假想的问题。如果是真想,不是假想,就必须更多地利用和发展沿海工业,特别是轻工业"。毛泽东主席在 1956 年的这段话为沿海与内地的关系做了注脚。

参考文献

[1] (德)马克思,恩格斯,2009. 马克思恩格斯文集:第 1 卷[M]. 中共中央马克思恩格斯列宁斯大林著作编译局,译. 北京:人民出版社.

[2] (德)希弗尔布施,2018. 铁道之旅:19 世纪空间与时间的工业化[M]. 金毅,译. 上海:上海人民出版社.

[3] (美)白苏珊,2009. 乡村中国的权力与财富:制度变迁的政治经济学[M]. 郎友兴,方小平,译. 杭州:浙江人民出版社.

[4] (美)波特,2005. 竞争优势[M]. 陈小悦,译. 北京:华夏出版社.

[5] (美)里夫金,2012. 第三次工业革命:新经济模式如何改变世界[M]. 张体伟,孙豫宁,译. 北京:中信出版社.

[6] (美)奈,2017. 百年流水线:一部工业技术进步史[M]. 史雷,译. 北京:机械工业出版社.

[7] (美)彭慕兰,2010. 大分流:欧洲、中国及现代世界经济的发展[M]. 史建云,译. 南京:江苏

人民出版社.

[8](美)钱纳里,鲁宾逊,赛尔奎因,1989.工业化和经济增长的比较研究[M].吴奇,王松宝,等,译.上海:上海三联书店.

[9](英)肯尼迪,2013.大国的兴衰:1500—2000年的经济变革与军事冲突[M].王保存,王章辉,余昌楷,译.北京:中信出版社.

[10](英)马歇尔,2004.经济学原理[M].廉运杰,译.北京:华夏出版社.

[11](英)麦迪森,2009.世界经济千年统计[M].伍晓鹰,施发启,译.北京:北京大学出版社.

[12]陈东林,2007.三线建设:离我们最近的工业遗产[J].党政论坛,(2).

[13]陈真,1961.中国近代工业史资料:第四辑[M].北京:生活·读书·新知三联书店.

[14]费孝通,1983.乡土中国 生育制度[M].北京:北京大学出版社.

[15]李稻葵,2017.北宋领先世界,清代落后西欧——中国古代经济发展研究告诉我们什么?[J].新财富,(10).

[16]林毅夫,蔡昉,李周,1993.论中国经济改革的渐进式道路[J].经济研究,(9).

[17]刘佛丁,1999.近代中国的经济发展史[M].北京:高等教育出版社.

[18]刘守英,2018.城乡中国的土地问题[J].北京大学学报(哲学社会科学版),55(3).

[19]毛泽东,1976.论十大关系[M].北京:人民出版社.

[20]毛泽东,2012.毛泽东文集:第7卷[M].北京:人民出版社.

[21]冉万祥,2017.民营企业的作用和贡献可以用"56789"来概括[Z/OL].https://www.12371.cn/2017/10/21/ARTI1508561697815610.shtml.

[22]吴松弟,2015.中国近代经济地理:绪论和全国概况[M].上海:华东师范大学出版社.

[23]吴晓波,2017.激荡三十年[M].北京:中信出版社.

[24] BAIN J S,1959. *Industrial Organization*[M]. New York:Wiley.

[25] ClARK C,1940. *The Conditions of Economic Progress*[M]. London:Macmillan.

[26] DURANTON G,OVERMAN H,2005. Testing for location using micro-geographic data[J]. *Review of Economic Studies*,72.

[27] ELLISON G,GLAESER E,1997. Geographic concentration in U. S. manufacturing industries:A dartboard approach[J]. *Journal of Political Economy*,1997,105.

[28] ELLISON G,GLAESER E,1999. The geographic concentration of an industry:Does natural advantage explain agglomeration[Z]. *American Economic Association Papers and Proceedings*,89.

[29] FISHER A G B,1935. The clash of progress and security [J]. (No Title).

[30] HENDERSON J V,2003. Marshall's scale economies[J]. *Journal of Urban Economics*,53.

[31] HUMMEL S D,2007. Transportation costs and international trade in the second era of globalization[J]. *Journal of Economic Perspectives*,21(3).

[32] KUZNETS S,1957. Quantitative aspects of the economic growth of nations:Ⅱ. Industrial distribution of national product and labor force[J]. *Economic Development and Cultural Change*,5(4),Supplement.

[33] MARKUSEN A,1996. Sticky places in slippery space[J]. *Economic Geography*,72(3).

[34] MCCANN P,2001. *Urban and Regional Economics*[M]. Oxford:Oxford University Press.

[35] MORETTI E,2003. Human capital externalities in cities[M]//HENDERSON J V,THISSE J F. *Handbook of Regional and Urban Economics*:Vol. 4. New York:North Holland.

[36] PORTER M E,1990. *The Competitive Advantage of Nations*[M]. London:Palgrave Macmillan.

[37] PYKE F,BECATTINI G,SENGENBERGER W,1990. *Industrial Districts and Inter-firm Co-operation in Italy*[M]. Geneva,Switzerland:International Institute for Labour Studies.

[38] YANKNOW J J,2006. Why do cities pay more? An empirical examination of some competing theories of the urban wage premium[J]. *Journal of Urban Economics*,60.

思考与练习

1. 请查阅资料，了解三次产业革命产生的背景及其影响。为什么第一次产业革命发生于英国？有人认为第四次工业革命已经来临，有人认为刚刚进入工业4.0时代，你认为呢？

2. 创新往往是革命性破坏过程，产业迭代往往也不可预测。请以Android/iOS取代Windows、苹果战胜IBM、谷歌在搜索引擎中独树一帜说明之。

3. 三次产业结构如何划分？SIC如何划分产业结构？请以数字经济为例，阐述产业发展演变历程及其对社会经济发展的影响。

4. 有人认为存在夕阳产业；而有人认为不存在夕阳产业，只存在夕阳产品。你支持谁的观点？请以数据说明。

5. 有人以第三产业比重作为产业结构高级化的指标，但第三产业包括的范围很广，有现代服务业，也有传统服务业，请回答：①产业有高级与低级之分吗？②如果存在高级化，以第三产业比重为指标是否可行？

6. 什么是企业化经济、地方化经济、平台化经济？

7. 平台经济作为一种集聚模式，有什么特点？试以淘宝、京东、美团等平台经济为例说明之。

8. 随着信息技术和数字经济的发展，产业发展升级换代，第二产业中机器人代替人工、无人工厂等渐成重要的模式，在此背景下，第二产业就业人口不增反减。请回答：①以就业人口来度量产业发展是否还有意义？②在新情形中，可以发展什么产业来促进就业？

9. "锄禾日当午，汗滴禾下土"是对传统农民和农业的写照。随着信息技术和数字经济的发展，互联网、物联网、无人机等应用于农业，促进了农业的数字化发展。请完成下列任务：(1)回答问题：①这时候的农业还是第一产业吗？②如果不是第一产业，那么农业是第几产业呢？(2)再举几个信息与数字经济改造传统产业的例子。

10. 请计算1978年以来中国产业集聚指数(空间基尼系数和EG指数)以及京津冀地区、长三角地区、珠三角地区的产业集聚指数，了解中国产业集聚的演变过程。

11. 如何评价洋务运动？洋务运动是否促进了中国的工业化进程？洋务运动是否促进了近代工业集中地的工业增长和经济增长，特别是民营企业的发展？试以数据说明之。

12. 如何全面评价三线建设？三线建设对于当时的中国产业分布有何影响？对于现在的中国

产业分布又有何影响？试以数据说明之。

13. 企业家是中国工业化进程的重要推动力量之一。请查阅资料，了解中国民营企业 20 强的企业家及其创业过程。

14. 当某种产业在一座城市中占据突出位置，则形成产业发展中的"一业独大"现象，该城市也成为高度专业化城市。"一业独大"城市主要有两类：一类是自然资源路径依赖型城市，如石油城、煤炭城等；另一类是源自历史的路径依赖型城市，如长春市，汽车制造业是长春市的第一大产业，2021 年长春汽车工业产值为 6 143 亿元，占全市工业总产值的 70.3%。请进一步查阅资料，完成下列任务：①再举出几个城市"一业独大"的例子；②分析"一业独大"有何优势，有何风险。

15. 在"十四五"规划中，各省(区、市)产业发展呈现一定程度的雷同现象，例如，29 个省(区、市)要发展新一代信息技术产业，29 个省(区、市)要发展新能源产业，25 个省(区、市)要发展新能源汽车产业，具体见下表：

规划发展产业	省(区、市)个数
新一代信息技术产业	29
生物医药产业	27
高端装备制造	27
新材料产业	30
新能源产业	29
新能源汽车产业	25
节能环保产业	26
数字创意产业	30

请回答：①你如何看待上述现象？②地方政府的产业规划能否引领地方产业的发展？

16. 请查阅资料，了解苏州的台资集群和生物制药集群、东莞的电子产业集群、杭州的数字经济集群，完成下列任务：①分析它们各自的特点以及影响它们发展的因素；②实地调研它们中是否有企业迁移到东南亚或印度，试分析其中的原因。

17. 2022 年中国的粗钢产量为 10.34 亿吨，占世界的 53.9%，排名第二至第四位的分别为印度、日本、美国，产量分别为 1.18 亿吨、9 630 万吨、8 580 万吨；中国粗钢产量中排名前 5 位的省份为河北、江苏、山东、辽宁、山西，产量分别为 2.11 亿吨、1.16 亿吨、7 600 万吨、7 451 万吨、6 423 万吨。请进一步查阅资料，完成下列任务：①画出 1949 年以来中国、美国、日本、韩国、印度的粗钢产业图，分析以粗钢产业为重要指标的工业化进程的特点；②河北省和江苏省粗钢产量均超过 1 亿吨，试分析影响上述两省钢铁区位选择的因素。

18. 中国四大行业 2002—2020 年用电量如下页图所示。

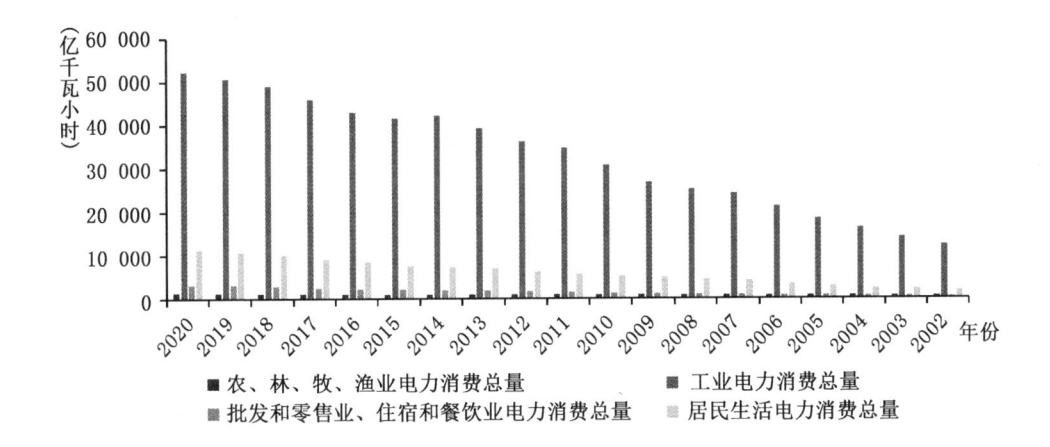

```
(亿千瓦小时)
60 000
50 000
40 000
30 000
20 000
10 000
0
  2020 2019 2018 2017 2016 2015 2014 2013 2012 2011 2010 2009 2008 2007 2006 2005 2004 2003 2002 年份
```
■ 农、林、牧、渔业电力消费总量　　■ 工业电力消费总量
■ 批发和零售业、住宿和餐饮业电力消费总量　　■ 居民生活电力消费总量

请回答：① 四大行业用电量有何特点？②为什么苏州、唐山、锦州、鄂尔多斯等地级市的用电量常处于城市用电量的前 20 名？③用电量能否作为产业发展的指示器？

19. 现代信息技术的发展特别是人工智能的发展可能导致劳动力成本发生变化，数字经济成为经济发展的重要力量。请思考：①人工智能会替代哪些技能的劳动力？②如果人工智能导致劳动力成本趋向于零，那么企业的区位会有什么变化？③利用大语言模型（如 ChatGPT 等）搜索世界 500 强企业和中国 500 强企业，进行比较分析，并向模型询问中国未来的工业化将如何发展，这些大语言模型的回答可行吗？④数字经济是否促进了城市经济发展，改变了产业分布，降低了城乡收入差距，促进了绿色发展？

20. Kerr and Robert-Nicoud（2020）研究了世界范围内的高新技术产业集群，他们分别根据风险投资、独角兽企业、专利合作协议数量对高新技术产业集群地区进行了排名，见下表：

风险投资 （Thomson One, 2009—2018）	独角兽企业 （CB Insigts, 2009—2018）	专利合作协议 （WIPO, 2010—2015）
旧金山	旧金山	东京-横滨
北京	北京	深圳-香港
上海	纽约	旧金山
纽约	洛杉矶	首尔
波士顿	上海	大阪-京都-神户
洛杉矶	波士顿	圣迭戈
伦敦	伦敦	北京
深圳	西雅图	波士顿
圣迭戈	杭州	名古屋
西雅图	芝加哥	巴黎

资料来源：Kerr and Robert-Nicoud（2020）。

请进一步查阅资料，分析上述地区的高新技术产业集群的特点。

21. 荷兰城市埃因霍温(Eindhoven)是荷兰的重要工业城市之一。1891飞利浦公司在该市建立,并生产出世界上第一个碳丝灯泡,该市直到2000年都是飞利浦公司的总部所在地,不仅如此,该市还是世界光刻机公司阿斯麦(ASML)的总部所在地。瑞士城市巴塞尔(Basel)位于莱茵河上游,是罗氏制药、诺华制药两家公司的总部所在地。请查阅这两个城市的资料,分析这两个城市的产业集群的类型。

22. 下图是世界主要工业国G7的股价演变图:

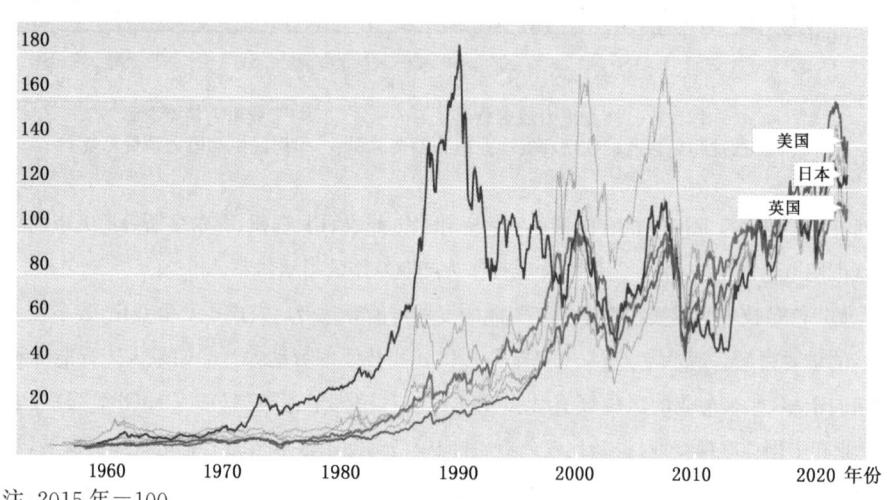

注:2015年=100。

资料来源:OECD。

请回答:①G7股价从20世纪60年代以来呈现怎样的变化特征?②这种变化对各国产业发展有哪些影响?③绘制中国股价变动图,中国股票市场是否促进了中国产业发展?

23. 关于省市县的产业发展,请查阅资料,回答下列问题:①有人认为产业政策本质是计划经济的残留,应该取消产业政策。你认同这种说法吗?请给出观点,说明理由。②有人认为第三产业是产业发展的趋势,因而需要大力发展第三产业,提升第三产业比重;有人认为第二产业是国家竞争力的必备条件,因而需要大力发展第二产业特别是制造业,提升第二产业比重;有人认为现代产业体系有自己的演化规律,不需要过度强调第二产业或第三产业发展,特别对于一个城市而言。你认同哪种说法?请以数据说明之。③有人认为传统产业特别是传统服务业是低端的产业,应该予以取缔;有人认为包子、油条、豆浆产业也是必不可少的。你认同哪种说法?请给出自己的证据。④有人认为地区之间的产业结构雷同会损害产业的发展,政府应制定精准的产业政策避免雷同;有人认为地区之间的产业结构雷同正是政府干预的结果。你如何看待产业结构雷同?⑤有人认为,产业结构思维已经落后于全球化时代的产业发展,应该树立产业集群和产业链思维,产业政策也要从产业结构政策转向产业集群和产业链政策,对此你认同吗?

24. 试讨论:企业家和企业家精神在中国产业发展中的作用。

延伸阅读

[1] (德)希弗尔布施,2018.铁道之旅:19世纪空间与时间的工业化[M].金毅,译.上海:上海人民出版社.

[2] (美)奈,2017.百年流水线:一部工业技术进步史[M].史雷,译.北京:机械工业出版社.

[3] (日)汤之上隆,2022.失去的制造业:日本制造业的败北[M].林翬,译.北京:机械工业出版社.

[4] (英)科普兰,2022.图灵传[M].王勇,黄红华,译.北京:中信出版社.

第五章　全球化、全球价值链与价值链区位

第一节　全球化进程

一、宗教的传播

世界三大宗教包括基督教、伊斯兰教和佛教，基督教和伊斯兰教的发源地都是中东地区，而佛教的发源地是印度。在世界范围内基督教的信众超过 30 亿人，是世界第一大宗教；穆斯林超过 12 亿人；佛教徒超过 3 亿人。

基督教主要包括基督教新教、天主教、东正教三大分支。基督教新教主要分布在英国、德国、瑞士、北欧、美国、加拿大、澳大利亚、新西兰等国；天主教主要分布在意大利、法国、比利时、卢森堡、奥地利、爱尔兰、波兰、捷克、匈牙利等国，美国、德国、加拿大的天主教信徒也很多；东正教主要分布在俄罗斯、乌克兰、白俄罗斯等国。伊斯兰教包括逊尼派和什叶派两大派别，穆斯林 90% 左右属于逊尼派，10% 左右属于什叶派，什叶派主要分布于伊朗。佛教包括南传佛教、汉传佛教、藏传佛教三大派系。南传佛教主要是小乘佛教，主要分布在泰国、缅甸等国家；汉传佛教主要分布在中国；藏传佛教主要分布在中国西藏、内蒙古等地区。

世界上其他重要的宗教包括犹太教、印度教、道教等。犹太教是最古老的一神教，是犹太等民族信仰的宗教，出现于 3 000~3 500 年前，基督教和伊斯兰教都源于犹太教，都信仰单一的神；印度教是世界上较为古老的宗教之一，信徒有 10 亿人左右，主要在印度境内，构成了独特的印度文明；道教是中国土生土长的宗教。相比于世界三大宗教，其他宗教的传播范围都比较小。

二、粮食的传播

(一)小麦与水稻

流传甚广、影响深远的《三字经》云：稻粱菽，麦黍稷，此六谷，人所食。这六种粮食并非都产自中国。麦子，一年生或两年生草本植物，是世界上分布最广、种植面积最大

的粮食作物,原产于中东地区的新月地带。小麦在我国分布非常广,可以分为长城以南的冬小麦区和长城以北的春小麦区,山东、河南、河北、山西、陕西等地的主要口粮,山西的面条、山东的煎饼、陕西的馍馍等都以小麦为原料,而面包的主要成分也是小麦。小麦传播到中国(中原)的时间大概是在公元前 2000 年前,小麦的传播路径大致是在青藏高原以北,从哈萨克斯坦东部出发,经天山南北、河西走廊、陇东而进入黄土高原西部,然后到中原地区;大麦传播到中国(中原)的时间大约在公元前 900 年,其传播路径可能是西亚到南亚然后到青藏高原,最后传入中原和东亚地区(Liu et al.,2014,2017)。粟、黍原产于我国的北方,粟和黍向西传播到西亚、欧洲,向南则传播到南亚和东南亚。水稻原产于我国长江中下游地区,而后传播到东南亚、南亚、东亚等地区。

(二) 土豆

土豆又称为马铃薯,与小麦、稻谷、玉米、高粱并称为五大粮食作物。在西方国家,土豆是最常见的也是必不可少的食物。

土豆原产于南美洲安第斯山区,16 世纪中叶西班牙人将之带到欧洲,16 世纪末期英国开始种植土豆,后来土豆在欧洲各地广泛种植。1719 年,土豆被从欧洲带到美国并在美国种植。土豆约在明朝的晚期(16 世纪末)传播到中国。土豆的广泛种植可以解释 1700 年后 22% 的人口增长,可以解释 47% 的城市化水平的提升,它促进了城市中心、工业发展和经济发展(Nunn et al.,2011)。

(三) 辣椒

辣椒为一年生或多年生植物,果实呈指状,未成熟时为绿色,成熟后呈红色或紫红色,味辣。

辣椒的原产地在中南美洲热带地区,1493 年传入西班牙,1548 年传到英国,后来西班牙人、葡萄牙人把辣椒带到印度。16 世纪晚期(明朝后期),辣椒传入中国,清朝中期辣椒逐渐成为一些地区的必备食材。辣椒传入中国的路径有两种说法:一说是通过陆上丝绸之路进入新疆、甘肃、陕西;一说是通过海上丝绸之路,传入长江下游地区,然后逐渐扩展到江西、湖南、贵州、四川。辣椒的传入极大地改变了我国部分地区的饮食结构,无辣不成菜成为四川、湖南、江西等地的特色:四川人不怕辣,贵州人怕不辣,湖南人辣不怕。

三、地理大发现

地理大发现是指 15 世纪到 16 世纪中西方航海家做出的对人类历史有巨大影响的事件,欧洲人发现了新大陆(美洲),中国人到达了非洲和中东地区。葡萄牙航海家迪亚士(Bartholmeu Dias,1450—1500)沿非洲海岸线南行,于 1488 年春天到达非洲南端的好望角和莫塞尔湾。达·伽马（Vasco da Gama，1469—1524）1497年率船从葡萄牙里斯本出发，绕好望角，经莫桑比克等地，于1498年到达印度西南部卡利卡特，并于同年秋天离开印度，于1499年回到葡萄牙里斯本。哥伦布（Cristóbal Colón，1450—1506）受西班牙女王派遣，于1492年8月3日率领三艘帆船，从西班牙出发，经70个昼夜的艰苦航行，于1492年10月12日到达美洲巴哈马群岛的圣萨尔瓦多，随后又三次横渡大西洋，到达美洲大陆。麦哲伦（Fernão de Magalhães，1480—1521）于1519年8月10日率领船队开始环球航行，11月29日到达巴西海岸，然后穿越后来被称为麦哲伦海峡的水域到达太平洋，1521年到达马里亚纳群岛，随后到达菲律宾，麦哲伦在与当地土著的冲突中死亡，他的同伴于1522年绕非洲南端的好望角回到西班牙，完成了环球航行。明朝郑和率船队于1405年到1430年七次下西洋，到达过爪哇、苏门答腊、苏禄、彭亨、真腊、古里、暹罗、榜葛剌、阿丹、天方、左法尔、忽鲁谟斯、木骨都束等30多个国家。

　　从人类迁移、宗教传播、粮食传播的角度看，人类全球性活动开始于人类走出非洲，向亚洲、欧洲、美洲扩散，这是广义的全球化进程。从狭义上讲，15世纪地理大发现后的几个世纪，西班牙、葡萄牙、荷兰、英国等西欧国家进行全球性的贸易、生产与殖民扩张，开始了近代意义上的全球化进程，特别是第一次工业革命加速了这种进程。马克思等（2018）在《共产党宣言》中阐述了工业革命的影响："由于一切生产工具的迅速改进，由于交通的极其便利，把一切民族甚至最野蛮的民族都卷到文明中来了。它的商品的低廉价格，是它用来摧毁一切万里长城、征服野蛮人最顽强的仇外心理的重炮。它迫使一切民族——如果它们不想灭亡的话——采用资产阶级的生产方式；它迫使它们在自己那里推行所谓文明，即变成资产者。一句话，它按照自己的面貌为自己创造出一个世界。"康拉德（2018）在《全球史导论》中认为："16世纪是世界整合的一个起点，是当今全球化世界的开端。"马克思等（2018）在《共产党宣言》中又写道："美洲的发现、绕过非洲的航行，给新兴的资产阶级开辟了新天地。东印度和中国的市场、美洲的殖民化、对殖民地的贸易、交换手段和一般商品的增加，使商业、航海业和工业空前高涨，因而使正在崩溃的封建社会内部的革命因素迅速发展。以前那种封建的或行会的工业经营方式已经不能满足随着新市场的出现而增加的需求了。工场手工业代替了这种经营方式。行会师傅被工业的中间等级排挤掉了；各种行业组织之间的分工随着各个作坊内部的分工的出现而消失了。但是，市场总是在扩大，需求总是在增加。甚至工场手工业也不再能满足需要了。于是，蒸汽和机器引起了工业生产的革命。现代大工业代替了工场手工业；工业中的百万富翁，一支一支产业大军的首领，现代资产者，代替了工业的中间等级。大工业建立了由美洲的发现所准备好的世界市场。世界市场使商业、航海业和陆路交通得到了巨大的发展。这种发展又反过来促进了工业的扩展。"英国经济学家杰文斯(Jevons,1865)曾描述过英国的全球化:"北美和俄国的平原是我们的玉米地;加拿大和波罗的海是我们的林区;澳大利亚有我们的牧羊场;秘鲁送来白银,南非和澳大利亚的黄金流向伦敦;印度人和中国人为我们种植茶叶,我们的咖啡、甘蔗和香料种植园遍布东印度群岛。我们的棉花长期以来栽培在美国南部,现已扩展到地球每个温暖地区。"

1840年后,中国逐步融入近代全球化体系中,开始了近代全球化进程。

第二节 产业链、价值链与全球价值链

一、相关概念

产业链多用来指同一产业内部的投入产出关系,当然也可以用来描述不同产业之间的关系,这种关系恰似一条链条,因而形象地称为产业链。产业链的本质是产业之间或产业内部的企业之间的关联,这种关联可以是直接或间接的,也可以是国内或国外的。随着产业的发展和融合,产业链不一定是一条链,而是链链交织的产业联系的网络。产业链可以从不同的角度进行分析:从创新的角度分析产业链各环节的创新程度,则产业链可称为创新链;从产业链各环节的供给需求角度分析各环节的供应关系,则产业链可称为供应链(刘志彪,2015)。

从价值增值的角度讲,产业链是为消费者提供产品与服务所涉及的一系列价值增值的阶段,产业链又可称为价值链(value chain)(Antràs,2020)。图5.1展示了一个简单的价值链,这条价值链包括设计、生产、销售、售后服务等阶段。

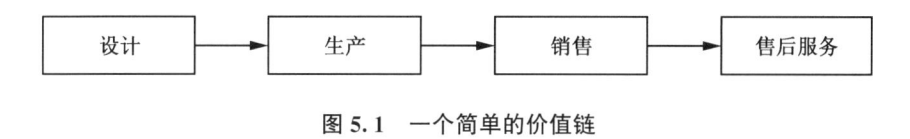

设计 → 生产 → 销售 → 售后服务

图 5.1 一个简单的价值链

如果价值链至少有两个阶段在不同的国家完成,则这种价值链被称为全球价值链(global value chain)(Antràs,2020)。这一概念兴起于21世纪初,但可以追溯到1970年的商品链概念(Bair,2005)。20世纪90年代,杰罗菲(Gereffi,2005)将此概念扩展为全球商品链,2000年初演变成全球价值链。全球价值链本质上是一种全球生产网络(global production network)(Coe et al.,2007)。

图5.2是一个比较复杂的关于大豆生产与贸易的价值链。这条价值链开始于大豆的种植,然后豆油厂加工,生产出豆油和豆粕,豆油大部分供家庭或餐馆食用,一部分用于食品加工,少部分用于工业再生产,而豆粕则主要用作养鸡场、养猪场等的饲

料,少部分应用于工业再生产。如果在美国种植大豆,而在中国榨油使用,则这个大豆价值链就是全球价值链。

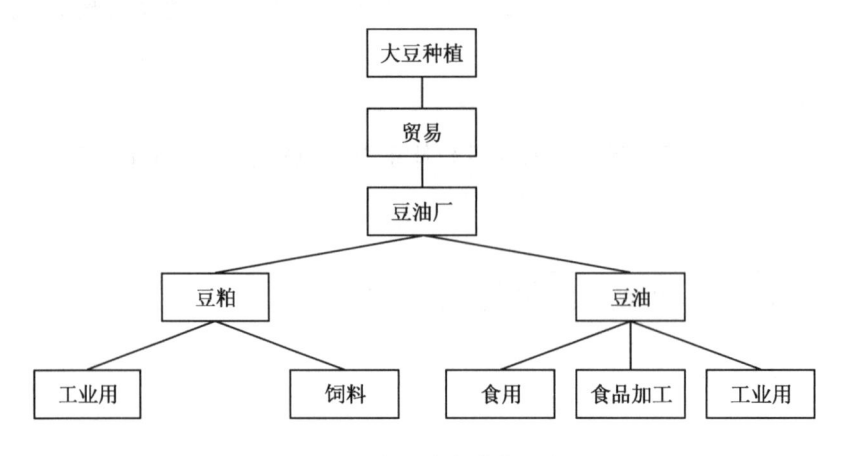

图 5.2 大豆的全球价值链

下面再列举一个苹果手机的全球价值链。苹果公司由史蒂夫·乔布斯(Steve Jobs)、斯蒂夫·沃兹尼亚克(Stephen Wozniak)和罗·韦恩(Ron Wayne)在 1976 年 4 月 1 日创立,总部位于加利福尼亚州的库比蒂诺,其核心业务为电子科技产品,知名的产品有 iPhone 手机、iPad 平板电脑、Macintosh 电脑、Macbook 笔记本电脑、iPod 音乐播放器、iTunes 商店、iMac 一体机、苹果手表等。2011 年 8 月 10 日,苹果公司市值超过埃克森美孚,成为全球市值最高的上市公司。

以苹果 iPhone 6 的生产为例,其全球价值链包括入网、收费、外包组件、设计、操作系统研发、应用程序开发、组装、仓储、物流、品牌推广、市场营销等过程(见图 5.3)。

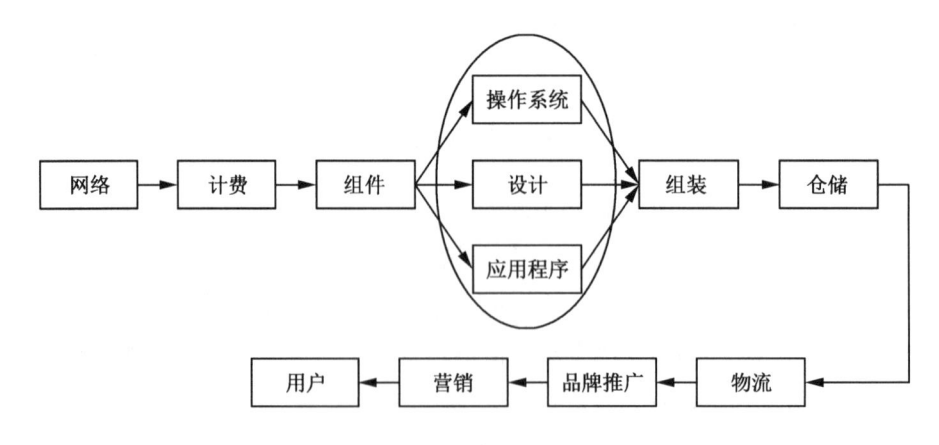

图 5.3 苹果 iPhone 6 的价值链(一)

其中设计、操作系统研发、应用程序开发、品牌推广、市场营销等过程主要由苹果公司完成,而手机的组件主要外包给中国、日本、欧洲、美国本土等企业来完成,整个手机的组装由中国来完成,仓储和物流的一部分由 UPS/Fedex 来完成(见图 5.4)。

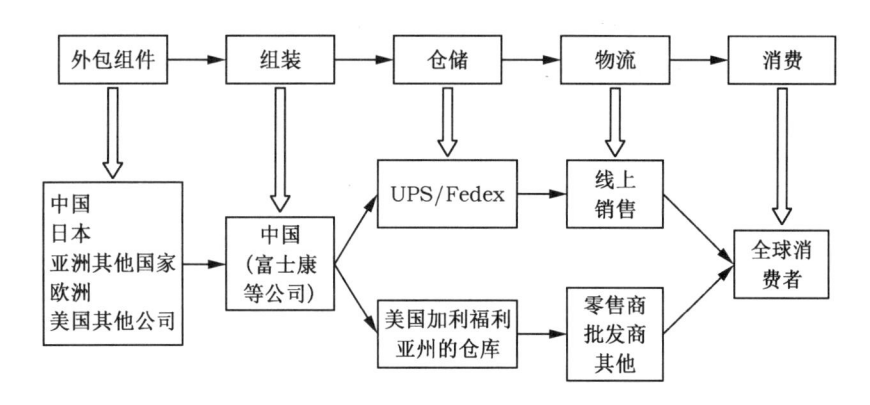

图 5.4　苹果 iPhone 6 的价值链(二)

苹果公司的供应商主要来自亚洲、欧洲及其美洲,亚洲的供应商主要是中国、日本,欧洲主要是德国,美国本土企业也是重要的供应商。表 5.1 列出了苹果供应商的详细情况,中国的供应商达到 349 家,日本达到 139 家,美国达到 60 家。

表 5.1　　　　苹果供应商(外包国家或地区与公司数量)

亚洲地区	数量(个)	欧洲地区	数量(个)	美洲地区	数量(个)
中国大陆	349	德国	13	美国	60
日本	139	法国	5	巴西	2
中国台湾	42	捷克	5	加拿大	1
韩国	32	比利时	3	哥斯达黎加	2
马来西亚	21	意大利	3	波多黎各	1
菲律宾	24	爱尔兰	3		
泰国	21	英国	3		
新加坡	17	奥地利	2		
越南	11	荷兰	2		
		葡萄牙	1		
		西班牙	1		
		匈牙利	1		
		马耳他	1		

资料来源:http://comparecamp.com/how-where-iphone-is-made-comparison-of-apples-manufacturing-process。

二、价值链分割与微笑曲线

(一)价值链分割

价值链分割(slicing the value chain)是指价值链的不同阶段分别由不同企业或不同国家来完成,也可以称为价值链切片。这一概念是由琼斯和凯日科夫斯基(Jones et al.,1990)首次提出的,价值链分割是现代国际贸易的主要研究方向之一(Krugman,1995)。与价值链分割有关的三个常见概念为:

(1)原始设备制造商(original equipment manufacturer,OEM),是指一家厂商根据另一家厂商的要求,为其生产产品和产品配件,通俗的说法是贴牌生产或代工。富士康就是著名的代工工厂。

(2)原始设计商(original design manufacturer,ODM),是一家厂商根据另一家厂商的规格和要求,为其设计和生产产品。

(3)原始品牌制造商(original brand manufacturer,OBM),即代工厂经营自有品牌,或者说生产商自行创立产品品牌,生产、销售拥有自主品牌的产品。

如果某地区单一企业从事一系列价值增值过程而没有将不同阶段分割给其他企业,则称这条价值链为单一企业价值链,如果分割给不同的企业来共同完成价值增值过程,则称这种价值链为产业价值链,简称产业链。价值链的前一阶段的产出作为后一阶段的投入或者说供应,从这个角度看,价值链又可称为供应链。

图 5.5 是一个包括 5 个阶段的全球价值链。可能阶段 1 在 A 国,阶段 2—5 在 B 国;也可能阶段 1 在 A 国,阶段 2 和 3 在 B 国,而阶段 4 和 5 在 C 国;也可能阶段 1 在 B 国,阶段 2 在 A 国,阶段 3 在 B 国,阶段 4 和 5 在 A 国。总之,有多种组合。当然,这些阶段也可能在一国之内完成,那么这就成了国内价值链。

阶段1 → 阶段2 → 阶段3 → 阶段4 → 阶段5

图 5.5 全球价值链

全球价值链的主体是跨国公司(transnational corporation)。跨国公司通过直接投资建厂、并购、战略联盟的方式完成价值链的每个阶段,也可以通过外包等方式与供应商共同承担价值链各个过程。跨国公司又称为多国公司(multi-national enterprise),是指通过对外直接投资从事国际化生产和经营活动的企业。跨国公司控制了全球贸易的 60%～70%、全球生产的 40%、全球对外直接投资(FDI)的 90%、全球核心技术的 80%。

(二) 微笑曲线

一个包括标准制定、创新、研发、设计、制造、组装、物流、市场、品牌、售后服务等阶段的价值链,其中标准制定、创新、研发、品牌、售后服务等处于价值链的高端,而制造、组装等处于价值链的低端,恰似一条如图 5.6 所示的"微笑曲线"(Smiling Curve) (Shih,1992)。发达国家多处于全球价值链的高端,如标准制定、创新、研发、品牌、售后服务,而发展中国家则被锁定在全球价值链的低端,如制造和组装。一个国家的制造业发展到一定程度后,会逐渐向全球价值链的中高端攀升。

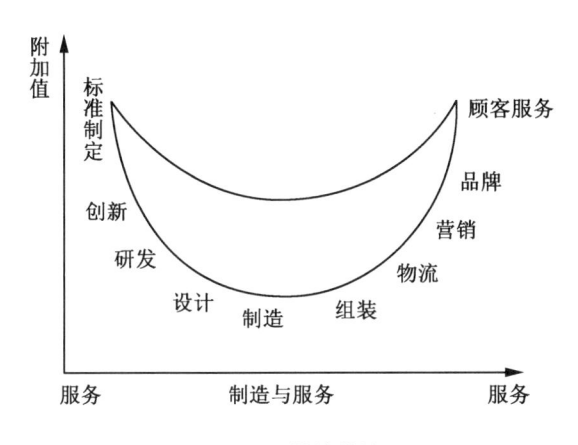

图 5.6 微笑曲线

资料来源:Shih(1992)。

三、套娃效应

在价值链中,上游企业的产出作为中间投入品进入下游企业作为投入成本,这就像俄罗斯套娃,一个套一个,最后成为一个集成的套娃,如图 5.7 所示。最小的套娃可能是在美国制造,中间的可能是德国、日本、韩国制造,外面的可能为中国制造。如果将集成的套娃(5 个套娃组合成一个套娃组)出口到美国,贸易额是 5 个套娃的组合,中国的贸易增加值是最外面的那个套娃,而不包括其他 4 个中小套娃,这就是所谓的增加值贸易。作为中间投入品的企业往往居于价值链的关键环节,掌握着关键技术,有时候可以称之为价值链上的"隐形冠军"。

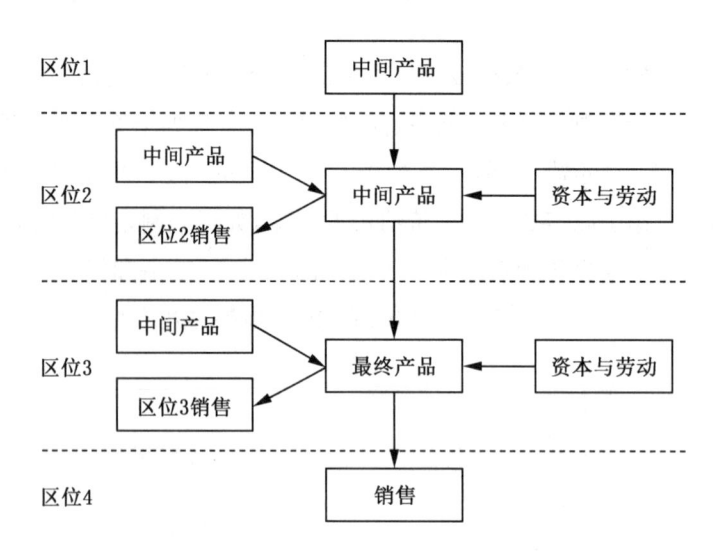

资料来源：根据 Yi(2003)修改绘制。

图 5.7　套娃效应

第三节　价值链区位与产业转移

一、价值链区位

(一)价值链不同环节的区位敏感性

价值链不同环节如图 5.8 所示。

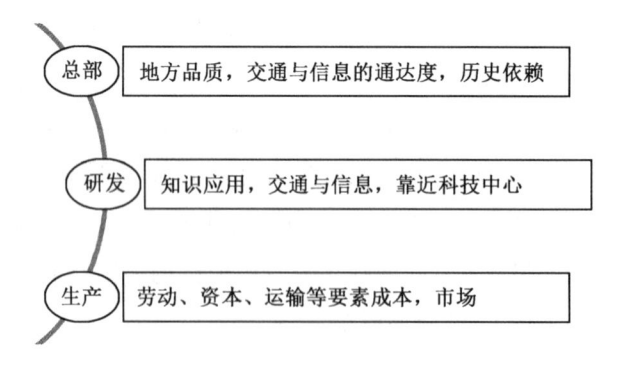

图 5.8　价值链不同环节

德弗尔(Defever,2006)利用 1997—2002 年厂商水平上 11 182 个区位选择的数据,分析了跨国公司价值链在欧盟的区位选择问题。他发现价值链上每一个增值环节都有各自不同的区位偏好,详见表 5.2。

表 5.2　　　　　　　　　　　跨国公司在欧盟的价值链区位

功能	老欧盟 15 国 企业数量（家）	比重（%）	新加入欧盟 8 国 企业数量（家）	比重（%）	总计 企业数量（家）
总部	840	98	19	2	859
研发	946	94	56	6	1 002
生产	3 912	75	1 304	25	5 216
物流	816	85	142	15	958
营销	2 849	90	299	9	3 148
总计	9 362	83	1 820	16	11 182

资料来源：Defever(2006)。

企业总部区位一般具有良好的机场、较低的公司税、较低的平均工资、较高的商务服务水准、相同产业的集聚(Strauss-Kahn et al.,2009)。跨国公司选择总部区位的因素一般可以归结为以下几点：一是信息的生产与传输，即倾向于大量产生高度的、多样化信息的信息集聚源——地区内主要大城市；二是企业服务业集聚水平；三是国际交流基础设施，即国际空港、国际标准的饭店设施、会议中心、派驻人员及其子女的生活环境和教育环境；四是地区中心性，即地理位置的中心、交通中心、经济中心、职能中心、接近当地法人公司——子公司分布中心等；五是高标准的商务区存在，即高密度、高水平、价格合理的写字楼的大城市中心商务区(CBD)。此外，高素质的专门人才以及东道国稳定的政局都是影响跨国公司总部区位选择的重要原因。

创新活动即研发、设计、测试(R&D,design,testing)，它包括两部分：一是研发 R&D，二是设计与测试(design,testing)。以美国为例，其 R&D 实验室主要集中在波士华城市带和五大湖城市带、加州等地区。

创新活动区位的一个特点是大城市化(如表 5.3 所示)，亚太地区更为明显。日本有两个全球性城市，60% 以上的创新活动布局于此；中国与日本类似，50% 以上的创新活动发生在两个全球性城市——北京和上海。

表 5.3　　　　　　　　　　　　创新活动区位

国家或地区	全球性城市个数	创新活动投资比例（%） 2003—2006 年	2008—2011 年
美国	11	27	31
欧盟 15 国＋爱尔兰、卢森堡、挪威、瑞典	22	32	29
日本	2	64	63

续表

国家或地区	全球性城市个数	创新活动投资比例(%) 2003—2006年	创新活动投资比例(%) 2008—2011年
中国	2	60	54
印度	2	46	34
澳大利亚	2	54	56

资料来源：Belderbos et al(2016)。

联合国贸易和发展会议(UNCTAD,1998)详细地分析了外商投资的因素，它把这些因素分成外资政策因素、促进投资措施及经济因素。外资政策因素包括社会政治经济的稳定性、外资进入与经营政策、外商待遇政策、民营化政策、贸易政策、税收政策；促进投资措施包括引资措施、投资激励措施、腐败与行政效率、投资服务水平；经济因素包括市场导向型因素(市场大小与人均收入、市场增长速度、区域性与全球性的市场可达性、东道国消费者偏好)，资源导向型因素(原材料供给、劳动力供给、技术创新与其他无形资产、基础设施)，效率导向型因素(获得劳动力、自然资源、技术及其他无形资产的成本，基础设施、中间产品等其他成本)。

二、价值链区位的迁移

(一)迁移模式

1. 根据产业链的特征进行分类

(1)全产业链迁移。这种迁移不是产业链的一部分发生迁移，而是整个产业的上下游，包括产业链中的生产制造到设计总部等均发生迁移。

(2)产业集群迁移。产业集群迁移是指产业集群中的主导企业发生迁移，与之配套的企业也一起主动或被迫跟随迁移。主动迁移是出于产业集群中的产业关联的需要，被迫迁移是指被主导企业强迫发生的迁移。

(3)产业链某阶段迁移。最多发生的是产业链某阶段迁移。比如东南沿海一些城市的产业将总部迁往大城市，而把生产环节留在本地或者迁往其他地区(见图5.9)。

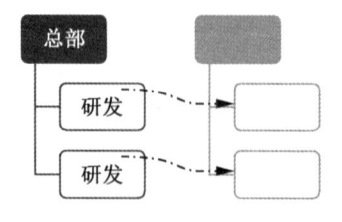

图5.9 产业链某阶段迁移

有研究发现,航空运输便利、销售收入高、成立时间短的公司更容易迁移总部(参见表5.4),而那些所在区位机场良好、公司税低、总部扎堆的跨国公司总部更喜欢待在原地(Strauss-Kahn et al.,2009)。

表5.4 企业总部的迁移

公司名称	所属行业	1996年总部	2001总部
Boeing Company	飞机制造	西雅图	芝加哥
Standard Oil Company	石油精炼	克利夫兰	芝加哥
Honeywell International Inc.	自动控制	明尼阿波利斯	纽约
Mobil Corporation	石油精炼	华盛顿	达拉斯
GTE Corporation	通讯	纽约	达拉斯
Highmark Inc.	医院与医疗保险	哈里斯堡	匹兹堡
Westinghouse Electric Company	电视台	匹兹堡	纽约
Pharmacia and Upjohn	制药	卡拉马祖	纽约
Norwest Corporation	商业银行	明尼阿波利斯	旧金山
First Data Corporation	计算机	纽约	丹佛

资料来源:Kahn et al.(2009)。

2. 根据迁移的地理特征进行分类

(1)近邻迁移。近邻迁移是指企业由原来的区位迁移到邻近的区位。例如,京津冀城市群中首钢、现代汽车迁移到怀来,张北大数据中心落户河北;大湾区中深圳华为公司将企业的生产部门和数据中心迁移到东莞的松山湖;长三角城市群中上海将一些企业沿着G60高速公路迁移,形成上海、江苏、安徽G60科创走廊。

(2)蛙跳迁移。蛙跳迁移是指企业不是迁移到邻近的地区,而是像青蛙一样跨区域调到其他区域。例如,北京的一些企业不是迁移到河北和天津,而是迁移到长三角和珠三角地区,这种迁移被形象地称为蛙跳迁移。

(3)跨国迁移。还有一类迁移,不是在一个国家内部迁移,而是跨越国境线迁移到其他国家。例如,东部地区的一些企业不是迁移到中西部,而是迁移到东南亚和印度,这就属于跨国迁移。

(二)雁阵模式

针对东亚地区的产业转移模式,日本学者赤松要(Akamatsu,1962)提出了著名的雁阵模式(flying geese pattern)。赤松观察到东亚地区存在明显的产业转移现象,跨国资本从日本向"亚洲四小龙"、东盟、中国大陆、越南、缅甸、印度随时间发展呈现阶梯状推移的趋势,像一只飞翔的大雁从日本飞往其他国家或地区,正因为此,被称为雁阵模式(如图5.10所示)。中国幅员辽阔,东中西部发展差异巨大,曲玥等(2013)研究发现中国也存在雁阵模式,即总体上企业从东部向中西部迁移,有的地区内部也存在小型雁阵,如珠三角地区企业从核心区向粤北、粤东地区迁移。

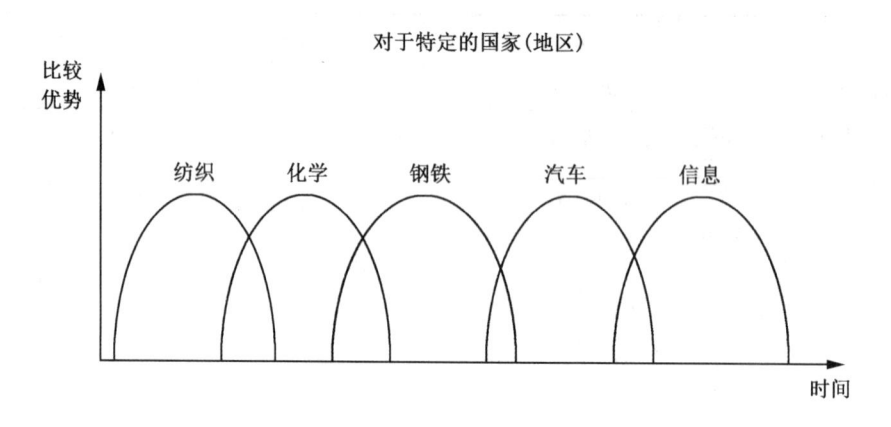

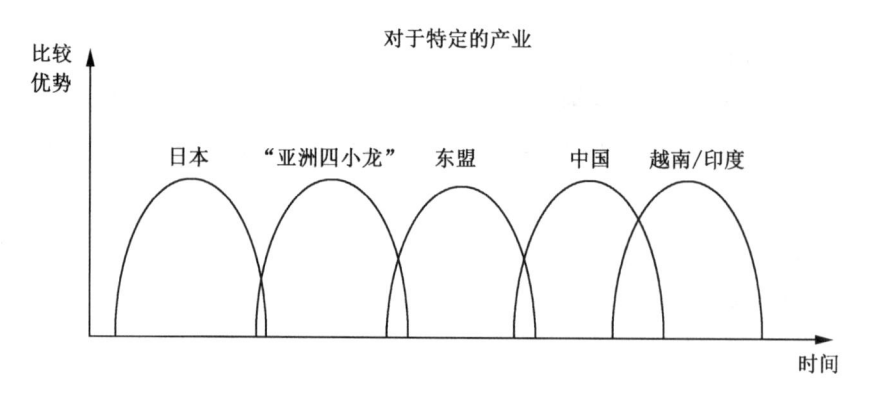

图 5.10 雁阵模式

资料来源:Kwan(2002)。

近年来,由于中国等国家(地区)的运营成本等因素的影响,有些企业除从中国迁往成本更低的东南亚和印度外,还回迁到母国,出现了雁阵模式的反转,在这种情况下,雁阵模式变成了候鸟模式。

(三)对口支援式迁移

对口支援又称为对口帮助、对口帮扶、对口协作等,始于20世纪70年代末期,主要是发达地区省市支持、帮助、扶持或协作西部民族地区、欠发达地区和革命老区等,支持这些地区的发展。

对口支援可以采取1∶1模式,即1个省份对标1个省区;也可以采取n∶1模式,即多个省份支援1个省区;还可以采取1∶n模式,即1个省份支援多个省区。对口支援一般是全方位的,如人力、资金、企业、公共服务、扶贫等,其中产业之间的对口支援是重要形式,产业对口支援往往采取发达地区直接建厂、合作建厂、合作研发、合作开发、包销产品等方式。

产业间的对口支援不仅发生在东部发达地区对中西部经济发展上,而且推广到其他区域的合作上。比如浙江、吉林两省的对口合作模式,2020年浙江对吉林合作的"11+4"平台采取"一市一平台""一部门一平台"的形式,如杭州市对口建设长春市净月高新区。

对口支援模式也可以发生在一省之内,比较典型的是广东省和江苏省。广东省主要是珠三角与粤东、粤西、粤北的跨市产业合作,通过珠三角城市在其他地区建设"产业转移飞地",形成飞地经济,以及粤东等欠发达地区在珠三角城市建立园中园等,形成反向飞地经济,发挥两个积极性,目前已经形成广州-梅州/清远、深圳-河源/汕尾、珠海-阳江/云浮、东莞-韶关等产业转移园区。广东省飞地经济最著名的是深汕特别合作区。深汕特别合作区位于广东省汕尾市海丰县,面积468.3平方公里,原为深圳汕尾产业转移工业园,2018年12月19日正式纳入深圳市全面管理,成为深圳市第二个市属功能新区,实质上是深圳第11个"市辖区"。江苏省对口支援主要是苏南地区对口支援苏北地区,主要是南京、苏州、无锡、常州分别对口帮扶淮安、宿迁、连云港、盐城。产业的对口支援主要是苏南、苏北合作建设园区,比如苏州和宿迁合作建设的苏宿工业园区、宁淮智能制造产业园、常州-盐城工业园区等。

第四节 中国的全球化进程

一、朝贡体系下的对外贸易

(一)朝贡体系

朝贡体系是一个以中国为中心、其他国家或地区为边缘的几乎覆盖亚洲全境的历经几千年的政治、经济、贸易与国家关系的制度。这一体系发轫于商周,完善于隋唐,成熟于明清,解体于清末,影响了乃至还在影响着今天亚洲的很多个国家,费正清称之为中国的世界秩序。朝贡的意思是朝拜和进贡,即中国周边的小国向中国朝廷朝拜和进贡,明清时期向中国朝贡的国家和地区包括日本、朝鲜、琉球、安南(越南)、缅甸、老挝、暹罗(泰国)、吕宋,乃至非洲的一些国家,这些国家多属于藩属国。这一体系的核心是华夷秩序、儒家思想和天下观,通过这一体系,中原王朝为周边政权提供政治合法性,维护亚洲特别是东亚的稳定,乃至提供有限的贸易(简军波,2009)。

越南、日本、韩国等国曾把汉字作为本国的官方书写文字,把汉语的文言文作为本国的书面语或主要语言。这种情况在 20 世纪初随着朝贡体系的瓦解而发生巨变,越南首先废除汉字,韩国也于 1950 年后逐步废除汉字,日语尽管还保留着大量的汉字,但受到欧美的语言尤其是英语的影响越来越大。

(二)贸易

西汉时期的张骞开通西域,丝绸之路连接了西汉、贵霜(55—425 年)、安息(公元前 247 年—公元 224 年)、四大帝国,到隋唐时达到极盛,东边是中国,西边则是罗马帝国,但是汉唐的贸易主要还是朝贡贸易。宋朝的海上对外贸易十分发达,已经挣脱了朝贡贸易的窠臼,海上贸易的主要产品是陶瓷和茶叶,这与陆上丝绸贸易不同,这时候大批阿拉伯商人到宋朝经商,聚居在福建的泉州,泉州成为海上丝绸之路的起点和东方第一大港,人口超过百万,宋朝的铜钱也成为日本、高丽、东南亚乃至非洲部分国家的通用货币。明太祖洪武四年(1371 年)宣布实施海禁政策,禁止民间私自出海,朝贡贸易又居于主导。明朝隆庆元年(1567 年)调整贸易政策,允许民间远洋贸易,被称为隆庆开关。隆庆四年(1570 年),明朝与土默特部俺答汗(1507—1582 年)达成封贡互市协议:俺答汗归顺明朝,明朝封俺答汗为顺义王(封贡),同时明朝开放 11 处边境口岸进行双边贸易(互市)。封贡互市结束了明朝和蒙古 200 多年的敌对状态,迎来了近百年的北部和平时期。

1. 勘合贸易

明洪武四年实施海禁政策,禁止民间私自出海。与海外国家的贸易,也以勘合贸易形式存在。勘合贸易是朝贡贸易的一种。所谓"勘合",是明朝政府定期发给海外国家的朝贡贸易许可证,有勘合者可以贸易,无勘合者不准登岸。外国携贡物(多是土特产)来华,有勘合者登岸朝贡,明朝廷收贡物以后,再以"国赐"的形式回报以中国土产,一般是给予朝贡者 5 倍以上的国赐。对于明政府来说,获得了天朝上国万邦来朝的面子;对于朝贡者来说,获得了巨额的回赠。于是,出现了争贡的局面。正因为此,明朝政府规定了这种朝贡贸易的时间间隔与地点。

勘合贸易是一种规定时间间隔、地点进行的贸易。明朝政府于 1370 年在浙江宁波、福建泉州和广东广州设立市舶司,并规定"宁波通日本,泉州通琉球,广州通占城、暹罗、西洋诸国"。勘合贸易时间则为:一般国家是每三年或五年一朝,日本是每十年一朝。

勘合贸易不是国家之家的正常贸易体制,是朝贡体系的衍生品。在这种体制下,明政府信奉的是"天朝无所不有,无需依赖他人"的理念,闭关锁国,丧失了近代全球化的先机。

2. 白银贸易

明朝中后期的白银贸易深刻地改变了明朝的经济贸易,白银逐渐替代宝钞成为明朝的基准货币,但白银贸易不是朝贡贸易。一个典型的白银价值链如图 5.11 所示,包括银的勘探、开采、冶炼和使用(工业、银币、首饰、摄影)。在工业中,白银主要用于光伏、电子电器;首饰则主要是手镯、头饰品等,在一些旅游地,经常可以看到手工艺人打制手镯,吸引游客购买。

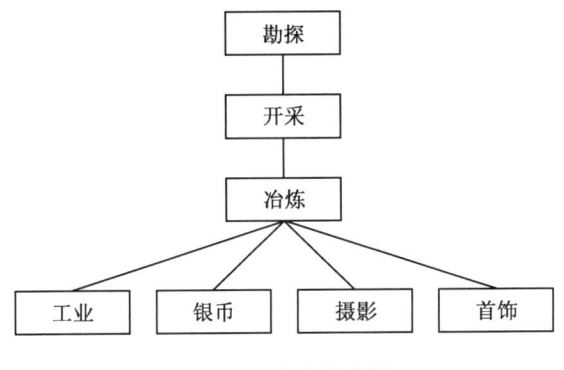

图 5.11 白银价值链

中国不是盛产白银的国家,1390—1520 年共产银 3 亿两,平均每年 30 万两(全汉昇,1991)。明成化、弘治(1465—1505 年)年间,白银作为货币开始在中国流通,此后 400 年,中国一直采用白银货币体系。不仅如此,白银还被用作首饰并且被储存起来。巨大的需求和少量的自产形成巨大的缺口,于是大量白银流向中国,主要来自日本和美洲(墨西哥等地),尤其是美洲,最多时世界近 50% 的白银流向中国(见图 5.12)。据统计,1500—1800 年,有 5.1 万~7.7 万吨白银流入中国,数量巨大(弗兰克,2000)。白银贸易的通道主要是西班牙的美洲阿卡普尔科到亚洲的马尼拉航线和葡萄牙的里斯本—果阿—澳门—长崎—澳门航线。

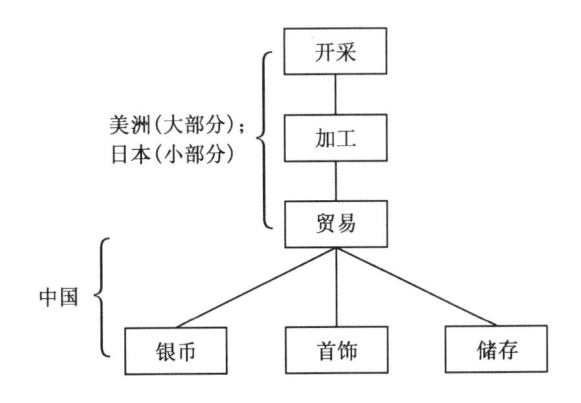

图 5.12 明朝白银全球价值链

二、世界体系下的贸易与生产

1840—1842年第一次鸦片战争爆发,1856—1860年第二次鸦片战争爆发,中国逐步融入大航海时代以来的世界全球化进程。第二次鸦片战争后,1861年,清政府成立总理各国事务衙门,外国公使进驻北京。1864年,《万国公法》中文版出版。1868年,中国第一个外交使团30人在蒲安臣的带领下出访美国、英国、法国、瑞典、丹麦、荷兰、普鲁士、俄国、比利时、意大利、西班牙等11个国家。1875年,郭嵩焘(1818—1891)出使英国,成为中国近代第一位驻外大使。1901年,总理各国事务衙门更名为外务部。

近代以来,中国城市先后经历了两次大规模的对外开放进程,第一次开放发生在1840年后,第二次开放发生在1978年后,这两次开放政策促进了中国城市的发展和繁荣。

(一)近代第一次开放

1. 一口通商

广州的兴起与发展离不开一口通商。一口通商就是中国对外贸易只有一个港口,全国货物必须运到这个港口才能贸易。广州历史上有过三次一口通商。第一次是1523—1566年,共43年;第二次是在康熙年间;第三次是1757—1842年,共85年。实行一口对外通商的结果是全国各地都把货物运到广州,品种多达80余种。其中茶、丝、瓷器、棉布、药材等为主要出口货物。

1785—1795年,广州港来船平均每年达到57.5艘;1796—1820年,平均每年76.2艘;1821—1838年,平均每年增至110艘。广州逐渐繁荣起来。

2. 五口通商

1842年,中英签订《南京条约》。条约第二款规定:自今以后,大皇帝恩准英国人民带同所属家眷,寄居大清沿海之广州、福州、厦门、宁波、上海五处港口,贸易通商无碍;且大英国君主派设领事、管事等官住该五处城邑,专理商贾事宜,与各地方官公文往来;令英人按照下条开叙之列,清楚交纳货税、钞饷等费。

至此,广州不再是唯一对外贸易的港口,厦门、上海、宁波、福州相继开埠。从1853年起,上海取代广州成为全国最大的贸易港口。1934年,上海港进口船只吨位达到19 935 047吨,次于纽约、伦敦、神户、鹿特丹,位于世界第五位,上海与香港成为我国远洋航线的中心枢纽(王列辉,2009)。图5.13显示上海外贸进出口占全国的比重为30%~60%,外贸出口额也占到20%以上。不仅如此,在贸易的基础上,上海逐渐成为全国乃至东亚的经济金融中心,这种地位持续了百年之余。

3. 全面开放

随着时间的推移,中国的开放已不再局限于五口通商,而是全面开放。开放主要

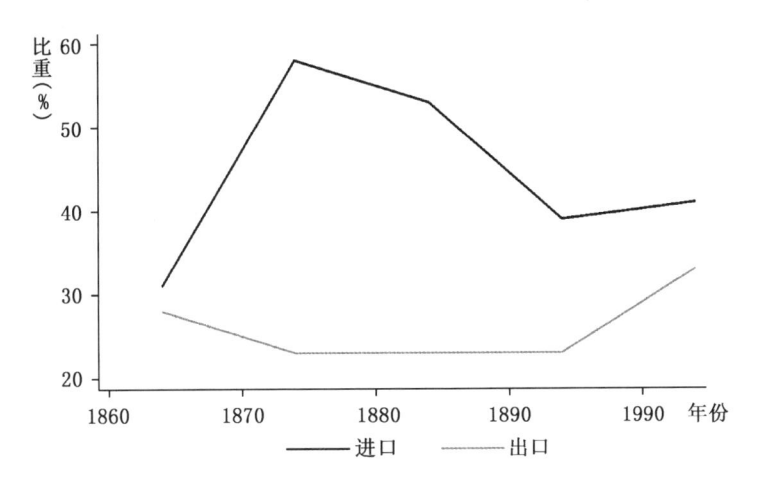

图 5.13 上海外贸占全国的比重

资料来源：中国旧海关史料。

采取的是约开开埠和自开开埠的方式。约开开埠是帝国主义利用特权强迫中国开设的通商口岸，主权部分或全部丧失；而自开开埠则是为了促进发展，中国自己打开大门，主权没有丧失。不管是约开开埠还是自开开埠，中国都从封闭中走出来，直接走向世界舞台。据统计，中国几乎每个省都实行了对外开放，开放城市近百个，除北京外的主要城市都实施了开埠政策。

(二)1978 年以来的对外开放

1. 时间上逐步深化

中国改革开放的三个关键时点是 1978 年、1992 年和 2001 年。1978 年，改革开放拉开序幕；1992 年，社会主义市场经济体制建立；2001 年，中国加入世贸组织和全球生产体系。

1978 年 5 月 11 日，《光明日报》发表《实践是检验真理的唯一标准》一文，拉开了思想解放的序幕。1978 年 11 月 24 日晚上，安徽省凤阳县凤梨公社小岗村 18 位村民签订了包干到户的保证书，改革拉开了序幕。1978 年 12 月，中共十一届三中全会召开，邓小平作了题为"解放思想，实事求是，团结一致向前看"的重要讲话，果断地停止使用"以阶级斗争为纲"的口号，做出把党和国家的工作中心转移到经济建设上来、实行改革开放的历史性决策。

1979 年 8 月 26 日，深圳经济特区成立。1987 年 10 月，中共十三大提出了党在社会主义初级阶段"一个中心、两个基本点"的基本路线。一个中心即以经济建设为中心，两个基本点就是坚持四项基本原则、坚持改革开放。1985 年 3 月，邓小平在会见外宾时指出，改革是中国的第二次革命。

1990年1月,邓小平视察上海,第一次明确提出"开发浦东、开放浦东"的设想,浦东开发开放被提上日程。1990年12月19日,上海证券交易所开始正式营业。1992年1月18日—2月21日,88岁的邓小平先后赴武昌、深圳、珠海和上海视察并发表重要讲话,邓小平的南方谈话开启了新一轮改革开放征程。

1993年11月11—14日,中共十四届三中全会在京举行,通过了《中共中央关于建立社会主义市场经济体制若干问题的决定》,确立了建立社会主义市场经济体制的目标。1994年,开始分税制改革,分税制成为中国财政体制的基础。

2001年12月11日,中国加入世界贸易组织,成为世界贸易组织的第143个正式成员,随后中国迅速成为世界工厂。2006年1月1日,《中华人民共和国农业税条例》废止,标志着沿袭两千年之久的这项传统税收的终结。2013年中共十八届三中全会指出,让市场在资源配置中发挥决定性作用。2013年9月和10月,中国国家主席习近平分别提出建设"新丝绸之路经济带"和"21世纪海上丝绸之路"的合作倡议,新一轮开放拉开序幕。

2. 空间上次序开放

第二次中国城市开放肇始于1978年。邓小平(1980)认为,"对外开放具有重要意义,任何一个国家发展,孤立起来、闭关自守是不可能的,不加强国际交往,不引进发达国家的先进经验、先进科学技术和资金,是不可能的"。1982年12月,对外开放政策被正式写入宪法,成为一项根本性政策。

(1)沿海开放。1980年3月,深圳、厦门、珠海、汕头被开辟为经济特区,成为1978年后中国第一批开放的城市,1988年4月13日,海南省成为第五个经济特区。1984年5月4日,中共中央、国务院批转《沿海部分城市座谈会纪要》,决定进一步开放天津、上海、大连、秦皇岛、烟台、青岛、连云港、南通、宁波、温州、福州、广州、湛江和北海14个沿海港口城市并兴办经济技术开发区,推进了又一轮开放进程。1988年3月,国务院发出《关于扩大沿海经济开放区范围的通知》,决定新划入沿海开放区140个市、县,包括杭州、南京、沈阳3个省会城市。此后,又相继决定开放一批沿江、沿边、内陆和省会城市。

(2)浦东开发开放。1990年,上海成立浦东新区,拉开了上海重新繁荣的序幕。随着时间的推移,开放的步伐加快。继上海浦东新区后,天津滨海新区、重庆两江新区等新区成立。2015年以来,自由贸易区走向前台,成为新一轮开发开放的前沿。

(3)"一带一路"开放。2013年,"一带一路"倡议拉开了新的开放序幕。丝绸之路经济带有三条走向:一是从中国西北、东北经中亚、俄罗斯至欧洲、波罗的海;二是从中国西北经中亚、西亚至波斯湾、地中海;三是从中国西南经中南半岛至印度洋。海上丝绸之路有两大走向:一是从中国沿海港口过南海,经马六甲海峡到印度洋,延伸至欧洲；二是从中国沿海港口过南海，向南太平洋延伸。目前新亚欧大陆桥、中蒙俄、中国—中亚—西亚、中国—中南半岛、中巴、孟中印缅经济走廊这六大国际经济合作走廊正在形成。

3. 逐步融入世界经济体系

现代意义上的国际关系体系形成于 1648 年签订的《威斯特伐利亚和约》(The Peace of Westphalia)，1840 年后中国被动放弃朝贡体系转向威斯特伐利亚体系，实施不同程度的开放政策。1978 年改革开放更使得中国逐步融入世界经济体系，并发挥着越来越大的作用，中国离不开世界，世界也离不开中国。以大豆为例，大豆在中国古代被称为菽，《三字经》中"稻粱菽"的"菽"就是豆类的总称。大豆属一年生草本植物。大豆是中国重要的粮食作物之一，已有五千年栽培历史，东北是主要产区。中国每年大概需要消耗 1 亿吨大豆，以 2017 年为例，自产 1 400 万吨，进口 9 554 万吨。生产 1 吨大豆需要 8 亩耕地，进口的大豆换算成耕地需要 7.6 亿亩，而中国耕地红线是 18 亿亩，也就是说，如果不进口大豆，大概需要中国 1/3 的耕地种植大豆。拿出 7.6 亿亩耕地种植大豆，这是不可能的，因而不进口大豆也是不可能的。

(三) 1978 年以来的对外开放成就

1. 中国成为对外贸易大国

1978 年，中国货物进出口总额为 206 亿美元，在世界货物贸易中排名第 32 位。2010 年，中国货物进出口总额达到 29 740 亿美元，比 1978 年增长了 143 倍。2020 年，中国货物贸易进出口总值 32.16 万亿元人民币，其中，出口 17.93 万亿元，增长 4%，进口 14.23 万亿元。2020 年，中国机电产品出口 10.66 万亿元，占出口总值的 59.4%，高新技术产品出口 5.37 万亿元，占出口总值的 29.8%。2002—2020 年，中国年均出口增速是 13.67%，年均进口增速是 13.01%。中国于 2009 年成为世界第一大货物出口国，2013 年成为世界第一大货物贸易国。1978 年以来，中国与世界上绝大多数国家和地区建立了贸易关系，其中美国、欧盟、日本、东盟、韩国是中国的主要贸易伙伴国。2002 年中国与美欧日三大市场贸易占中国外贸的比重为 46.05%，2020 年下降至 33.37%；中国与东盟贸易占中国外贸的比重则从 8.82% 增加到 14.70%。

与此同时，改革开放后中国的外贸依存度迅速提升。所谓外贸依存度，是指进出口总额与国内生产总值之比，即

$$外贸依存度 = \frac{进出口总额}{\text{GDP}}$$

外贸依存度越大，说明对外部市场的依赖性越强。1978 年中国的外贸依存度为 9.65%，到 1995 年增加到 38.93%，2002 年则增加到 42.64%，2006 年达到最高峰 64.36%，此后开始下降，2012 年为 45.43%，2020 年进一步下降为 31.94%（如图

5.14所示)。

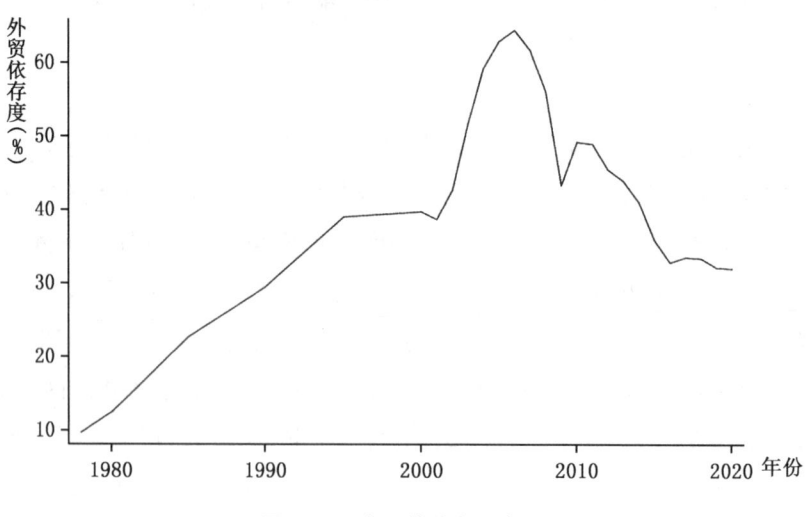

图 5.14 中国的外贸依存度

2. 中国成为吸引外商直接投资的大国

1978年以来,中国开始大规模利用外资进行社会主义现代化建设。1987年11月12日,中国大陆第一家肯德基餐厅在北京市前门地区开业;1990年10月8日,中国大陆第一家麦当劳餐厅在深圳市罗湖区东门商业步行街开业;1999年1月11日,中国大陆第一家星巴克在北京国贸开业。1993年后,跨国公司开始大规模在华投资。中国吸引的对外直接投资1985年为47.60亿美元,1990年为102亿美元,2000年为593亿美元,2010年为1 088亿美元,2016年为1 260亿美元(参见图5.15)。外资企业大发展不仅得益于1992年邓小平南方谈话,而且享受了各种优惠政策,特别是"三免两减半"的税收政策,即前三年免征企业所得税,后两年减半征收企业所得税(吴晓波,2017)。

中国的外商直接投资集中于东部地区,其次是中部地区,最后是西部地区。从1995到2006年,东部地区的外商直接投资比重多在80%以上,而西部地区多在5%左右;2004年后有所改变,但东部地区外商直接投资还维持在70%左右,西部地区则在15%以下,这种情况正是中国产业从东部向中西部转移的重要体现之一(见图5.16)。

3. 由初期的两头在外的格局向产业链中高端迈进

中国在改革开放之初采取出口导向型模式,这与"亚洲四小龙"的模式基本相同。这种模式的特点是原材料与市场都在国外或境外,而制造与组装在国内,即所谓"两头在外、大进大出"(如图5.17所示)。在这种模式下,东部地区特别是东南沿海地区产

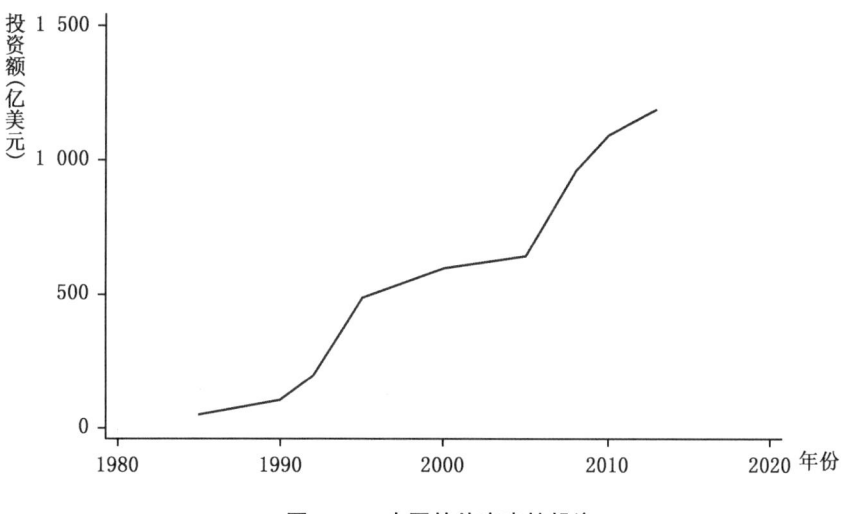

图 5.15 中国的外商直接投资

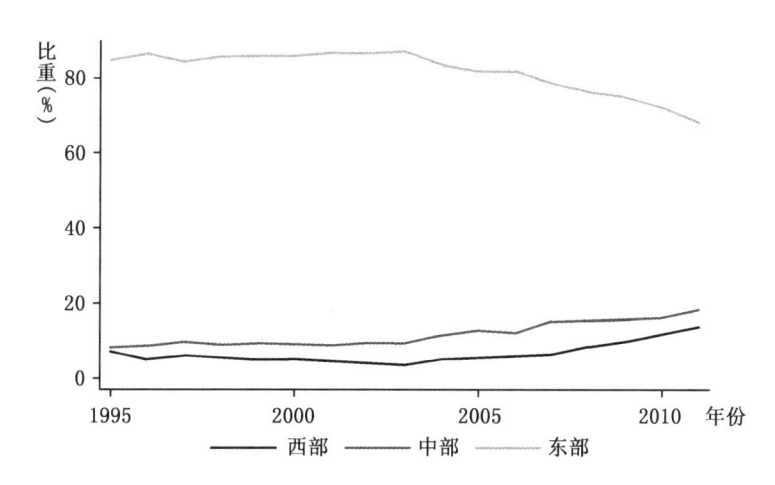

图 5.16 中国三大地区的外商直接投资分布

资料来源:相关年份的《中国统计年鉴》及各省区统计年鉴。

业率先嵌入全球价值链,成为全球制造业高度集聚之地,而内陆地区则向东南沿海地区提供劳动力。

改革开放之初的"三来一补"是典型的两头在外模式。"三来一补"是指来料加工、来样加工、来件装配和补偿贸易,这种结构是由外商提供设备、原材料、来样并负责全部产品的外销,由国内企业提供土地、厂房、劳力。1978 年 7 月,广东省东莞市设立全国第一家来料加工企业——太平手袋厂。

在这种模式下,东南沿海地区的外贸依存度自 1978 年以来逐渐上升,五省市外贸依存度一直高于全国平均水平,特别是广东省和浙江省。

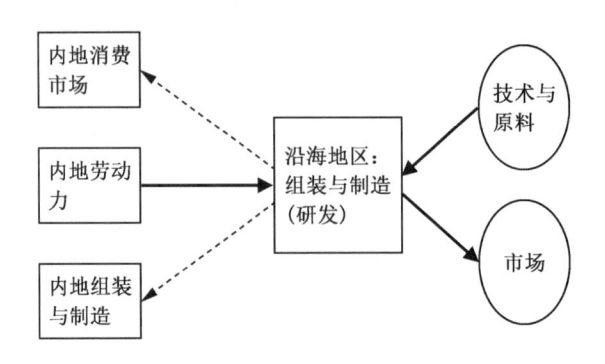

图 5.17 两头在外模式

"两头在外、大进大出"的模式在引进和吸收技术、促进贸易和经济增长方面发挥了巨大的作用,但这种模式的固有特点导致其锁定在产业链低端,原始创新不足。中国产业链由低端向中高端迈进,中国经济由外需独大向外需内需均衡发展成为一种趋势。

参考文献

[1] (德)弗兰克,2000.白银资本:重视经济全球化中的东方[M].刘北成,译.北京:中央编译出版社.

[2] (德)康拉德,2018.全球史导论[M].陈浩,译.北京:商务印书馆.

[3] (德)马克思,恩格斯,2018.共产党宣言[M].中共中央马克思恩格斯列宁斯大林著作编译局,译.北京:人民出版社.

[4] (美)弗里德曼,2006.世界是平的[M].何帆,肖莹莹,郝正非,译.长沙:湖南科学技术出版社.

[5] (美)克鲁格曼,(美)奥伯斯法尔德,2002.国际经济学[M].海闻,等,译.北京:中国人民大学出版社.

[6] (美)莱文森,2008.集装箱改变世界[M].姜文波,等,译.北京:机械工业出版社.

[7] (美)彭慕兰,(美)托皮克,2018.贸易打造的世界:1400 年至今的社会、文化与世界经济[M].黄中宪,吴莉苇,译.上海:上海人民出版社.

[8] (美)萨尔瓦多,2004.国际经济学[M].朱宝宪,等,译.北京:清华大学出版社.

[9] (意)列略,2018.棉的全球史[M].刘媺,译.上海:上海人民出版社.

[10] 简军波,2009.中国朝贡体系:观念、结构与功能[J].国际政治研究,(1).

[11] 刘志彪,2015.从全球价值链转向全球创新链[J].学术月刊,(2).

[12] 曲玥,蔡昉,张晓波,2013."飞雁模式"发生了吗?——对 1998—2008 年中国制造业的分析[J].经济学(季刊),12(3).

[13] 全汉昇,1991.美洲白银与明清间中国海外贸易的关系[J].新亚学报,16.

[14] 全汉昇,1999. 明清间美洲白银输入中国的估计[M]//全汉昇. 中国近代经济史论丛. 北京:中华书局.

[15] 全汉昇,2011. 中国近代经济史论丛[M]. 北京:中华书局.

[16] 王列辉,2009. 近代上海港崛起的区位分析——兼与宁波港的比较[J]. 史学月刊,(8).

[17] 吴晓波,2017. 企业史:激荡·跌荡·浩荡[M]. 北京:中信出版社.

[18] ADELEVE B C, ANNANSINGH F, 2004. Risk management practices in IS outsourcing: An investigation into commercial banks in Nigeria [J]. *International Journal of Information Management*, 24.

[19] AKAMATSU K, 1962. A historical pattern of economic growth in developing countries [J]. *The Developing Economies*, (1).

[20] ANTRAS P, 2020. Conceptual aspects of global value chains[J]. *The World Bank Economic Review*, 34(3).

[21] BAIR J, 2005. Global capitalism and commodity chains: Looking back, going forward [J]. *Competition & Change*, 9(2).

[22] BELDERBOS R, et al., 2016. Where to locate innovative activities in global value chains: Does co-location matter? [Z]. OECD Science, Technology and Industry Policy Papers, No. 30. Paris: OECD Publishing.

[23] CALINO, et al., 2011. The Agglomeration of R&D LABS Federal Reserve Bank of Philadelphia working paper [Z].

[24] COE N M, HESS M, 2007. Global production networks: Debates and challenges [C] // GPERG workshop. Manchester: University of Manchester.

[25] DREHER A, FUCHS A, PARKS B C, et al., 2017. Aid, China, and Growth: Evidence from a New Global Development Finance Dataset [Z]. AidData Working Paper No. 46, Williamsburg, VA: AidData.

[26] DEFEVER F, 2006. Functional fragmentation and the location of multinational firms in the enlarged Europe [J]. *Regional Science & Urban Economics*, 36(5).

[27] GEREFFI G, 2005. The global economy: organization, governance, and development [M]// SMELSER N J, SWEDBERG R. *The Handbook of Economic Sociology*. Princeton: Princeton University Press, Russell, Sage Foundation.

[28] JEVONS W S, 1865. *The Coal Question: An Inquiry Concerning the Progress of the Nation, and the Probable Exhaustion of Our Coal-mines* [M]. London: Macmillan.

[29] JONES R, KIERZKOWSKI H, 1990. The role of services in production and international trade: A theoretical framework[J]. *The Political Economy of International Trade*, (4).

[30] KRUGMAN P, 1995. Growing world trade: Causes and consequences [J]. *Brookings Papers on Economic Activity*, 26(1).

[31] KWAN C H, 2002. The rise of China and Asia's flying-geese pattern of economic development: An empirical analysis based on US import statistics [Z]. RIETI Discussion Paper Series 02-E-009.

[32] LIU X, JONES M K, 2014. Food globalization in prehistory: Top down or bottom up? [J]. *Antiquity*, 88.

[33] LIU X, et al., 2017. Journey to the east: Diverse routes and variable flowering times for wheart and barley en route to prehistoric China [EB/OL]. PLOS ONE Published Online, https://doi.org/10.1371/journal.pone.0187405.

[34] MEMEDOVIC O, 2007. Presentation Prepared for the UNCTAD Expert Group Meeting on Enhancing the Participation of Small and Medium-Sized Enterprises into Global Value Chains [R]. Geneva, 18–19 October.

[35] NUNN N, QIAN N, 2011. The potato's contribution to population and urbanization: evidence from a historical experiment [J]. *Quarterly Journal of Economics*, 126(2).

[36] SHIH S, 1992. Empowering technology — Making your life easier [R]. Acer's Report.

[37] STRAUSS-KAHN V, VIVES X, 2009. Why and where do headquarters move? [J]. *Regional Science and Urban Economics*, 39(2).

[38] YI K M, 2003. Can vertical specialization explain the growth of world trade? [J]. *Journal of political Economy*, 111(1).

思考与练习

1. 请查阅资料，比较地理大发现和郑和下西洋的异同。
2. 阐述土豆和辣椒传入中国的历史过程及其对中国饮食文化的影响。
3. 足球、高尔夫球、棒球等于清末传入中国。请查阅资料，分析其传播路径及其影响。
4. 将1万吨石油、钢铁、大米、大豆分别从上海运输到伦敦，海运、空运、铁路运输、公路运输的成本各是多少？
5. 请比较中国1840年后的开放和1978年后的开放进程。
6. 某制造业成本如下：A国税负是B国的1.35倍，电价是B国的2倍，天然气是B国的5倍，物流成本是B国的2倍；劳动力成本中，B国蓝领是A国的8倍，白领是A国的2.5倍。请问：为了吸引该制造业，A、B两国各自努力的方向是什么？
7. 中国与美国之间几乎不存在劳动力流动，但产业分工格局依然存在，为什么？
8. 以招商局、阿里巴巴、腾讯、华为、老干妈辣酱、富士康、星巴克、微软、Facebook、奔驰、空中客车等企业为例，阐述跨国公司发展历程。
9. 什么是价值链？什么是全球价值链？分析飞机制造业、汽车制造业、食品工业、电子商务、服装业的全球价值链，画出它们的微笑曲线，并说明中国在全球价值链中大致所处的位置。
10. 一般认为微笑曲线的最底部是制造与组装，附加值较低。但中国富士康等企业是大规模制造的例子，日本哈德洛克（Hard Lock）工业株式会社是高铁专用螺丝制造商，它们的收益颇丰。结合这些例子回答：①制造与组装没有创新吗？②为什么制造与组装对于一国制造业发展很重要？③如何修正微笑曲线？
11. 中国烟草是中国的纳税大户，2017年其纳税额大致相当于中石油、中石化、四大国有银行、贵州茅台、阿里巴巴等企业的总和。请画出烟草行业的价值链和微笑曲线。

12. 以汽车产业、食品加工业、房地产业、电子行业为例，说明价值链不同环节的区位的影响因素是什么，特别是总部和研发环节的区位。

13. 为什么很多产业没有从中国东部转移到中西部，而是去了越南、泰国等东南亚国家？

14. 以中国的纺织业、化学工业、汽车制造业、金融业等行业为例，请分析：一个大国内部是否存在雁阵模式？哪些行业存在，哪些行业不存在？为什么？

15. 查阅资料，分析中国企业走进非洲的进程及其影响，分析中亚国家的特点及中国投资的影响因素。

16. 某服装企业纺纱在巴基斯坦，织布、染色、采购纽扣在中国、日本，采购拉链在日本，缝衣在孟加拉国。请查阅资料并回答：①日本有哪些拉链企业和技术？②中国的纽扣产业集群是如何分布的？③为什么该企业将缝衣环节放在孟加拉国？

17. 传感器是改变人类经济与生活的前沿科技，请查阅资料，阐述传感器在现代经济和生活中有哪些应用，世界上有哪些主要传感器生产国和公司，并画出世界传感器产业的产业链分布图。

18. 查阅资料，画出全球的石油、煤炭、铁矿石、大米、大豆、大麦、小麦等大宗商品的流向图，包括出口国、进口国、数量与金额要素，并分析大宗商品对世界主要国家生产成本的影响。

19. 查阅资料，分析为什么人口与经济的沿海集聚是工业革命以来经济发展的重要特征？这与海运及海运成本的下降有什么关系？

延伸阅读

[1] (德)特伦特曼,2022.商品帝国：一部消费主义全球史[M].马灿林,桂强,译.北京：九州出版社.

[2] (美)莱文森,2008.集装箱改变世界[M].姜文波,等,译.北京：机械工业出版社.

[3] (美)彭慕兰,(美)托皮克,2018.贸易打造的世界：1400年至今的社会、文化与世界经济[M].黄中宪,吴莉苇,译.上海：上海人民出版社.

[4] (意)列略,2018.棉的全球史[M].刘媺,译.上海：上海人民出版社.

[5] 邓小平,1994.解放思想,实事求是,团结一致向前看[M]//邓小平.邓小平文选：第二卷.北京：人民出版社.

第六章 城市与城市化

第一节 城市的概念与标准

一、城市的概念

城市研究的基础是城市的概念,基本概念的准确性是城市研究的关键,但精确地确定"什么是城市"是个困难的问题,城市具有形态学上、功能上、行政管辖上这三类定义方法。

(一)形态学上的城市

形态学上的(morphlolgical)城市(city)是指连续的建成区域,建成区内一般不包括农村土地。关于"城市"这一专有名词,世界各国及有关组织的表述存在差异,美国、荷兰等国用 urban area,加拿大用 population centre,澳大利亚用 urban centre,英国用 built-up urban area,法国用 urban unit,印度用 urban agglomeration,联合国也用 urban agglomeration。

(二)功能上的城市

功能上的(functional)城市是指除了核心的城区外,还有实质性的农村地域和不连续的城市发展区域,一般这些区域在一个统一的劳动力市场内部。美国的大都市区或大都市统计区(metropolitan areas,metroplitan statistical area)即功能上的城市概念。

大都市区:往往超出一个行政单元,可能由几个行政单元全部或部分构成,行政边界模糊。

大都市统计区:20 世纪 80 年代,大都市区发展成大都市统计区。该区域总人口达到或超过 10 万,并且有 5 万以上人口居住在人口普查局划定的城市化区域中,即使没有中心城市,也可划为大都市区。2007 年修正为:至少包含一个人口超过 5 万的城市化区域,大都市区圈至少包括一个县。

大都市核心统计区(core based statistic area,CBSA):2000 年,美国又提出最新大都市区界定指标——大都市核心统计区。大都市核心统计区的中央核心至少有一个人口普查局定义的人口不少于 5 万的城市化地区(urbanized area)或者人口不少于 1 万的城市集群(urban cluster),城市化地区和城市集群统称为城市地区(urban area);大都市核心统计区中心县至少 50% 的人口居住在规模不小于 1 万人的城市地区,或者中心县至少 5 000 人居住在人口规模不小于 1 万人的单个城市地区;大都市核心统计区居住在外围县但工作在中心县的就业人口占外围县总就业人口的 25%,或者外围县 25% 的就业人口居住在中心县等。

(三)行政管辖上的城市

第三个概念是 municipality,也被翻译成城市或市政当局,它是一个行政辖区的概念,是个政治的或行政管理的(political or administrative)词汇。相近的说法是 city proper,行政边界明确,但地域范围可能仅仅是 city(urban area)的一部分,也可能被都市区全部覆盖。

以北京为例,上面三个概念为:

行政管辖上的北京市是中华人民共和国的首都、直辖市,它管辖东城区、西城区、朝阳区、丰台区、石景山区、海淀区、顺义区、通州区、大兴区、房山区、门头沟区、昌平区、平谷区、密云区、怀柔区、延庆区 16 个区,共 147 个街道、38 个乡和 144 个镇,总面积 16 800 平方公里。

形态学上的北京市是行政管辖上的北京市去掉其农村、山区的非建成区部分,其总面积不到 1 650 平方公里,大约是行政管辖上的北京市的 10% 左右。

功能上的北京都市区不仅包括行政管辖上的北京市,而且可能包括河北的廊坊市(比如燕郊镇)、天津市的武清区和宝坻区等地区,将来可能还包括雄安新区,其总面积超过 16 800 平方公里这一行政管辖的面积。

二、设市/定义城市的标准

人口规模、人口密度、产业特征、城市特征、行政管理、建筑密度等都可以作为设市的标准,有的国家采取单一的标准,有的国家采取多条标准。表 6.1 显示,在 233 个国家或地区中采取行政标准的占 25.3%,采取人口规模/密度标准的占 15.9%,这是最常用的两个设市标准。

表 6.1　　　　　　　　城市标准及其采纳国家数量和比重

标准个数	标准名称	采用该标准的国家或地区数量(个)	采用该标准的国家或地区比重(%)
一标准	行政	59	25.3
	经济		
	人口规模/密度	37	15.9
	城市特征	8	3.4

续表

标准个数	标准名称	采用该标准的国家或地区数量(个)	采用该标准的国家或地区比重(%)
二标准	行政与经济 行政与人口规模/密度 行政与城市特征 经济与人口规模/密度 经济与城市特征 人口规模/密度与城市特征	17 20 9 20	7.3 8.6 3.9 8.6
三标准	行政、经济与人口规模/密度 行政、经济与城市特征 行政、城市特征与人口规模/密度 经济、城市特征与人口规模/密度	4 10 14	1.7 4.3 6.0
四标准	行政、经济、人口规模/密度、城市特征	11	4.7
	完全城市化地区 没有定义或明确定义	12 12	5.2 5.2
	合计	233	100.0

资料来源：United Nations Department of Economic and Social Affairs/Population Division. World Urbanization Prospects：The 2018 Revision。

比较世界各国的城市统计标准，可以发现对最低人口规模的界定存在差异，如加拿大为1 000人，美国2020年之前为2 500人，之后为5 000人，日本则为50 000人。人口密度标准较为统一，很多国家采用400人/平方公里的标准。2000年前，美国的城市统计标准是人口规模大于2 500人的聚居点；2000年后，将城市化地区定义为人口密度大于1 000人/平方英里的核心普查街区或平均密度大于500人/平方英里的外围普查区域。

中国设市的标准历经1955年、1964年、1984年、1986年、1993年五次变化，现行标准是1993年标准。中国设市标准是行政（县级以下不设市）、人口密度、县城人口、经济发展、基础设施以及其他条件。最突出的特点是行政标准，每个城市都对应着一个行政级别，县以下不设市，设立城市的审批权集中于中央政府，地方政府无权审批城市的设立，如2023年1月20日设立的白杨市是县级市，由新疆维吾尔自治区直辖。其他的特点包括：第一，整县设市，本质上是县改市，有行政级别，每一个设立的市均有大量的农村地域，是"块"状设市，而不是"点"状设市；第二，人口标准远远高于发达国家，我国对县人民政府驻地镇从事非农产业人口的最低要求是8万人，远远大于美国2 500人的标准；第三，标准不仅涉及人口，而且涉经济发展和公共服务。此外，中国有些城市设市的人口标准不足8万人，如2016年新成立的新疆维吾尔自治区的昆玉市，其人口不足5万人；2012年成立的三沙市，其人口不足万人。需要指出的是，中国东部地区很多镇的规模已经达到8万人以上，有些镇的人口达到数十万人，已经具备了"市"的基本特征。

三、城市规模分类

根据人口规模,可以将城市分成大、中、小等类别,但各国的分类标准并不完全一致,一国的大城市到了另一个国家也许就成了中小城市。经济合作与发展组织(OECD)提出了一个城市规模划分的标准,将人口大于等于150万的城市称为大都市,50万～150万的称为都市,20万～50万的为中等城市,而5万～20万的为小城市,见表6.2。

表6.2　　　　　　　　　　经济合作与发展组织的城市规模分类

等级	人口规模(万)
大都市(large metropolitan areas)	150
都市(metropolitan areas)	50～150
中等城市(medium-size urban areas)	20～50
小城市(small urban areas)	5～20

资料来源:OECD。

我国1994年的标准是按照城市非农业人口对城市规模进行划分,2014年的标准则是按照城市常住人口规模划分的,具体划分依据见表6.3。总的看来,无论是1990年的标准还是2014年的标准,中国标准均高于发达国家的标准,这可能与中国人口总规模较大有关,中国2014年划分标准与联合国《世界城市化报告》类似。

表6.3　　　　　　　　　　　　　城市规模分类

	1990年的标准《中华人民共和国城市规划法》(2008年废止)	2008年的标准《中华人民共和国城乡规划法》	2014年的标准国务院《关于调整城市规模划分标准的通知》
小城市	市区和近郊区非农业人口小于20万	没有具体规定	城区常住人口规模50万以下Ⅰ型小城市:20万～50万Ⅱ型小城市:20万以下
中等城市	市区和近郊区非农业人口20万以上、50万以下	同上	城区常住人口50万以上、100万以下
大城市	市区和近郊区非农业人口50万以上	同上	城区常住人口100万以上、500万以下Ⅰ型大城市:300万以上、500万以下Ⅱ型大城市:100万以上、300万以下
特大城市		同上	城区常住人口500万以上、1 000万以下
超大城市		同上	城区常住人口1 000万以上

注:城区是指在市辖区和不设区的市,区、市政府驻地的实际建设连接到的居民委员会所辖区域和其他区域。

四、中国的城市人口

与世界其他国家相比,中国的城市人口统计更为复杂,城市人口有常住人口、户籍人口、流动人口之别。常住人口是指实际经常居住在所在城市或者县等行政区域内超过一定时间(一般指半年以上)的人口。户籍人口是具有所在城市户口的人。中国公安部门对户籍人口更严格的定义为城市(县)行政区域内有常住户口和未落常住户口的人,以及被注销户口的在押犯、劳改、劳教人员。未落常住户口人员是指持有出生、迁移、复员转业、劳改释放、解除劳教等证件未落常住户口的、无户口的人员以及户口情况不明且定居一年以上的流入人口。流动人口是指离开户籍登记地半年以上的人口。现在城市人口统计越来越多地将城市人口看作城市常住人口。

表6.4列出了2000—2020年中国各地区新增常住人口、户籍人口、流动人口状况。

表6.4　　　　　2000—2020年中国常住人口、户籍人口与流动人口的变化　　　　　单位:万人

地区	2000—2010年			2010—2020年		
	常住人口	户籍人口	流动人口	常住人口	户籍人口	流动人口
东部	6 464.19	3 271.83	3 192.36	5 754.37	4 152.64	1 601.73
中部	1 164.25	2 791.49	−1 627.24	865.23	2 155.29	−1 290.16
西部	1 111.87	2 929.19	−1 817.31	2 275.37	1 944.83	330.55
东北	478.52	226.33	252.19	−1 069.73	−427.61	−642.12

资料来源:第五次、第六次、第七次全国人口普查。

由于切块设市和市管县等原因,中国的地级及其以上行政等级的城市往往辖有城区与县域,县与县级市则管辖镇与乡。中国城市的辖区人口是指行政辖区内的人口,包括城区人口与辖县人口,不论是城区或者县域,通常都包括城镇人口与农村人口两部分,随着县改区的进展,也出现了无辖县的地级市。

第二节　城市的形成与城市化

一、城市的形成

(一)第一自然因素

自然地理条件又称为第一自然因素(the first nature geography),在城市的形成中起着重要的作用。建城于自然条件优越之处,可以节省成本,比如抗旱、防洪、用水、

运输等。2 000多年前的《管子·乘马》就认识到了这点:"凡立国都,非于大山之下,必于广川之上;高毋近旱,而水用足;下毋近水,而沟防省;因天材,就地利,故城郭不必中规矩,道路不必中准绳。"古都长安被渭、泾、沣、涝、潏、滈、浐、灞八水环绕,"右控陇蜀,左扼崤函,前有终南太华之险,后有清浊渭河之固";另一个古都洛阳则是北依邙山、南临洛水,呈山环水抱之势。

考古发现,城市最早出现于西亚肥沃的新月地带(the Fertile Crescent)。新月地带,一般又称为肥沃新月地带,最初由美国考古学家布雷斯特德于1916年提出。它横跨西北-东南走向的美索不达米亚以及东北-西南走向的西亚裂谷带中、北段,两个地区在幼发拉底河中游以西相会,看起来似一弯新月,而且这一地带的河流特别是两条大河——幼发拉底河(the Euphrates)和底格里斯河(the Tigris)河水泛滥,使得河流两岸形成了肥沃的土壤,两重因素叠加,故称此地区为肥沃新月地带。这一地带包括现在的伊拉克东北大半部、土耳其东南边缘、叙利亚北部与西部、黎巴嫩、巴勒斯坦以及约旦西部。新月地带被称为人类文明的摇篮,宗教、艺术、农业、建筑、医学乃至科学技术的产生皆离不开这一地带。新月地带也是人类城市最早产生的区域之一,耶利哥(Jericho)公元前8000年前形成了2 000人以上的城市,恰塔霍裕克(Çatalhöyük)形成于公元前7000年,形成于公元前4000年前的乌鲁克(Uruk)人口规模超过5 000人(O'Sullivan,2006)。耶路撒冷(Jerusalem)形成于公元前4000年左右,公元前1800年左右亚伯拉罕带领犹太人离开城市乌尔(吾珥,Ur)迁往迦南。可见,从第一代城市产生到现在,城市已经存在10 000年左右。新月地带城市的产生是该区域河流的产物。

美国主要城市的形成与水路交通的发展有关,这些城市包括大西洋岸的波士顿、纽约、新泽西、纽瓦克、费城、巴尔的摩、华盛顿,五大湖区域的密尔沃基城、芝加哥、底特律、克利夫兰、水牛城,密西西比河沿岸的密苏里、圣路易斯、新奥尔良和太平洋沿岸的旧金山。

(二)第二自然因素

第二自然因素(the second nature geography)是指除自然地理条件外的经济社会地理条件,本质上各经济主体的空间关系在城市的形成特别是城市化进程中发挥了重要作用。其中交通地理位置带来的成本节约有利于城市的形成。《盐铁论·通有第三》注意到了这点:"燕之涿、蓟,赵之邯郸,魏之温、轵,韩之荥阳,齐之临淄,楚之宛丘,郑之阳翟,三川之二周,富冠海内,皆为天下名都。非有助之耕其野而田其地者也,居五都之冲,跨街衢之路也。"几大城市的形成不是因为土地肥沃,而是因为居于交通要冲,交通要冲是形成贸易性城市的重要条件,大家都来交通要冲交易,一个城市就逐渐形成了。石家庄的兴起就与铁路的兴建有关。20世纪初石家庄是河北省获鹿县辖下的一个小村,由于正太(正定至太原)铁路和平汉铁路的修建,石家庄逐步成为河北省重镇,1968年河北省省会也由保定迁往石家庄,石家庄遂发展起来。湖北省十堰市是湖北省辖地级市、中国第二汽车制造厂(东风汽车)的诞生地。但十堰市直到20世纪60年代还是湖北郧县所辖的一个村庄,"十堰,在县南,因溪作十堰,以溉田"。1960年初,十堰村人口不足百户,有一条街、几家小商铺、一家打铁铺,几乎看不到像样的房子,只有绵延不断的山沟。在三线建设的大背景下,1965年湖南的川汉线改在湖北境内建襄渝线,1966年国家决定在襄渝线附近的十堰建设第二汽车制造厂,厂区分布在东西长32公里,南北宽8.5公里的20多条山沟里,遵循了"山、散、洞"的原则。1967年4月1日,第二汽车制造厂在十堰大炉子沟破土动工。1969年,十堰市成立。1973年2月,十堰市升格为地级市,由湖北省直辖。1994年10月,郧阳地区和十堰市合并辖丹江口市、郧阳区(原县)、郧西县、竹山县、竹溪县、房县及张湾区、茅箭区等。十堰市现在全境面积2.3万平方公里,2020年末常住人口320万,GDP为1 891亿元,为东风商用车有限公司总部所在地。

欧洲的城市发展可能来自军事冲突。城市的高墙巨垒能为人们提供安全的避风港,军事冲突使得越来越多的人迁移到城市,这就导致军事支出上的规模报酬递增,一个1万人的城池与2万人的城池的城墙成本是一样的,而人均成本则降低一半,从而促进了城市的发展(Dincecco et al.,2014)。

古希腊的城邦是一个由城市及其周围的乡村组成的独立国家(city state),这些国家往往疆域面积很小,城邦实行主权在民和直接民主制度,这些都是现代西方思想的重要渊源(顾准,1994)。古希腊城邦的规模受制于自然地理条件,这从反面说明了规模报酬递增的重要性。

一项对117—2012年西欧城市网络的研究发现,西罗马帝国灭亡后,英国的城市化迅速结束。漫长的中世纪,在地理优越的地方如海岸线和河流两岸发展起了新的城市,而法国则不然,很多城市是在原西罗马时期城市的基础上发展起来的,而不是靠近地理条件更优越的海岸线。无论是英国还是法国,拥有海岸线的城市比其他城市增长更快(Michaels et al.,2018),一旦一个城市建立并发展起来,原来赖以发展的优越的第一自然属性即使消失,也有很多城市继续发展。资源枯竭不一定带来城市的衰败。这在美国南部、中亚特兰大、中西部地区的城市发展中表现明显,很多城市在1900年前已发展成工业和商业中心,而他们的自然优势在一个世纪或更早的时期就枯竭了(Bleakley et al.,2012)。

城市的形成与发展具有循环累积效应,似滚雪球一般,越来越大。比如石家庄,由铁路而生,因成为河北省省会而加速发展;上海,则由五口通商而逐渐从江苏省的上海县发展成中国最大的贸易与工业城市。

一个城市的形成往往是第一自然因素和第二自然因素共同作用的结果,来自自然环境的成本节约,来自贸易、生产等方面的规模报酬递增,从而循环累积,促进了城市的发展。

二、城市化

城市化是农村人口向城市迁移,并在城市就业和居住的过程。随着城市化进程的推进,农村人口减少,城市人口增加,第一产业从业人口降低,第二、第三产业人口增加。在我国,城市化又称为城镇化,二者的意思完全一致,只是城镇化暗含着某种公共政策,即政府偏爱农村人口主要流向中小城市和城镇。

城市化是人类最基本的权利,人口的自由迁徙也是人类最基本的权利。城市化是个古老的现象,可以认为与人类的城市一样古老。人类大规模的城市化进程是工业化促进的。工业革命改变了相当长时间内人类聚居的形态,使之呈现大规模的城市化,城市人口逐渐超过农村人口,城市世纪到来。

一般情况下,城市人口与总人口的比率称为城市化率,是衡量城市化进程的最主要的指标。

$$城市化率 = \frac{城市人口}{总人口}$$

一个区域的总人口比较容易确定,但城市人口的规模如何衡量非常复杂,这是因为对城市的界定标准比较复杂,不同的城市标准对应着不同的城市人口,因而就有不同的城市化率。

美国地理学家诺瑟姆(Northam,1979)在其著作《城市地理学》一书中将城市化进程视为S形曲线(逻辑曲线,见图6.1),国内学者将此称为诺瑟姆曲线。事实上,诺瑟姆曲线并不是诺瑟姆首先发现的。诺瑟姆曲线所揭示的城市化进程的逻辑曲线是对城市化进程的一般描述,但是具体到某个国家,其城市化进程可能是线性的,也可能是跳跃式的,总有例外。

城市化与经济增长有什么关系?欧美发达国家的城市化进程与工业化一起内生于经济发展过程,相互促进;中国1949—1978年只有工业化,没有城市化;有些国家只有城市化而没有工业化。巴克利等(Buckley et al.,2013)进行了跨国研究,系统地分析了不同国家人均GDP与城市化的关系,如图6.2所示。他们发现,高收入的国家城市率高,低收入的国家城市率低。但不能断定城市化必然带来经济的增长,有些国家城市化带来了经济增长,有些国家特别是非洲一些国家的城市化并没有带来增长。具体到一个国家,可能一段时期城市化促进了经济增长,而有些时期,只有城市化却没有经济增长。

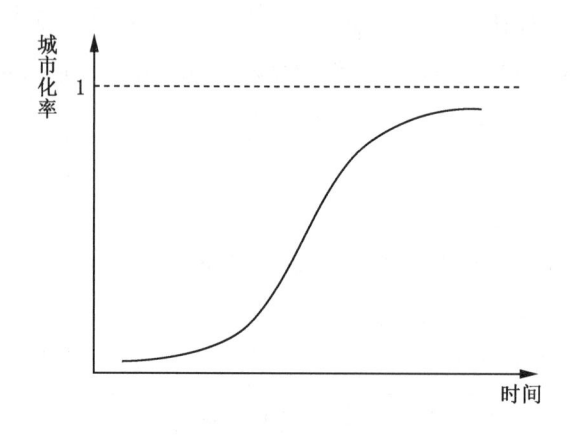

图 6.1　城市化进程的逻辑曲线

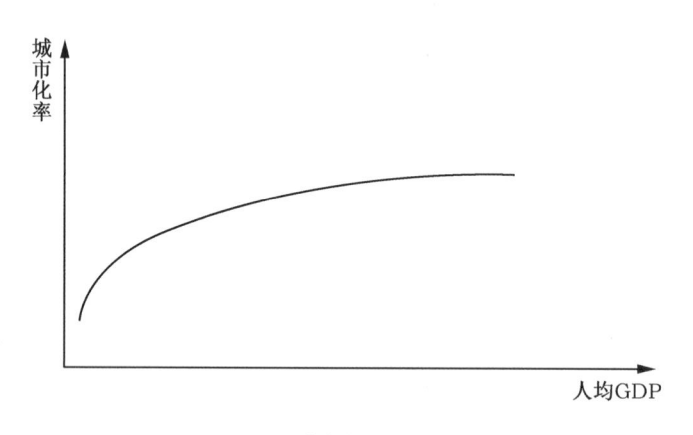

图 6.2　城市化与经济增长

三、世界范围内的城市化

2021年世界范围内的城市化地图(见图6.3)清楚地反映了世界范围内城市化的全景及各国城市化水平的差异,北美、欧洲、大洋洲等发达国家的城市化水平都大于60%,拉丁美洲的城市化水平也多在60%以上,巴西、阿根廷等国家达到70%以上,印度及巴基斯坦等南亚国家、越南及缅甸等东南亚国家、东部非洲一些国家的城市化水平较低,不到40%,例如,埃塞俄比亚城市人口不到总人口的20%。中国的城市化水平约60%,低于东亚的日本和韩国。

以上是横向比较各地区城市化水平。从纵向历史维度来看,工业革命之前世界范围内的城市化水平一直比较低,大多数地区在大部分时期低于10%,在人类历史的大部分时期大多数人住在农村。工业革命在世界范围内推动了大规模的人口城市化,"资产阶级使农村屈服于城市的统治。它创立了巨大的城市,使城市人口比农村人口

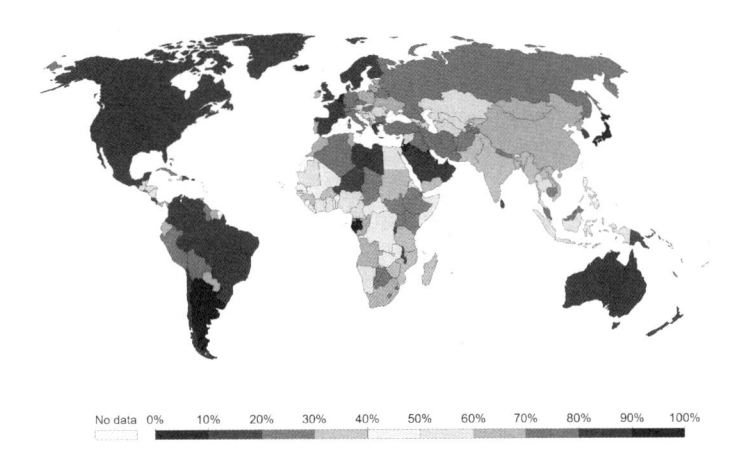

图 6.3　2021 年世界范围内的城市化地图

注:城市人口的定义基于各国统计局对城市地区的定义。
资料来源:联合国人口司(通过世界银行)。

大大增加起来,因而使很大一部分居民脱离了农村生活的愚昧状态"(马克思、恩格斯,2018),工业化推动城市化,现代城市化进程拉开序幕。工业化国家城市人口迅速提升,1900 年英国、澳大利亚、德国等国城市人口超过农村人口。第二次世界大战后,世界范围内的城市化进程继续推进,1950 年城市化率为 29.4%,1970 年上升到 36.6%,2010 年世界范围内城市人口超过农村人口,城市化率达到 50.5%,2015 年达到 53.9%,2020 年则为 56.2%(见图 6.4)。

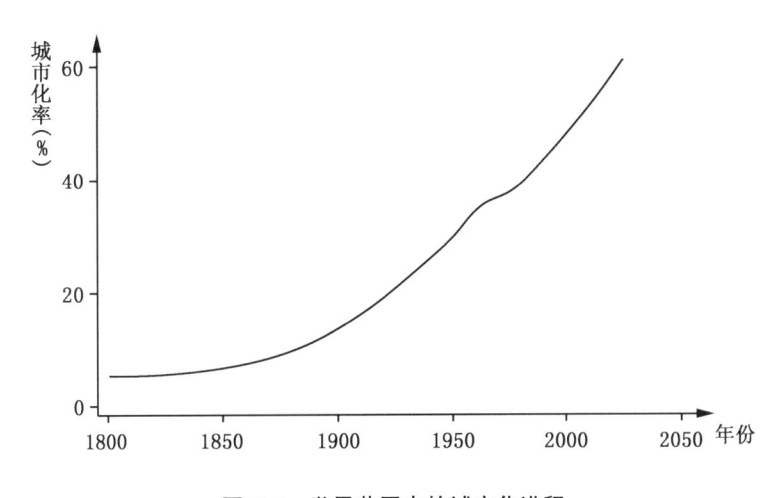

图 6.4　世界范围内的城市化进程

通过比较发达国家与发展中国家的城市化水平,可以发现发达国家城市化水平高,发展中国家 1950 年以来城市化速度快于发达国家。1950 年、1970 年和 2018 年发达国家城市化率分别达到 54.8%、66.8% 和 78.7%,而同期发展中国家城市化率分别为 17.7%、25.3% 和 50.6%。1950—1970 年发达国家的年平均变化率为 0.6%,而发展中国家才 0.38%。1990—2018 年发达国家的年平均变化率为 0.38%,而发展中国家达到 0.56%,见表 6.5。

表 6.5　　　　　　　　　　　发达国家与发展中国家城市化比较

	城市化率(%)				年平均变化率(%)		
	1950 年	1970 年	1990 年	2018 年	1950—1970 年	1970—1990 年	1990—2018 年
世界	28.6	36.6	43.0	55.3	0.40	0.32	0.44
发达国家	54.8	66.8	72.4	78.7	0.60	0.28	0.23
发展中国家	17.7	25.3	34.9	50.6	0.38	0.48	0.56

资料来源:United Nations Department of Economic and Social Affairs/Population Division. World Urbanization Prospects:The 2018 Revision。

世界范围内的城市化具有另一个特点:中小城市的数量多,但向人口大城市集聚趋势明显。1970 年 53.91% 的城市人口居住于 30 万以下人口的城市,仅 4.06% 的城市人口居住于 1 000 万以上人口的特大城市,这一比重在 1990 年分别达到 50.08% 和 6.68%,而到 2018 年则为 41.47% 和 12.54%,1970—2018 年居住于人口 30 万以下城市者减少了 12.44%,而居住于人口 1 000 万以上大城市者增加了 8.48%,见表 6.6。

表 6.6　　　　　　　　　　　　　城市的规模分布

城市分类	人口比重(%)		
	1970 年	1990 年	2018 年
人口 1 000 万以上的城市	4.06	6.68	12.54
人口 500 万~1 000 万的城市	7.90	6.81	7.70
人口 100 万~500 万的城市	18.02	20.39	21.94
人口 50 万~100 万的城市	9.68	9.08	9.83
人口 30 万~50 万的城市	6.43	6.94	6.51
人口 30 万以下的城市	53.91	50.08	41.47
合计	100	100	100

资料来源:United Nations Department of Economic and Social Affairs/Population Division. World Urbanization Prospects:The 2018 Revision。

四、发达国家城市化

如图 6.5 所示,1790 年,美国 2 500 人以上的城市数目有 24 个,城市人口有 390 万,城市化率为 5.1%;1820 年,美国城市化率达到 7.2%;1880 年,美国城市化率达到 28.2%;1920 年,美国城市人口超过农村人口,城市化率达到 51.2%,这个水平大致相当于中国 2010 年的城市化水平;1970 年,美国城市化率超过 70%;2010 年后,美国城市化率大于 80%。从地区分布上看,美国东北部城市化一直高于其他地区,美国南部的城市化水平一直低于其他地区,这种局面一直持续到 1950 年,1950 年后各个地区的城市化水平趋于一致(Boustan et al.,2013)。

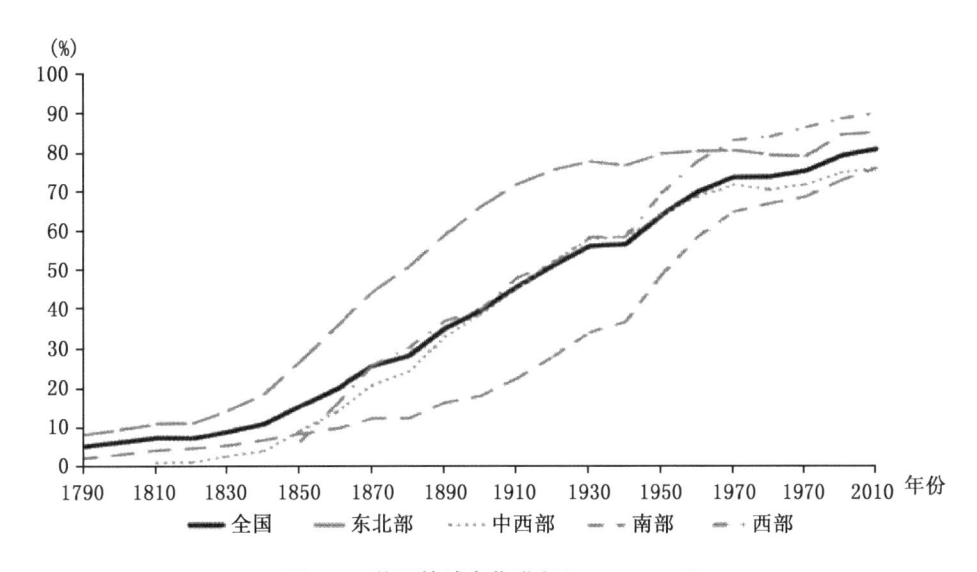

图 6.5 美国的城市化进程(1790—2010)

资料来源:Boustan et al.(2013)。

再来看看欧洲的城市化进程,如图 6.6 所示,公元 800 年左右,欧洲城市化率不到 5%,城市数量不足 100 个,1500 年达到 8% 左右,而到 1800 年,达到 15%,城市数量也接近 1 500 个(Bosker et al.,2017)。如图 6.7 所示,1800 年以来,欧洲城市化加速,1850 年城市化率达到 20%,1900 年达到 40%,1950 年达到 60%,2000 年,大部分欧洲国家的城市化率大于 70%,西欧国家接近 80%(Jedwab et al.,2017)。

图 6.8 进行了美国、中国、印度、巴西这四个国家 1960 年以来城市化进程的比较,这四个国家可以分成两组,一组为美国、巴西,属于高度城市化国家,一组为中国、印度,属于中低城市化水平的国家。2000 年以来,美国、加拿大的城市化率达到 80% 左右,而印度的城市化率不到 30%,中国的城市化率接近 60%。

格莱泽和夏皮罗(Glaeser et al.,2001)利用美国 2000 年的人口调查数据分析了

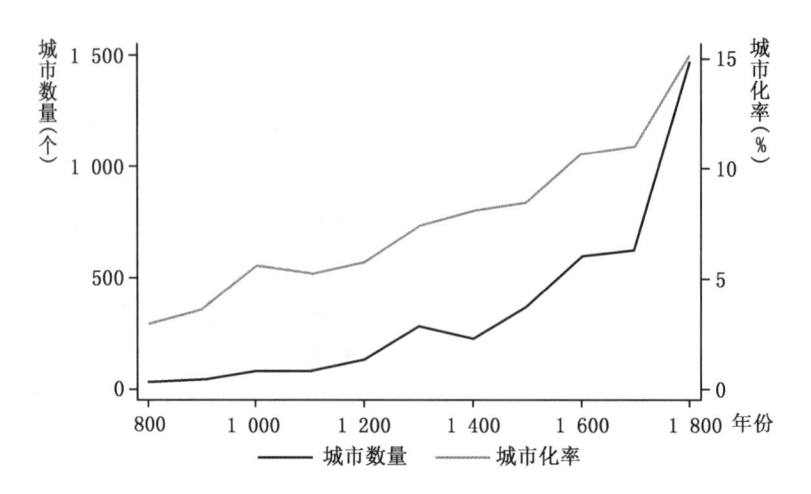

图 6.6　欧洲早期的城市化进程

注：城市最低人口规模 5 000 人。
资料来源：Bosker et al. (2017)。

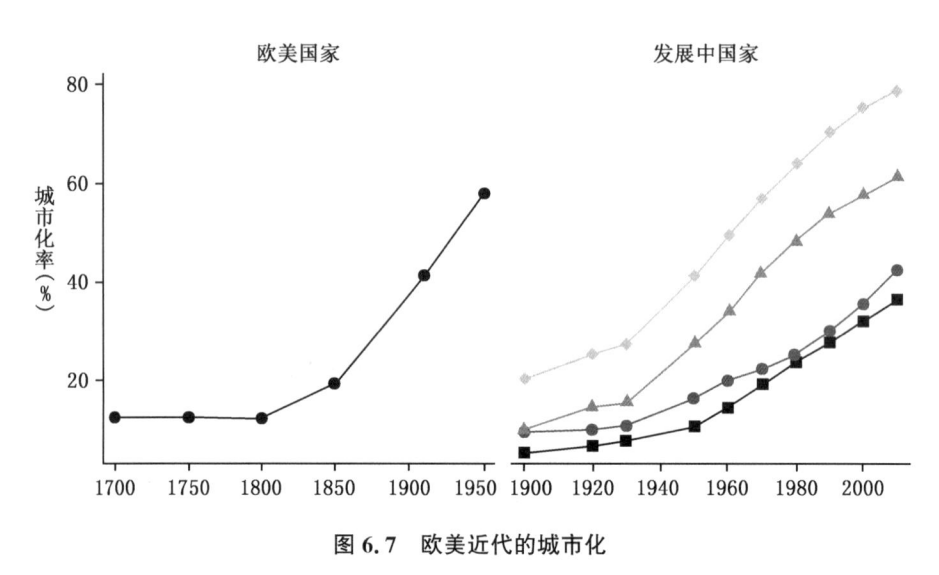

图 6.7　欧美近代的城市化

资料来源：Jedwab et al. (2017)。

美国 10 万人口以上的城市在 1990—2000 年人口变化的特点：①20 世纪 90 年代人口中位数增长率为 8.7%，是 80 年代的 2 倍，但 90 年代的增长与 80 年代的增长关系密切；②美国西部城市人口增长最快，东北部城市人口减少，南部城市的人口增长率大概是西部的 1/2，中西部城市的人口增长率为 3%，这种差别对于城市宜居性起重要作用；③高人力资本的城市人口增长，其居民的教育水平与收入水平增长符合城市增长理论的预测；④制造业基地的人口增长低于服务业城市的人口增长；高失业率城市的

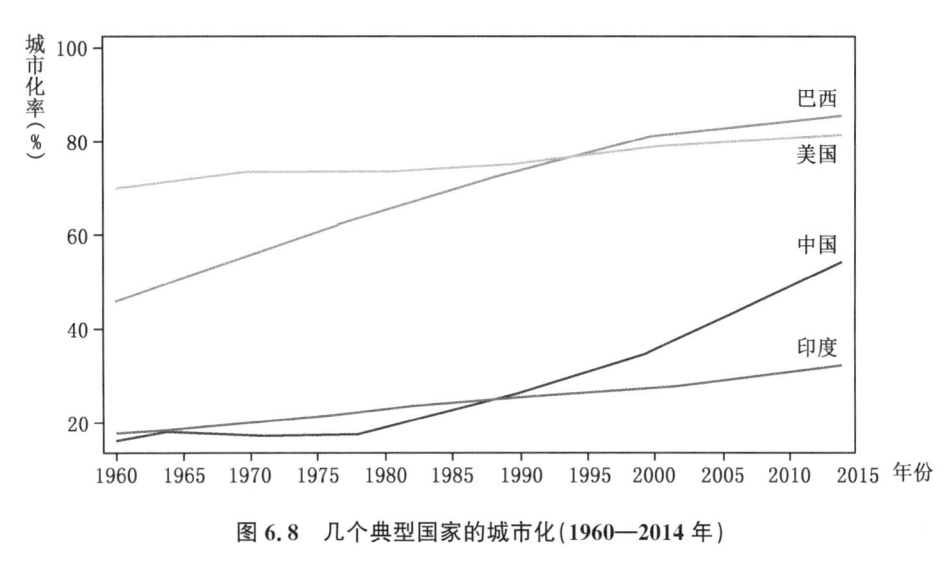

图 6.8 几个典型国家的城市化(1960—2014 年)

资料来源:世界银行,《世界发展指数》。

人口增长低于低失业率城市;⑤依靠私家车的城市的人口增长快于依靠公共交通的城市;⑥人口增长中,外国移民贡献很大。

第三节 中国的城市化

一、古代城市化

中国历史上人口变动剧烈。西汉末年人口近 6 000 万,东汉初只有 2 100 万,东汉桓帝时恢复到 5 600 万以上,三国归晋时剩下 760 万,隋文帝时达到 4 600 多万,755 年(766 年发生安史之乱)为 5 200 多万,唐代宗时降为 1 600 多万,到 1190 年的宋金时期人口达到 7 600 多万,明末人口为 5 200 万左右,乾隆初年(1741 年)人口达到 1.4 亿,清咸丰元年人口达到 4.3 亿,1864 年降为 2.3 亿,1949 年达到 5.4 亿人口左右。

中国古代的城市化水平一直比较低,如表 6.7 所示,战国时期的城市化水平在 15.9%,唐朝(公元 745 年)的城市化水平达到 20.8%,南宋(公元 1200 年左右)是中国古代城市化水平最高的时期,城市化水平达到 22%。相比较而言,1977 年中国的城市化率仅为 17.5%,直到 80 年代才超过 20%。南宋的城市化水平不仅是经济社会发展的产物,而且大大促进了经济社会发展,南宋以后中国城市化持续下降,在低水平徘徊,到清嘉庆年间(1820 年)仅有 6.9%的居民是城市居民(赵冈,2006)。

表 6.7　　　　　　　　　　　中国古代的城市化率　　　　　　　　　　　单位:%

朝　代	城市化率
战国(公元前 300 年)	15.9
西汉(公元 2 年)	17.5
唐(公元 745 年)	20.8
南宋(公元 1200 年左右)	22.0
清(公元 1820 年)	6.9

资料来源:赵冈(2006)。

中国古代城市始终受到政治和经济两个主要因素的促进或制约。为官而城,为商而市。城是权力的象征,其政治(军事)职能一直是主导职能,官吏所在是城的关键特征,城按照官吏的等级分类;经济职能大多数时候是城的附属功能,在宋、明、清的有些时期,是贸易、交通等因素而不是政治因素促进了市的形成与发展,促使经济职能从附属职能演变成主导职能。

作为官吏所建之城,中国之城的显著外观特征是拥有城墙,一个城的城墙的体量与当地的经济发展和所处的地理环境正相关,经济发达地区的城墙和处于边境地区的城墙往往高大雄伟(Ioannides et al.,2017)。北京作为明清两朝的帝都,其城墙最具代表性。始建于明朝初年,北京古城分为内城和外城,成"凸"布局,城墙周长 30 千米,墙基宽 24 米,墙高 8 米。内城有九门:正阳门、崇文门、宣武门、朝阳门、阜成门、东直门、西直门、安定门、德胜门。电视上所谓的九门提督,就是指的这九个门。外城有七门:永定门、左安门、右安门、广渠门、广安门、东便门、西便门。北京城墙及其城门巍峨壮观,是人类宝贵的历史文化遗产(见图 6.9)。

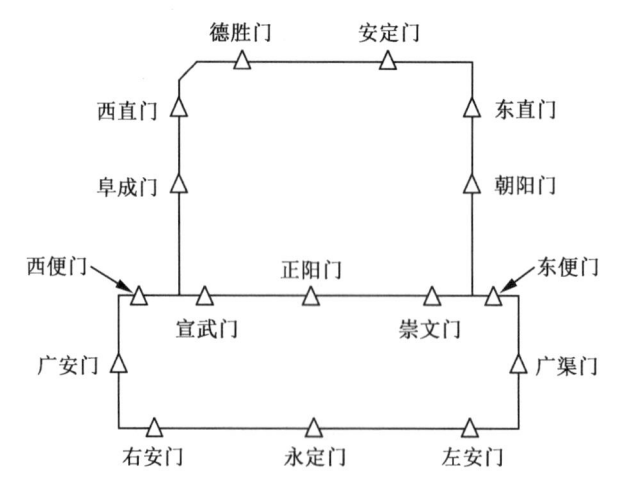

图 6.9　北京城墙及城门

1911年后特别是1949年后,中国之城的城墙陆续被拆除,北京古城墙也难逃被拆除的命运。城墙的拆除,使得古都风貌发生了巨大的改变,这种影响持续至今。

> **《周礼·考工记·匠人营国》**
>
> "匠人营国,方九里,旁三门。国中九经九纬,经涂九轨,左祖右社,面朝后市,市朝一夫。内有九室,九嫔居之。外有九室,九卿朝焉。九分其国,以为九分,九卿治之。王宫门阿之制五雉,宫隅之制七雉,城隅之制九雉,经涂九轨,环涂七轨,野涂五轨。门阿之制,以为都城之制。宫隅之制,以为诸侯之城制。环涂以为诸侯经涂,野涂以为都经涂。"
>
> 这段话的意思是:王城的边长9里,每边有3个城门。城市纵横各有9条道路,每条道路宽9轨。左边是祭祀祖先的地方,右边是祭祀土地神的地方。前面是朝会处,右边是市场,面积相等都是一夫(约合1万平方米)。这段话同时告诉我们城市的等级制度:王宫的南北大道宽九轨,环城大道宽七轨,野地大道宽五轨,而诸侯则相应降低道路的标准。
>
> 《周礼·考工记·匠人营国》是当时诸侯国都城规划的记录,也是中国最早的城市规划思想。《周礼·考工记·匠人营国》规定了王城宫城的规划制度,包括主要的形制规模、城门数量、交通干道网络、官、朝、市、祖、社的布局,以及前朝后寝制度,这些对后世中国的城市建设影响很大。

春秋战国时期,城市坊市制度推行开来,坊是居民区,而市是商品交易的场所,坊市封闭并且相互隔离,西汉长安形成东西两市,西市由6个市构成,东市由3个市构成,人们到东市和西市购物,俗称买东西。设置"市"的城市必须是各级政府驻地,"诸非州县之处,不得置市",唐朝的长安和洛阳、都督府39个、州治327个、县治1 573个都设有市;城市内所有交易必须在"市"内进行,不得到居民区"坊"里,而且白天有"市",晚上"市"关门停止交易。《易·系辞》说:"日中为市,致天下之民,聚天下之货,交易而退,各得其所。"唐朝中后期,随着商品经济的发展,出现"夜市""草市",市得到扩建,原来不准买卖的坊也开始买卖,建起商铺。坊市制到宋朝彻底解体。宋朝是中国古代城市最为发达的朝代,主要表现在:第一,由里坊制发展为街坊制。以京城为例,宋之前的城市是封闭的,如唐朝京城长安,在宫城和皇城之外将城市划分为坊(居住区,秦汉时称里,唐以后多称为坊)和市(商业贸易),共有108坊和东、西两个市,坊市均要宵禁,人们晚上不准出坊门而且不准晚上交易,而宋朝京城坊与市不再分开,住宅与商业连成一片,宵禁制度也被取消,城市夜生活开始变得丰富起来。第二,宋朝的城市化水平高于其他朝代,而且城市规模大,并且在南宋时期形成了以杭州为中心,苏州、绍兴为两翼的城市体系。北宋的东京(开封)和南宋的杭州的城市规模都在100万人以上,远远大于同一时期的世界其他城市,例如13世纪的欧洲最大城市威尼斯人口在10万左右。第三,宋朝的城市具有现代城市的雏形,杭州是个娱乐业和餐饮业发达的城市,"山外青山楼外楼,西湖歌舞几时休"就是对当时城市状态的生动描述。"宋朝值得注意的是发生了一场名副其实的商业革命,这对整个欧亚大陆都具有重大意义。商业革命的根源在于中国经济的生产率显著提高。技术的稳步发展提高了传统工业的产量。中国首次出现了主要以商业活动(经济活动)而不是以政务活动为中心的大城市。"(斯塔夫里阿诺斯,2006)元朝后期,大运河沿岸的邳州、淮安、泰州、扬州、新州、镇江、苏州、建康、临安、泉州、庆元(宁波)、温州等城市发展成为商业极为繁荣的城市。还有一种更普遍的市集(会、场、圩等),是生产者相互交换物品的场地。随着市集发展,有人定居于此,市集逐渐演变成为市镇(费孝通,1947;施坚雅,2000)。

总之,古代中国的基本特色是乡土中国,农村人口占大多数,这种情况持续到1978年改革开放后,城市人口才超过农村人口,乡土中国过渡到城乡中国。古代中国的城市呈现城、市、城里有市、市里有城、城-市相隔、城-市融合等多种形态,政治、军事和经济因素不同程度地塑造着中国古代城市的发展,1840年后两次对外开放成为中国城市发展的又一动力。

二、中国近代的城市化

1840年后,随着被迫开埠与自开商埠,中国城市获得长足发展,初步形成中心市镇、地方城市、较大城市、地区城市、地区都会、中心都会城市体系。施坚雅(2000)研究了1893年的中国城市,他发现中国大致形成了6个中心都会城市、20个地区都会城市、63个地区城市、200个较大城市、669个地方城市、2 319个中心市镇,如表6.8所示。

表6.8　　　　　　　　　　1893年各级中心地的数量

地区	中心都会	地区都会	地区城市	较大城市	地方城市	中心市镇	总数
西北	1	2	7	18	55	178	261
云贵	—	2	3	13	36	112	166
岭南	1	2	7	24	71	223	328
长江中游	1	3	10	25	115	403	557
长江上游	1	1	6	21	87	292	408
东南沿海	—	1	4	11	42	147	205
华北	1	6	18	64	189	697	975
长江下游	1	3	8	24	74	267	377
总数	6	20	63	200	699	2 319	3 277

资料来源:施坚雅(2000)。

中国城市进入由工业化推动的城市化发展阶段后,有些城市达到了前所未有的繁荣。据1921年海关统计,有3个100万以上人口的城市,5个50万~100万人口的城市,11个25万~50万人口的城市,15个15万~25万人口的城市,14个10万~15万人口的城市,82个5万~10万人口的城市(易家钺,1923)。20世纪30年代,中国城市的发展更加引人注目。据沈汝生先生的研究,20世纪30年代,中国已有城市189个,其中200万以上人口的特大城市1个,占所有城市人口的10.8%,100万~200万人口的城市有4个,50万~100万人口的城市有5个,20万~50万人口的城市有18个,10万~20万人口的城市有48个,而5万~10万人口的小城镇数量最多,为113个,占所有城市数量的近60%(见表6.9)。

表 6.9　　　　　　　　　　1933—1936 年中国城市发展

城市规模	城市数量 个	占比(%)	城市人口数量 万人	占比(%)
200万以上人口	1	0.50	348.0018	10.8
100万~200万人口	4	2.12	480.2877	14.9
50万~100万人口	5	2.70	316.5665	9.8
20万~50万人口	18	9.52	598.3210	18.6
10万~20万人口	48	25.40	665.8610	20.7
5万~10万人口	113	59.79	814.5125	25.2
合计	189	100.0	3223.5330	100.0

资料来源:沈汝生(1937)。

铁路的发展促进了内陆城市的发展和市场整合。颜色等(2015)的研究表明,1881—1911年清末的铁路建设提高了沿线地区与邻近铁路地区的市场整合程度,铁路削弱了与其平行的传统商路沿线地区间的市场整合程度,却提高了铁路与传统商路联运网络中地区间的市场整合程度。平汉(现京广)和陇海两条铁路交会于郑州,郑州遂成为中国东西、南北大动脉的交通枢纽。1954年10月,河南省省会由开封迁往郑州,郑州兴起,开封衰落。20世纪初叶,石家庄的兴起也与铁路的兴建有关,20世纪初,石家庄是河北省获鹿县辖下的一个小村,由于正太(正定至太原)铁路和平汉铁路的修建,石家庄逐步成为河北省重镇,1968年河北省省会也由保定迁往石家庄。

光绪三十四年(1909年)十二月二十七日,清政府颁布《城镇乡自治章程》《城镇乡地方自治选举章程》,宣统元年(1910年)十二月二十七日又颁布《府厅州县自治章程》《府厅州县议事会议员选举章程》等四个文件,第一次明确了城、镇的划分标准:"城"为府、州、县治所在的城厢地区,"镇"为其余人口满5万的市镇村庄屯集等人口聚居地。

国民政府于1928年6月20日颁布《特别市组织法》,1930年5月20日颁布《市组织法》,1930年6月12日颁布《省市县勘界条例》,由此"市"走上了历史的舞台,这三部法律法规规定:城市分为两个层级,包括院辖市和省辖市,无论哪种层次的城市,都设立市政府,市政府下可划分为区、坊、闾、邻四级基层自治单位。

三、1949年后的城市化

（一）1949—1978年的城市化

1949—1978年中国城市化进程缓慢而曲折,城市化水平由1949年的10.6%增加到1978年的17.92%,30年间增加了7.32%,1979年的城市化水平不仅低于1959年的水平,而且低于南宋时期的水平;城市数量由1949年的136个增加到1978年的192个,30年间增加了56个(见表6.10)。

表6.10　　　　　　　　　　1949—1978年中国城市规模

年份	城市数量（个）	城市化率	100万以上人口的城市数量（个）	50万~100万人口的城市数量（个）	20万~50万人口的城市数量（个）	20万以下人口的城市数量（个）
1949	136	10.6%	5	8	17	106
1959	183	18.41%	15	20	32	116
1978	192	17.92%	13	27	60	92

注:以户籍人口为标准。

1. 统购统销制度的建立

1953年10月16日,中共中央发出了《关于实行粮食的计划收购与计划供应的决议》,建立起粮食的统购统销制度,后来这一制度拓展到棉花、布匹、食油等近200种。统购,即统一收购,政府将农民的粮油等进行强制收购,农民必须保证国家收购后才能留存粮油;统销,即统一供应,政府有计划地供应城镇居民粮油等食品。国家禁止粮油买卖,粮油市场消亡。1985年,国家不再对农村下达指令性的收购计划;1992年,随着社会主义市场经济体制的建立,施行了39年的统购统销制度正式废除。

2. 人民公社制度的建立

人民公社是政社合一的农村基层组织,是国家行政权力与社会权力高度统一的基层政权组织,人民公社管辖了生产、建设、民政、教育、医疗、治安等几乎一切事宜。除政社合一外,人民公社还有一个特点是"一大二公",即规模大,公有化程度高。1958年7月1日,中国第一个人民公社建立,几乎同年,全国农村99%的人口加入人民公社。1979年后,人民公社被陆续废除;到1984年底,中国99%的人民公社被废除。

3. 户籍制度的建立

1958年由全国人民代表大会常务委员会通过的《中华人民共和国户口登记条例》正式确定户口制度，严格限制农民迁移到城市，以及小城市居民迁移到大城市，除升学、入伍等事务外，城乡人口流动几乎停止。

4. 单位制的形成

1949年以前，单位制是中共领导的革命根据地在若干年的艰苦斗争中逐渐形成的一种特殊的管理体制，这种体制的突出特点是供给制，对革命干部和革命群众的衣、食、住、行、生、老、病、死、伤残、学习等各个方面根据其不同的等级执行不同的标准。1949年之后，单位制从党政军机关扩展到所有的国营和集体所有的企事业机构中，单位成为城市最基础的细胞，承担了职工住房、各种生活福利、养老保险、医疗保险、卫生防疫、子女上学、班车服务、生老病死、安全防卫等职能，单位是国家政策的落实者、资源的最终使用和支配者，是国家调控和控制体系的主干部分，也是国家控制或管理城市居民的最重要的载体。

5. 以上山下乡为代表的逆向城市化

逆向城市化即城市居民向农村迁移。逆向城市化以1968—1978年的知识青年上山下乡运动为代表，此间约有1/10的城市居民迁移到农村。

知识青年上山下乡运动

20世纪50年代北京等地开始有知识青年到边疆垦荒，60年代逐步展开，到1968年12月毛泽东下达了"知识青年到农村去，接受贫下中农的再教育，很有必要"的指示，上山下乡运动大规模展开。1979年之后，知识青年陆续回到城市。

1968年之前，知识青年主要到各地的农场从事农业劳动，1968年后主要是到各地的生产队从事农业劳动，俗称"插队"。生产队在1978年之后陆续改称为村（自然村）。

知识青年，简称知青，其主体部分是初中生和高中生。

知识青年上山下乡运动是1978年之前的中国社会经济的重大事件，影响深远。

(二) 1978年后的城市化

1. 从乡土中国转向城乡中国

1978年之后，中国城市化进入快速发展时期，形成了人类历史上规模最大的城乡人口流动，波澜壮阔、蔚为壮观。1978年，中国城市化率为17.9%；2011年，常住人口城市化率为51.3%，城镇人口超过农村人口；2020年，常住人口城市化率更是达到63.89%。中国正从乡土中国走向城市中国。

2. 中国的城市化水平存在区域差异

1978年,中国地级以上城市数量为98个,县级市为92个,共有城市190个;到1992年,地级市为191个,县级市为323个;2012年,地级市为285个,县级市为368个;2021年,中国地级以上城市有293个,县级市有394个,合计城市为687个(参见图6.10)。

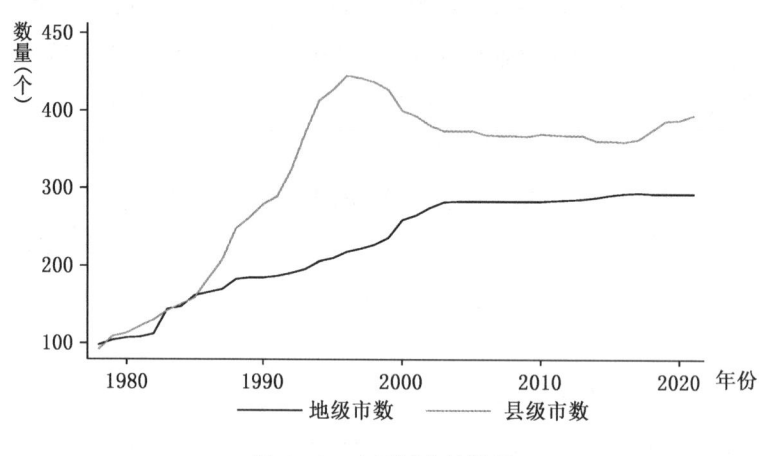

图 6.10 中国城市的数量

中国城市规模分布情况为:城市人口300万以上的有35个(Ⅰ型大城市和特大、超大城市),100万~300万人的为70个(Ⅱ型大城市),50万~100万人的为135个(中等城市),20万~50万人的为288个(Ⅰ型小城市),20万人以下的为189个(Ⅱ型小城市)。中国城市规模分布不是正态分布,而更近似帕累托分布,见图6.11。

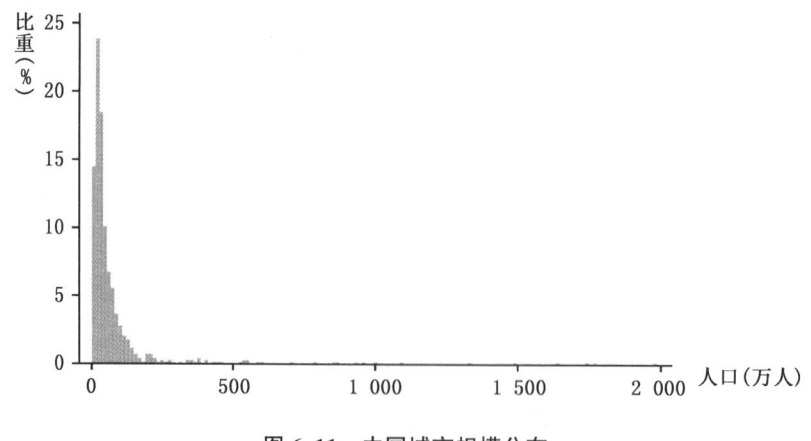

图 6.11 中国城市规模分布

表6.11列出了中国分地区城市化水平。东部地区城市化率为67.96%,东南五省上海、江苏、浙江、福建、广东更是高达71.83%,中部地区的城市化率为58.34%,

西部地区为 60.67%,东北地区的城市化率为 64.28%;全国平均城区人口 84 万人,只有东部地区超过此水平,中部、西部、东北部则低于 70 万人。

表 6.11　　　　　　　　　　　中国分地区城市化水平

地区	城区人口平均数(万人)	城区人口中位数(万人)	城区人口比重(%)	城市化率(%)
东部地区	125	46	40.94	67.96
中部	64	37	26.4	58.34
西部	65	29	37.78	60.67
东北地区	55	19.5	42.15	64.28
东南五省	145	50.6	45.23	71.83
全国平均	84	35	36.56	63.90

资料来源:根据第七次全国人口普查数据计算。

3. 户口制度渐进改革是城市化的直接原因

城市化快速发展的直接原因是户口制度的渐进改革。1984 年,《中共中央关于一九八四年农村工作的通知》允许务工、经商、办服务业的农民自理口粮到集镇落户,这是 1958 年以来第一次赋予农民迁移到城镇的权利,至此中国的城市化开始了新篇章。1992 年邓小平南方谈话重启改革,城市化进程也随之加快,但是农民仍受到户籍制度、土地制度的制约而无法实现自由迁移,尤其是迁移到大城市和特大城市,人已经迁移,而户籍仍在原籍(多是农村),2000 年人户分离人口为 1.44 亿人,2012 年达到 2.79 亿人。正因为这种情况的存在,我国的城市化水平按不同口径计算有巨大的缺口,2015 年按照常住人口计算我国城市化率已经接近 55%,按户籍人口计算城市化率仅为 36%左右,中间约有 20%的缺口,城市常住人口达到 7.5 亿,包括 2.5 亿以农民工为主体的外来常住人口(如图 6.12 所示)。这 2.5 亿农民工在城镇不能平等享受教育、就业、社会保障、医疗、保障性住房等方面的公共服务,带来一些复杂的经济社会问题,被称为城市的"新二元结构"。

4. 对外开放是城市化的主要动力

城市化的拉力来自改革开放特别是东南沿海的改革开放和经济发展以及随之而来的对劳动力的巨大需求,特别是广东、福建、浙江、江苏、上海等省市的巨大需求。经济发展与户口制度双向作用,推动着城市化的快速发展,经济发展需要放松户口制度,户口制度的放松又促进了经济发展,尤其是需要大量劳动力的劳动密集型产业优先发展。"孔雀东南飞"成为中国人口流动最生动的写照。当然,中国人口向东南沿海集聚也符合世界人口向滨海地区集聚的趋势,除了东南沿海的经济发展集聚效应外,还和东南沿海地区比较优越的自然地理条件有关。劳动力的需求来自乡镇企业、外资企业

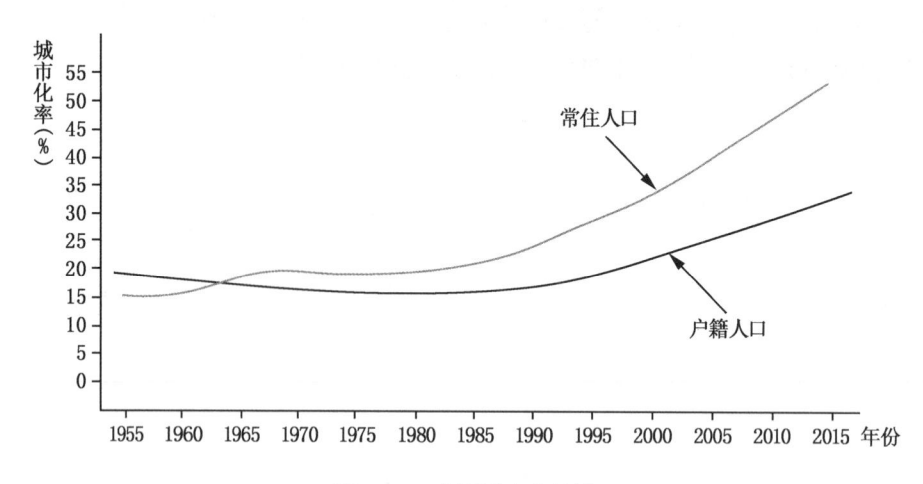

图 6.12 中国城市化的缺口

资料来源:根据《中国统计年鉴》和《中国人口统计年鉴》绘制。

和民营企业,它们对城市化的作用机制不同,乡镇企业进厂不进城,外资企业和民营企业则是又进厂又进城(见图6.13)。20世纪90年代后期,民营企业和外资企业代替乡镇企业成为中国工业化的主力,中国的城市化开始加速。

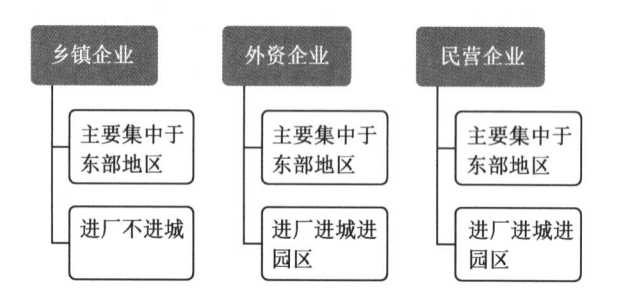

图 6.13 三类企业与城市化

5.政府主导是城市化的突出特色

中国城市化的突出特色是政府主导,政府主导表现在两个方面:其一,政府推动城市化,与大多数发达国家的自发演进城市化不同,中国城市化是地方政府推动的,这种推动又以2008年为分界线划分为两个阶段:第一个阶段,地方政府主要是利用零工业地价或低的工业地价、压制劳动力价格来吸引企业建设开发区,从而带动城市发展,这一阶段可以称为以地引资阶段;第二个阶段,还是以土地为载体,地方政府借助各种城市融资平台,发行地方债,利用城市资本杠杆来实现资本的累积,推动城市化发展,可以称为以地生财阶段或杠杆城市化阶段。其二,政府规制城市化,主要是对土地的规制和对城市数量的规制。对土地的规制表现在两个方面:一是征地规制。中国实行的土地公有制有两种实现形式,分别是农村集体所有制和城市的国有制,长期以来的征地制度是由地方政府从农民手里低价征收土地然后高价卖出,差价则被称为土地财政。这一制度曾为中国城市化的原始资本积累和资金需求做出了历史贡献,但这一制度是以农民利益受损为代价,因而不能持续实行。二是城市建设用地的规制,即土地配额制度,由中央政府确定各地区可以增加的建设用地指标,这一计划指标的区域分配往往不能体现各地区的城市化对土地的具体需求,从而造成人与土地配置的空间不匹配,东部地区城市化对土地的需求多而配额较少,中西部地区则相反。对城市数量的规制表现在设立城市上的行政级别限制。中国的城市行政级别都是县级以上,县以下不设市,又因为土地公有,因而民营城市化受到禁止,中国城市数量从1978年的193个增加到2000年的658个,再到2018年的660个左右,近20年间城市数量几乎没有增加。中国近2万个建制镇中人口超过10万的镇为300多个,这些镇均具有"城市特征",但由于城市行政级别规制而不能设市。

(三)农民工

农民工是中国城市化过程中的特有现象,其他国家没有农民工现象,这是中国的户籍制度决定的。农民工是在城市工作和生活,但仍保留农村户口且不拥有所在城市居民同等权益的群体。他们的户口是农村的,但他们在城市从事非农工作。中国的农民工数量巨大,2004年全国农民工总量约为1.18亿人,2008年为22 542万人,其中,外出农民工14 041万人,本地农民工8 501万人,见表6.12。

表6.12　　　　　　　　　　　　中国农民工数量　　　　　　　　　　　单位:万人

	2008年	2012年	2017年	2021年
外出农民工	14 041	16 336	17 185	17 172
本地农民工	8 501	9 925	11 467	12 079
农民工总量	22 542	26 261	28 652	29 251

资料来源:国家统计局,《全国农民工监测调查报告》。

农民工以青壮年为主,但近年来年龄有增长趋势。从表6.13中可以观察到:2008年16~20岁的农民工占比为10.7%,而2017年为2.6%,2021年下降至1.6%。青壮年农民工以21~30岁为主,2008年占比高达35.3%,但2017年下降为27.3%,2021年则下降至仅为19.6%。从较年长的农民工来看,2008年50岁以上的农民工占比仅为11.4%,2017年则为21.3%,2021年更是增加至27.3%。总体来看,从2008年到2021年的变化趋势表明:农民工以青壮年为主,但是年长的农民工比例在增加,年轻农民工的比例在减少。

表 6.13　　　　　　　　　　　　中国农民工的年龄构成　　　　　　　　　　　　单位:%

	2008 年	2012 年	2017 年	2021 年
16～20 岁	10.7	4.9	2.6	1.6
21～30 岁	35.3	31.9	27.3	19.6
31～40 岁	24.0	22.5	22.5	27.0
41～50 岁	18.6	25.6	26.3	24.5
50 岁以上	11.4	15.1	21.3	27.3

资料来源:国家统计局,《全国农民工监测调查报告》。

表 6.14 反映了东部、中部、西部和东北地区的农民工的流向趋势。2008 年的统计数据表明:全国总体上跨省流动的比例稍大于省内流动,而跨省流动又主要体现在中部和西部地区,跨省流动比例达到 60%～80%,东部地区以省内流动为主。但是到 2021 年,流向上发生了较大变化,整体上省内流动(58.5%)比例高于跨省流动(41.5%),跨省流动的比例大幅下降,特别是中部地区的跨省流动从 2008 年的 79.7%下降到 56.6%。更多的省内流动、相对较少的跨省流动可能与近些年的产业政策和农民工落户政策相关。

表 6.14　　　　　　　　　　　　中国外出农民工的流向　　　　　　　　　　　　单位:%

	2008 年		2017 年		2021 年	
	跨省	省内	跨省	省内	跨省	省内
东部	29.0	71.0	17.5	82.5	15.1	84.9
中部	79.7	20.3	61.3	38.7	56.6	43.4
西部	59.1	37.0	51.0	49.0	47.8	52.2
东北			23.6	76.4	28.9	71.1
合计占比	51.2	48.8	44.7	55.3	41.5	58.5

资料来源:国家统计局,《全国农民工监测调查报告》。

农民工主要从事制造业、建筑业、批发和零售业以及住宿与餐饮业。从表 6.15 的统计中可以观察到:农民工由原来的更高比例在第二产业转向第三产业。2014 年,农民工在第二产业从业的比重为 56.6%,但是到 2021 年降至 48.6%,而在第三产业从业比重增至 50.9%。在第二产业中,从事制造业的比例下降最为明显,制造业是农民工传统务工的主要行业,近年来可能由于中老年农民工退出务工市场,从而从业比例下降。

表 6.15　　　　　　　　　　　中国农民工就业状况　　　　　　　　　　单位:%

	2008 年	2010 年	2014 年	2017 年	2021 年
第一产业		0.6	0.5	0.5	0.5
第二产业其中:制造业 　　　　　建筑业	39.1 17.3	52.8 36.7 16.1	56.6 31.3 22.3	51.5 29.9 18.9	48.6 27.1 19.0
第三产业 其中:批发和零售业 　　　交通运输、仓储与邮政 住宿和餐饮业 居民服务、修理等 其他	7.8 5.9 5.9 11.8	42.6 10 6.9 6 12.7	42.9 11.4 6.5 6 10.2	48.0 12.3 6.6 6.2 11.3	50.9 12.1 6.9 6.4 11.8 13.7

资料来源:国家统计局,《全国农民工监测调查报告》。

中国农民是 1840 年以来历次政治社会变革的主要的利益被影响者,农民工是在中国特有的制度背景下城乡分割的二元社会向城乡统一的社会发展中的特有现象,农民工现在已经成为中国工人的主要组成部分,但大多数农民工还无法享受城市居民同等的教育、医疗、住房等服务,受到不公正的对待。因此,给予农民工自由选择的权利和与所在城市居民同等的公共服务、促进农民工的市民化、拓展农民工的职业和地位垂直上升的空间,是避免从老的二元分割走向新的二元分割的急迫任务。

(四)城市空间扩展

城市化进程中城市空间的扩展又被称为土地的城市化。中国城市化的特点之一是土地城市化与人口城市化异速发展,城市土地规模迅速扩张。2004—2014 年中国的城市化率增加了大约 15%,而土地城市化率增加了近 40%;建成区面积 2017 年是 2004 年的 1.85 倍,增加了 85%,2021 年建成区面积更达到了 62 420 多平方公里,见表 6.16。

表 6.16　　　　　　　　　　　中国的土地城市化　　　　　　　　　　平方公里

年份	建成区面积	年度征用土地面积	城市建设用地面积
2021	62 420.53		
2017	56 225.4	1 934.4	55 155.5
2014	49 772.63	1 475.88	49 982.74
2012	45 565.76	2 161.48	45 750.67
2008	36 295.30	1 344.58	39 140.46
2004	30 406.19	1 612.56	30 781.28

资料来源:相关年份《中国统计年鉴》,国家统计局网站。

中国土地城市化的基本模式是：摊大饼式的房地产开发＋开发区＋大马路＋大广场。摊大饼是城市空间由老城区层层向外推进，开发区则是在城市边缘建立起的新工业区或新城区，大马路和大广场这些可视化公共设施也是各城市建设的必备要素。土地城市化往往采取先圈地，后建房，然后填充人或产业的形式，因此，会有短期乃至长期的"空城"存在。在城市边缘建立名目各异的开发区是城市土地空间开发的另一种形式。中国的开发区包括经济技术开发区、保税区、高新技术产业开发区、国家旅游度假区、综合开发区、新区等。

与土地城市化相似的一个概念是城市蔓延（urban sprawl，有时候称为 horizontal spreading 或 dispersed urbanization）。城市蔓延现象可以追溯到古罗马时代，作为一个正式词语出现于 19 世纪 20 年代的英国，与城市增长（urban growth）几乎是同义词，是指城市空间不断突破现有边界向外扩展的过程。富尔顿等（Fulton et al., 2001）认为，城市蔓延是城市土地扩展大于人口增加的过程，一般具有低密度的土地城市化特征。城市蔓延不是在市内提升建筑物高度，而是在郊区利用更多的土地低密度发展。城市蔓延的原因，主要是城市人口的增加、收入的增长和交通运输费用的降低（Brueckner, 2000；Glaeser et al., 2004）。鲍姆-斯诺（Baum-Snow, 2007）的一项研究发现：1950—1990 年美国大都市区的人口减少了 72%，但中心城市的人口降低了 17%，一条新的穿城高速公路将会减少该城市 18% 的人口，没有跨州的高速公路中心城市的人口将会增加 8%。

第四节 人口流动及其原因

一、流动人口规模

世界范围内存在着规模庞大的人口流动，一国之内的人口流动更是经常发生，而且很多国家流动人口规模巨大。1960—2008 年的近 50 年间，美国西南部大部分州的人口增长了 1~8 倍，而东北部有些州只增长了不到 30%。世界上最大规模的人口流动发生在中国。2021 年，中国人户分离人口达到 5.04 亿人，其中流动人口为 3.84 亿人。

二、人口流动模型

人口流动尤其是城乡人口流动的模型以刘易斯（Lewis, 1954）二部门模型和哈瑞斯-托达罗（Harris-Todaro, 1970）模型为基准。

(一)刘易斯二部门模型

刘易斯在《无限劳动力供给条件下的经济增长》一文中提出了二部门劳动力移动模型。这篇文章成为发展经济学颇具影响力的论文之一。

刘易斯将欠发达经济分成两个部门,一个是现代部门(可以看作工业部门),一个是传统部门(可以看作农业部门)。现代部门的生产率高于传统部门,现代部门的收入水平相应地高于传统部门,劳动力主要由于收入因素从传统部门流向现代部门,劳动力的流动提高了人们的福利水平。

农业部门是传统部门,总产出随着劳动力投入增加而增加。在图 6.14 中,到 P_1 点,边际劳动力的产出为零,增加一个劳动力并不增加产出,总产出不再随劳动力增加而增长,图中 P_1 到 P_2 总产出没增加,相应的 $L_s - L_a$ 就是剩余劳动力数量。在边际产出为零之前,农业部门劳动力的收入也随着边际产出的增加而增长,但边际产出为零后,剩余劳动力并不是按照边际产出定价,因为他们也需要基本的生活,零工资是不可能的,不能让这些人饿着,所以农业部门更可能维持一个最基本生活费用的工资水平,即图中的 W_a,这种情况下存在大量的农业劳动力剩余,如果有更高的收入,这部分人将会转移出去,从而为现代工业部门提供劳动力供给能力。

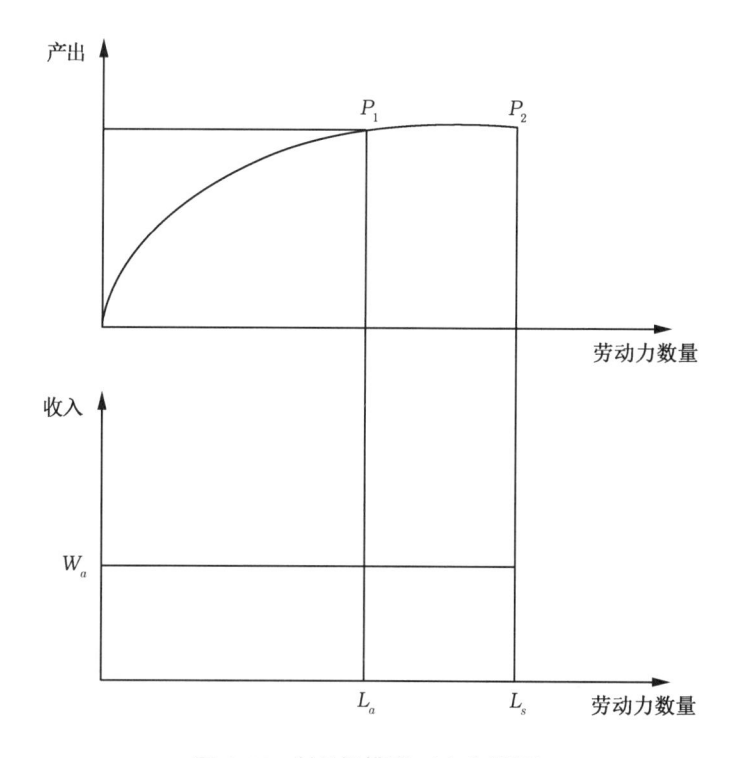

图 6.14 刘易斯模型 1(农业部门)

现代工业部门劳动生产力更高,收入水平更高,因而可以大规模地吸收农村剩余劳动力。工业部门面临的劳动力供给曲线如图 6.15 所示,首先是一条水平的线段,即 W_c,这也是城市的最低生活费用,低于这个标准,工人不能维持最基本的生活。$W_c >W_a$,城市的最低生活收入大于农村的最低生活标准,农村剩余劳动力不断迁移到城市,随着农村劳动力的减少,劳动力工资不断上升,W_a 不断上移,直到 W_a 与 W_c 重合,这时农业工资与城市工资相等,如果要雇用更多的农村劳动力,必须增加其工资水平,我们把这个点称为刘易斯拐点(Lewis Turning Point)。

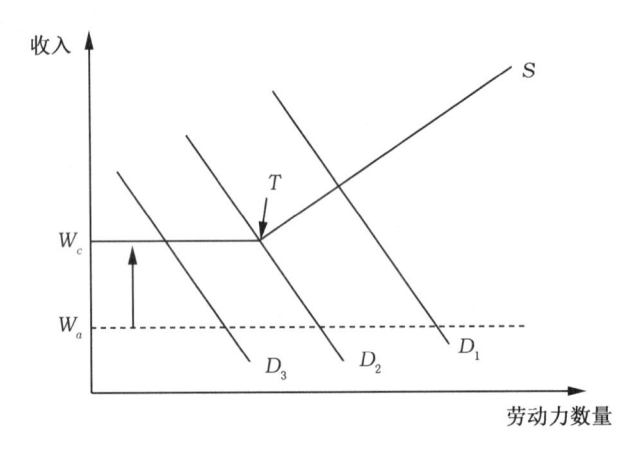

图 6.15 刘易斯模型 2(工业部门)

刘易斯模型的数理模型可以表述为:一个典型现代部门工人工资为 w_1,城市工人占比为 λ,农业部门的工人工资为 w_2,农村工人占比为 $1-\lambda$,则劳动力的流动方程为:

$$\frac{d\lambda}{dt}=\lambda(1-\lambda)(w_1-w_2)$$

这与新经济地理学的设定是一致的。

(二)哈瑞斯-托达罗模型

哈瑞斯-托达罗模型的核心也是收入差距影响农村居民向城市的流动。与刘易斯模型不同的是,该模型将城市失业情况下的劳动力流动纳入分析框架。结论指出,当城市的预期工资高于农村的收入,那么即使在城市存在失业的情况下,农村劳动力仍旧流入城市。

同样是两个部门:工业部门与农业部门,存在二元经济城市与农村。农村部门不存在失业,城市部门存在失业现象。

如图 6.16 所示,总人口为 L,包括三个部分:农村人口 L_R,城市就业人口 L_C,城市失业人口 L_U,即 $L=L_R+L_C+L_U$。城市的收入为 W_C,农村的收入为 W_R,城市的收入大于农村的收入,$W_C>W_R$。

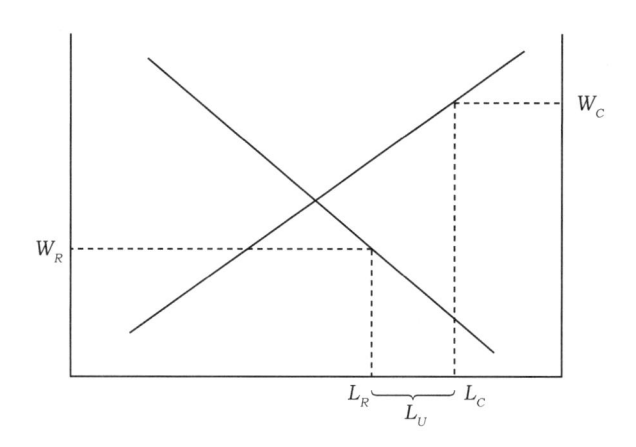

图 6.16　哈瑞斯-托达罗模型

城市的失业率为：$U=\dfrac{L_U}{L_C+L_U}$。

在城市找到工作的概率为：$P=\dfrac{L_C}{L_C+L_U}$。

农村劳动力向城市流动的条件是：$W_C P=W_C\dfrac{L_C}{L_C+L_U}>W_R$，直到农村与城市的收入水平相等。

三、流动的原因

刘易斯模型和哈瑞斯-托达罗模型都强调农业部门与工业部门的收入差距是人口流动的原因，人们向高收入的城市或地区流动，这是基本符合事实的。弗里曼（Freeman,2006）发现，同一职业在不同国家的收入存在巨大的差距，以计算机程序员为例，1998—2002年月收入最低20%组的收入仅仅占最高的12%。

促使人们迁移的原因不止收入一个因素，流入区的生活成本、环境适宜性以及流动人口的社会资本等因素都影响着人口流动。美国63%的人口一生至少迁移过一次，而其余的37%则从没离开过自己的家乡（Cohn et al.,2008）。莫洛伊、史密斯和沃兹尼亚克（Molloy et al.,2011）分析了美国2003—2006年和2007—2010年两个时间段的州际迁移和州内县际迁移。研究发现，成家、立业、退休、健康、风景、上学、房价等都是影响迁移的因素，在这些因素中找到新工作或换工作成为州际迁移的最重要因素，在州内县际迁移中也是非常重要的因素。

1978年改革开放后，中国再一次出现大规模的人口流动，这次人口流动不仅是中西部地区人口流往东部地区，而且主要是农村人口流向城市，流动人口的普遍化、流动时间的长期化、流入地分布的沿海集中化、年龄结构的成年化等成为流动的主要特点。人口流动主要是因为户籍制度的放松和土地制度的变革,其他原因包括收入、就业等原因。户籍是影响中国城乡人口流动最为突出的制度障碍,户籍制度的放松也成为人口流动最主要的推动因素。社会网络也是人口流动的一个重要原因。比如北京早点业从业人员多来自安徽省,装修业从业人员多来自江苏省,保洁工作从业人员以四川人居多,肉类销售以江西人居多;厦门出租车司机多来自河南周口市。中国农村向城市的劳动力流动没有带来城乡工资差距的均等化,城乡差距、城市内部本地职工与外来职工的工资差距都是持续扩大的,这与经典的刘易斯模型和哈瑞斯-托达罗模型有所不同。

第五节 中国城市化的两大制度背景

有两大因素影响中国城市化进程,一是户口制度,二是土地制度。通过户口制度,限制人们迁移和迁入城市的权利,筛选人们进入城市的等级与规模;通过土地制度,政府分享土地的收益并限制农地的交换与增值,为大规模城市化特别是土地城市化提供资本。两种制度交织在一起,渐进式演变,见图 6.17。

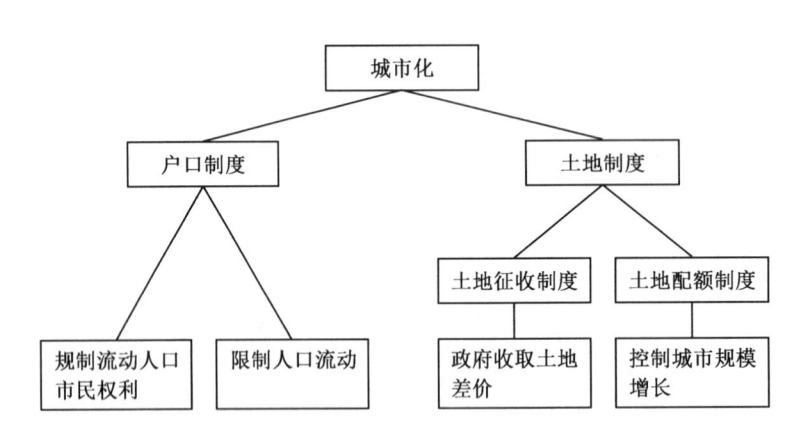

图 6.17 中国城市化的两大制度因素

中国户口制度演变的特点是:1949—1978 年,建立户口制度,严格限制人口流动,主要是限制农村人口流向城市;1978 年以来,逐步放松户口制度,农村人口逐步获得向小、中、大城市迁徙的权利,人口自由迁移成为改革方向,但是城乡分割的劳动力市场仍然存在,农民工的市民化还没有完成,户籍、居住、身份三证合一还没有完成。中国土地制度演变的特点是:1949—1978 年,土地由私有制转变成公有制,土地交易和市场被禁止;1978年以来,逐步恢复土地的有偿使用,土地市场也逐步得到发育,但农村土地与城市土地市场分割。人口自由迁徙从而形成城乡统一的劳动力市场,土地市场化从而形成城乡统一的土地市场,仍将是中国户籍和土地制度发展的方向。

一、户口制度

中国有着悠久的户口登记制度,战国时期各个诸侯国家就开始大规模地编户入籍。《商君书》云:四境之内,丈夫、女子皆有名于上,生者著,死者削。男女都要编入户籍,新生儿要登记,死亡的人要销户。汉代的五家为"伍",十家为"什",百家为"里",个人信息已经包括姓名、性别、年龄、住地、爵位(职位)、身高、肤色(葛剑雄,2015)。唐代的四家为"邻",五邻为"保",百户为"里"。宋朝到清朝乃至民国都通行保甲制度,以户为单位,设户长,十户为甲,设甲长,十甲为保,设保长。明朝初年建立里甲制,所有人按照自己的身份登记为军户、民户、匠户、灶户等户籍,十户为一甲,一百一十户组成一里,不能随意变更个人身份(鲁西奇,2015;黄国信,2017)。中国户籍制度与军事、治安、徭役制度一起成为国家控制居民的居住、迁移、财产等的重要手段,主要是征兵、服劳役、缴纳税款之用,但是康熙五十一年(1712年),户籍制度与赋税脱离,1911年,清政府制定了第一部法律意义上的户籍管理法规——户籍法,1931年,中华民国政府在1911年户籍法的基础上形成了新的户籍法。

总的来看,从战国到民国漫长的几千年中,户口制度始终没有起到严格限制人口自由迁徙的作用,特别是中华民国临时约法、1923年宪法、1936年宪法草案和1947年宪法几乎都明确规定人民有居住和迁徙的自由。赵冈(2006)认为,与西欧中世纪封建庄园下的城乡对立不同,中国古代的城乡人口流动是自由的,大多数情况下中国城乡人口流动是自发的,人口的城乡迁移在宋朝之前表现得明显而激烈,而在明清时趋缓,但是这种趋缓不是因为政府的干预,当然,政府是大规模移民的直接推动者,如清初的湖广填四川。

(一)户口隔离与限制迁徙(1949年后)

1951年7月,中国公安部公布《城市户口管理暂行条例》,该条例从法律上保障了人们居住迁徙的自由,并没有限制居民迁徙的条款。1953年4月,政务院发布《关于劝阻农民盲目流入城市的指示》,第一次以政府文件形式要求对流入城市的农村劳动力实行控制。1954年《中华人民共和国宪法》虽然明确规定了迁移自由,实际执行中却向相反的方向迈进。1955年,国务院发布《建立经常户口等级制度的指示》,规定户口办理由公安机关负责,户警合一。1956年12月,国务院发布《关于防止农村人口盲目外流的指示》。1957年3月,国务院再次发出《关于防止农民盲目流入城市的补充指示》。1957年12月出台的政策是《关于制止农村人口盲目外流的指示》。1958年全国人民代表大会常务委员会通过的《中华人民共和国户口登记条例》开始构筑城乡人口迁徙的壁垒(城市间的人口迁徙也受到限制),该条例规定了人口的登记制度,规定了人口制度中的常住地制度,规定了人口迁徙的严格的限制条件,户口制度正式形成。1977年《中华人民共和国宪法》索性删除了自由迁移的条款。这套户籍制度具体由公安机关管理,对迁移进行严格的事前审批,以户为单位进行登记注册,每家都有一个户口本,与欧美发达国家的内政部门管理、迁徙事后确认、以人为中心登记注册有巨大不同。户口制度的建立是中国实施赶超战略发展重化工业的结果,是学习苏联的后果之一,也与1949年后建立的干部管理体制、单位制和人民公社制度休戚相关,见表6.18。

表6.18　　　　　　　　　　　中国户口制度的建立与加强

年　份	户口制度
1951	《城市户口管理暂行条例》:户口申报制度、迁移证制度,人口自由迁徙。
1954	《中华人民共和国宪法》:中华人民共和国公民有居住和迁徙的自由。
1953、1955	《市镇粮食定量供应暂行办法》和《政务院关于实行粮食的计划收购和计划供应的命令》:将户口与粮食供应挂钩,通过粮食关系控制人口迁徙。
1955	《关于建立经常户口登记制度的指示》:人口登记制度,登记内容为出生、死亡、迁出、迁入、公共户口等。户口登记由公安机关负责,户警合一。 《市镇粮食供应暂行办法》和《农村粮食统购统销暂行办法》:确立农业户口与非农业户口。人口基本属于自由迁徙。
1958	《中华人民共和国户口登记条例》:严格限制人口的自由移动,明确区分农业户口和非农业户口,并规定公民由农村迁往城市,必须持有城市劳动部门的录用证明、学校的录取证明和城市户口登记机关准予迁入的证明,并向常住地户口登记机关申请迁出手续。
1964	《公安部关于处理户口迁移的规定(草案)》:对从农村迁往城市、集镇的要严加限制;对从集镇迁往城市的要严加限制。此规定堵住了农村人口迁往城镇的大门。
1977	《中华人民共和国宪法》:废除人口自由迁徙制度。
1977	《公安部关于处理户口迁移的规定》:严格限制农村迁往城市、农业人口转为城市人口、城镇迁往三大直辖市;适当限制从城镇迁往城市、从小城市迁往大城市;反方向迁移不受限制。

资料来源:www.gov.cn及其链接。

在户口制度下,没有户口,人们便无法居住、旅游、入学、结婚,户口制度不再是单纯的登记与调查之用,而是与各种福利待遇身份等挂钩。户口制度将人口强制分成两大地位悬殊的阶层——城市户籍人口与农村户籍人口,形成了城乡分割的具有显著身份差异的二元社会,这种二元社会不同于刘易斯意义的二元社会,这个二元社会的特点是:

(1)福利待遇。城市居民享受较高的医疗、保险、退休、住房、子女入学等福利,而农村居民则几乎没有。

(2)劳动力市场。国家负责安排城市居民的劳动就业,不允许农村居民进入城市寻找工作,甚至是临时工作。

(3)基本生活保障。城市居民可以凭粮证和副食供应证享受国家低价供给的生活必需品,而农村居民则不能。

(4)工农业产品价格。国家通过抬高工业品价格,实施统购统销的农产品购销制度,压低农产品价格,彻底取消城乡之间的农副产品市场,形成工农业产品的剪刀差,从农村获得工业化资金。

(5)阶层固化。农业户籍人口的子女还是农业户籍人口,城市人口的子女还是城市户籍人口。一旦为农,则恒为农,阶层几乎没有流动性,日益固化。

(二)户口改革:向自由迁徙转变

户口制度限制或禁止的是农村人口向城镇的迁移、由小城镇向大中城市及特大城市的迁移。1978年,中国开始改革开放,户口制度改革也拉开了序幕。户口制度改革的脉络是20世纪80年代逐步放开农村人口向集镇迁移、向小城镇迁移,90年代放开向中小城市迁移,2000年以来放开向大中城市迁移,是一条渐进式放开户口的过程(见图6.18)。在这一过程中,由限制农民进城到鼓励农民进城,由限制农民落户到鼓励农民落户,由限制向小城市迁徙到限制向大城市迁徙,由限制流动人口获得城市公共服务到逐步有条件地获得城市公共服务。经过30多年的发展,人口自由迁徙的最基本权利正逐步实现,虽然《中华人民共和国宪法》并没有恢复自由迁移的条款。

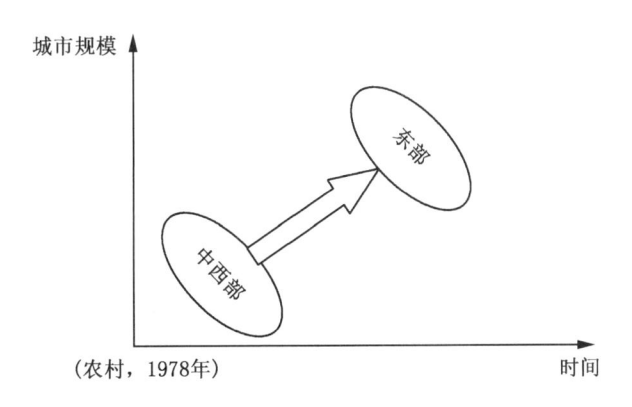

图 6.18 户口制度演变

1981年《国务院关于严格控制农村劳动力进城做工和农业人口转为非农业人口的通知》指出,粮食部门要按照政策规定严格控制农业人口转为非农业人口,不符合规定的,不供应商品粮。1984年《中共中央关于一九八四年农村工作的通知》指出,各省、自治区、直辖市可选若干集镇进行试点,允许务工、经商、办服务业的农民自理口粮到集镇落户,城镇户籍不再与粮油挂钩。这是改革开放后第一次给予农民进城的权利,标志着农村劳动力进城由严格控制向有限流动转变,至此农民进城务工趋势不可抵挡。1984年,深圳等地率先推出暂住证,1985年推广到全国各主要城市。1986年国务院《国营企业招用工人暂行规定》第四条规定:企业招用工人,应当公布招工简章,符合报考条件的城镇待业人员和国家规定允许从农村招用的人员,均可报考。第十二条规定:企业招用工人,应当在城镇招收。需要从农村招收工人时,除国家规定的以外,必须报经省、自治区、直辖市人民政府批准。1989年,厦门、深圳等市推出面向港澳台投资者的居住证制度,这种制度只面向特定的港澳台同胞。1991年,商业部、公安部《关于自理口粮户口人员"农转非"办理户粮关系有关问题的通知》指出,进入集镇务工、经商、办服务业的农民及其家属(不含其他自理口粮户口人员),可以办理市镇粮食供应关系。1992年中共十四大报告提出,我国经济体制改革的目标是建立社会主义市场经济体制,以利于进一步解放和发展生产力。同年,一些小城镇、开发区等推出蓝印户口,随后上海、天津等地推出蓝印户口。蓝印户口是一种介于暂住证与常住户口之间的户口制度,一般可以通过购房、投资等渠道获得,可以享受教育、创业等方面与常住户口同样的待遇。上海还推出了工作寄住证制度。1997年,国务院批转公安部《关于小城镇户籍管理制度改革的试点方案》,指出:已在小城镇就业、居住,并符合一定条件的农村人口,可以在小城镇办理城镇常住户口。2001年,国务院批转公安部《关于推进小城镇户籍管理制度改革的意见》,全面推进小城镇户籍制度改革。2004年,上海将居住证制度率先扩展到全部流动人口。居住证是介于暂住证与常住户口之间的一种户口制度,符合有合法稳定就业、合法稳定住所、连续就读条件等均可申请。2013年中共十八届三中全会通过的《中共中央关于全面深化改革若干重大问题的决定》指出:要推进农业转移人口市民化,逐步把符合条件的农业转移人口转为城镇居民;创新人口管理,加快户籍制度改革,全面放开建制镇和小城市落户限制,有序放开中等城市落户限制,合理确定大城市落户条件,严格控制特大城市人口规模;稳步推进城镇基本公共服务常住人口全覆盖,把进城落户农民完全纳入城镇住房和社会保障体系,在农村参加的养老保险和医疗保险规范接入城镇社保体系;建立财政转移支付同农业转移人口市民化挂钩机制,从严合理供给城市建设用地,提高城市土地利用率。2015年12月,国务院公布《居住证暂行条例》,自2016年1月1日起全面施行居住证制度。2016年2月5日《国务院关于深入推进新型城镇化建设的若干意见》发布,要求:除超大城市和特大城市外,其他城市不得采取要求购买房屋、投资纳税、积分制等方式设置落户限制。2019年12月,中共中央、国务院发布《关于促进劳动力和人才社会性流动体制机制改革的意见》,要求全面取消城区常住人口300万以下的城市的落户限制,放宽城区常住人口300万~500万的城市的落户限制,户籍制度改革进一步深化。2023年,公安部要求取消城区常住人口300万以下的城市的落户限制,放宽城区常住人口300万~500万的大城市的落户条件。总而言之,暂住证、蓝印户口、居住证等是中国户口制度渐进式改革的产物,是有限的户口制度,中国公民正一步一步通向自由迁徙之路。

二、土地制度

管子曰:地者,政之本也……地者政之本也,是故地可以正政也,地不平均和调,则政不可正也;政不正,则事不可理也。孟子也说:民之为道也,有恒产者有恒心,无恒产者无恒心。苟无恒心,放辟邪侈,无不为已。土地制度的重要性和中国对土地的重视由此可见。一部中国史,就是一部土地制度变迁史。秦孝公时代商鞅变法废井田、开阡陌,私有土地合法化。隋唐时期推行均田制、按照人口分配土地的制度,土地耕作数年后归其所有。宋朝初期政府卖公田,后来政府买公田,实施《公田法》。清初的圈地为顺治元年(1644年)颁布,康熙二十四年(1685年)废止,摊丁入亩在康熙、雍正、乾隆三个时期推行。各个朝代的土地制度各有其特点,但私有土地制度成为中国历史上最主要的土地所有权制度(赵冈 等,2006)。虽然官公田在不同历史阶段也存在,如明朝万历年间官公田达到50%,清朝光绪年间则下降为18.8%,民国时期这一比例降为6.7%,但是私有土地始终占据主导地位。

(一)1978年之前的土地制度

中国共产党历来重视土地问题,将土地问题视为农民问题和中国问题的核心内容。中国共产党土地改革的主线是土地的公有制,限制或发挥土地市场的作用。

1928年毛泽东主席制定了《井冈山土地法》,该法规定没收一切土地归苏维埃政府所有并分配给农民个人耕种,禁止土地买卖。1929年《兴国土地法》规定没收一切公共土地及地主阶级的土地归兴国工农兵代表会议政府所有并分配给农民个人耕种,禁止买卖。1945—1949年间,中国共产党的土地政策从减租减息转为全面没收地主土地,主要是与国内外形势、与不同利益集团的关系等有关。1947年《中国土地法大纲》规定废除一切地主的土地所有权;废除一切祠堂、庙宇、寺院、学校、机关及团体的土地所有权;实行耕者有其田的土地制度;大森林、大水利工程、大矿山、大牧场、大荒地及湖沼等归政府管理,所有权人具有经营、买卖、一定条件下的出租的权利。1950年《土地改革法》规定废除地主阶级封建剥削的土地所有制,实行农民的土地所有制,借以解放农村生产力,发展农业生产,为新中国的工业化开辟道路。1954年《中华人民共和国宪法》明确规定了土地私有制度的合法性。其中第八条规定:"国家依照法律保护农民的土地所有权和其他生产资料所有权。"第十一条规定:"国家保护公民的合法收入、储蓄、房屋和各种生活资料的所有权。"但是其第十三条规定:"国家为了公共利益的需要,可以依照法律规定的条件,对城乡土地和其他生产资料实行征购、征用或者收归国有。"土地公有化拉开序幕,但是直到1956年,城市私有土地和私房基本上还可以买卖、出租、入股、典当、赠与或交换(周其仁,2013)。1962年《农村人民公社工作条例修正草案》规定宅基地"归生产队所有",一律"不准出租和买卖",宅基地流转被禁止。但同时规定,房屋归农民私有,可自由买卖和出租。1975年和1978年《中华人民共和国宪法》都规定对城乡土地和其他生产资料实行征购、征用或者收归国有。1982年《中华人民共和国宪法》第十条第一次明确宣布城市的土地属于国家所有,农村和城市郊区的土地除由法律规定属于国家所有的以外,属于集体所有;宅基地和自留地、自留山也属于集体所有。国家为了公共利益的需要,可以依照法律规定对土地实行征用。任何组织或者个人不得侵占、买卖、出租或者以其他形式非法转让土地。一切使用土地的组织和个人必须合理地利用土地。至此,中国土地公有制度正式确立,公有制包括国有和集体所有两种基本制度,无论城市土地还是农村土地都不准买卖,土地市场消失。

表6.19总结了上述土地公有法律。

表6.19　　　　　　　　　　　中国土地公有法律

年份	法律法规或文件	所有制形态	其他
1928	《井冈山土地法》	没收一切土地归苏维埃政府所有,分配给农民个人耕种	禁止买卖
1929	《兴国土地法》	没收一切公共土地及地主阶级的土地归兴国工农兵代表会议政府所有,分配给农民个人耕种	禁止买卖
1947	《中国土地法大纲》	废除一切地主的土地所有权;废除一切祠堂、庙宇、寺院、学校、机关及团体的土地所有权 实行耕者有其田的土地制度 大森林、大水利工程、大矿山、大牧场、大荒地及湖沼等归政府管理	所有权人具有经营、买卖、一定条件下的出租的权利
1950	《土地改革法》	废除地主阶级封建剥削的土地所有制,实行农民的土地所有制 没收地主的土地,征收祠堂、庙宇、寺院、教堂、学校和团体在农村中的土地及其他公地 大森林、大水利工程、大荒地、大荒山、大盐田和矿山及湖、沼、河、港等,均归国家所有	所有权人具有经营、买卖及出租其土地的权利 国家所有的土地,由私人经营者,经营人不得以之出租、出卖或荒废

续表

年份	法律法规或文件	所有制形态	其他
1954	《中华人民共和国宪法》	矿藏,水流,由法律规定为国有的森林、荒地和其他资源,都属于全民所有 国家依照法律保护农民的土地所有权	国家为了公共利益,可以对城乡土地征购、征用或收归国有
1962	《农村人民公社工作条例修正草案》	宅基地归生产队所有 房屋归农民私有	宅基地不准出租和买卖,房屋可自由买卖和出租
1975	《中华人民共和国宪法》	矿藏,水流,国有的森林、荒地和其他资源,都属于全民所有	国家为了公共利益,可以对城乡土地征购、征用或收归国有
1978	《中华人民共和国宪法》	矿藏,水流,国有的森林、荒地和其他海陆资源,都属于全民所有	国家为了公共利益,可以对城乡土地征购、征用或收归国有
1982	《中华人民共和国宪法》（现行宪法）	矿藏,水流,国有的森林、荒地和其他海陆资源,都属于全民所有 城市的土地属于国家所有 农村和城市郊区的土地,除由法律规定属于国家所有的以外,属于集体所有;宅基地和自留地、自留山,也属于集体所有	国家为了公共利益的需要,可以对土地实行征用 任何组织或者个人不得侵占、买卖、出租或者以其他形式非法转让土地

(二) 1978年后的土地制度改革

1978年以来中国土地制度进行了比较系统而全面的改革,改革的主要方向是在坚持土地公有制前提下的土地市场化。我国土地市场化是渐次展开的。

1. 农村土地的市场化进程

(1)家庭联产承包。1978年11月24日,安徽省凤阳县小岗村18位村民秘密签订土地承包责任书,率先进行大包干,从而拉开了中国农村改革的序幕。同年12月18日,中共十一届三中全会在北京召开,果断结束"以阶级斗争为纲"的路线,转向"以经济建设为中心"的路线,改革开放成为基本国策。1979年,小岗村将全村517亩耕地按人、耕牛按户分包到户。1980年,中央发布《关于进一步加强和完善农业生产责任制的几个问题》,肯定了包产到户这种新的制度形式,随后在全国推广,家庭联产承包责任制成为中国农村的基本制度之一:农村土地的所有权归集体,承包权归农民,农民可以自主经营,这样就形成了国家、集体与农户之间的承包合约。21世纪以来,围绕农村土地的所有权、承包权、经营权的改革继续推进。

"三权"分置改革以成都的土地流转、重庆的地票制度、深圳等地的相关改革为先。2013年12月20日,深圳农村集体土地入市交易,竞拍价达到1.16亿元,其中70%收益归政府,30%收益归村集体凤凰社区。

(2) 宅基地。农村土地制度改革的另一个领域是农民宅基地制度改革。1962年9月27日,中共八届十中全会通过的《农村人民公社工作条例修正草案》("人民公社60条")第一次提出宅基地问题。该条例第二十一条规定,生产队范围内的土地,都归生产队所有。生产队所有的土地,包括社员的自留地、自留山、宅基地等,一律不准出租和买卖。该条例第二十条规定,生产队是人民公社中的基本核算单位。1982年《中华人民共和国宪法》第十条也明确规定,宅基地和自留地、自留山属于集体所有。既然属于集体所有,当然不得侵占、买卖、出租。2007年《中华人民共和国物权法》规定,宅基地使用权人依法对集体所有的土地享有占有和使用的权利,有权依法利用该土地建造住宅及其附属设施。

(3) 农村集体经营性建设用地。这类土地主要包括乡(镇)村公益事业用地和公共设施用地等。中共十八届三中全会审议通过的《中共中央关于全面深化改革若干重大问题的决定》指出,在符合规划和用途管制的前提下,允许农村集体经营性建设用地出让、租赁、入股,实行与国有土地同等入市、同权同价。

中国农村土地改革的本质是不断更清晰地界定农村的土地所有权,不断增加农村土地的权能,不断放松农村土地的非农用途管制,不断赋予农民更多的土地权利,克服土地兼并导致社会动荡的历史恐惧症,实现农村土地与城市土地的市场的统一。

2. 城市土地的市场化进程

(1) "招拍挂"。招,招标;拍,拍卖;挂,挂牌出售。1978年,广东省东莞市太平手袋厂正式开工,这是中国第一家"三来一补"加工厂。三来一补,即来料加工、来样加工、来件装配和补偿贸易,外商提供设备、原材料,中方提供土地、劳动力等,这是土地有偿使用的雏形。1979年1月31日,中央决定创办蛇口工业区,香港招商局负责集资筹建,香港招商局租赁土地1 000亩,每亩年地租4 000港元,租赁期为15年,这是通过协议出让土地的先河。由于蛇口工业区比较特殊,一般以1987年9月8日深圳市以协商议标形式出让第一块国有土地为有偿使用的开端;而同年9月11日深圳市又以招标形式出让第二块国有土地使用权,12月1日又以拍卖形式出让第三块国有土地使用权,拍卖的土地编号为H409-4,面积为8 588平方米,规划为住宅用地,成交价为525万元。这三块土地的使用权共成交2 336.88万元,突破了城市土地不能转让的限制,开启了城市土地的市场化进程。1988年《中华人民共和国宪法修正案》删除了不得转让土地的规定,《中华人民共和国土地管理法》作了相应修改,这就从宪法和法律上确定了土地使用权与土地所有权可以分离,确定了城镇国有土地有偿使用制度。随即,海口、厦门、广州、天津等城市制定了土地使用权有偿转让的条例或规定。2002年以后,城市土地逐步从协议出让转为"招拍挂"出让("招"即招标,"拍"即拍卖,"挂"即挂牌出售)。"招拍挂"的国有土地面积从2001年的不到1万公顷发展到2015

年的 20.44 万公顷。但是划拨土地依然是重要的土地配置方式，尤其是 2008 年金融危机后，有些年份的划拨土地占比达到 50% 左右。

（2）土地批租。1990 年，国务院通过《城镇国有土地使用权出让和转让暂行条例》。1993 年，《中共中央关于建立社会主义市场经济体制若干问题的决定》提出规范和发展房地产市场，实行土地使用权有偿有限期出让制度，即国有土地使用权一次性向土地开发商收取若干年土地出让金，批租年限为：居住用地为 70 年，工业用地为 50 年，教育科学文化卫生体育用地为 50 年，商业、旅游、娱乐用地为 40 年，综合或其他用地为 50 年。

（3）城乡建设用地增减挂钩。城乡建设用地增减挂钩是指依据土地利用总体规划，将若干拟复垦为耕地的农村建设用地地块（拆旧地块）和拟用于城镇建设的地块（建新地块）共同组成建新拆旧项目区（以下简称"项目区"），通过建新拆旧和土地复垦，最终实现项目区内建设用地总量不增加、耕地面积不减少、质量不降低、用地布局更合理的土地整理工作。通俗地说，就是为了保持耕地面积不变或增加，增加城市建设必须减少农村建设用地，一增一减，动态平衡。

3. 走向城乡统一的土地市场

中国农村土地和城市土地市场是分割的，农村集体用地必须通过政府征收变为城市国有土地，才能进入国有土地使用权交易市场，客观上存在两种土地制度的"制度差"。随着改革进程的深入，农村土地与国有土地同等入市、同权同价的呼声越来越高。

中国土地市场统一的关键是处理好两种土地制度，不断缩减两种土地制度在土地使用、交易等权能方面的"制度差"，最终建成统一的土地市场。

参考文献

[1] （美）格莱泽，2012. 城市的胜利[M]. 刘润泉，译. 上海：上海社会科学院出版社.

[2] （美）刘易斯，1989. 二元经济论[M]. 施炜，等，译. 北京：北京经济学院出版社.

[3] （美）芒福德，1989. 城市发展史：起源、演变和前景[M]. 宋俊岭，倪文彦，译. 北京：中国建筑工业出版社.

[4] （美）施坚雅，2000. 中华帝国晚期的城市[M]. 叶光庭，徐自立，王嗣均，等，译. 北京：中华书局.

[5] （美）斯塔夫里阿诺斯，2006. 全球通史：1500 年以后的世界[M]. 谢德风，译. 北京：北京大学出版社.

[6] 费孝通，2011. 乡土中国 生育制度 乡土重建[M]. 北京：商务印书馆.

[7] 葛剑雄，2015. 户籍制度的前世今生[EB/OL]. 澎湃新闻. 2015 年 3 月 6 日. https://

www.thepaper.cn/newsDetail_forward_1308420.

[8] 康有为,2012. 康南海自编年谱·戊戌变法(四)[M]. 北京:中华书局.

[9] 沈汝生,1937. 中国都市之分布[J]. 地理学报,(1).

[10] 薛凤旋,2012. 中国城市及其文明的演变[M]. 香港:三联书店.

[11] 易家钺,1923. 中国都市问题[J]. 民铎杂志,4(5).

[12] 赵冈,2006. 中国城市发展史论集[M]. 北京:新星出版社.

[13] 赵冈,陈钟毅,2006. 中国土地制度史[M]. 北京:新星出版社.

[14] 周其仁,2013. 城乡中国[M]. 北京:中信出版社.

[15] ARNOTT R,LEWIS F,1979. The transition of land to urban use[J]. *Journal of Political Economy*,87.

[16] BAUM-SNOW N,2007. Suburbanization and transportation in the monocentric model[J]. *Journal of Urban Economics*,62(3).

[17] BLEAKLEY H, LIN J,2012. Portage and path dependence [J]. *The Quarterly Journal of Economics*,127(2).

[18] BORJAS G,2005. The Labor-Market Impact of High-Skill Immigration[J]. *American Economic Review*,95(2).

[19] BOSKER,M,BURINGH E,2017. City seeds: Geography and the origins of the European city system [J]. *Journal of Urban Economics*,98.

[20] BOUSTAN L P,BUNTEN D M,HEAREY O,2013. Urbanization in the United States, 1800—2000 (No. w19041)[R]. *National Bureau of Economic Research*.

[21] BRUECKNER J K,2000. Urban sprawl: Diagnosis and remedies [J]. *International Regional Science Review*,23(2).

[22] BUCKLEY R,SPENCE M,ANNEZ P,2013. *Urbanization and Growth*. World Bank Publications.

[23] COHN D,MORIN R,2008. *American mobility: Who moves? Who stays put? Whereis home*[R]. Pew Research Center social and demographics trends report.

[24] CHAUVIN J P,GLAESER E,MA Y,et al,2017. What is different about urbanization in rich and poor countries? Cities in Brazil,China,India,and the United States[J]. *Journal of Urban Economics*,98.

[25] DINCECCO M,ONORATO M G,2014. *Military Conflict and the Rise of Urban Europe* [M]. Cambridge,UK: Cambridge University Press.

[26] EID J,OVERMAN H,PUGA D,et al,2006. Fat cities,questioning the relationship between urban sprawl and obesity[J]. *Journal of Urban Economics*,63.

[27] FREEMAN R B,2006. People Flows in Globalization[J]. *Journal of Economic Perspectives*,20(2).

[28] FULTON W B,PENDALL R,NGUYEN M T,et al,2001. Sprawl accelerates: exploring and explaining urban density changes in the US,1982—1997[J]. Washington:Brookings Institution.

[29] GLAESER E,2012. *Triumph of the City: How Our Greatest Invention Makes Us Richer*,

Smarter, Greener, Healthier and Happier[M]. New York: Penguin.

[30] GLAESER E L, KAHN M E, 2004. Sprawl and urban growth [M]. // HENDERSON V, THISSE J F. *Handbook of Regional and Urban Economics*: Vol. 4. Amsterdam, Netherlands: Elsevier.

[31] GLAESER E L, SHAPIRO J M, 2001. *City Growth and the 2000 Census: Which Places Grew, and Why* [M]. Washington, DC: Brookings Institution, Center on Urban and Metropolitan Policy.

[32] HARRIS J, TODARO M, 1970. Migration, Unemployment and Development: A Two-Sector Analysis[J]. *American Economic Review*, 40.

[33] IOANNIDES Y, ZHANG J, 2017. Walled cities in late imperial China[J]. *Journal of Urban Economics*, 97(1).

[34] JEDWAB R, CHRISTIAENSEN L, GINDELSKY M, 2017. Demography, urbanization and development: Rural push, urban pull and … urban push? [J]. *Journal of Urban Economics*, 98.

[35] LEWIS W A, 1954. *Economic Development with Unlimited Supplies of Labor*[D]. The Manchester School, 22(2).

[36] MICHAELS G, RAUCH F, 2018. Resetting the urban network: 117—2012[J]. *The Economic Journal*, 128(608).

[37] MIESZKOWSKI P, MILLS E, 1993. The causes of metropolitan suburbanization[J]. *Journal of Economic Perspective*, (7).

[38] MILLS E, 1992. The measurement and determinants of suburbanization[J]. *Journal of Urban Economics*, 32.

[39] MOLLOY R, SMITH C L, WOZNIAK A, 2011. Internal migration in the United States [J]. *Journal of Economic perspectives*, 25(3).

[40] NORTHAM R M, 1979. *Urban Geography*[M]. 2nd ed. New York: John Wiley & Sons.

[41] O'SULLIVAN A, 2006. The first cities[M]//ARNOTT R, McMILLEN D. *A Companion to Urban Economics*. Hoboken: Wiley-Blackwell.

[42] O'SULLIVAN A, 2012. *Urban Economics*[M]. 8th ed. New York: McGraw-Hill Publishing Co.

[43] SASSEN S, 2001. *The Global City: New York, London, Tokyo*[M]. Princeton: Princeton University Press, 2001.

[44] FULTON W, PENDALL R, NGUYEN M, et al, 2001. Who Sprawls Most? How Growth Patterns Differ across the U.S. [R]. The Brookings Institution • Survey Series.

思考与练习

1. 什么是城市化？如何理解城市化是古老现象，但大规模城市化是工业革命后的现象？
2. 下面是世界人口增长率演变图：

资料来源：World Population Prospects 2022 [EB/OL]. https://www.un.org/development/desa/pd/content/World-Population-Prospects-2022.

请回答：城市化是造成人口增长率持续下降的原因吗？

3. 中国的设市标准比较复杂而且城市都具有行政级别。请回答：如何简化复杂的标准？县可以改市，乡镇是否也可以改市？

4. 中国城市统计口径比较混乱，试以几次人口普查为例说明之，并请思考：如何建立新的城市人口统计标准？以城市街道为基本单元建立城市统计标准可行吗？

5. 世界城市(world city 或 global city)的概念最早由格迪斯提出并阐述，霍尔认为世界城市是国内与国际的政治权力中心、政府组织中心、国内与国际贸易中心、金融保险中心、医疗中心、法律中心、高等教育与知识创新中心、信息中心、消费中心等。具有这些职能中的一个或几个的城市可以称为世界城市。请建立自己的评价指标体系，评价哪些城市是世界城市。

6. 中国常住人口城市化与户籍人口城市化存在巨大缺口。请分析比较1978年以来中国东部地区和中西部各省(区)户籍人口和常住人口的变化，说明中国城市化缺口的地区差别情况，如何解决城市化缺口。

7. 下页表列出了第五次、第六次、第七次全国人口普查中国各省(区、市)人口变化情况。1990年、2000年、2010年、2020年全国人口分别是11.17亿、12.95亿、13.40亿、14.12亿。请完成下列任务：(1)根据以上数据分析：①1990—2020年中国各省(区、市)人口变化趋势是怎样的？②2000—2020年东北地区共减少了多少人口？③2010—2020年中部地区各省(区、市)所占比重均下降，这是为什么？④2010—2020年东部地区仅有河北省人口比重在下降，这是什么原因？(2)试用GIS绘制出中国各省(区、市)人口变动图。

地区	省(区、市)	1990年人口比重(%)	2000年人口比重(%)	2010年人口比重(%)	2020年人口比重(%)
东部地区	北京市	0.93	1.09	1.46	1.55
	天津市	0.76	0.79	0.97	0.98
	浙江省	3.62	3.69	4.06	4.57
	上海市	1.14	1.32	1.72	1.76
	广东省	5.39	6.83	7.79	8.93
	山东省	7.27	7.17	7.15	7.19
	江苏省	5.79	5.88	5.87	6.0
	福建省	2.60	2.74	2.75	2.94
	海南省	0.57	0.62	0.65	0.71
	河北省	5.29	5.33	5.36	5.28
中部地区	湖北省	4.65	4.76	4.27	4.09
	安徽省	4.85	4.73	4.44	4.32
	河南省	7.40	7.31	7.02	7.04
	湖南省	5.24	5.09	4.9	4.71
	江西省	3.26	3.27	3.33	3.20
	山西省	2.48	2.6	2.67	2.47
西部地区	四川省	9.24	6.58	6	5.93
	重庆市	2.47	2.44	2.15	2.27
	贵州省	2.79	2.78	2.59	2.73
	云南省	3.20	3.39	3.43	3.34
	广西壮族自治区	3.64	3.55	3.44	3.55
	甘肃省	1.93	2.02	1.91	1.77
	陕西省	2.84	2.85	2.79	2.8
	内蒙古自治区	1.85	1.88	1.84	1.70
	青海省	0.38	0.41	0.42	0.42
	西藏自治区	0.19	0.21	0.22	0.26
	宁夏回族自治区	0.40	0.44	0.47	0.51
	新疆维吾尔自治区	1.31	1.52	1.63	1.83
东北地区	辽宁省	3.39	3.35	3.27	3.02
	吉林省	2.12	2.16	2.05	1.71
	黑龙江省	3.03	2.91	2.86	2.26

资料来源：2000年、2010年、2020年为第五次、第六次、第七次全国人口普查数据，1990年数据来自《中国统计年鉴》(中国统计出版社1990年版)。

8. 请了解中国户口制度的演进及其未来方向,思考中国为什么存在户口制度;请估算北京上海、广州、深圳的户口"价格",思考如何统一居住、户口、身份三证?

9. 请了解中国土地制度的演进及其未来方向,并回答:为什么中国的城市化进程离不开土地制度的改革,而不仅仅是户口制度的改革?

10. 中国农村三块地如何改革? 可供选择的方案:①一次性市场化;②建设用地市场化;③宅基地市场化;④小产权房市场化;⑤维持现状。请给出自己的方案并说明理由。

11. 中国城市建设用地供给的特点是总量控制、增减挂钩。请回答:①如果中西部供地多,东部供地少,会对产业和城市发展有什么影响?②如果建设用地指标可以交易,又会有什么效果?③如果废除建设用地指标,会如何?

12. 为什么中国的土地城市化速度快于人口的城市速度? 为什么地方政府喜欢做大城市空间规模?

13. 以北京和廊坊、上海和昆山、广州和佛山、郑州和成都为例,借助 GIS,比较城市(city)、都市区(metropolitan areas)、市(municipality)等基本概念。①municipality,利用百度或谷歌地图,查看上述各城市的政区图;②city,利用百度或谷歌的卫星图或者夜间灯光数据,研究近 10 年来各城市的建成区扩展;③metropolitan areas,实地调查或利用浮动车数据,研究居住于廊坊、昆山、佛山而在北京、上海、广州就业的人口规模。

14. 请实地调查你所在城市的农民工,了解他们的工作和生活,以及职业上升渠道;实地调查留守儿童,了解他们的生活与学习;实地调查所在城市的城中村(urban village),了解城中村的演变过程;实地调查所在城市的乡村,了解乡村的变迁。

15. 请查阅资料,分析以下乡村 1949 年乃至 1840 年以来的变迁:①江苏的开弦弓村(江村);②北京的中关村;③四川的李庄、深圳的大冲村、浙江东阳的横店村。请思考:中国城市化如何振兴乡村、留住乡愁而不是留住农民?

16. 广东的东莞市和中山市、海南的三亚市等地级市均没有设"区",而大多数地级市设"区",这两类城市有区别吗? 如果不设"区",直接将地级市下属的一些大镇设置为"市"可行吗?

17. 2021 年国家发布的《第三次全国国土调查主要数据公报》显示:城镇村及工矿用地 3 530.64 万公顷(52 959.53 万亩)。其中,城市用地 522.19 万公顷(7 832.78 万亩),占 14.79%;建制镇用地 512.93 万公顷(7 693.96 万亩),占 14.53%;村庄用地 2 193.56 万公顷(32 903.45 万亩),占 62.13%;采矿用地 244.24 万公顷(3 663.66 万亩),占 6.92%;风景名胜及特殊用地 57.71 万公顷(865.68 万亩),占 1.63%。请根据以上数据和中国城市化的未来发展,思考如下问题:①如何修改土地管理方面的法律法规? ②如果农村宅基地与建设用地进入城市土地市场,会有什么影响?

18. 试讨论中国土地和户口制度改革如下几种不同思路:①废除户口制度;②保留户口制度,仅仅保留其人口统计功能;③在土地公有制度的条件下,国有土地与集体所有制土地归一形成城乡统一的土地市场;④在国家终极所有制的条件下,实施土地私有制;⑤坚持土地公有制,取消土地市场。

19. 上海市以黄浦江为界大致分成浦西和浦东两部分,100 多年来,上海存在着两种城市化的模式:一为上海开埠以来的老浦西模式,市场化为主,吸收大量农民定居;一为 1990 年以来的新浦东模式,政府主导为主,土地城市化快速推动。请查阅资料,分析这两种模式的优缺点。

20. ①公元 1000 年世界上人口最多、最繁华的城市是东京(开封),公元 2000 年世界上人口众多、极为繁华的城市之一是东京(日本东京),试分析导致两个东京盛衰的原因。②1913年开封为河南省省会,1954年河南省省会迁至郑州市;1667年以来安庆曾数次作为安徽省省会,而合肥于1952年被确定为安徽省省会。请分析省会因素在开封、郑州、安庆、合肥兴衰中的作用。

21.请分别计算1978年以来中国各省(区、市)的外贸依存度和广东省、江苏省、浙江省三省地级市的外贸依存度,并回答:①外贸依存度高的省(区、市)是否有更高的城市化水平? ②历年广东、江苏、浙江三省排名前5位的地级市是哪些? 它们各有什么特点?

延伸阅读

[1](美)格莱泽,2012.城市的胜利[M].刘润泉,译.上海:上海社会科学院出版社.
[2]费孝通,2013.乡土中国[M].北京:中华书局.
[3]周其仁,2013.城乡中国[M].北京:中信出版社.

第七章 城市的空间结构:从单中心到城市体系

第一节 早期理论探索

城市空间结构是城市与区域经济学研究的重要内容,也是城市地理学与城市社会学研究的重要内容。最早进行探讨的是杜能(Thünen,1826),在杜能后一百多年,城市社会学或地理学领域的学者开始研究城市的空间结构,其中最著名的是伯吉斯(Burgess,1926)的同心圆模式(concentric zone model)、霍伊特(Hoyt,1939)的扇形模式(sector model)、哈尔斯和乌尔曼(Harris et al.,1945)的多核心模式(multiple nuclei model)。

一、同心圆模式

伯吉斯(Burgess,1925)根据1920年美国芝加哥市发展的状态提出了同心圆模式(如图7.1所示)。城市以市中心呈圆形向外发展,依次为过渡区(zone of transition)、工人住宅区(working class residential zone)、中产阶级住宅区(middle-class zone)、通勤区(commuters zone)。市中心为中心商务区(CBD);过渡区是穷人及移民的居住区;工人住宅区主要是产业工人居住,他们往往从过渡区迁来;中产阶级住宅区主要居住群体是中产阶级,他们的工作地点往往在中心商务区;通勤区主要是郊区和卫星城市。

同心圆演化的主要动力来自侵入与接替过程。同心圆的过渡区是移民最初居住的地区,也是流动性最强的一个区域,当新一代移民到来之时,第一代移民则迁往工人居住区,而工人居住区的一些居民则迁往高档居住区,在不断的侵入与接替中,同心圆不断扩大。

在同心圆模式下,居住密度距离CBD先升后降,而就业密度则逐渐降低(如图7.2所示)。

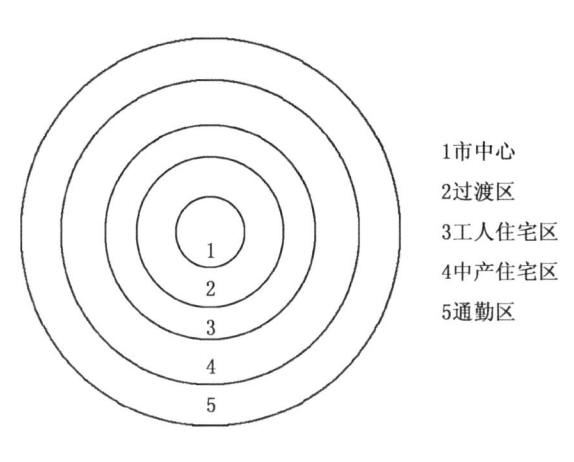

图 7.1　同心圆模式

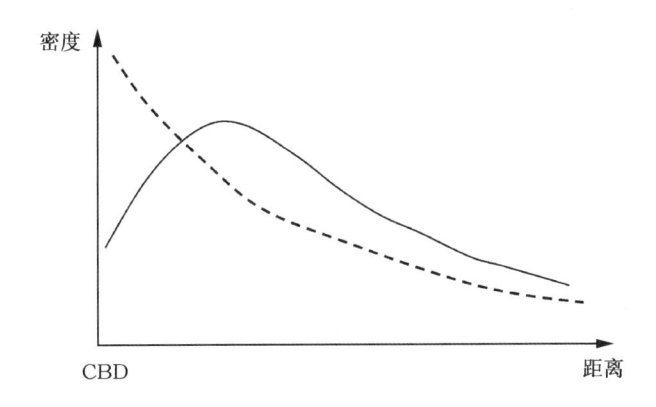

1 市中心
2 过渡区
3 工人住宅区
4 中产住宅区
5 通勤区

注：虚线为就业密度，实线为居住密度。

图 7.2　同心圆模式下的人口密度曲线

二、扇形模式

霍伊特（Hoyt，1939）提出了扇形模式（如图 7.3 所示）。城市中心与同心圆模式一样也是中心商务区，但与同心圆模式不同的是，霍伊特认为城市的发展是扇形的，主要是沿着街道或交通干线或自然景观。应该说霍伊特的扇形模式与某些城市发展更接近些，比如一些沿江河发展的城市、沿铁路线发展的城市、沿海岸线发展的城市。

霍伊特研究发现：第一，高租金的区域位于城市的某一方向或几个特定的区域，呈扇形分布；第二，所有城市都有低租金地区，低租金地区往往在高租金地区的相反方向。

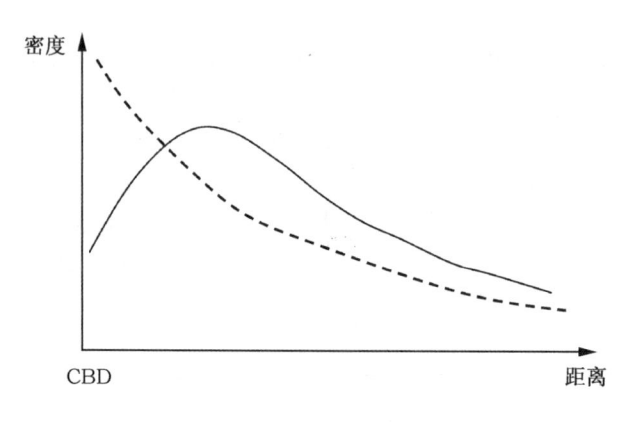

图 7.3　扇形模式

三、多核心模式

哈尔斯和乌尔曼（Harris et al.,1945）提出了多核心模式,他们认为一个大城市不仅有一个中心商务区,而且可能有制造业中心、批发业中心、次级商务区和郊外的卫星城,一个大城市往往有多个经济活动核心,见图 7.4。哈尔斯和乌尔曼认为有些城市的多核心出现于城市发展的初期,而有些城市的多核心是随着城市的移民和专业化而发展起来的,前者以伦敦为代表,后者以芝加哥为代表。哈尔斯和乌尔曼认为形成多核心城市的因素有四个:一是某些生产活动对专门设施的需要;二是集聚带来的好处;三是某些活动的扩散与分离效应,比如高危化工厂附近不适合建设居民区;四是产业或居民对租金的不同承受能力。

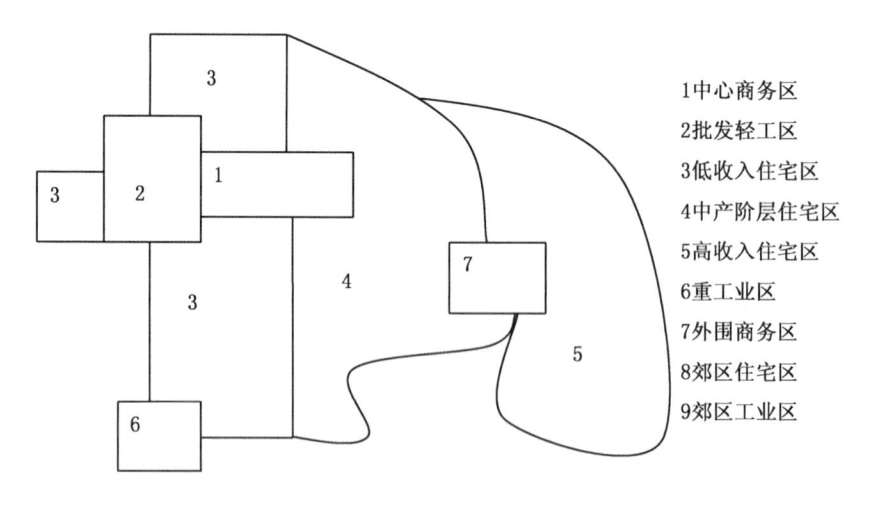

1 中心商务区
2 批发轻工区
3 低收入住宅区
4 中产阶层住宅区
5 高收入住宅区
6 重工业区
7 外围商务区
8 郊区住宅区
9 郊区工业区

图 7.4　多核心模式

> **恩格斯论欧洲早期城市化中的工人住宅问题**
>
> 现代大城市的发展,使某些街区特别是市中心的地皮价值人为地提高起来,往往是大幅度地提高起来。原先建筑在这些地皮上的房屋,不但没有提高这种价值,反而降低了它,因为这种房屋已经不适合于改变了的条件,于是它们就被拆毁而改建成别的房屋。首先遭到这种厄运的就是市中心的工人住宅,因为这些住宅的租价,甚至在住宅中挤得极满的时候,也永远不能超出或者最多也只能极缓慢地超出一定的最高限额。于是这些住宅就被拆毁,在原地兴建商店、货栈或公共建筑物。波拿巴主义曾以自己的欧斯曼为代表在巴黎大规模地利用这种趋势来欺诈勒索,中饱私囊。但是欧斯曼精神在伦敦、曼彻斯特和利物浦也很通行,并且不论在柏林或维也纳也都很逍遥自在。结果工人从市中心被排挤到市郊;工人住宅以及一般小住宅都变得稀少和昂贵,而且往往是根本找不到。因为在这种情形下,建造昂贵住宅为建筑业提供了更有利得多的投机场所,而建造工人住宅只是一种例外。
>
> 资料来源:恩格斯(1964)。

第二节 单中心城市

城市经济学一般将城市内部的空间结构区分成两种:单中心城市与多中心城市。大多数城市是单中心城市,但也有些城市是双中心或多中心的,单中心城市就是只有一个城市中心(一般为 CBD),而多中心城市是指城市不仅有一个中心(CBD),而且有一个或多个副中心(SBD)。

单中心城市只有一个中心,一般为中心商务区(central business district,CBD),在城市中心,集聚着大量的人口于此就业,一般认为在距离城市中心 5 公里范围内集中了城市人口或产业 30% 以上的城市就属于单中心城市。大多数城市属于单中心城市。贝尔托和马尔佩兹(Bertaud et al.,2003)研究了北京、柏林、芝加哥、香港、伦敦、巴黎、纽约等城市后发现,这些城市基本上都是单中心城市,见图 7.5。以北京市为例,城市主要功能的 30%~50%、全市人口增量的 60%、经济增量的 73%、城镇建设用地增量的 50% 集中在以旧城为核心的中心城区,而旧城区面积不到北京市总面积的 6%。再以广州市为例,2010 年第六次人口普查显示:全市常住人口中,中心城区为 7 727 163 人,占 60.84%,新城区为 3 343 491 人,占 26.33%,县级市为 1 630 146 人,占 12.83%。中心城区人口密度大于新市区和所辖县级市,其中越秀区人口密度为

34 239 人/平方公里，而从化市（2014 年改为从化区）人口密度为 301 人/平方公里。虽然我国很多城市都在努力建设乃至打造所谓副中心，但真正成功的副中心很少，单中心城市依然是城市空间结构的主要形态，多中心城市则处于次要位置。

一个城市的典型消费者购买两种商品，一种是住房 H，一种是住房外的其他商品 Z，预算线为：

$$w = tx + HR(x) + Z$$

住在离 CBD 有 x 公里的消费者的收入 w，用于购买住房 $HR(x)$、非住房商品 Z 外，还需要支付通勤费用 tx，非住房商品 Z 的价格被标准化为 1，如图 7.6 所示。消费者消费不同的非住房商品，用于购买住房的支出也相应发生变化，见图 7.7。

假设消费者在 CBD，这时 $x=0$，需要支付的地租为 $R(0)$，则

$$R(0) = \frac{w}{2H}$$

我们知道 $R(0)$ 是城市中的最大地租，消费者住在 CBD 可以不需要支付通勤费用，但必须支付最大地租。举个例子，这时候相当于该消费者住在北京二环内，工作地点也在二环内。

如果消费者打算在北京四环附近租房，离二环大概 5 公里，收入水平不变，这时

$$R(10) = \frac{w - 5t}{2H}$$

如果消费者打算在北京五环附近租房，离二环大概 10 公里，收入水平不变，这时候

$$R(20) = \frac{w - 10t}{2H}$$

显然，$R(10) < R(5) < R(0)$，距离城市中心越远，租金越低，二者呈现负相关关系，这就形成了居住的竞租曲线（bid rent），如图 7.8 所示。此处"竞"的意思是多人竞争一个地点；"租"的意思是要交租金，不是免费居住。

在其他条件不变的条件下，消费者的收入越高，则能支付的地租越高，收入越低，则能支付的地租越低。收入不同会对竞争曲线产生什么影响呢？假设有三类收入群体——高收入群体、中等收入群体、低收入群体，他们的收入分别为 w_2、w_1、w_0，低收入群体的竞租曲线比高收入群体更陡峭，高收入群体的竞租曲线更平缓，即

$$-\frac{\partial R(x, w_0)}{\partial x} > -\frac{\partial R(x, w_1)}{\partial x} > -\frac{\partial R(x, w_2)}{\partial x}$$

如图 7.9 所示，高收入人群居住在郊区，低收入人群居住在靠近 CBD 的地区，中等收入者居住在中间地带，这正是对西方发达国家很多城市空间的一个描述。2000 年 19.9% 的穷人居住在大都市区的中心城市（central cities），而只有 7.5% 的穷人居

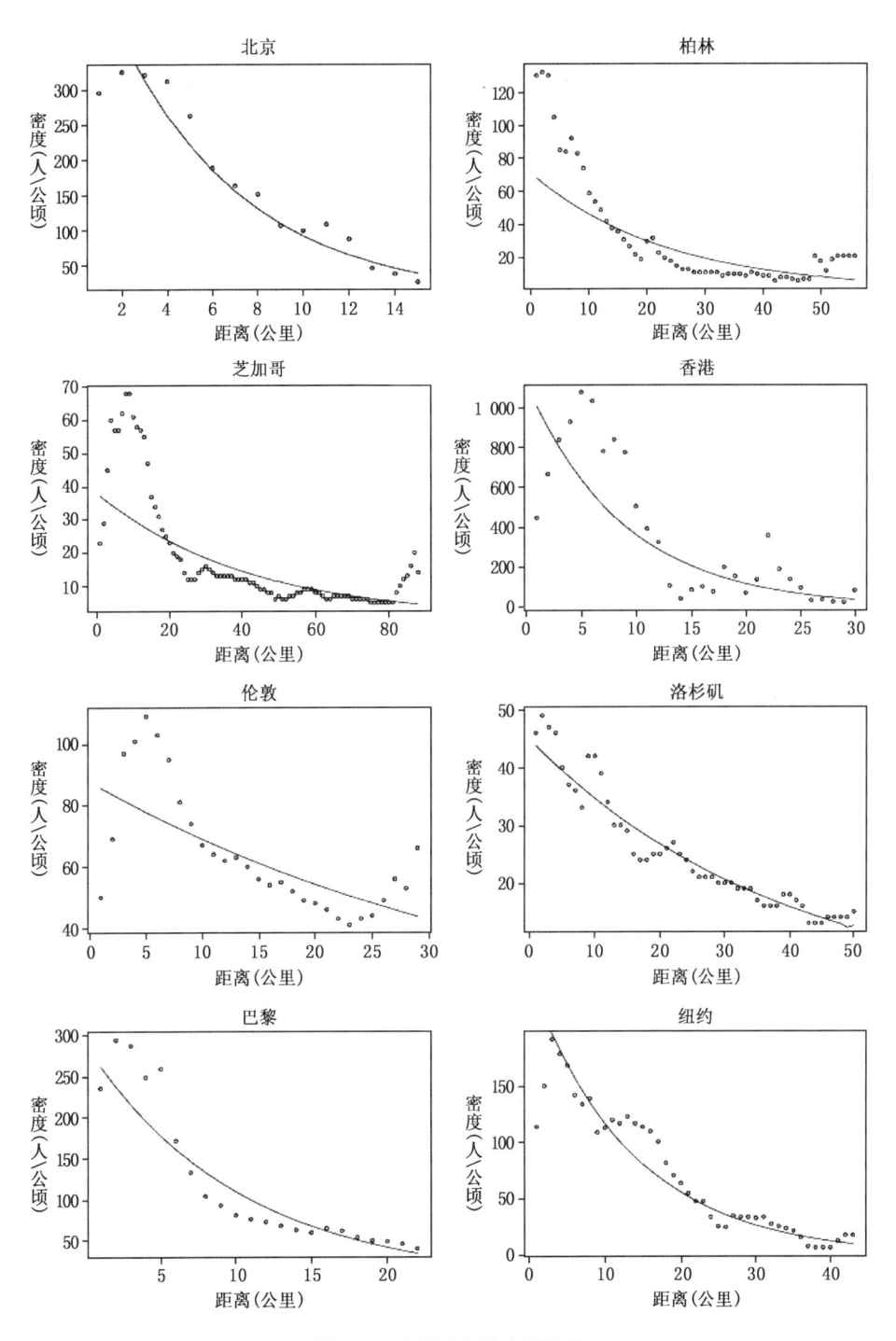

图 7.5　典型城市的空间结构

资料来源：Bertaud et al.(2003)。

商品 Z

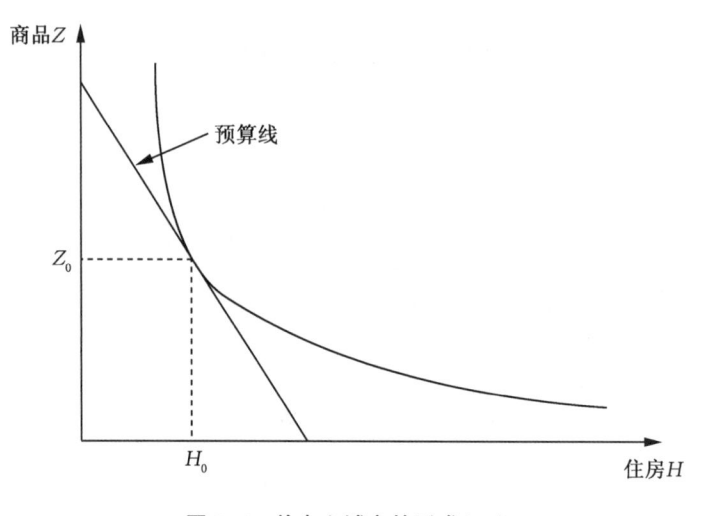

预算线

Z_0

H_0 住房 H

图 7.6　单中心城市的形成（一）

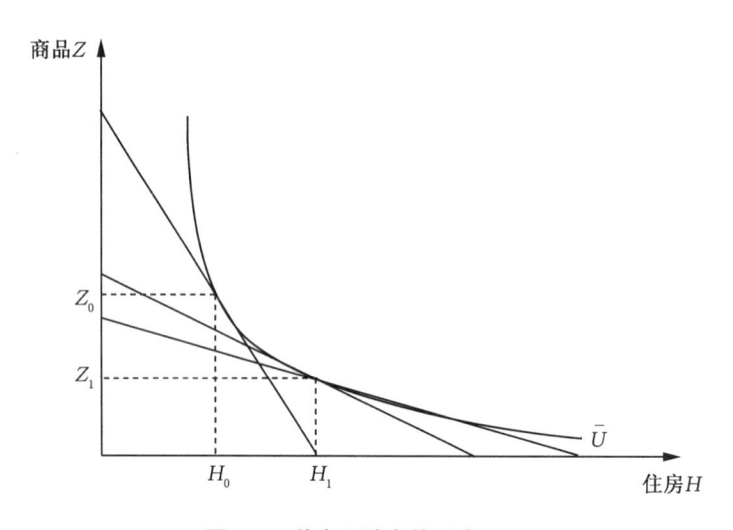

商品 Z

Z_0

Z_1

$\bar{U}$

H_0　H_1　住房 H

图 7.7　单中心城市的形成（二）

住在郊区。这其中的一个重要原因是与公共交通的发展有关。在中心城市（市中心），公共交通发达，交通密度大、票价低，而在郊区，可能是密度少、票价高，有的可能没有公共交通，因而穷人为了节省交通费用而选择住在中心城市（Glaeser et al.，2008）。

美国纽约市空间结构基本情况是：市中心是低收入居住区，城市的边缘是中高收入居住区。美国的芝加哥也有类似的空间结构。

中国的城市与美国不同，很多高端居住区在城市的中心地区。以北京市为例，表7.1 列出了北京市 2014 年 1 月份各区（县）的房价，可以粗略地看出北京市的居住特点，即老城内（原北京城内，现北京二环内）房价最高，均价在 5 万元/平方米以上，紧接

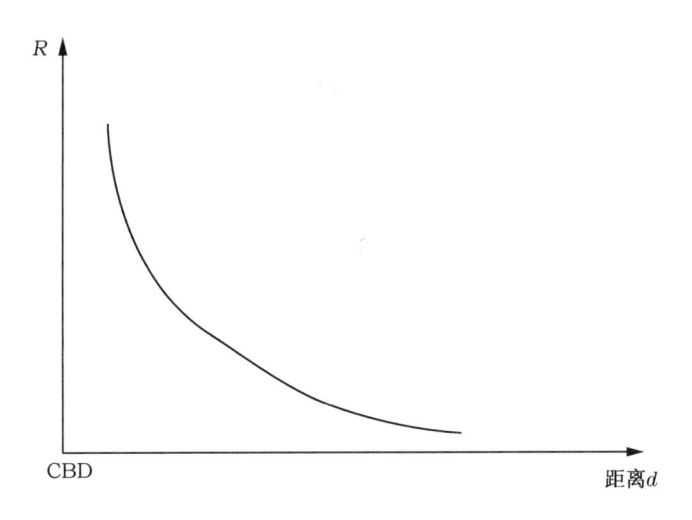

图 7.8　竞租曲线

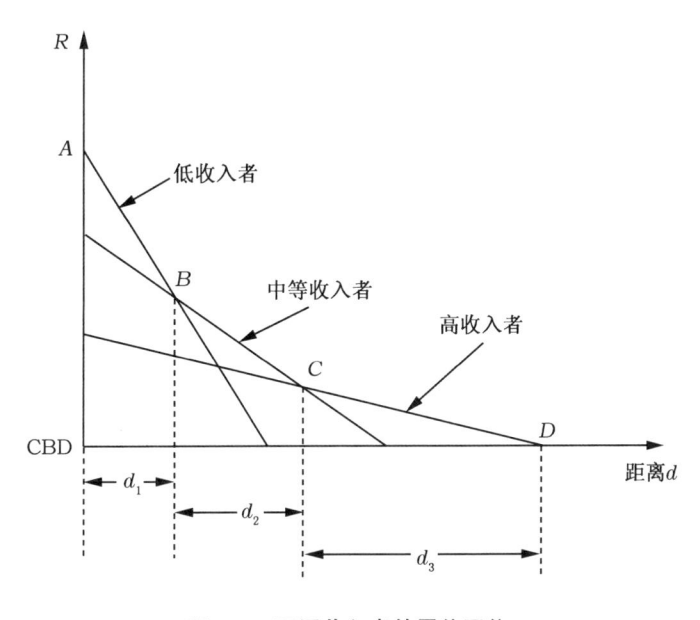

图 7.9　不同收入者的居住区位

着是海淀、朝阳、丰台、石景山（基本上是北京二环至五环之间），均价在 3 万元/平方米以上，再接下去是外围的区县（北京五环以外），均价为 3 万元/平方米以下。这与整个居住区分布是相关的。

表 7.1　　　　　　　　　　　　北京各区(县)的房价

区(县)	房价(元/平方米)	区(县)	房价(元/平方米)
西城区	65 822	昌平区	23 677
东城区	56 800	门头沟区	22 922
崇文区	54 255	顺义区	21 734
宣武区	53 177	通州区	21 412
海淀区	50 648	怀柔区	17 553
朝阳区	44 311	房山区	16 945
丰台区	37 670	密云县	15 611
石景山区	35 932	平谷区	14 983
大兴区	25 222	延庆县	14 732

资料来源:www.cityhouse.cn。

朝阳、海淀、丰台区常住人口位居前三位,占比为46%,朝阳、海淀、昌平区常住外来人口位居前三位,占比为52.6%。2013年,北京市共有医院647家,从业人员21.5万人,中心城区医院数量占全市的67.7%,从业人员占全市的79.5%,见表7.2。

表 7.2　　　　　　　　　　　北京各环带的人口及其密度

环带	常住人口及其密度		常住外来人口及其密度	
	常住人口(万人)	人口密度(万人/平方公里)	常住外来人口(万人)	人口密度(万人/平方公里)
二环内	148	2.39	40	0.65
二到三环	258	2.66	77	0.79
三到四环	287	2.00	105	1.43
四到五环	361	0.99	173	0.47
五到六环	580	0.36	358	0.22
六环以外	517	0.04	63	0.004

注:表中数据为2014年人口抽样调查数据。

资料来源:北京市统计局、新华网等。

居住只是城市的一项主要功能,住宅也仅是利用城市土地的一种方式,除此之外,服务业、制造业、仓储业也会占用城市土地。

根据《北京市第一次地理国情普查公报》,北京市种植土地、林草覆盖、裸露地、水域等面积1.34万平方公里,占北京市总面积的82%,主要分布在六环以外,房屋建筑、铁路与道路、构筑物、人工堆掘地等面积约0.3万平方公里,占北京市总面积的18%,主要分布在六环以内(见表7.3)。

表 7.3　　　　　　　　　　　　　　北京的道路与住房用地

环路类型	面积（平方公里）	路面 面积（平方公里）	路面 比重(%)	住房 占地面积（平方公里）	住房 比重(%)
北京市	16 406.63	553.81	3.37	1 466.09	8.93
六环外	14 137.65	312.20	2.21	840.29	5.94
六环内	2 268.98	241.61	10.65	625.80	27.56
五环内	667.68	97.68	14.62	255.82	38.30
四环内	302.39	48.34	15.98	135.10	44.65
三环内	158.81	25.09	15.79	77.29	48.64
二环内	62.69	9.52	15.18	33.22	52.97

资料来源：《北京市第一次地理国情普查公报》，2018。

> **城市的四大基本功能**
>
> 　　城市发展是一个时代各方面条件的综合体现。然而迄今为止，我们的城市只抓住了交通这一个问题，热衷于开辟大道和街巷，从而制造出一个个建设地块，用于充满变数的个人投机。这是对城市使命极为狭隘的错误理解。事实上，城市具有四大基本功能。首先，它应当为人们提供舒适健康的居住环境，充分保障空间、新鲜空气和阳光这三个不可或缺的自然条件；其次，城市应当组织好工作环境，让劳动重新成为一种人类自然的活动，而不再是痛苦的差役；再次，城市中应有必要的娱乐设施，使人们在工作之余度过充实、美好、有益身心的闲暇时光；最后，城市要有合适的交通网络，在分工明确的基础上，建立起这些不同功能之间必要的联系。这四大功能的涵盖面非常广泛，它们是解决城市问题的四大关键所在，因为所谓城市，正是某种思维方式通过技术手段融于公众生活的产物。
>
> 　　资料来源：《雅典宪章》(1933年)节选。

　　各行业属性决定该行业对地租的弹性。一般情况下，服务业（办公）部门对地租的弹性较低，竞租曲线陡峭，此外，在城市中心集聚也有利于集聚经济外部性的发挥，因而将区位选在城市的内环。制造仓储同时考虑到接近市场和原材料产地，占用土地面积大，对地租的弹性较高，竞租曲线较为平坦，因而选址在城市的外环。居住对地租的弹性介于服务业（办公）部门、制造仓储之间。不同的行业对应不同的竞租曲线，而城市土地利用互斥性决定同一个区位只能有一种土地利用方式。城市整体的竞租曲线是各行业竞租曲线的下包络线，并凸向原点，图7.10是城市空间结构的一种可能类型。

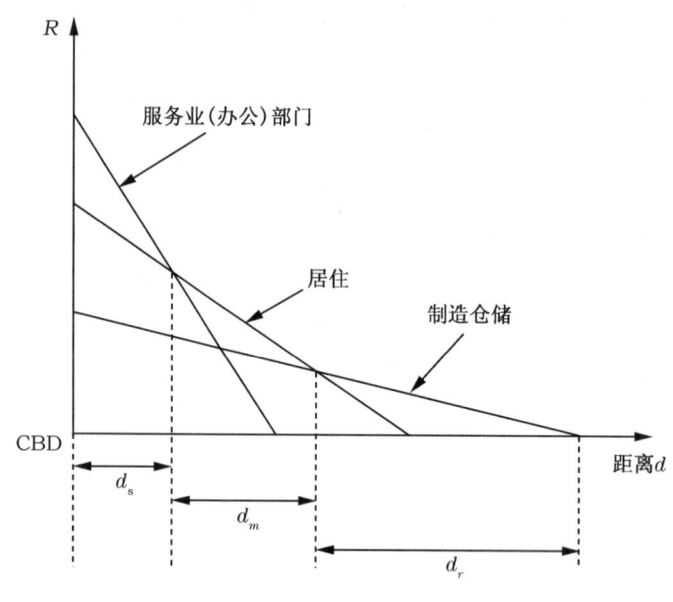

图 7.10 多部门集中的城市空间结构

单中心城市的竞租曲线及其相关理论最初是由阿隆索(Alonso,1964)、米尔斯(Mills,1967)和穆斯(Muths,1969)研究并发展的,被称为 Allonso-Mills-Muths 单中心模型。

第三节 多中心城市

单中心城市只有一个城市中心(一般为 CBD),而多中心城市是指城市不仅有一个中心(CBD),而且有一个或多个副中心(SBD),如图 7.11 所示。这种在大城市的郊区形成的具有居住、就业和工商业服务的新的城市副中心,也称为边缘城市(edge city)。这个概念最初由德国地理学家路易(Louts)在 1936 年提出。1991 年,美国《华盛顿邮报》记者加罗在《边缘城市:新前沿的生活》(*Edge City:Life on the New Frontier*)中重新阐述边缘城市,并使得边缘城市的概念迅速传播开来。加罗提出了 5 条标准来界定边缘城市:具有 464 500 平方米以上的可租用办公楼;具有 56 000 平方米以上的可租用零售商业楼面;就业岗位数量超过卧室数量;一个为人们所意识到(perceived)的特定地域;与 30 年前的景观大相径庭。国外的边缘城市多是城市郊区化发展的结果。一种简单的判别方法是某城市中心 5 公里之内集聚了城市人口或就业或工商业产值的 30% 以上，就可以算作一个城市中心或副中心。当然，还有其他的测度多中心的指标或指标体系。

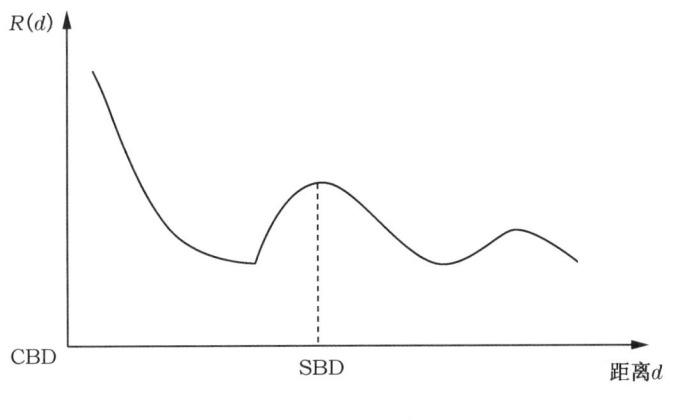

图 7.11　多中心城市

多中心城市的形成路径一般有以下几种：第一，由于郊区化发展和城市空间蔓延，在城市的郊区形成居住、就业或商务的次中心，西方发达国家常见这种模式；第二，在城市的郊区或邻近地区建设开发区或新区，形成新的城市副中心，中国的城市大多可以归为此类；第三，由于城市合并而成，即几个城市合并为一个新城市，作为新城市的多个中心；第四，其他原因。

1978 年以来，使得我国部分城市走向多中心城市的主要动力是开发区的建设。中国的开发区包括经济技术开发区、保税区、高新技术产业开发区、国家旅游度假区、综合开发区、新区等。1984 年，大连成立中国第一个经济技术开发区，到 2017 年底，国家级和省级开发区已经达到 1 533 个，其他市级、县级、乡镇级开发区数量更多。最初的开发区大多是城市的工业发展区，面积多在 3~5 平方公里，随着开发区的发展，开发区的面积越来越大，成为城市的重要组成部分。

第四节　职住分离、居住分割与邻里过程

一、职住分离

职住分离又称为空间错配或空间不匹配（spatial mismatch），是与职住平衡（job-housing balance）相对应的概念，是指就业（job）与居住（housing）不在同一地点的状态，这个概念最初由美国学者凯恩（Kain, 1968）提出并系统阐述。凯恩通过对芝加哥和底特律的研究后发现，黑人失业率高的原因是工作职位尤其是蓝领工作职位由城市

中心迁往郊区,居住地仍在市中心。20世纪70—80年代有大量的实证文献来分析此问题。凯恩(Kain,1992)做了一个全面的综述,分析住房市场歧视(housing market discrimination)对非洲裔美国工人就业和收入的影响,认为针对黑人居民居住权选择的限制,尤其是白人社区对黑人的完全排外,与不断分散的就业空间分布,蓝领工作职位持续向市郊迁移,是解释非洲裔美国人高失业率和低收入的主要原因。

近年来,阿诺特(Arnott,1998)、布鲁克纳和泽努(Brueckner et al.,2003)、戈比永等(Gobillon et al.,2007)在城市经济学分析框架中引入空间错配,进而发展了空间不匹配的理论。毛赫和唐(Maoh et al.,2012)的研究表明,如果一个居住区商业用地和居住用地的混合程度越高,居民在居住区内就业的可能性就越大,发生职住分离的概率就越小。

就业与居住在同一地点称为职住平衡,反之称为职住不平衡或空间错配。什么是同一地点,衡量尺度是什么,成为理解职住平衡的关键。一种较为极端的职住平衡的例子是现存各城市的各种传统商铺,这种商铺一般一楼卖东西,二楼居住,工作地与居住地只隔一个楼板;不平衡的例子是一个人在北京西单工作,而在天津滨海新区居住。但如果一个人在上海浦东工作,在浦西居住或者在天津和平区居住,而在天津滨海新区工作,又或者在北京西单工作,而在回龙观居住,则是否为职住分离,这取决于衡量的尺度。一般研究者将这种尺度界定为一个城市内部的社区或者通勤距离小于某个时间的区域,很多国内学者将职住在同一个街道(居委会)或乡镇都称为职住平衡,超出同一个街道(居委会)则称为职住不平衡(郑思齐 等,2014)。下面介绍职住分离的测量方法。

最简单的衡量方法是通勤时间,显然通勤时间越短,工作居住空间越匹配。世界各国和城市的通勤时间有巨大差异,如韩国的平均通勤时间超过50分钟,而新西兰的平均通勤时间在15分钟左右(见图7.12)。极光公司发布的《2018年中国城市通勤研究报告》称:北京的平均通勤距离为13.2公里,上海为12.4公里,重庆为12.2公里,天津为9.9公里,成都为9.3公里,广州为8.8公里,深圳为8.7公里;北京的平均通勤时间为56分钟,上海为54分钟,重庆为54分钟,天津为48分钟,成都为46分钟,广州为45分钟,深圳为44分钟。很多城市的局部通勤时间可能更长,如厦门市,长期以来从其岛外的海沧区到岛内的通勤时间达到1.5小时左右。

通勤时间不是一成不变的。以美国为例,2009年的通勤时间比1980年多5分钟(见图7.13)。1978年以来,中国几乎每个城市的通勤时间都增加了,这种情况显示出中国比较严重的职住分离现象,造成这种现象的原因一方面是由于单位制的瓦解,市场机制主导了住房资源的配置,另一方面主要是政府政策与制度因素造成的。

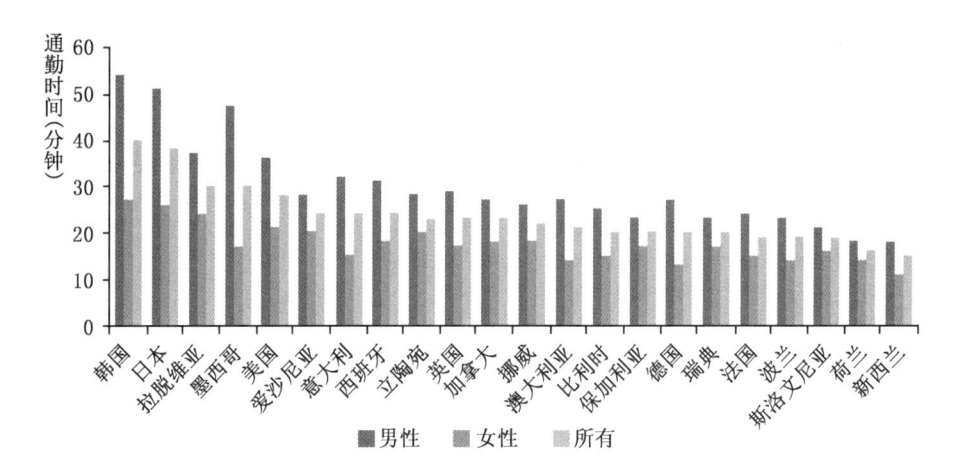

图7.12 通勤时间

资料来源：http://www.oecd.org/els/family/43199696.pdf.

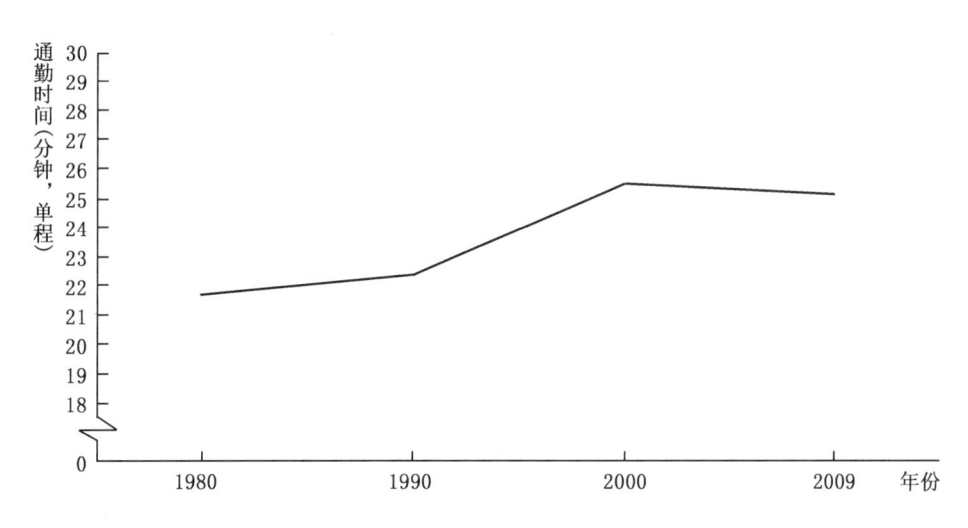

图7.13 1980—2009年美国工人平均通勤时间

资料来源：Commuting in the United States. U.S. Census Bureau, American Community Survey Reports, 2009.

另一种常用的衡量方法是建立职住平衡指数（job-housing index）。

$$JHI = \frac{J}{H}$$

其中，J 为某一区域（街道、社区）提供的就业岗位数量，H 为某一区域（街道、社区）总人口。数值越大，说明职住越平衡。

二、居住分割

(一)概念

居住分割(residential segregation)又可翻译成居住分异,是指在给定的地理单元(如城市),属于不同社会群体的个人居住在不同社会属性构成的社区或邻里(Reardon et al.,2004)。

(二)测量方法

1. 差异指数(index of dissimilarity)

$$D = \frac{1}{2}\sum_{i=1}^{n}\left|\frac{b_i}{B_T} - \frac{w_i}{W_T}\right|$$

其中,$i=1,2,\cdots,n$ 是某城市或区域空间单元数量;b_i 是 i 单元 B 类人数量;B_T 是该城市或区域 B 类人总数量;w_i 是 i 单元 W 类人数量;W_T 是该城市或区域 W 类人总数量。

差异指数数值越大,说明隔离程度越高;差异指数数值越小,说明隔离程度越低;差异指数为 0,说明没有隔离现象。

2. 隔离指数(index of isolation)

$$II = \sum_{i=1}^{n}\left(\frac{b_i}{B_T} \times \frac{b_i}{B_T + W_T}\right)$$

其中,$i=1,2,\cdots,n$ 是某城市或区域空间单元数量;b_i 是 i 单元 B 类人数量;B_T 是该城市或区域 B 类人总数量;w_i 是 i 单元 W 类人数量;W_T 是该城市或区域 W 类人总数量。

(三)欧美的居住分割

美国的种族分割现象经历了三个阶段:第一个阶段是 1890—1940 年,大量黑人从南方的农村迁移到北方的城市;第二个阶段是 1940—1970 年,黑人继续向北方城市迁移,黑人贫民窟(ghettos)占据了很多城市的市中心地带;第三个阶段是 1970 年以来,种族分割依然很严重,但趋势在下降。近年来的研究发现,当城市街区中少数族裔达到倾覆点(tipping point)时,白人居民会加速撤离该社区,最终该街区成为少数族裔社区(Card et al.,2008)。

欧洲的居住分割现象也引起了人们注意。英国是欧洲种族居住分割最大的国家,其次是比利时和法国,而穆斯林群体与其他族群居住分割最为明显(Mateos,2011)。萨格尔(Sager,2012)研究了移居德国的土耳其等四国移民社区的居住分割状况,发现收入、教育水平、语言能力和城市规模可以解释 29%~84% 的居住隔离现象。

(四)中国的居住分割

中国的居住分割已经出现并且比较严重。一项利用第六次全国人口普查数据对广州新移民的居住空间分割的研究就发现,广东本省内新移民较为明显地集聚在中心区的周边区域,而外省新移民则呈离散型分散在城市外围区域。广州新移民的差异指数为 0.48,隔离指数为 0.56,说明广州新移民的居住分割水平较高(李志刚 等,2014)。又一项基于 2007 年在广州、武汉、西安 3 个大城市的低收入社区开展的大型入户调查表明,大城市低收入社区中不同群体间和群体内的住房分割情况都较显著,但群体内部的差异较群体间的差异更为明显(柳林 等,2014)。

户籍的差异是中国居住分割的最主要原因,外来流动人口在城市中将更倾向和原户籍所在地的人口居住,形成各种"城中村"。例如,北京大红门的"浙江村",其人口80%来自浙江的乐清、永嘉;洼里的"河南村",其人口多来自河南的固始县;五道口的"安徽村",其人口主要来自安徽的无为县。与原籍人口"抱团居住",一方面使得外来人口可以借助在原住地熟人社会形成的人际关系网尽快在城市落脚(arrival city),另一方面也因为社区相对封闭性的制约,在流动人口职业搜寻过程中设置了空间壁垒,增加了获得新工作的困难程度。在两种因素的共同作用下,汉森和普拉特(Hanson et al.,1992)、康利和托帕(Conley et al.,2002)研究发现,空间距离与社会网络、社会互动是影响流动人口迁入城市后就业的主要因素。对上海居民的调查也发现,非户籍家庭的居住条件明显更差,对小区的评价更低,更少在小区内进行互动,对邻居的信任感更低(陈钊 等,2012)。

中国也存在种族原因的居住分割现象:一是近代以来的租借,开始之时多是外国人居住场所,后来中国人陆续迁入,如天津的五大道地区;二是 1978 年改革开放后,外国人到中国城市居住而形成的居住分割,最著名的是广州市的非洲裔居住区。第一种情况是中国市民陆续迁入外国人居住区,第二种情况则是外国人陆续迁入而中国市民陆续迁出。

三、邻里过程

(一)住宅过滤(housing filtering)

伯吉斯(Burgess,1926)最早注意到住宅过滤的问题,菲什(Fisch,1977)、韦克和锡伯杜(Weicher et al.,1988)、罗森哈尔(Rosenthal,1999)等对此进行了较为深入的研究。住宅过滤是指城市居民由于收入增加等原因而从原有的社区、老的住宅迁移到新的社区、更新的住宅,而老的住宅则满足了低收入居民的住房需求,这样就形成了城市内部的人口迁移流和住房更替,即邻里更替过程,社区处于不断运动之中(如图7.14 所示)。这就像多层的筛子,通过收入高低等因素不断筛滤,最后最低收入阶层的社区和住宅质量最差,但是由于有更多高质量住宅的建设而使得低质量住宅的价格更低,从而提升了低收入阶层的住房福利。

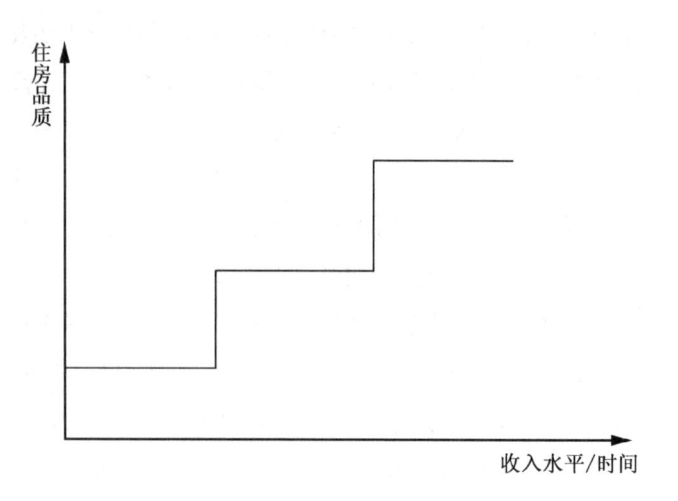

图 7.14　住宅过滤过程

（二）绅士化（gentrification）

绅士化是指高收入者迁入低收入社区，使得低收入社区住房价格提高，而低收入者迁移到其他社区的过程。绅士化与住房过滤描述的邻里过程是相逆的，一个是高收入者迁入低收入社区，一个是低收入者迁入原来高收入者的社区，一个是主动的，一个是被动的。在欧美国家，绅士化可能带来社区的民族或种族的变化。格拉斯（Glass，1964）最早利用绅士化来描述20世纪60年代伦敦的社区绅士化过程，她发现中高收入阶层迁移到传统工人阶层居住区，迫使工人阶层迁出。萨森（Sassen，1991）也认为，绅士化最初是指中高收入阶层替代低收入阶层的过程，现在被赋予了更丰富的内涵，即指城市特别是中心城区的空间、经济与社会重构的空间过程。

弗里曼和布拉科尼（Freeman et al.，2004）将绅士化分成两种过程：一是直接取代（direct displacement），多发生在20世纪50和60年代，即由于某种原因直接导致某一社区全部变成高档社区；二是间接取代（secondary displacement），即由于中高收入阶层迁入，使得租金等生活费用上涨，社区特征变化，从而迫使低收入者迁移到其他社区。

中国城市绅士化多是由于旧社区改造而造成的。由于旧社区改造，高收入阶层迁入原来的社区，而原社区居民则迁往城市边缘地区。

第五节　城市体系

杜能（1826）是较早注意并进行城市体系研究的，他认为"城市的大小及其相互间距必须符合国计民生"。克里斯塔勒(1933)的中心地理论是最早的关于城市体系的理论,包括几个关键内容:①城市体系中各城市之间的关系;②各城市的服务门槛与产业关联;③影响城市体系演化的交通、行政、经济等因素。

一、数量关系:Zipf 法则

(一)Zipf 法则和 Gibrat 法则

语言学家齐夫(Zipf,1949)发现一个单词的词频与它被使用的次数的乘积是个常数,不仅是语言,而且很多领域都存在 Zipf 法则(Zipf law)。罗森和雷斯尼克(Rosen et al.,1980)最早应用此法则于城市体系的研究中。城市的 Zipf 法则的简单表述为城市的规模与其在城市体系中的位次的乘积为常数,数学表达式为:

$$y = Ax^{-\alpha}$$

两边取对数:

$$\ln y = \ln A - \alpha \ln(x)$$

其中,x 为某城市人口,y 为该城市的等级排名(rank),理论上 $\alpha=1$。α 被称为帕累托值。$\alpha=1$ 时,城市比较均衡地分布;$\alpha>1$ 时,城市比较集中地分布,城市体系存在大城市化倾向;$\alpha<1$ 时,城市比较均匀地分布,中小城市居多,城市首位度不明显。

Zipf 模型的一个简单形式为:

$$城市规模(Size) \times 位次(Rank) = 常数(K)$$

两边取对数:

$$\ln(Size) + \ln(Rank) = \ln(K)$$

即

$$\ln(Rank) = \ln(K) - \ln(Size)$$

这又被称为位序规模法则。一个城市体系中的规模最大城市又称为这个城市体系的首位城市(见图7.15)。首位城市人口规模与第二大城市相比称为首位度,如果符合位序规模法则,则很显然首位度为2,但很多国家的城市首位度很高,如韩国、泰国等。

杰斐逊(Jefferson,1939)首先定义了城市首位度,城市的首位度为规模最大的城市人口或 GDP(被称为首位城市)与第二位城市人口或 GDP 之比,即

$$S = \frac{P_1}{P_2}$$

也可以定义为首位城市占整个地区的比重,即

$$S' = \frac{P_1}{\sum_{i=1}^{n} P_i}$$

首位度可以反映城市体系发育情况,也可以反映地区人口或经济的集聚状况。

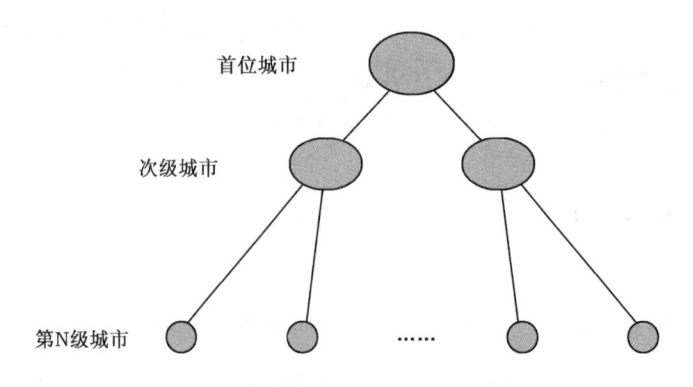

图 7.15 城市的层级

与 Zipf 法则紧密联系的是 Gibrat 法则(Gibrat's Law)。Gibrat 法则是指城市的增长率与城市的初始规模无关,即

$$\frac{\log(P_t)}{\log(P_0)}=\varepsilon(1)+\varepsilon(2)+\cdots+\varepsilon(t)$$

其中,P_t 为 t 期某城市的人口;P_0 为 0 时期某城市的人口;$\varepsilon(t)$ 为随机变量,具有相同的均值 μ 与方差 δ^2。可以证明:随机生长的城市,如果各城市的增长率都具有相同的均值与方差,那么城市的规模分布符合 Zipf 法则(Gabaix et al.,2003)。

罗西-翰斯伯格和莱特(Rossi-Hansberg et al.,2007)研究了美国、法国、意大利等国的情况,发现其城市体系基本符合 Zipf 法则,只是由于城市规模的扩大导致了 Zipf 曲线外移(见图 7.16)。肖温等(Chauvin et al.,2017)对美国进行了研究,发现美国城市体系大致符合 Zipf 法则。

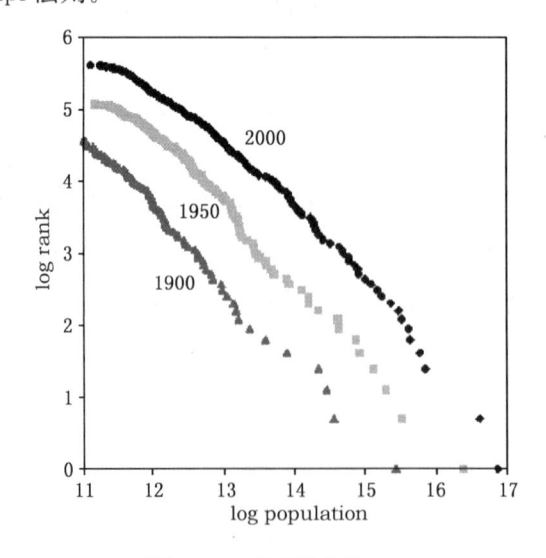

图 7.16 美国城市的 Zipf

资料来源:Rossi-Hansberg et al.(2007)。

苏(Soo,2005)利用各国数据,研究发现有39个国家的城市帕累托值大于1,20个等于1,小于1的有14个国家。对于城市(建成区)而言,有2个国家的城市帕累托值大于1,8个等于1,小于1的有16个国家。具体数据见表7.4。

表7.4　　　　　　　　　　　　世界范围城市 Zipf 的检验

	城市			城市(建成区)		
	$\alpha<1$	$\alpha=1$	$\alpha>1$	$\alpha<1$	$\alpha=1$	$\alpha>1$
非洲	3	4	3	1	1	
北美洲		1	2	2	1	
南美洲	4	4	2	3	2	
亚洲	5	8	10	3	2	
欧洲	2	3	21	5	2	2
大洋洲			1	2		
总计	14	20	39	16	8	2

资料来源:Soo(2005)。

(二)中国城市 Zipf 和首位度

对中国城市 Zipf 法则的研究一直是学界的热点问题。许学强等(1993)和陈刚强等(2008)先后选取1953年、1963年、1973年、1978年、1990年人口规模前100位的城市进行研究,发现所有年份的 α 值都小于1(见表7.5)。甘等(Gan et al.,2006)对1985年的324个城市研究发现α值小于1,但对1999年的667个城市研究的结果是α值大于1。肖温等(Chauvin et al.,2017)研究了中国城市的 Zipf 法则,但他们采用的是城市辖行政区的数据,估计偏差较大。

表7.5　　　　　　　　　　　　中国城市 Zipf 估算

学　者	α 值	样本数	相关系数	年份
许学强等(1993)	0.906	前100位	0.990	1953
	0.838	前100位	0.992	1963
	0.811	前100位	0.991	1973
	0.762	前100位	0.987	1978
	0.995	前100位	0.995	1990
甘等(Gan et al.,2006)	0.856	324	0.857	1985
	1.075	667	0.927	1999

资料来源:许学强等(1993),陈刚强等(2008),甘等(Gan et al.,2006)。

综上,国内外实证研究都存在这样两个具有争议的地方。一是城市最低规模的界定。比如许学强的利用的前100位城市,甘等(Gan et al.,2006)利用的是所有建制的市,这必然影响实证的结果。二是对城市体系的理解,是将全国作为一个城市体系,还是将一个省份作为一个城市,对城市体系的边界没有定义。

表7.6计算了中国省会城市的首位度、首位城市占全省的比重。东部地区的广东、江苏、山东、浙江、辽宁首位度比较低,一般在1.5以下,而中西部地区的省(区)首位度一般较高,新疆、湖北、四川等省(区)的集聚度很高,而内蒙古的首位度比较低,约为1,内蒙古这种情况颇似沿海的双城集聚,不过内蒙古是产业城市(包头或鄂尔多斯)与政治中心的双城,而沿海的是港口城市与政治中心的集聚。

表7.6　　中国各省(区)的城市首位度分布(2014)

	省区	首位度(人口)	首位度(GDP)	首位城市占全省人口比重(%)	首位城市占全省GDP比重(%)
东部地区	广东	1.2	1.0	12	25
	江苏	1.2	1.6	8	21
	山东	1.1	1.4	5	15
	浙江	1.5	1.2	10	23
	河北	1.3	1.2	5	21
	辽宁	1.6	1.1	15	27
	福建	1.3	1.1	10	24
	海南	2.9	2.5	24	29
中西部地区	四川	4.4	6.8	12	38
	湖北	7.8	3.5	18	40
	湖南	2.9	3.1	6	32
	河南	1.8	2.1	5	21
	安徽	1.6	2.5	5	25
	内蒙古	1.0	1.2	8	25
	陕西	4.8	1.8	18	31
	江西	4.8	2.0	6	23
	广西	3.1	1.2	7	14
	黑龙江	3.0	1.3	12	35
	吉林	2.0	1.9	13	41
	云南	5.2	2.3	8	29
	山西	2.0	2.1	9	20
	新疆	8.9	2.2	15	27
	贵州	2.9	1.3	9	27
	甘肃	3.7	2.8	13	28
	宁夏	2.5	3.0	19	51
	青海	3.5	1.9	18	47

注:表中人口为市辖区人口,GDP为全市GDP,缺少西藏、台湾、香港、澳门等数据。
资料来源:相关年份《中国统计年鉴》,各省(区)统计年鉴。

五口通商后中国的首位城市长期为上海占据,1949年后逐步被香港替代,这种局面在2000年还很明显。随着内地经济发展,按GDP计算的首位城市逐渐再次让位于上海。表7.7显示,1992年香港GDP是北、上、广三市GDP总和的近2.5倍,2000年变为1.26倍,而2009年则为三市的40%左右,到2014年则不到30%。

表 7.7　　　　　　　　　　中国主要城市的 GDP　　　　　　　　　单位:亿元

城市	1992年	2000年	2009年	2014年
北京	709	3 162	12 153	21 331
上海	1114	4 771	15 046	23 568
广州	510	2 493	9 138	16 706
香港	5 747(1 043)	14 199(1 717)	14 616(2 140)	18 006(2 909)
香港/北京、上海、广州三市	2.46	1.36	0.40	0.29

注:香港的GDP按照当年的美元价格折算,括号内为美元。
资料来源:相关年份《中国统计年鉴》,国家统计局。

二、产业分工

(一)多样化与专业化

城市体系研究的第二个主题是体系内各城市之间的产业分工,探讨大城市、中等城市与小城市之间产业发展的内在联系。克里斯塔勒(Christaller,1933)在其著名的中心地理论中注意到了这个问题,发现大城市承担高级职能而且职能多,中小城市承担低级职能而且职能少。杜兰特和普加(Duranton et al.,2000)发展了克里斯塔勒(Christaller,1933)的理论,提出并总结了城市体系的专业化与多样化的几个事实:

(1)专业化与多样化城市共存。所谓专业化城市(specialized cities),就是提供一种物品或服务的城市,这种城市的所有工人都具有同样的技能,所有企业都具有同样的生产技术;而多样化城市是提供多种物品或服务的城市,具有不同技术水平的企业和工人。多样化城市有利于企业的试错,而专业化则可以降低企业的成本。因此,研发往往在多样化城市,而生产则多发生在专业化城市。

(2)大城市往往更多样化,多样化可以利用城市的公共物品的规模经济效应,可以抵御单个产业衰退的冲击,也更有利于创新(Fujita et al.,2013)。小城市则承担着专业化生产的功能。大多数创新发生在特定多样化城市,在这些城市,大多数新工厂建立起来。大多数工厂的迁移方向是从多样化城市到专业化城市。因此,大城市往往是总部集聚地,小城镇则承担着制造或某一职能,形成所谓的特色小镇。

(3)相对于城市规模分布、城市的位序,各个城市的专业化水平是长期稳定的;各个城市的增长与城市的专业化和多样化有关,与相对区位有关。

随后,杜兰特和普加(Duranton et al.,2001,2004)又提出了孵化城市(nursery cities)理论:大城市往往更多样化,是新知识技能的孵化器;而中小城市往往更专业化,是成熟产品的制造地,中小城市承担着将大城市孵化产品加工制造的功能。中小城市是制造生产中心,而大城市往往是研发、商务中心和公司的总部,详见表7.8。美国城市的功能专业化与部门专业化的趋势,也符合孵化城市的逻辑。

表 7.8　　　　　　　　　　　　多样化与职能专业化

城市多样化提升		职能专业化			
		生产	研发	总部	商务
	中小城市	■			
	大中城市		■	■	■

其实,雅各布斯(Jacobs,1969)发现,城市的多样性不仅有利于大企业的成长,而且更有利于小企业的发展。城市越大,制造业的种类就越多,同时小制造业主的数量和比例就越大。以下的做法有利于增强城市的多样性:第一,城市需要混合的功能;第二,城市需要小的街区,需更多的街道和面积,以增加人们的接触;第三,不同年代的建筑需要协调,以满足不同的需求;第四,人口的集聚是必需的,缺少人口外部性就不易发挥。

雅各布斯认为,增强城市与街区的多样性的必要条件是:第一,城市内部小区的主要功能要多于一个,最好多于两个,这些功能必须保证人流的存在;第二,大多数街道必须短,在街道上能够很容易拐弯;第三,一个地区的建筑物应该各式各样,年代和状况各不相同;第四,人流的密度必须达到足够高的程度。

现实生活中,我们看到的集聚状态多是城市化经济,即不同产业部门和多样化的居住模式集中在一起带来的集聚经济。即使是专业化特别强的区域,仅仅存在单一部门也是罕见的。

城市化经济带来的好处主要来自劳动分工、劳动力共享与创新,以及循环累积带来的内生增长和集聚经济效率,最重要的是雅各布斯外部性。雅各布斯外部性是指在不同产业的企业之间的外部性,产业多样化能够促进知识的流动、溢出和创新。

雅各布斯外部性来自城市的天生的多样性。城市是无数个不同的部分组成的,各个部分包括了无数的多样性。多样性是由于城市人口的集聚导致的,由于人口的需求、兴趣、品位等不同,城市必须发展多样性才能满足这些人口的需要。

(二)中国城市体系分工模式

中国城市体系内各城市之间的产业关系有自己的特色,基本上可以分成三类:

第一类,行政型集聚。这类集聚以京津冀和中西部省区为代表。行政型集聚的特点是行政力量是集聚的主导力量,首位城市集聚显著,中小城市不发达,资金、技术、劳动力主要流向首位城市,高端服务业在首位城市,制造仓储部分分布在边缘城市,很多边缘城市正在收缩,可谓"大树底下不长草"(如图7.17所示)。

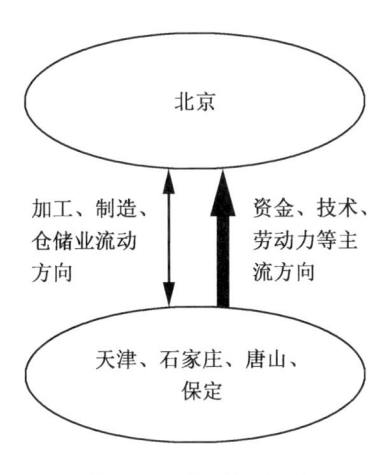

图 7.17 行政型集聚

第二类,市场型集聚。这类集聚以长江三角洲、珠江三角洲为代表。市场力量是集聚的主要动力,行政力量处于次要地位,首位集聚不如行政型显著,中小城市比较发达,高端服务业和创新孵化中心不止一个大城市或特大城市,制造业以集群形式集聚于中小城市,中小城市比较有活力,可谓"大树底下好乘凉"(如图7.18所示)。

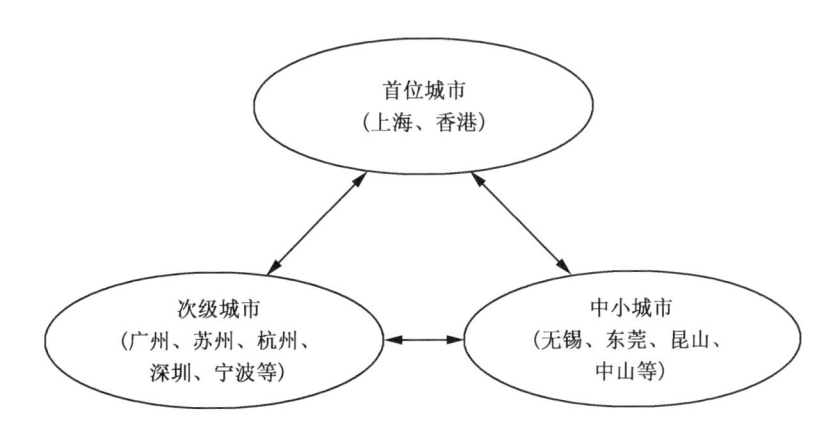

图 7.18 市场型集聚

第三类,双中心集聚(twin cities)。这种类型广泛分布于沿海地区。如辽宁的沈阳、大连;山东的济南、青岛;浙江的杭州、宁波;福建的福州、厦门;广东的广州、深圳(见图7.19)。双中心集聚中,前者是省会城市,是省内的政治经济中心,后者是临海的副省级城市,是省内经济贸易中心和港口物流中心,这些沿海的港口多是近代开埠后成长起来的,通常是该省的物资集散地。这种类型的特点是双中心竞争、经济与政治叠加,省内高端生产要素向双中心移动。在双中心格局下,省会城市与沿海的中心城市都想做首位城市,因而"明争暗斗"、竞争激烈。

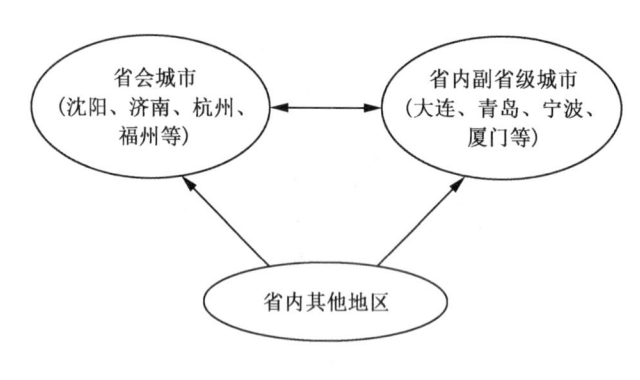

图7.19 双中心集聚

第六节 城市群

一、世界各国的城市群

"城市群"是个中国特色的词汇,它通俗易懂、容易传播,因而在中国的政府、学术界被广泛应用。这个词大致对应英文的 megalopolis、super-city、megaregion 等概念,中文与都市圈、城市圈、大都市区、城市带等为同义词。英国学者盖迪斯(Geddes,1915)、法国地理学家戈特曼(Gottmann,1957)等都曾提出过类似的概念。城市群可以看成城市体系的一个通俗讲法,现在对此概念、尺度等都存在异议,有人称中国有3个城市群,有人称中国有30个城市群,还有人称中国有100个城市群。

世界上著名的城市群有北美的城市群、西欧的城市群、东亚的城市群等。北美的城市群又可以分成波士华城市群、北美五大湖城市群;东亚的城市群又可以分成日本太平洋沿岸城市群、中国沿海城市群。波士华城市群、北美五大湖城市群、西欧城市群、日本太平洋沿岸城市群、中国东部沿海城市群被称为世界五大城市群,在世界城市体系中居于重要地位。

波士华城市群、北美五大湖城市群是两条皆为1 400公里左右的城市带,其中波士华城市群包括波士顿、纽约、费城、巴尔的摩、华盛顿等城市,五大湖城市群包括芝加哥、底特律、渥太华、蒙特利尔等城市,见图7.20。

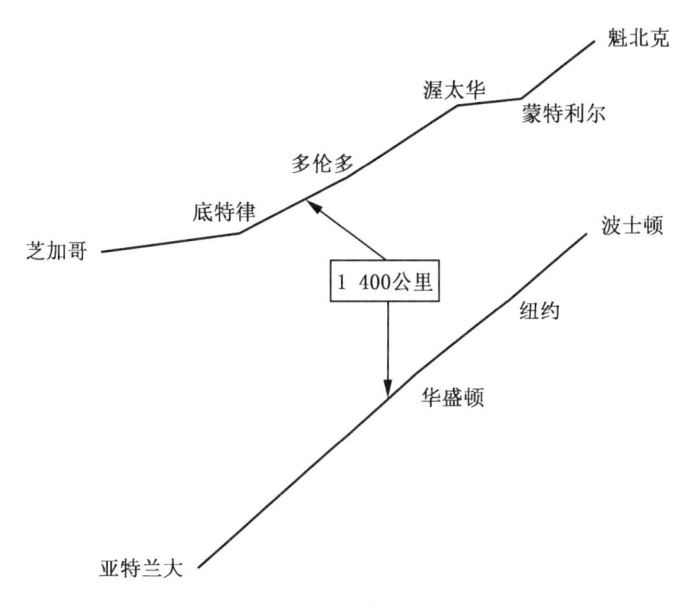

图 7.20　北美东北部两大城市群

美国区域规划协会2005年启动"美国2050"项目,研究美国2050年前城市与区域发展目标,正式提出 megaregion 概念。Megaregions 可以翻译成大城市区域或城市群。该项目依据界定指标,将全美划分为10个城市群。依次为:①东北地区城市群(Northeast),②南加州城市群(Southern California),③大湖区城市群(Great Lakes),④北加州城市群(Northern California),⑤墨西哥湾地区城市群(Gulf Coast),⑥得克萨斯三角洲城市群(Texas Triangle),⑦亚利桑那阳光走廊城市群(Arizona Sun Corridor),⑧皮埃蒙特大西洋城市群(Piedmont Atlantic),⑨佛罗里达城市群(Florida),⑩卡斯卡迪生态城市群(Cascadia),详见表7.9。其中,东北地区城市群就是波士华城市群,大湖区城市群就是北美五大湖城市群。

表 7.9　美国城市群概况

城市群	包含的主要城市	人口数量(个人)	占美国人口比重	占美国GDP比重
东北地区城市群	波士顿、纽约、菲拉德尔菲亚、巴尔的摩、华盛顿	52 332 123	17%	20%
南加州城市群	洛杉矶、圣地亚哥、长滩、拉斯维加斯	24 361 642	8%	7%

续表

城市群	包含的主要城市	人口数量（个人）	占美国人口比重	占美国GDP比重
大湖区城市群	芝加哥、底特律、匹兹堡、克利夫兰、明尼阿波利斯、圣路易斯、印第安纳波利斯	55 525 296	18%	17%
北加州城市群	奥克兰、雷诺、萨克拉门托、圣何塞、弗朗西斯科	14 037 605	5%	5%
墨西哥湾地区城市群	休斯敦、新奥尔良、巴吞鲁日	13 414 934	4%	4%
得克萨斯三角洲城市群	奥斯汀、达拉斯/沃斯堡、休斯敦、圣安东尼奥	19 728 244	6%	7%
亚利桑那阳光走廊城市群	凤凰城、图森	5 653 766	2%	2%
皮埃蒙特大西洋城市群	亚特兰大、伯明翰、罗利-达勒姆、夏洛特	17 611 162	6%	4%
佛罗里达城市群	迈阿密、奥兰多、坦帕、杰克森维系	17 272 595	6%	5%
卡斯卡迪生态城市群	西雅图、波特兰、温哥华、哥伦比亚	8 367 519	3%	3%

资料来源：http://www.america2050.org/megaregions.html。

西欧的城市群主要包括两个三角形：其一是伦敦-阿姆斯特丹-巴黎等腰三角形，伦敦到巴黎、伦敦到阿姆斯特丹的距离都约为350公里，这是个小三角形；其二为伦敦-柏林-米兰等边三角形，三边的距离大致为900公里，这是个大三角形（见图7.21）。这两个三角形从英国的曼彻斯特、伦敦，比利时的布鲁塞尔，荷兰的阿姆斯特丹，法国的巴黎一直延伸到卢森堡，德国的科隆、法兰克福、慕尼黑，最后到达意大利的米兰、威尼斯。其中，英国首都伦敦是世界金融中心、五个国际大都市之一，人口800万。大伦敦地区包括伦敦城和32个市区，可以分为伦敦城、西伦敦、东伦敦、南区和港口等片区。

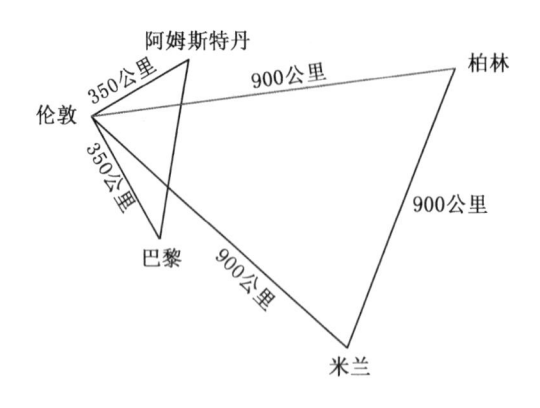

图 7.21 欧洲城市群

东亚城市群也主要包括两个三角形:其一为北京-香港-东京等腰三角形,北京到香港、北京到东京的距离大致为 2 000 公里;其二为北京-上海-首尔等腰三角形,北京到上海、北京到首尔的距离大致为 1 000 公里(如图 7.22 所示)。日本太平洋沿岸城市群是东亚城市群的重要组成部分,也是世界主要的城市群,主要包括日本首都东京、日本重要的城市大阪、神户、名古屋等。该区域面积约 3.5 万平方公里,占日本全国面积的 6%;人口将近 7 000 万,约占日本全国总人口的 60%。其中,东京、大阪、名古屋三市人口占日本全国总人口的 48% 左右,GDP 占整个日本的 55%(OECD,2007)。

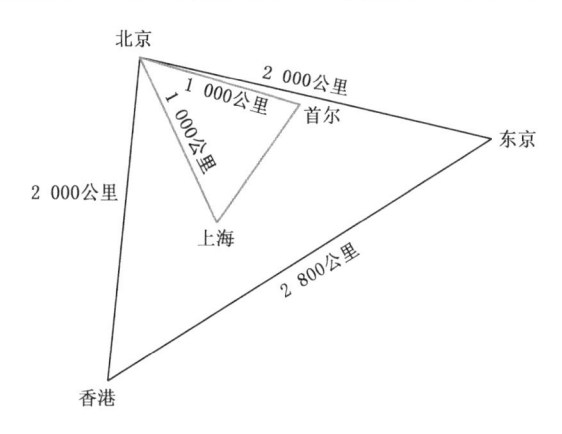

图 7.22 东亚城市群

中国的城市主要集中在北京-上海-广州-成都这个四边形区域,这个四边形又包括两个等腰三角形:一是北京-上海-成都,成都到北京、成都到上海的距离大概为 1 500 公里;二是上海-广州-成都,广州到成都、广州到上海大致为 1 200 公里(如图 7.23 所示)。主要城市群包括京津冀城市群、长三角城市群、大湾区城市群等。

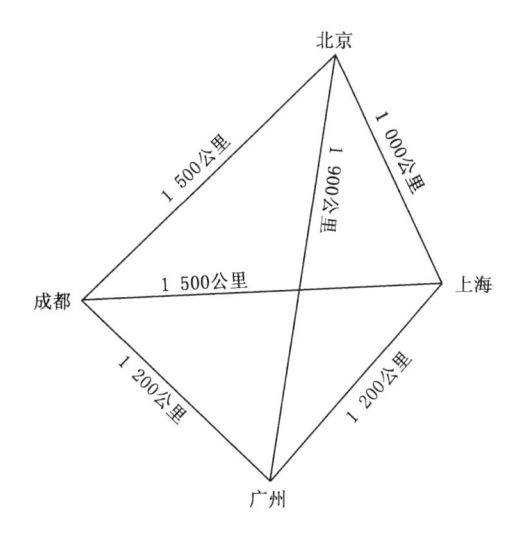

图 7.23 中国的城市四边形

表 7.10、表 7.11 和表 7.12 分别显示了我国部分城市群(京津冀、长三角、大湾区)的 GDP、人口规模和人均 GDP 概况。从 GDP 占比来看,2020 年长三角城市群占全国的近 1/4,是全国重要的城市群。从人口规模来看,2020 年京津冀、大湾区和长三角占全国的比重分别达到 7.82%、8.92% 和 16.67%,且人口集聚趋势还在增强。从人均 GDP 来看,改革开放初期,京津冀城市群人均 GDP 是全国的 1.47 倍,但近年来有下降趋势;长三角一直保持较高的增长趋势;大湾区人均 GDP 在 2000 年初达到高峰值,之后稍有回落。

表 7.10 城市群 GDP 及其全国占比

年份	京津冀 GDP(亿元)	全国占比(%)	长三角 GDP(亿元)	全国占比(%)	大湾区 GDP(亿元)	全国占比(%)
1978	374.6	10.18	759.7	20.65	185.9	5.05
1992	2 399.7	8.82	5 453	20.05	2 447.5	9.00
2000	9 497.7	9.47	22 656	22.59	10 810.2	10.78
2002	11 971.5	9.83	28 270.3	23.23	13 601.9	11.18
2010	39 798.4	9.66	99 949.1	24.25	45 944.6	11.15
2012	51 144.5	9.50	127 731.7	23.72	57 007.7	10.58
2020	85 964.8	8.46	244 521.9	24.07	111 151.6	10.94

资料来源:国家统计局。

表 7.11 城市群人口规模及其全国占比

年份	京津冀 人口数(万人)	占比	长三角 人口数(万人)	占比	大湾区 人口数(万人)	占比
1978	6 627.9	6.88	15 402.2	15.99	5 100	5.30
1992	8 297.4	7.08	18 374.6	15.68	6 700	5.72
2000	9 039	7.13	19 708.7	15.56	8 700	6.87
2002	9 165.4	7.13	20 038.9	15.59	8 800	6.85
2010	10 454.8	7.80	21 575.2	16.09	10 400	7.76
2012	10 718	7.89	22 182	16.32	11 000	8.09
2020	11 039.9	7.82	23 538.6	16.67	12 600	8.92

资料来源:国家统计局。

表 7.12　　　　　　　城市群人均 GDP 及其与全国人均 GDP 的比值

年份	京津冀 人均 GDP（元）	比值	长三角 人均 GDP（元）	比值	大湾区 人均 GDP（元）	比值
1978	565	1.47	493	1.28	364	0.95
1992	2 892	1.24	2 967	1.27	3 653	1.57
2000	10 507	1.32	11 495	1.45	12 426	1.56
2002	13 062	1.37	14 107	1.48	15 457	1.63
2010	38 067	1.24	46 326	1.50	44 178	1.43
2012	47 718	1.20	57 583	1.45	51 825	1.30
2020	77 867	1.08	103 881	1.44	88 216	1.23

资料来源：国家统计局。

第七节　最优城市规模与城市分层

一、理论上的最优规模

城市的最优规模是城市集聚效益与城市拥挤成本权衡（trade-off）的结果。如图 7.24 所示，一般而言，随着城市规模的扩大，城市集聚正外部性会越来越大，城市的集聚成本也会逐渐增加，当达到某一规模 A 点时，净集聚收益最大，是社会最优的城市规模，城市规模继续扩大后，集聚成本在 B 点时会超过集聚收益，城市的扩散力大于集聚力，这时候城市将由集聚转为扩散。这正是亨德森（Henderson, 1974）的城市体系模型所阐述的道理，更进一步，亨德森（Henderson, 1974）指出城市最优规模因城市产业而不同，因为不同行业具有不同的规模经济和集聚经济，因而对于专业化的城市来说，其最优规模也是不同的。

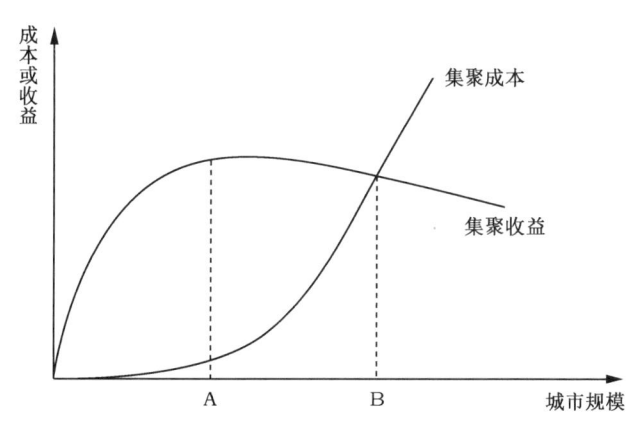

图 7.24　最优规模是城市集聚效益与集聚成本的权衡

大城市相对于小城市往往具有更高的生产率和居民的名义收入,这也是城市变得越来越大的一个原因。踪家峰等(2015)对中国城市收入水平进行了研究,发现在控制城市生活成本之后,中国的城市存在工资溢价现象,城市集聚对于劳动力尤其是高技能劳动力的工资水平有促进作用,而且城市规模扩大会带来个人的平均就业概率提高,较高技能和较低技能组别的劳动力均从城市规模的扩大中得到了好处。中国城市的外来移民(包括高技术人员和农民工)对于城市发展具有正的效应,不仅没抢走本地人口的饭碗,而且有利于城市生产率提升(Combes et al.,2015)。不仅如此,大城市作为消费中心(Glaeser et al.,2006)和创新中心(Desmet et al.,2014)的优势显著高于中小城市。美国10个最具创新性城市,人口占全美1/4,但产生了全美2/3的创新(Feldman et al.,1999)。

空间筛选模型认为,不仅存在个体对职业或城市的自选择,而且存在城市对他们的选择,是一种"双向的选择"过程。城市像一个筛子,筛掉了负担不起其成本之人。有关空间筛选的理论是由蒂布特(Tiebout,1956)、维纳布尔斯(Venables,2011)、库姆斯等(Combes et al.,2012)、埃克豪特等(Eeckhout et al.,2014)、贝伦斯等(Behrens et al.,2014)等发展起来的。假设全部工人分成高技能工人和低技能工人两类,城市分为生活成本高的城市与生活成本低的城市两类,由工人自由选择,则高技能工人集聚于生活成本高的城市,而低技能工人集聚于生活成本低的小城市。

中国城市大、中、小规模的筛选是通过户口筛选、地区筛选、大学筛选、环境筛选等来实现的。通过户口筛选,使得落户更高层次的成本更高,对于大多数人来讲,获得一线城市户口成为不可能;通过地区筛选,使得人们主要流向东部城市,东部沿海城市成为吸纳就业的主要地区;通过大学筛选,使得高素质劳动力在大城市就业比重更高,"985""211"高校毕业生在大城市就业的明显较多。不仅如此,多重筛选过程通过累积循环效应使得空间筛选更为显著(见图7.25)。

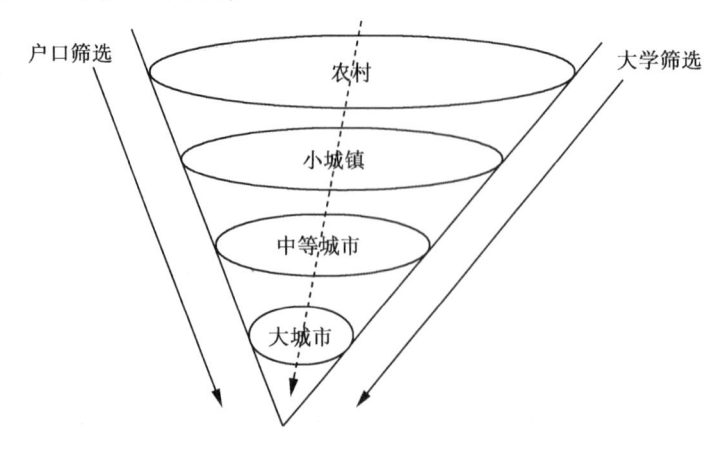

图 7.25 中国城市的多重筛选

二、大城市化

大城市越来越多,大城市的规模越来越大,这种大城市化趋势也是世界城市体系发展的一个特征。以欧洲城市为例,表 7.14 列出了欧洲城市的人口规模演变。1300 年人口数量大于 2 000 的城市人口平均规模为 6 600 人,而 1970 年达到 30 800 人;1300 年人口数量大于 20 000 的城市人口平均规模为 36 500 人,而 1970 年为 113 200 人。

表 7.14　　　　　　　　　　欧洲城市的平均人口规模

年份	人口数量大于 2 000 的城市人口(人)	人口数量大于 5 000 的城市人口(人)	人口数量大于 20 000 的城市人口(人)
1300	6 600	12 900	36 500
1500	6 700	13 500	39 600
1700	7 600	15 400	51 000
1800	7 800	16 700	54 900
1900	15 400	21 200	78 900
1970	30 800	42 800	113 200

资料来源:Bairoch(1988)。

一个国家既有大城市,又有中小城市,大城市规模大,数量少,中小城市规模小,数量大,这是世界各国城市发展的普遍现象,世界上仅有极少数国家只存在一种规模的城市,如新加坡。以英国(英格兰和威尔士地区)为例,中小微城市的数量最多,占到 99%,但其人口占常住人口的 34.7%;百万人口以上城市只有 4 个,数量不到 0.1%,但人口占到总人口的 29.5%。

表 7.15　　　　　　英国城市规模与数量(英格兰和威尔士,2011 年)

城市类别	常住人口标准(人)	城市数量(个)(built-up area)	常住人口总量(人)	常住人口比例(%)
非建成区	—	—	2 703 100	4.8
微(minor)	<10 000	4 999	7 646 500	13.6
小(small)	10 000~99 999	424	11 826 500	21.1
中等(medium)	100 000~499 999	59	12 303 900	21.9
大(large)	500 000~999 999	7	5 036 100	9.0
特大(major)	>1 000 000	4	16 559 700	29.5

资料来源:Office for National Statistics,UK,2013。

1920—1960 年世界范围内居住在 50 万以上人口大城市的人数增加了 2.31 倍,

而同时期发展中国家这一人数增加了 8.36 倍。1900 年全世界超过 100 万人口的城市有 13 座,而 2000 年达到 375 座。1970 年超过 1 000 万人口的城市只有东京和纽约,城市人口分别为 2 300 多万和 1 600 多万,到 1990 年人口千万级别的城市达到 10 个,东京的人口达到 3 200 多万,而 1900 年世界上没有超过 1 000 万人口的城市。2011 年,世界范围内共有 23 个城市人口规模达到 1 000 万以上。中国的大城市化倾向明显,上海、北京、广州、深圳的人口都达到千万以上。印度的德里(Delhi)、孟买(Mumbai)、卡尔卡特(Kolkata)的人口也都超过 1 000 万。

改革开放以来,中国的城市化进程在加速,其中大城市化更为明显,人口涌向北京、上海、广州、深圳成了大城市化的典型写照。1978—2020 年,北京的常住人口从 871 万增加到 2 189 万,常住外来人口从 21 万增加到 841 万;上海的常住人口从 1 104 万增加到 2 487 万,常住外来人口从 6 万增加到 1 047 万(参见表 7.16)。2009—2015 年,中国城市净流入人口超 200 万的城市有上海、北京、天津、深圳、广州、东莞等,几乎都是大城市,大城市人口增加速度显著高于中国平均的城市化速度。

表 7.16　　　　　　　　　北京、上海、广州、深圳的人口变化　　　　　　　　单位:万人

年份	北京 常住人口	北京 常住外来人口	上海 常住人口	上海 常住外来人口	广州 常住人口	广州 常住外来人口	深圳 常住人口	深圳 常住外来人口
1978	871	21	1 104	6	482		31*	24
1980	904	18	1 152	6			33	25
1985	981	23	1 233	17			88	40
1990	1 086	53	1 334	51	630	48	167	149
1995	1 251	180	1 414	113			449	421
2000	1 363	256	1 608	287	700		701	576
2005	1 538	357	1 890	530	949	199	827	645
2010	1 961	704	2 302	890	1 270	461	1 037	786
2015	2 170	822	2 415	981	1 350	495	1 137	782
2020	2 189	841	2 487	1 047	1 867	937	1 756	1 243

注:* 为 1979 年数据。

资料来源:北京、上海、广州、深圳四市的统计年鉴和统计公报。2020 年为第七次全国人口普查数据。

三、城市的分叉:黑洞城市与收缩城市

中国城乡系统的一个突出特点是:一方面,快速的城市化进程带来了很多城市人

口的持续增长;另一方面,一些城市出现了相反的情形,即人口不增反减,呈现收缩趋势,在这一过程中,村庄数量在大规模减少(如图 7.26 所示)。

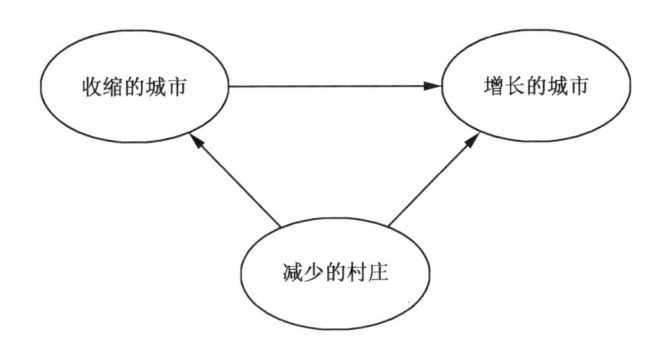

图 7.26　收缩的城市与减少的村庄

收缩城市(shrinking city)是 1988 年由德国学者豪普特曼和西贝尔(Häußermann et al. ,1988)首次提出的,后奥斯瓦尔特等(Oswalt et al. ,2012)提出并进行了系统阐述,指出收缩城市不仅人口萎缩,而且产业萧条,呈现衰败的景象。收缩城市国际研究网提出了收缩城市的标准为人口规模在 1 万以上的城市区域,经历以结构性危机为特征的经济转型,导致人口流失持续超过 2 年以上。1950—2000 年世界上超过 100 000 人口的 370 个城市至少收缩了 10% 的人口,1990—2000 年全世界范围 1/4 的城市正在收缩。美国的底特律曾是典型的收缩城市。收缩城市形成的原因主要有产业衰败(包括产业空心化)、企业迁移、社会结构变化、人口外流、政治制度坍塌等。收缩城市的提出让人们关注点不再局限于崛起的城市,还包括衰败的城市。

中国在快速城市化的同时,有些城市在收缩。2000—2010 年有 1 万多个乡镇和街道办事处人口在流失,180 个城市的人口在流失。2007—2016 年,中国有 84 座城市在收缩,主要包括一些资源性城市、大城市周边的小城镇、欠发达的县和边境城市(龙瀛和吴康,2016)。中国第六次和第七次全国人口普查数据显示,在 328 个地级区划中(中国共有 333 个地级区划单位),2010—2020 年 GDP 增长率小于 0 的城市为 11 个,人口增长率小于 0 的城市为 147 个,两者都小于 0 的城市为 10 个,它们是大庆、七台河、吉林、松原、通化、四平、鞍山、抚顺、本溪和铁岭,这些城市均属于东北地区(参见图 7.27)。

与此同时,在 328 个地级区划中,GDP 和人口都为正增长的地区为 180 个,在这 180 个城市中,城市人口增长率大于所在省份人口增长率的为 94 个。在这 94 个中,城市人口占所在省份总人口比重大于 10%、城市 GDP 占城市 GDP 比重大于 10% 的仅有 29 个城市,它们是广州、深圳、苏州、南京、石家庄、杭州、宁波、三亚、海口、厦门、福州、沈阳、大连、昆明、呼和浩特、成都、银川、合肥、太原、乌鲁木齐、南昌、郑州、武汉、

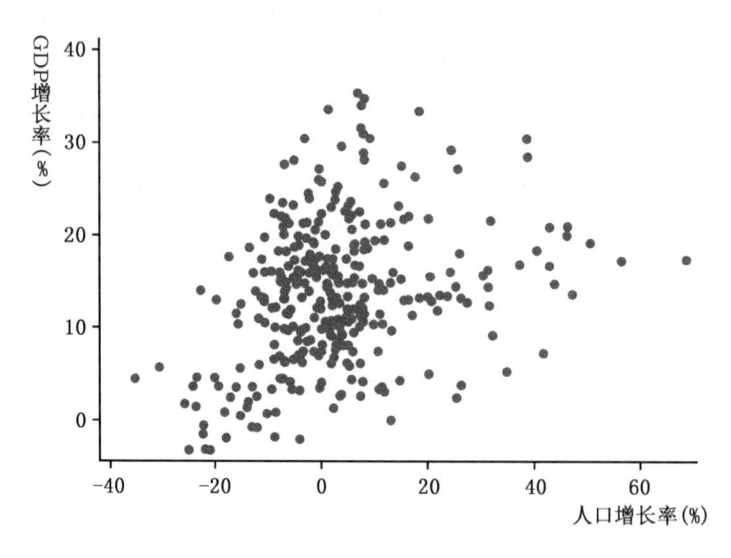

图 7.27 中国城市的人口增长率与 GDP 增长率(2010—2020 年)

长沙、兰州、贵阳、西安、南宁、西宁,这些城市不仅对人口具有较强的吸引力,而且具有较大的产业集聚力,我们将此命名为"黑洞城市"。当然,四大直辖市也应归于黑洞城市系列。

相比于城市,中国的村庄不仅收缩,而且在大规模地消失。1985 年全国行政村数量为 94.1 万个,到 2016 年减少到 52.6 万个。全国自然村数量从 1990 年的 377 万个降到 2016 年的 261 万个。1997 年全国村民小组共 535.8 万个,到 2016 年减少到 447.8 万个(刘守英和王一鸽,2018)。中国新农村建设要面对村庄大规模消失这一现实,振兴农村需要资本和劳动力的城乡双向流动,打开资源封闭的村庄。

参考文献

[1](德)恩格斯,1964.论住宅问题[M]//马克思,恩格斯.马克思恩格斯全集:第 18 卷.中共中央马克思恩格斯列宁斯大林著作编译局,译.北京:人民出版社.
[2](加)雅各布斯,2006.美国大城市的死与生[M].金衡山,译.北京:译林出版社.
[3](美)博加特,2014.城市与郊区经济学[M].吴方卫,译.上海:上海财经大学出版社.
[4](美)格林,(美)皮克,2011.城市地理学[M].中国地理学会城市地理专业委员会,译校.北京:商务印书馆.
[5](英)霍华德,2000.明日的田园城市[M].金经元,译.北京:商务印书馆.
[6]陈刚强,李郇,许学强,2008.中国城市人口的空间集聚特征与规律分析[J].地理学报,(10).
[7]陈钊,徐彤,刘晓峰,2012.户籍身份、示范效应与居民幸福感:来自上海和深圳社区的证据[J].世界经济,35(4).

[8]费孝通,1983.小城镇大问题[R].江苏省小城镇研究讨论会.

[9]李志刚,吴缚龙,肖扬,2014.基于全国第六次人口普查数据的广州新移民居住分异研究[J].地理研究,33(11).

[10]柳林,杨刚斌,何深静,2014.市场转型期中国大城市低收入社区住房分异研究[J].地理科学,34(8).

[11]刘守英,王一鸽,2018.从乡土中国到城乡中国[J].管理世界,(10).

[12]龙瀛,吴康,2016.中国城市化的几个现实问题:空间扩张、人口收缩、低密度人类活动与城市范围界定[J].城市规划学刊,(3).

[13]陆铭,高虹,伊藤宏,2012.城市规模与包容性就业[J].中国社会科学,(10).

[14]许学强,胡华颖,张军,1983.我国城镇分布及其演变的几个特征[J].经济地理,(03).

[15]郑思齐,徐杨菲,谷一桢,2014.如何应对"职住分离":"疏"还是"堵"?[J].学术月刊,46(5).

[16]踪家峰,周亮,2015.大城市支付了更高的工资吗?[J].经济学(季刊),14(4).

[17]ALONSO W,1964. *Location and Land Use：Toward a General Theory of Land Rent*[M]. Cambridge,MA：Harvard University Press.

[18]ARNOTT R,1998. Economic theory and the spatial mismatch hypothesis [J]. *Urban studies*,35(7).

[19]ARNOTT R,2004. Does the Henry George theorem provides a practical guide to optimal city size? [J]. *American Journal of Economics and Sociology*,(63).

[20]BAIROCH P,1988. *Cities and Economic Development：From the Dawn of History to the Present*[M]. Chicago：University of Chicago Press.

[21]BEHRENS K,DURANTON G,ROBERT-NICOUD F,2014. Productive cities：Sorting,selection,and agglomeration[J]. *Journal of Political Economy*,122(3).

[22]BERTAUD A,MALPEZZI S,2003. The spatial distribution of population in 48 world cities：Implications for economies in transition [J]. *Center for urban land economics research*,*University of Wisconsin*,32(1).

[23]BRUECKNER J K,ZENOU Y,2003. Space and unemployment：The labor-market effects of spatial mismatch [J]. *Journal of Labor Economics*,21(1).

[24]BURGESS E W,1926. *The Urban Community：Selected Papers from the Proceedings of the American Sociological Society*,*1925*[M]. Chicago：University of Chicago Press.

[25]BURGESS E W,2005. Growth of the city：An introduction to a research project[M]// LIN J,MELE C. *The Urban Sociology Reader*. London：Routledge.

[26]CARD D,MAS A,ROTHSTEIN J,2008. Tipping and the dynamics of segregation[J]. *Quarterly Journal of Economics*,123(1).

[27]CHARLES C Z,2004. The Dynamics of Racial Residential Segregation[J]. *Annual Review of Sociology*,(29).

[28]CHARLES M,GRUSKY D B,2004. *Occupational Ghettos：The Worldwide Segregation of Women and Men*[M]. Stanford：Stanford University Press.

[29] CHAUVIN J P, GLAESER E, MA Y, et al, 2017. What is different about urbanization in rich and poor countries? Cities in Brazil, China, India and the United States [J]. *Journal of Urban Economics*, 98.

[30] CHRISTALLER W, 1933. *Central Places in Southern Germany* [M]. Englewood Cliffs: Prentice Hall.

[31] COMBES P P, DURANTON G, GOBILLON L, et al, 2012. The productivity advantages of large cities: Distinguishing agglomeration from firm selection [J]. *Econometrica*, 80(6).

[32] COMBES P P, GOBILLON L, 2015. The empirics of agglomeration economies [M]// DURANTON G, HENDERSON V, STRANGE W. *Handbook of Regional and Urban Economics*: Vol. 5. Amsterdam, Netherlands: Elsevier.

[33] CONLEY T G, TOPA G, 2002. Socio-economic distance and spatial patterns in unemployment [J]. *Journal of Applied Econometrics*, 17(4).

[34] DESMET K, ROSSI-HANSBERG E, 2014. Spatial development [J]. *American Economic Review*, 104(4).

[35] DURANTON G, PUGA D, 2000. Diversity and specialisation in cities: Why, where and when does it matter? [J]. *Urban studies*, 37(3).

[36] DURANTON G, PUGA D, 2001. Nursery cities: Urban diversity, process innovation, and the life cycle of products [J]. *American Economic Review*, 91(5).

[37] DURANTON G, PUGA D, 2004. Micro-foundations of urban agglomeration economies [M]// HENDERSON J V, THISSE J F. *Handbook of Regional and Urban Economics*. Amsterdam: North Holland.

[38] DURANTON G, 2007. Urban evolutions: The fast, the slow, and the still [J]. *American Economic Review*, (97).

[39] EECKHOUT J, PINHEIRO R, SCHMIDHEINY K, 2014. Spatial sorting [J]. *Journal of Political Economy*, 122(3).

[40] FELDMAN M P, AUDRETSCH D B, 1999. Innovation in cities: Science-based diversity, specialization and localized competition [J]. *European Economic Review*, 43(2).

[41] FISCH O, 1977. Dynamics of the housing market [J]. *Journal of Urban Economics*, 4(4).

[42] FREEMAN L, BRACONI F, 2004. Gentrification and displacement New York city in the 1990s [J]. *Journal of the American Planning Association*, 70(1).

[43] FUJITA M, 1989. *Urban Economic Theory: Land Use and City Size* [M]. Cambridge: Cambridge University Press.

[44] FUJITA M, THISSE J, 2013. *Economics of Agglomeration: Cities, Industrial Location and Globalization* [M]. New York: Cambridge University Press.

[45] GABAIX X, 1999. Zipf's law for cities: An explanation [J]. *Quarterly Journal of Economics*, 114.

[46] GABAIX X, IOANNIDES Y, 2003. The evolution of city size distributions [M]// HENDERSON V, THISSE J F. *Handbook of Regional and Urban Economics*: Vol. 4. Amsterdam, Nether-

lands: Elsevier.

[47] GAN L, LI D, SONG S, 2006. Is the Zipf law spurious in explaining city-size distributions? [J]. *Economics Letters*, 92(2).

[48] GEDDES P, 1915. *Cities in Evolution: An Introduction to the Town Planning Movement and to the Study of Civics* [M]. London: Williams.

[49] GLAESER E, KOLKO J, SAIZ A, 2001. Consumer city [J]. *Journal of Economic Geography*, (1).

[50] GLAESER E L, GOTTLIEB J D, 2006. Urban resurgence and the consumer city [J]. *Urban Studies*, 43(8).

[51] GLAESER E, KAHN M, RAPPAPORT J, 2008. Why do the poor live in cities? [J]. *Journal of Urban Economics*, 63(1).

[52] GLASS R L, 1964. *London: Aspects of Change* [M]. London: MacGibbon & Kee.

[53] GOBILLON L, SELOD H, ZENOU Y, 2007. The mechanisms of spatial mismatch [J]. *Urban Studies*, 44(12).

[54] GOTTMANN J, 1957. Megalopolis or the urbanization of the northeastern seaboard [J]. *Economic Geography*, 33(3).

[55] HANSON S, PRATT G, 1992. Dynamic dependencies: A geographic investigation of local labor markets [J]. *Economic Geography*, 68(4).

[56] HARRIS C D, ULLMAN E L, 1945. The nature of cities [J]. *The Annals of the American Academy of Political and Social Science*, 242(1).

[57] Häußermann H, SIEBEL W, 1988. Die schrumpfende stadt und die stadtsoziologie [J]. *Soziologische Stadtforschung*.

[58] HENDERSON J V, 1974. The sizes and types of cities [J]. *American Economic Review*, 64(4).

[59] HOYT H, 1939. The Structure and Growth of Residential Neighborhoods in American Cities Washington [Z]. Federal Housing Administration.

[60] JACOBS J, 1969. Strategies for helping cities [J]. *The American Economic Review*, 59(4).

[61] JEFFERSON M, 1939. The law of the primate city [J]. *Geographical Review*, 29.

[62] KAIN J F, 1968. Housing segregation, Negro employment, and metropolitan decentralization [J]. *The Quarterly Journal of Economics*, 82(2).

[63] MAOH H, TANG Z, 2012. Determinants of normal and extreme commute distance in a sprawled midsize Canadian city: Evidence from Windsor, Canada [J]. *Journal of Transport Geography*, 25.

[64] MASSEY D S, DENTON N A, 1988. The dimensions of residential segregation [J]. *Social Forces*, 67.

[65] MATEOS P, 2011. Uncertain segregation: The challenge of defining and measuring ethnicity in segregation studies [J]. *Built Environment*, 37(2).

[66] MCMILLEN D P, 2006. Testing for monocentricity [M]// ARNOTT R J, MCMILLEN D P. *A Companion to Urban Economics*. Malden, MA: Wiley-Blackwell.

[67] MILLS E S, 1967. An aggregative model of resource allocation in a metropolitan area [J]. *The American Economic Review*, 57(2).

[68] MUTH R F, 1969. *Cities and Housing: The Spatial Pattern of Urban Residential Land Use* [M]. Chicago, IL: University of Chicago Press.

[69] OECD, 2007. *OECD Factbook 2007: Economic, Environmental and Social Statistics* [M]. Paris: OECD.

[70] OSWALT C M, KUSH J, BARLOW R J, et al, 2012. Spatial and temporal trends of the shortleaf pine resource in the eastern United States[C]// Proc. of the Shortleaf pine conference: East meets West. Spec. Rep (11).

[71] REARDON S F, O'SULLIVAN D, 2004. Measures of spatial segregation [J]. *Sociological Methodology*, 34(1).

[72] ROSEN K T, RESNICK M, 1980. The size distribution of cities: An examination of the Pareto law and primacy[J]. *Journal of Urban Economics*, 8(2).

[73] ROSENTHAL S S, 1999. Residential buildings and the cost of construction: New evidence on the efficiency of the housing market [J]. *Review of Economics and Statistics*, 81(2).

[74] ROSSI-HANSBERG E, WRIGHT M L J, 2007. Urban structure and growth[J]. *The Review of Economic Studies*, 74(2).

[75] SAGER L, 2012. Residential segregation and socioeconomic neighbourhood sorting: Evidence at the micro-neighbourhood level for migrant groups in Germany [J]. *Urban Studies*, 49(12).

[76] SASSEN S, 1991. *The Global City: New York, London and Tokyo*[M]. Princeton: Princeton University Press.

[77] SAVITCH H, RONALD K, 2000. Paths to new regionalism[J]. *State and Local Government Review*, 32(3).

[78] SOO K T, 2005. Zipf's law for cities: A cross-country investigation[J]. *Regional Science and Urban Economics*, 35.

[79] Thünen, J H von, 1826. *Der isolierte Staat in Beziehung auf Landwirtschaft und Nationalökonomie* [M]. Tübingen: J. G. Cotta.

[80] TIEBOUT C M, 1956. A pure theory of local expenditures [J]. *Journal of Political Economy*, 64(5).

[81] VENABLES A J, 2011. Productivity in cities: self-selection and sorting [J]. *Journal of Economic Geography*, 11(2).

[82] WEICHER J C, THIBODEAU T G, 1988. Filtering and housing markets: An empirical analysis[J]. *Journal of Urban Economics*, 23(1).

[83] ZIPF G, 1949. *Human Behavior and the Principle of Least Effort*[M]. Cambridge: Addison-Wesley.

思考与练习

1. 你所在的城市是单中心的还是多中心的？你是通过构建什么指标或指标体系来测度城市空间结构的？

2. 一个典型的城市消费者的效用函数为 $U(H,Z)$，其预算约束为 $w=T(x)+HR(x)+Z$。其中，$T(x)$ 是居住在距离 CBD 之 x 处的消费者的交通成本；H 为住房面积；$R(x)$ 为租金；Z 为非住房商品；w 为消费者的收入。①请证明：$\dfrac{\partial R(x)}{\partial x}=-\dfrac{1}{h}\dfrac{\partial T(x)}{\partial x}$；②前式称为 Alonso-Muth 条件，请说明其含义。

3. 假设城市竞租曲线是指数曲线形式 $p_i=e^{\beta d_i+c}$，其中，p_i 为 i 区位住房价格，d_i 为 i 区位到城市 CBD 的距离，β 为系数，c 为常数项。将该式取对数 $\ln p_i=\beta d_i+c$。请利用房地产有关网站的二手房数据和上述模型，研究北京、上海、广州、深圳和你所在城市的房价的空间分布，并给出相应的竞租曲线。

4. 下表是广东省和四川省各地级市 2010 年第六次全国人口普查和 2020 年第七次全国人口普查的人口占比数据。①请计算两省 2010 年和 2020 年的城市首位度；②请分析两省城市体系的特征，并解释形成原因；③珠三角核心区包括广州、深圳、珠海、佛山、惠州、东莞、中山、江门和肇庆 9 座城市，广东省人口在 2010—2020 年间是否存在向核心区集聚的趋势？④四川省为什么存在"一城独大"现象？⑤表中的数据是基于各地级市行政区内的总人口计算的，如果换成各市的城区人口，是否还存在③④中所述的现象？

广东省				四川省		
城市	2020 年(%)	2010 年(%)	城市	2020 年(%)	2010 年(%)
广州	14.82	12.17	成都	25.02	18.80
深圳	13.93	9.99	自贡	2.98	3.33
珠海	1.94	1.50	攀枝花	1.45	1.51
汕头	4.37	5.17	泸州	5.08	5.25
佛山	7.54	6.90	德阳	4.13	4.50
韶关	2.27	2.71	绵阳	5.82	5.74
河源	2.25	2.83	广元	2.76	3.09
梅州	3.07	4.07	遂宁	3.36	4.04
惠州	4.79	4.41	内江	3.75	4.60
汕尾	2.12	2.75	乐山	3.78	4.02
东莞	8.31	7.88	南充	6.70	7.81
中山	3.51	2.99	眉州	3.53	3.67
江门	3.81	4.27	宜宾	5.48	5.56

续表

广东省			四川省		
阳江	2.06	2.32	广安	3.89	3.99
湛江	5.54	6.70	达州	6.44	6.80
茂名	4.90	5.58	雅安	1.72	1.87
肇庆	3.26	3.76	巴中	3.24	4.08
清远	3.15	3.55	阿坝	0.98	1.12
潮州	2.04	2.56	甘孜	1.32	1.36
揭阳	4.43	5.63	凉山	5.81	5.64
云浮	1.89	2.26			

资料来源：两省第六次全国人口普查和第七次全国人口普查数据。

5. 地铁、高铁、高速公路对城市集聚和城市空间结构有什么影响？请以北京、上海、广州、深圳和你所在城市1978年以来的城市集聚与空间结构变化说明之。

6. 请分析你所在城市的职住分离自1978年以来的变化，访谈几位到开发区工作的市民，访谈你所在大学的教师。

7. 请分析你所在城市的居住分异自1978年以来的变化。是否形成了富人居住区？调研几个小区居民，看一下他们是否来自同一个公司、学校或政府部门。

8. 请计算1978年以来中国城市的Zipf指数以及中国各省份的Zipf指数。

9. 请分析世界各国的首位城市人口占总人口的比重，你会发现什么？人口多的国家，首位城市规模就大吗？首位度呢？如果将城市首位度的内涵拓展，不仅指人口或GDP首位度，而且指其他城市功能的首位度（如城市教育首位度、医疗首位度等），计算10年来中国各省份的人口、GDP、教育、医疗、金融服务等首位度，你又发现了什么？

10. 从人口所占比重、GDP所占比重、财政收入所占比重、FDI所占比重分析京津冀、长江三角洲、珠江三角洲最近10年在中国经济发展中的地位演变。

11. 利用夜间灯光地图，观察1994年以来中国各城市及京津冀、长江三角洲、珠江三角洲空间扩展情况。

12. 如何测算北京、上海、广州、深圳的最优规模？它们达到最优规模了吗？疏散人口会不会适得其反？以北京、上海、广深为中心的京津冀、长三角、珠三角区域能否各自容纳2亿~3亿常住人口？

13. 印度、拉美及一些发达国家的城市存在低收入群体居住区（俗称贫民窟），有人认为应该取消贫民窟，有人认为贫民窟也有好处。请查阅资料，分析贫民窟现象、原因与未来。

14. 为什么振兴农村需要资本和劳动力的城乡双向流动？为什么只有继续大力推进城市化进程才可能实现乡村振兴？

15. 莱利提出了零售引力模型，作为重力模型的一种简单变形。该模型可以表述为城市的吸引力与城市间距离及城市人口数量有关:$R_A = \dfrac{d_{AB}}{1+\sqrt{\dfrac{P_B}{P_A}}}$。其中,$R_A$ 为 A 城市的吸引力,d_{AB} 为 A 与 B 城市的距离,P_A、P_B 为城市 A 和城市 B 的人口数量。①以长三角为例,请计算各城市的吸引力;②如果把距离和人口换成通勤时间和GDP,计算结果又如何呢? ③利用上述公式计算出来的吸引力范围与手机信令数据显示的数据是否一致?

16. 城市合并是中国城市治理的主要手段,下列城市合并方案中哪些可行,哪些不可行? 为什么? 谈谈你的观点及其证据。

京津冀	长三角	珠三角	其他地区
北京、天津、河北	上海、昆山	深圳、惠州	郑州、开封
北京、廊坊	上海、南通	香港、深圳	成都、资阳
天津、唐山	南京、镇江	广州、佛山	长沙、株洲、湘潭
天津、河北	南京、马鞍山、滁州	广州、东莞	西安、咸阳
滨海新区、曹妃甸	杭州、绍兴	中山、珠海	太原、晋中
北京东城、西城	宁波、舟山	珠海、澳门	厦门、漳州、泉州、金门

17. 中国都市区治理的一个重要措施是市管县、县改区、县改市,这对城市的长期发展有何影响?

18. 从中国各城市的新城区(名称可能是新城、新区、开发区、高新区等)的人口、GDP、人口或GDP密度、距离老城区的距离、开发模式(土地财政模式)等方面分析中国新城区的特点及问题,并回答哪些新城区形成了城市的副中心。

19. 历史上苏州长期以来是江南的核心区域,近代由于太平天国运动的影响,苏州地位被上海取代。1978年后,苏州等苏南地区创造出乡镇企业发展的苏南模式;1990年后,苏州招商引资全国瞩目,尤其是台资;1994年,中国和新加坡合作的苏州工业园区开建。请从城市体系的视角,研究苏州未来如何发展。

20. 韦纳布尔斯(Venables,2011)构建了一个模型来分析城市分层问题,他假设全部工人分成高技能工人和低技能工人两类,城市分为生活成本高的城市与生活成本低的城市两类,由工人自由选择,则高技能工人集聚于生活成本高的城市,低技能工人则集聚于生活成本低的小城市。

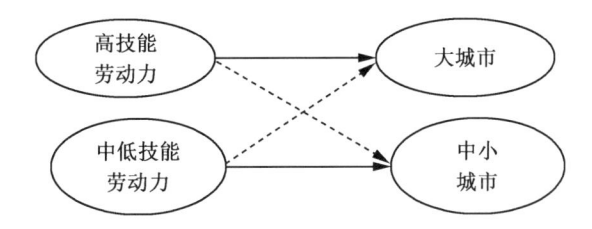

请回答:①大城市高技能劳动力比重比中小城市更大吗? ②为什么大城市也有中低技能劳动力?

21. 请讨论：中国一些大城市提出要进行人口、产业的疏解，以解决城市过密带来的大城市病等问题，那么中国的城市集聚过度了吗？靠疏解能解决城市问题吗？从世界城市发展史来看，大城市有无成功的疏解例子？

22. 如何利用手机信令数据、智能卡刷卡数据、社交平台签到数据、夜间灯光数据等多源数据来测度你所在城市的空间结构和城市群的空间结构？如何利用共享单车骑行数据研究你所在城市的职住分离？

延伸阅读

[1](加)雅各布斯.美国大城市的死与生[M].金衡山,译.南京:译林出版社,2006.

[2]陆铭.大国大城[M].上海:上海人民出版社,2016.

[3]ANAS A,ARNOTT R,SMALL K,1998. Urban spatial structure[J]. *Journal of Economic Literature*,36.

[4]DURANTON G,PUGA D,2000. Diversity and specialization in cities:Why,where and when does it matter? [J]. *Urban Studies*,37(3).

第八章 城市房地产市场

房地产是城市与区域经济学研究的核心问题,不仅因为住房价格是城市经济模型的核心要素,而且是新经济地理学考虑的核心因素,更因为在实际生活中,住房就像一张通往城市的船票、打开城市之门的钥匙、享受城市生活的必要条件,因而需要更深入地认识与研究城市房地产。

第一节 房地产市场

一、房地产的概念

房地产又称不动产(real estate),是房+地+产的组合。房地产业在国民经济中处于重要的地位。

房即房屋及其附属结构。

地即土地。土地包括两大属性:物理属性与经济属性。土地的物理属性包括非移动性(immobility)、非灭失性(indestructibility)、异质性(nonhomogeneity)。非移动性是指无论土地是什么形态,耕地、湖泊、山脉除非地质运动外都不能移动;非灭失性是指土地会保存永久的位置,一般不会消失;异质性是指没有两块完全一样的土地。经济属性包括稀缺性(scarcity)、区位(location)、持久性(durability)。稀缺性是指土地的唯一性,一个物业占有土地,改变之要花费成本;区位是土地最重要的特点,是决定房地产价值的主要因素;持久性是指土地作为资产可以保持很长时间。

产即产权,包括使用权、占有权、出售权、收益权、处置权(disposition)、排他权(exclusivity)、遗赠权(will)等权利。产权不仅是一项权利,而且是以所有权为核心、包括多种权利的权利体系,即产权束。

按照《中华人民共和国民法典》的规定,业主对建筑物内的住宅、经营性用房等专有部分享有所有权,对专有部分以外的共有部分享有共有和共同管理的权利。建筑区划内的道路、绿地和其他公共场所一般属于业主共有。建筑区划内车位、车库的归属由当事人通过出售、附赠或者出租等方式约定。不动产权利人要为相邻权利人用水、排水提供必要的便利。

房地产产权又可以分成地上权(air right)、地表权(surface right)和地下权(subsurface right)。中国的地上权和地下权与发达国家不同,例如,中国住宅下面的矿产属于国家所有,而在很多发达国家,则属于房地产所有权人。房地产不仅是房屋,更重要的是土地和权属,这是认识房地产的关键之处。

一般可以将房地产分成住宅房地产、非住宅房地产和综合类房地产(见图8.1)。住宅房地产包括独立住宅、多层住宅等众多类型,我国北京传统的民居四合院就是典型的独立住宅,而现在各城市普遍建设的高层公寓就是典型的多层住宅;非住宅房地产主要包括工业房地产、商业房地产、特殊目的房地产,工业房地产包括工业厂房、工业园区等物业形式,而商业房地产则包括写字楼、商场、商铺、物流与储运中心、购物中心等物业形式。综合类型房地产的典型例子是城市综合体,如万达广场和中粮大悦城等城市综合体,不仅包括住宅功能,而且包括商业、旅游、办公等功能。

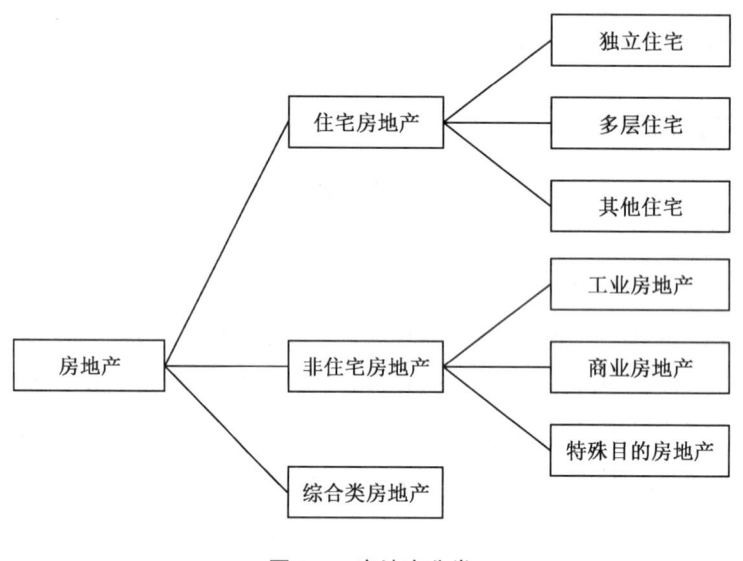

图 8.1 房地产分类

二、房地产价格

房地产价格是房地产市场最主要的变量,也是城市发展的主要变量。国际货币基金组织提供了2000年全球真实的房地产价格演变图(见图8.2)。2000年以来世界房地产价格总体趋势是上升,2008年房地产价格大致是2000年房价的近1.6倍,2008年金融危机后房地产价格下降,2012年房地产价格又开始缓慢上升,2018年涨到2008年的水平。

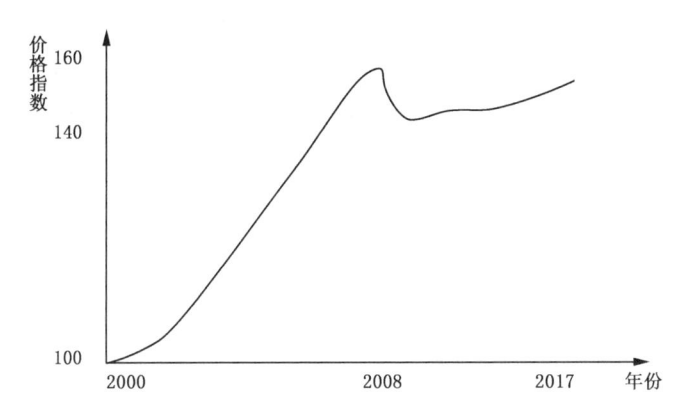

图 8.2　2000 年全球真实房地产价格指数

资料来源：www.imf.org。

诺尔、舒拉里克和斯蒂格（Knoll et al.，2017）研究了 1870—2012 年的 100 多年间世界 14 个发达国家的房地产价格演变（参见图 8.3）。他们发现，1870 年到 20 世纪前半期真实房地产价格基本稳定，变化不大，两次世界大战时期房地产价格下降，而 1950 年以来世界房地产价格水平持续上升，2008 年金融危机导致房地产价格下降，2010 年后房地产价格又开始上升。1900—2000 年这 100 年间，世界真实的房地产价格增长近 4 倍。综合国际货币基金组织和诺尔等（Knoll et al.，2017）的研究数据，可以发现第二次世界大战后房地产价格上涨是世界性的趋势。

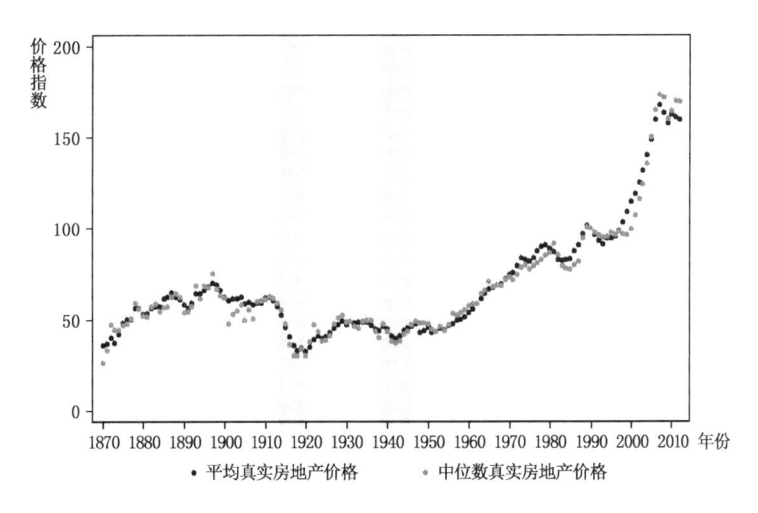

图 8.3　1870 年以来世界房地产价格指数

注：房地产价格指数 1990 年为 100。
资料来源：Knoll et al.，(2017)。

表 8.1 列出了世界上主要大城市的房地产价格和租金。伦敦、巴黎、莫斯科、维也

纳、日内瓦、柏林是欧洲房地产价格最高的城市,其中伦敦高达34 531美元/平方米;中国香港、东京、新加坡、孟买、迪拜是亚洲房地产价格最高的城市,其中香港达到20 000美元/平方米以上;纽约、多伦多是北美房地产价格最高的城市。

表 8.1　　　　　　　　　　世界主要城市的房地产价格和租金

城　市	房价 (美元/平方米)	月租金 (美元/120平方米)	房价租金比 (P/R ratio)
伦敦(London)	34 531	11 089	31
香港(Hong Kong)	22 814	6 431	35
纽约(New York)	18 499	7 225	26
巴黎(Paris)	18 415	5 317	35
莫斯科(Moscow)	16 021	5 158	31
新加坡(Singapore)	15 251	4 332	35
维也纳(Vienna)	14 592	3 174	46
东京(Tokyo)	13 825	4 744	29
日内瓦(Geneva)	13 529	5 152	26
特拉维夫(Tel Aviv)	10 166	2 318	44
孟买(Mumbai)	9 783	2 338	42
多伦多(Toronto)	5 544	2 458	23
柏林(Berlin)	5 506	1 839	30
迪拜(Dubai)	5 037	2 932	17

资料来源:http://www.globalpropertyguide.com/most-expensive-cities,2015年数据。

1998年后,中国的房地产价格处于快速上升时期,房地产平均价格从1998年的2 063元/平方米增长到2015年的6 793元/平方米,其中别墅从4 596元/平方米增长到15 157元/平方米,普通住宅从1 853元/平方米增长到6 473元/平方米,见图8.4。

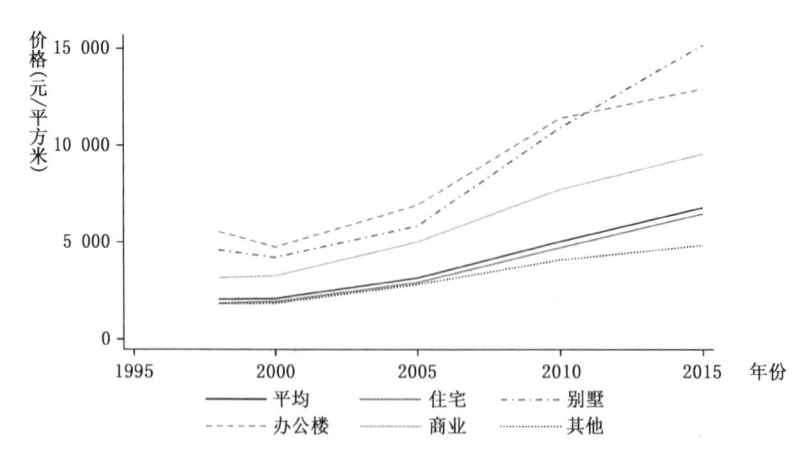

图 8.4　中国房地产价格

资料来源:根据相关年份《中国统计年鉴》的数据绘制。

我们再看看典型城市的住房地产价格（见表 8.2）。北京市房地产平均价格 2003 年为 4 737 元/平方米，2016 年增长到 28 489 元/平方米，上海从 5 118 元/平方米增长到 24 747 元/平方米，广州从 4 211 元/平方米增长到 16 384 元/平方米，深圳从 6 256 元/平方米增长到 45 146 元/平方米，西部城市成都从 2 096 元/平方米增长到 7 504 元/平方米，东北地区的大连从 2 921 元/平方米增长到 9 354 元/平方米。无论从总体上还是从典型的大中城市看，2000 年以后中国各地房地产价格在普遍上涨。

表 8.2　　　　　　　　　中国典型城市的房地产价格　　　　　单位：元/平方米

城　　市	2003 年	2016 年
北京	4 737	28 489
上海	5 118	24 747
广州	4 211	16 384
深圳	6 256	45 146
天津	2 518	12 870
杭州	3 939	15 753
厦门	3 371	20 021
武汉	2 072	10 048
成都	2 096	7 504
重庆	1 596	5 485
郑州	2 045	8 163
大连	2 921	9 354

注：表中价格为名义价格。
资料来源：相关年份《中国统计年鉴》。

三、房地产价格的决定

（一）房地产市场的供求

房地产价格是由房地产市场供给与需求因素决定的。房地产的需求是住房购买者愿意而且能够购买房地产的数量，房地产的供给是房地产开发商（房地产公司）愿意而且能够出售房地产的数量。一般而言，在其他条件不变时，房地产价格上升，房地产的需求量减少，反之，房地产价格下降，房地产的需求量增加，房地产的需求曲线是一条向右下方倾斜的曲线。在其他条件不变时，房地产价格上升，房地产的供给量增加，反之，房地产价格下降，房地产的供给量减少，房地产的供给曲线是一条向右上方倾斜的曲线。当住房消费者愿意而且能够购买的房地产数量正好与开发商愿意而且能够出售的房地产数量相等时,住房市场达到平衡,这时候的价格就是均衡的市场价格。由于住房建造的特点,短期内住房的供给可能是固定的,因而住房市场短期的供给曲线可能是一条折曲(kinked)的曲线(见图8.5)。

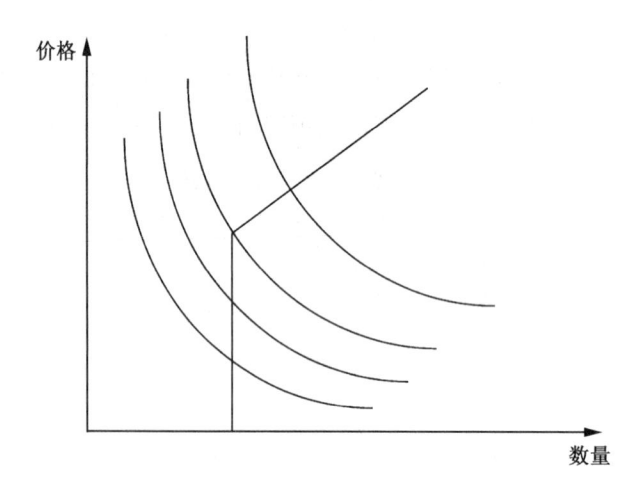

图 8.5　住房价格的决定

影响住房消费的因素包括消费者的数量、收入、房地产价格、相关物品的价格、消费者嗜好、对房地产的预期以及其他因素。影响房地产供给的因素包括住房的价格、开发商的数量、房地产成本、对房地产市场的预期以及其他因素。

(二)空间市场与资产市场的定价

迪帕斯奎尔和惠顿(Dipasquale et al.,1992)提出了一个四象限的分析模型(见图8.6),这个模型将房地产的空间市场和房地产的资产市场联系起来,房地产不仅是可以居住、工作或仓储的具体的不动产,而且是可以为业主带来经济利益的资源(资产)。

第一象限为空间市场,房地产的需求等于房地产的供给,房地产的需求由经济发展状态、房地产的租金水平等因素决定。

第二象限为资产市场,阐述房地产的价格 P 与租金 R 的关系:

$$P = \frac{R}{1+i} + \frac{R}{(1+i)^2} + \frac{R}{(1+i)^3} + \cdots + \frac{R}{(1+i)^n}$$

其中,i 为利率,$\frac{R}{1+i}$ 为第一年租金的折现,$\frac{R}{(1+i)^2}$ 为第二年租金的折现。

两边同时乘以 $(1+i)$ 得:

$$P(1+i) = R + \frac{R}{1+i} + \frac{R}{(1+i)^2} + \cdots + \frac{R}{(1+i)^{(n-1)}}$$

上面两式相减得:

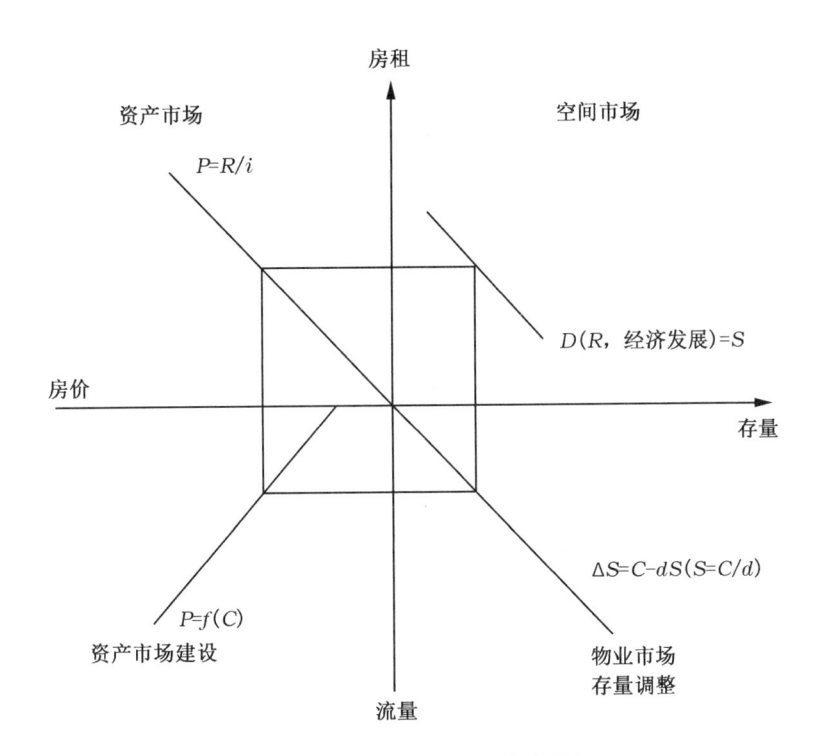

图 8.6　房地产空间市场与资产市场

资料来源：Dipasquale et al.(1992)。

$$P \times i = R - \frac{R}{(1+i)^n}$$

当 $n \to \infty$ 时，

$$P = \frac{R}{i}$$

第三象限描述了房地产价格与房地产供给之间的关系，此曲线为重置成本曲线，房地产价格是建设规模的函数：$P=f(C)$。房地产价格高时，房地产供给量大；房地产价格低时，房地产供给量小。

第四象限阐明了房地产市场每年的流量（每年新建房地产）转变成房地产存量的过程。房地产存量（stock）增加或减少 ΔS 等于新建房地产规模（construct）减去房地产市场的折旧，d 为折旧率。

$$\Delta S = C - dS$$

四象限模型不仅能够清晰地分析住房资产市场和空间市场的关系，而且已经成为分析房地产价格影响因素的有力工具。如图 8.7 所示，在经济繁荣时期，人们对房地产的需求提升，房租上涨，房地产价格上升，新房不断投入城市市场，城市房地产存量也逐步增加。

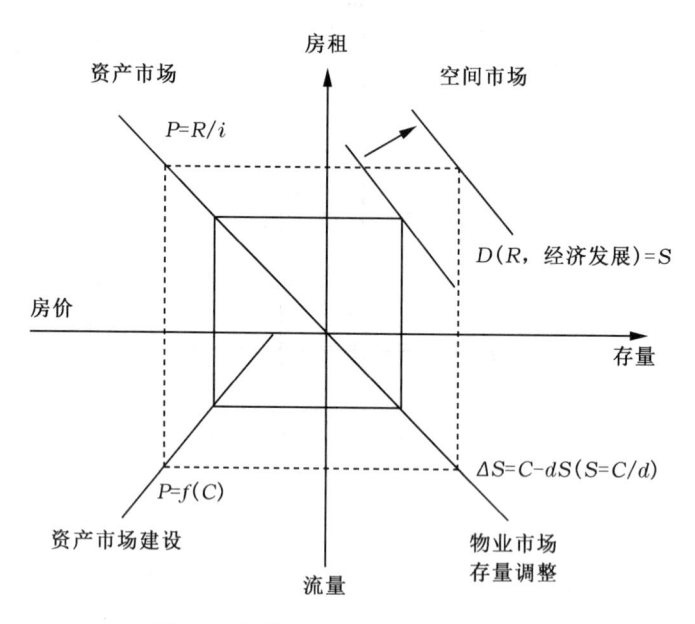

图 8.7 经济发展对房地产市场的影响

利率是房地产价格的重要影响因素。降低利率,房地产价格上涨,房地产市场供给增加,房地产市场存量增加;相反,提高利率,则有利于控制房地产价格,见图 8.8。

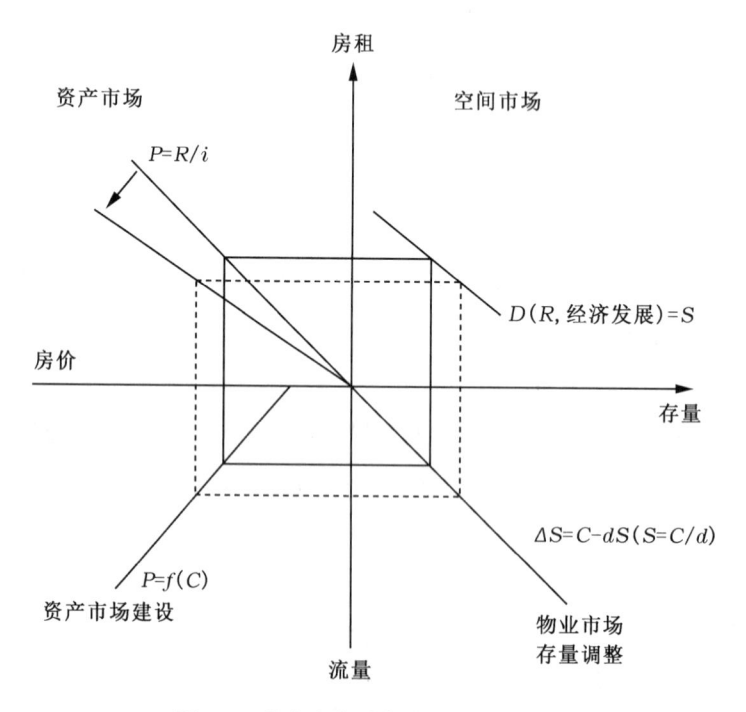

图 8.8 利率变化对房地产市场的影响

第二节 房地产需求

一、人口

(一)中国人口

人口数量及其收入是影响房地产需求的主要因素。一般而言,人口的数量越多,收入越高,对房地产的需求越大。人口结构亦影响房地产需求:

(1)人口的年龄结构。中国1982年10~15岁这个年龄段的人口数量最多,18年后的2000年,他们的年龄在28~33岁,房地产需求处于旺盛期,是中国房价上升最快的时期;2018年,中国60岁以上人口占17.9%(超过10%),65岁以上人口占11.9%(超过7%),已经进入老龄化社会,这对房地产需求结构将产生深远影响。

(2)人口的城乡结构。城市化带来的人口集聚、收入增加、家庭规模缩小等,都在影响着房地产市场。我们一般说的房地产市场主要是指城市房地产市场。2017年中国城市化水平按照常住人口计算为58.5%,按照户籍人口计算为42.3%,如果按照发达国家城市化80%的水准,中国城市化仍有巨大的空间,中国城市房地产需求仍有潜力。

(二)美国的婴儿潮

美国的情况与中国类似。曼可夫和威尔(Mankiw et al.,1989)研究了美国战后的婴儿潮对房地产价格的影响。1947—1952年这段时间出现了美国历史上著名的婴儿潮,当然这段时间也是年轻人房地产需求旺盛的阶段。在婴儿潮高峰的二十几年后,1970年后特别是1977年后,1950年前后出生的人口正处于房地产需求的黄金时期,美国的房地产价格也从这一时期开始增长,直到1985年前后才开始有所下降(见图8.9)。

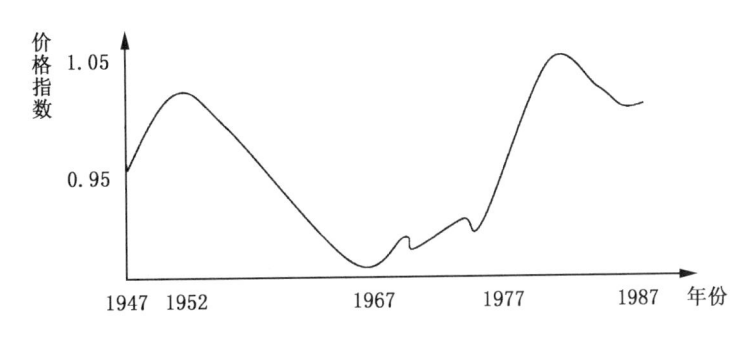

图8.9 婴儿潮引致的房地产价格变动

资料来源:Mankiw et al.,(1989)。

二、居民收入水平

（一）住房需求收入弹性（income elasticity of house demand）

住房需求收入弹性衡量消费者收入变动时住房需求如何变动。住房需求收入弹性等于住房需求变动的百分比与收入变动百分比之比，即

$$E_i = \frac{住房需求变动百分比}{收入变动百分比} = \frac{\frac{\Delta Q}{Q}}{\frac{\Delta I}{I}}$$

波林斯基和埃尔伍德（Polinsky et al.，1979）估计的美国住房需求弹性数值等于0.8，埃普尔和西格（Epple et al.，1999）估计的结果为0.938，埃普尔、戈登和西格（Epple et al.，2010）估计的结果为0.787。

收入水平的高低将影响居民的住房支付能力。居民可支配收入是住房需求的决定因素，对住房需求产生直接影响。当然，住房需求收入弹性并不是不变的。格利尔（Gollier，2001）认为，不同收入群体的风险厌恶系数不是一成不变的。随着收入的增加，人们对风险的抵抗力将逐渐增强，从而会增持较高收益的风险性资产。在房价上涨、房地产升值期间，收入差距的加大使高收入者收入增长得更快，导致资产组合中房地产的需求增加。研究表明，收入弹性随着收入增加而增加，低收入家庭的数值为0.14~0.62，高收入家庭为0.73~1.10。

（二）住房需求的价格弹性

住房需求价格弹性衡量住房价格变动时住房需求如何变动。住房需求价格弹性（price elasticity of house demand）等于住房需求变动的百分比与价格变动百分比之比，即

$$E_p = \frac{住房需求变动百分比}{价格变动百分比} = \frac{\frac{\Delta Q}{Q}}{\frac{\Delta p}{p}}$$

对美国住房需求的价格弹性进行研究，结果大致在-0.5~-0.9。邹氏和牛氏（Chow et al.，2010）估算中国的住房需求价格弹性大致在-0.5~-0.6。高波等（2008）估算了房地产需求价格弹性的地区差异，东部、中部、西部地区分别为0.743、1.412和4.913，呈依次增大的趋势，其中东部地区缺乏弹性，而中西部地区是富有弹性的。而价格缺乏弹性反映了人们对房地产的需求刚性。

值得关注的是,相较于国外对住房需求价格弹性和收入弹性的研究,我国学术界的测算仍受囿于一些因素。由于在数据采集上的便利和优势,国外的研究通常使用的是对家庭的调查数据,覆盖面广,且直接反映消费者的需求特征;在房价需求函数设立上,不仅考虑收入和价格对房屋需求的影响,而且考虑不同肤色、年龄、家庭规模、收入的稳定性和物价等因素的影响。这些研究思路和方法为研究我国的房地产需求价格弹性和收入弹性提供了有益的借鉴,也凸显出建立城市微观数据库对国内学术研究的重要价值。

三、房价收入比

住房价格是影响住房需求的重要因素。一般而言,房价越高,住房需求量越低;房价越低,住房需求量越高。这就是需求定律揭示的道理。房价收入比(house price-income ratio)是衡量住房价格高低的一个重要因素,也是观察住房需求的一个因素。一平方米3万元的房子对于一个月收入3 000元的家庭来说是个天文数字,但对于一个月收入300万元的家庭来说可能是小菜一碟。

图8.10 显示了1968—2008年美国房价收入比。2000年之前,美国房价收入比一直在3.5以下,2000年后上升,最高达到4.5左右。

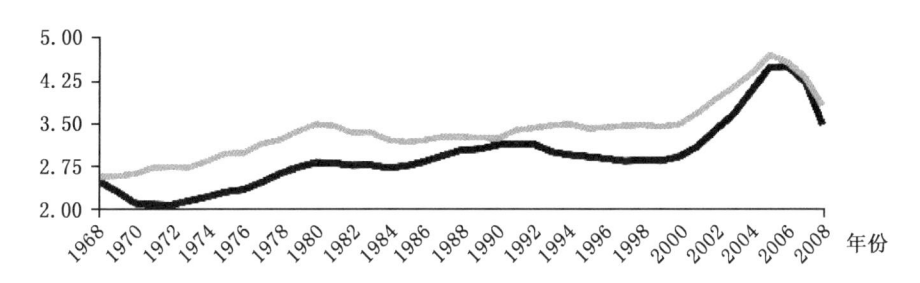

图8.10 美国房价收入比

注:上面的趋势线是中位数比率,下面的趋势线是平均比率。
资料来源:Census Bureau,S&P/Case-Shiller Home Price Indices。

图8.11 显示了发达国家的住房价格-可支配收入比,除丹麦在个别年份其比率大于6以外,其他时间段绝大多数国家的住房可支配收入比位于5以下。

表8.3 列出了美国1960年以来房价租金比(house price-rental ratio)的变动情况及其典型城市的房价租金比。

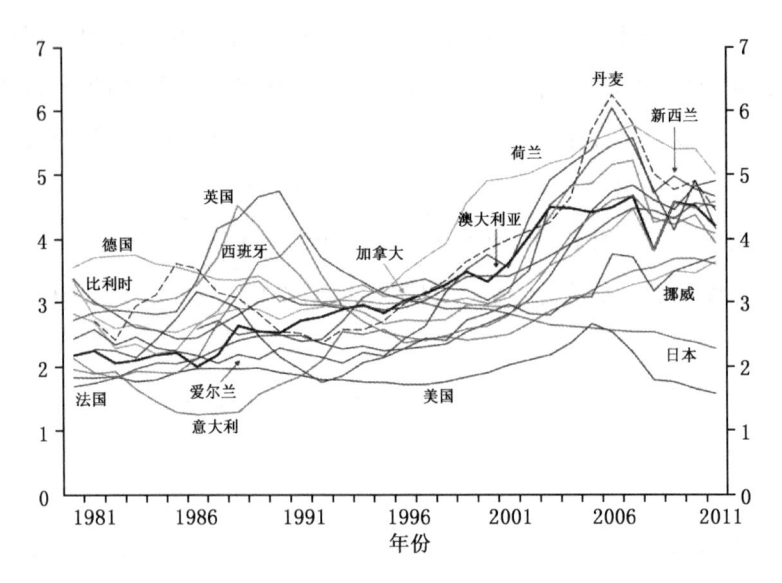

图 8.11　发达国家住房价格-可支配收入比

资料来源：Fox et al.(2012)。

表 8.3　　　　　　　　　　　美国典型城市的房价租金比

城　市	2015 年	2005 年
旧金山	45.88	40.4
火奴鲁鲁	40.11	37.5
洛杉矶	38.02	27.4
纽约	35.65	18.8
西雅图	35.09	32.4
华盛顿	32.02	29.2
波士顿	28.69	21.8
亚特兰大	22.99	19.8
芝加哥	21.6	24.3
拉斯维加斯	19.34	31.8
费城	16.3	17.2
底特律	6.27	16.4

资料来源：2005 年数据来自 http://www.nytimes.com20100420；2015 年数据来自 Nick Wallace,www.smartasset.com,2016。

四、学区房

为子女选择好的学校是天下父母的共同行为,孟母三迁不仅中国有,国外也不稀奇。学校选择导致的一个后果是学区房昂贵，好的学校与高的社区房价相伴，见图8.12。那么，好学校对房地产价格有何影响呢？这就是学区房价格问题。

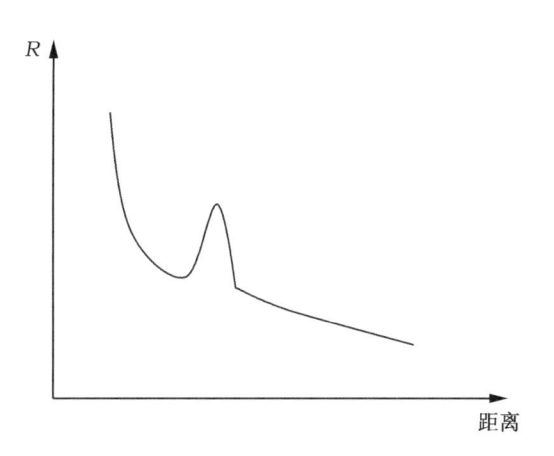

图 8.12　学区房导致住房价格升高

唐斯和萨贝尔(Downes et al.，2002)合并了美国住房调查和伊利诺伊学校报告卡数据，将每栋房产与其最近的学校相匹配来研究 1987—1991 年芝加哥地区学校特性对房地产价格的影响。他们发现，平均每个学生的支出与考试分数对房屋价值有相似的影响。不同于地区层面，在学校层面上，个人选择住房时对学校的种族构成敏感。当人们选择住房时，人们首先关注的是当前学校的测试成绩，而不是一所学校对社区同类学校的贡献程度。贝茨和桑特勒(Bates et al.，2003)利用布鲁克纳(Brueckner，1982)的方法研究 1994—1995 年康涅狄格(Connecticut)社区教育投资对社区财产价值的影响。他们发现，教育投资增加 10%，可带来 4.3% 的财产价值的增加。康涅狄格的典型社区教育投资不足，没有达到最大化财产价值水平，他们建议康涅狄格州政府提升教育投资水平，提升教育效率。吉本斯和马勤(Gibbons et al.，2003)第一次实证研究了英国小学绩效对房产价格的影响，平均而言，社区小学学生成绩提高 1%，则社区房产价格提高 0.67%。他们计算出小学学生成绩持续提升 1% 的价值达到每年平均每个学生 90 英镑。如果换算成资本化的价格，则英国北部地区达到 4 500 英镑，大伦敦地区则为 13 500 英镑，以上皆为 2000 年的不变价。

五、租房还是买房？

"安得广厦千万间，大庇天下寒士俱欢颜。"拥有一套住房是大多数人的梦想，但是并不是人人都拥有住房，有其居并不一定有其屋。以美国为例，美国的住房拥有率从 20 世纪 60 年代到 2015 年长达半个多世纪的时间内一直稳定在 62%～69%，也就意味着 30%～40% 的家庭需要通过租房等途径满足住宿需要(见图 8.13)。

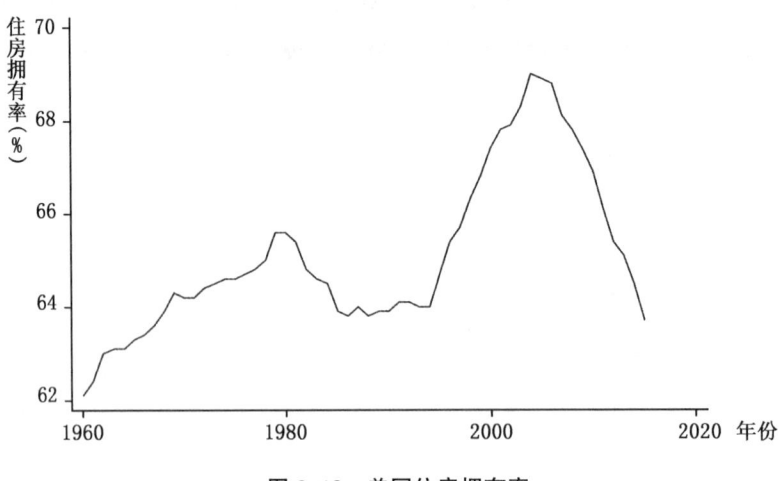

图 8.13 美国住房拥有率

欧盟的住房拥有率可以分成高、中、低三组,罗马尼亚、立陶宛、克罗地亚、匈牙利、挪威、保加利亚等国家住房拥有率在 80% 以上,捷克、西班牙、葡萄牙、希腊、意大利等国家的住房拥有率为 70%～80%,英国、法国、德国、奥地利、荷兰、瑞士等国家的住房拥有率为 70% 以下。在亚洲,日本的住房拥有率在 60% 左右。

租房还是买房,是城市居民必然面临的选择。波特巴(Poterba,1984)提出了一个租房还是买房模型。一个住房拥有者的成本包括:折旧率 δ、住房维护成本 κ、财产税率 μ、抵押贷款利率 i、收入税(边际收入税率为 θ)、通货膨胀 π。如果住房的价格为 P,住房的价格变化为 $P^{\hat{}}$,住房租金为 $R=R(H)$,其中 H 为住房供给数量,则拥有一套房子的成本为 $[\delta+\kappa+(1-\theta)(\mu+i)]P$,住房的收益为 $R+\pi P+P^{\hat{}}$,即租金与住房价格的变化 $(\pi P+P^{\hat{}})$ 之和。如果住房的收益大于成本,则消费者买房;如果住房的收益小于成本,则消费者不需要买房。

影响租房或买房的因素是复杂的,包括收入、家庭结构、年龄结构、文化特征等。

第三节 房地产供给

一、土地及其价格

影响房地产供给的因素包括土地面积、土地价格、政府政策、自然条件、房地产公司等,其中土地价格是影响房地产价格的主要因素,这可以作为解释 1950 年以来世界房地产价格上涨 80% 的原因(Knoll et al.,2017)。因此,土地是影响房地产供给的主要因素。戴维斯和希思科特(Davis et al.,2007)将住房价值分解成两部分,即土地的价格与房屋结构价格。他们分析了1975—2005年美国土地成本占住房价值的比重。1975—1995年,土地成本占整个住房价值的比重在35%上下浮动,但从1995年以来,土地成本开始上升,占住房价值的比重达到45%以上,见图8.14。

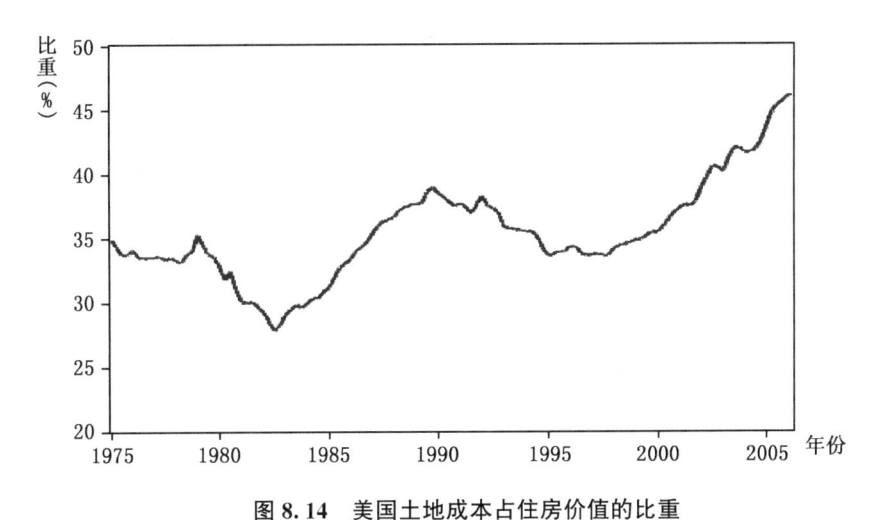

图 8.14 美国土地成本占住房价值的比重

资料来源:Davis et al.(2007)。

图8.15提供了中国土地价格的演变情况。2000年以来,土地价格一直在增长,2000年土地价格为993元/平方米,2010年增长到2 882元/平方米,2017年则达到4 083元/平方米。

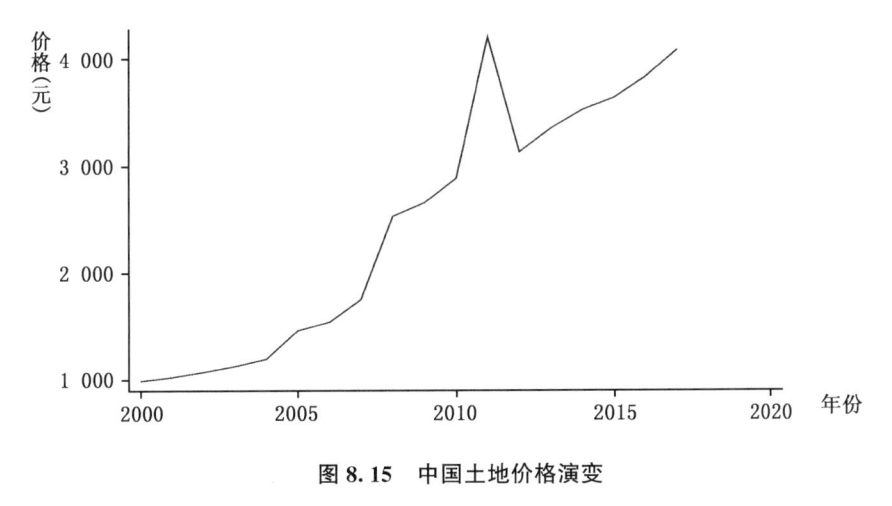

图 8.15 中国土地价格演变

资料来源:中国地价网 www.landvalue.com.cn。

中国土地价格因土地利用方式的不同而有很大差异,工业地价最低,综合用地处于中间,而商业服务业和住宅用地的价格最高。以北京市为例,2001年北京市工业用地、综合用地、住宅用地、商服用地的价格分别为 717 元/平方米、3 370 元/平方米、3 688 元/平方米、5 704 元/平方米,而 2017 年的价格分别为 2 692 元/平方米、38 673 元/平方米、66 579 元/平方米、54 840 元/平方米,工业用地价格最低,住宅用地价格 2009 年后超过商服用地价格,住宅用地成为土地价格最高的利用方式(如图 8.16 所示)。

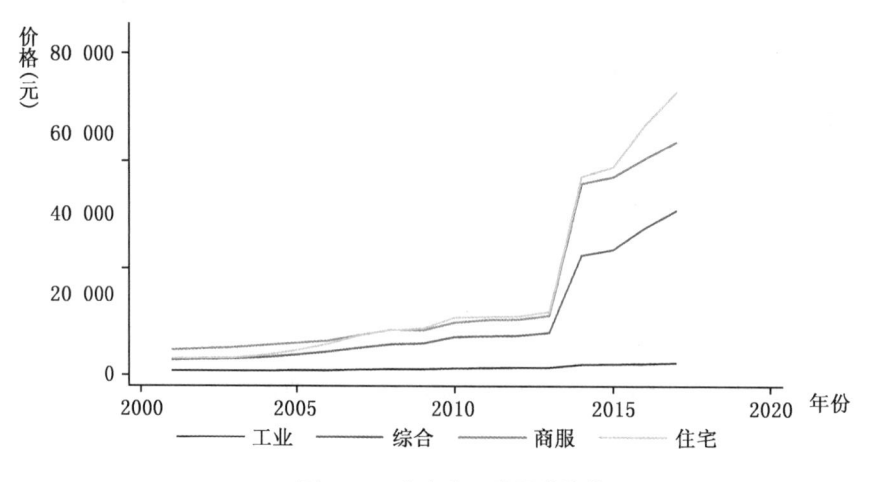

图 8.16 北京市四类用地价格

资料来源:中国地价网 www.landvalue.com.cn。

在购房成本中,有一类是缴纳的税费。我国消费者购买新房要缴纳的税费包括:契税(房屋总价的 1.5%~3%),印花税(房屋总价的 0.05%),房屋交易手续费(2.5 元/平方米),产权登记费 100 元,产权贴花 5 元等。

二、政府支出的资本化

早期的奥茨(Oates,1969)、克恩(King,1977)、莱茵哈德(Reinhard,1981)、杜桑斯基等(Dusansky et al.,1981)、伊伦费尔特和杰克逊(Ihlanfeldt et al.,1982)以及英杰等(Yinger et al.,1988)等都研究了支出或财产税的资本化问题。最著名的研究是奥茨(Oates,1969)开创的,他利用特征定价法(hedonic regression)研究地方财产税收和地方财政支出对财产价值的影响,发现地方财产税与财产价值有负的效应,而地方财政支出对财产价值有正的影响,收入或支出资本化进入财产价值中,学校较好和税率较低的社区住房价值更高(如图 8.17 所示)。

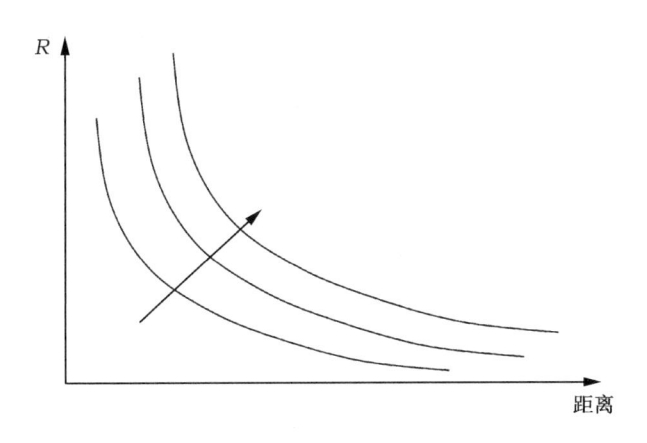

图 8.17　公共支出与住房价格

第四节　特征定价法

特征定价(hedonic pricing)法称为特征属性定价法，有人也翻译成享乐定价法。这种方法的原理是基于房地产的价格由其特征属性决定，这些属性包括城市社会经济层面的、社区属性层面的、建筑物本身的特性层面的。

$$P = f(R, C, B)$$

其中，R 为城市所处的社会经济层面的因素，C 为社区因素，B 为建筑物因素。

如表 8.4 所示，城市所处的社会经济层面的因素包括城市人均 GDP、财政支出、人口数量及其结构、区域环境污染程度等因素；社区因素包括社区距 CBD 距离、社区的公共服务、社区治安、社区人员状况、建筑容积率、社区学校等；建筑属性包括是否为独立住宅、楼龄、卧室数量、浴室数量、楼层高度、有无车库等。

表 8.4　特征定价法的属性

属性	子属性	可能的影响
社会经济	人均 GDP	＋
	财政支出	＋
	环境污染程度	－
	……	

续表

属性	子属性	可能的影响
社区属性	距 CBD 距离	+
	社区公共服务(学校、医院)	+
	建筑的容积率	−
	环境特色	+
	社区犯罪率	−
	社区教育水平	+
	……	
建筑属性	楼龄	−
	卧室数量	不定
	浴室数量	不定
	楼层高度	+
	有无车库	+
	……	

特征定价法来自罗森(Rosen,1979)的研究。在实证研究中,估计方程通常采取以下形式:线性形式,对数形式,半对数形式。

第五节　城市间住房价格关系

一、各个城市住房价格存在差异

一个显而易见的事实是各个城市的住房价格存在巨大差异。表 8.5 列出了中国典型城市 2011 年、2015 年、2019 年三年的房价数据。以 2019 年为例,北京市的房价为 58 568 元/平方米,而哈尔滨的房价为 9 908 元/平方米,而在 2011 年,北京的房价为 25 166 元/平方米,哈尔滨的房价为 7 527 元/平方米。

表 8.5　　　　　　　　　　中国典型城市房价　　　　　　　　单位:元/平方米

城市	2019 年	2015 年	2011 年
北京	58 568	39 437	25 166
深圳	54 790	41 494	17 428
上海	50 945	35 237	22 665

续表

城市	2019 年	2015 年	2011 年
厦门	46 003	25 970	17 538
广州	31 692	20 016	14 762
天津	20 952	15 553	12 732
郑州	13 266	8 790	6 566
成都	13 132	8 213	10 609
兰州	12 432	8 456	8 347
哈尔滨	9 908	9 131	7 527

资料来源：安居客等网站。

二、N 线城市划分

在中国房地产业界，流行着 N 线城市划分，即一线城市、二线城市、三线城市、四线城市、五线城市。北京、上海、广州、深圳四个城市是一线城市；天津、重庆、杭州、南京等城市为二线城市，主要是两个直辖市再加上副省级城市；徐州、保定、唐山、济宁等为三线城市，主要是经济发达地区的地级市；四线、五线城市就是经济不发达地区的地级市和县城。丰县、沛县这样的县城只能算是四或五线城市了。当然划分的方法可以依据单因素的房价，也可以根据城市的 GDP、房价双因素来划分，还有人根据多因素进行划分。N 线城市的划分是相对的，各城市的相对位置也在变动中。如图 8.18 所示，根据城市 GDP、房价两个因素对中国 35 个大城市进行划分将其分为一线、二线、三线城市。

三、房价差异的一个解释

不同的城市有不同的工资水平、不同的房价和不同的城市品质，罗森（Rosen，1979）和罗巴克（Roback，1982）将这三个因素纳入一个城市体系模型中，有效地解决了不同城市的房价差异的理论问题，这一理论也被称为 Rosen-Roback 模型（见图8.19）。在这个模型中，房价是由城市的工资、城市品质等因素决定的，高的工资与高品质的城市应该有更高的房价，比如北京、上海、深圳等城市，低工资、低品质的城市应该有更低的房价。也就是说，没有免费的午餐，在市场经济条件下不可能既拿着高工资，又享受着高品质和低的房价。

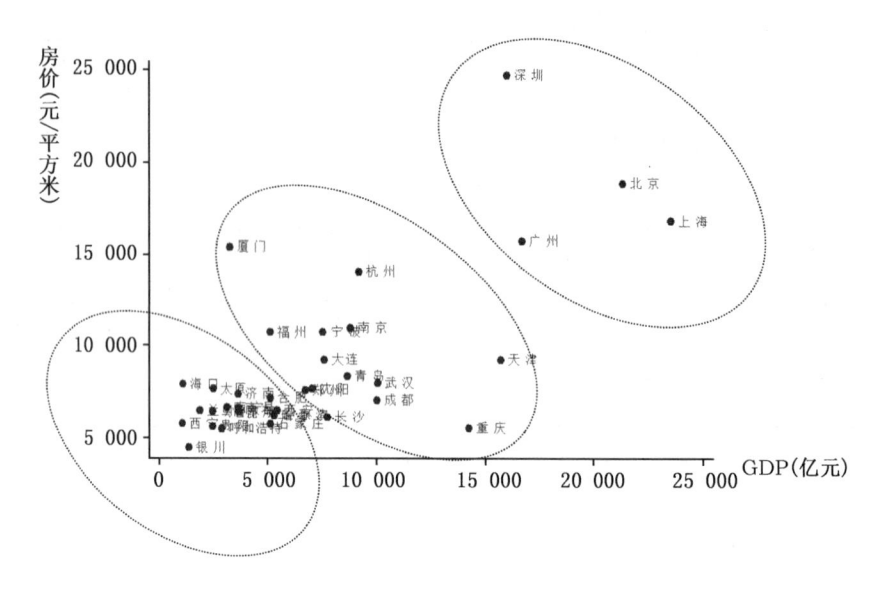

图 8.18　35 个大城市的 GDP 和房价(2014 年数据)

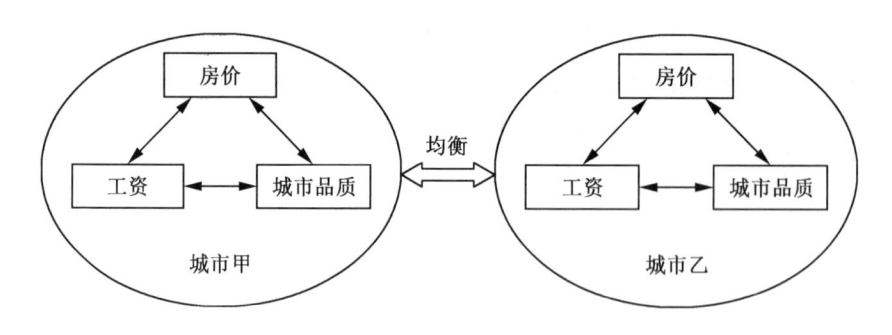

图 8.19　房价的决定:空间的均衡

第六节　消费城市与城市品质

一、消费城市

消费城市(consumer city)是由格莱泽、科尔科和塞兹(Glaeser et al.,2001)提出并系统阐述的概念。所谓消费城市,是与生产城市相对应的概念,是指具有供人们"消费"的能力(健康医疗、优美环境、良好的公共服务)的城市,消费城市的消费特性来自城市的品质,因而可以说消费城市就是品质城市。

二、城市品质测量

格莱泽、科尔科和塞兹(Glaeser et al.,2001)是率先定义城市品质的学者。他们将城市的品质分成四类：①商品与服务的多样性；②美学与物理特性，其中气候资源是重要的内容；③公共服务，主要包括政府服务、医院、学校、博物馆等；④城市速度与可达性，主要是工作的便利性和更少的交通拥挤。可以看出，城市品质是个多维的概念，自然条件特别是气候是重要组成部分，但不是全部内容，大理、丽江、威海等城市的自然条件可能远远优于北京，但这三个城市不论是历史上还是现在，其人口规模均不能与北京相比，对人的吸引力也比北京逊色。城市品质各个组成部分还相互作用，比如大城市一般来说拥有更好的教育、医疗、博物馆等资源，但拥挤也是很多城市的通病。北京的冬季有雾霾，且时常发生交通拥挤，这是低城市品质的表现，但北京有多样性的商品与服务，有著名的大学、众多一流的医院和以国家博物馆为代表的博物馆群，这又是高城市品质的表现，因此，北京到底是低品质还是高品质城市，需要综合评价。

学校是一个城市品质的重要体现。中国的"985""211"高校的数量反映了城市的高等教育水平，表8.6提供了这方面的数据。总的看来，北京、上海、江苏南京、湖北武汉、陕西西安等城市的"985""211"高校数量多于其他城市，尤其是北京优势更明显，因此，仅仅从高等学校这一视角，北京无疑是中国最高品质的城市。

表8.6　　　　　　　　中国的"985""211"高校分布(2018)　　　　　　单位：个

	"985"高校	"211"高校	省会城市"211"高校数量	省会城市千万人均"211"高校数量
北京	8	27	27	12.44
天津	2	4	4	2.57
河北	0	2	0	0
辽宁	2	4	2	2.41
上海	4	10	10	4.14
江苏	2	11	8	9.60
浙江	1	1	1	1.05
福建	1	2	1	1.32
山东	2	3	1	1.47
广东	4	4	4	1.99
海南	0	1	1	4.41
山西	0	1	1	2.29
吉林	1	3	2	2.67

续表

	"985"高校	"211"高校	省会城市"211"高校数量	省会城市千万人均"211"高校数量
黑龙江	1	4	4	3.66
安徽	1	3	3	3.77
江西	0	1	1	1.83
河南	0	1	1	1.01
湖北	2	7	7	6.51
湖南	3	4	4	5.06
重庆	1	2	2	0.65
四川	2	5	4	2.49
贵州	0	1	1	2.05
云南	0	1	1	1.49
西藏	0	1	1	18.1
陕西	2	8	7	7.28
甘肃	1	1	1	2.70
青海	0	1	1	4.32
宁夏	0	1	1	4.50
新疆	0	2	1	2.82
广西	0	1	1	1.32
内蒙古	0	1	1	3.22

注：四川农业大学有三个校区，主校区为雅安校区；山东大学威海分校与山东大学算一个学校；哈尔滨工业大学威海分校不算入"211"高校；西北农林科技大学不计入西安市高校。

书籍是人类进步的阶梯，书店是城市文化的代表。2017年，北京市书店数量为6 719家，是中国书店最多的城市。其他书店较多的城市有：上海，2 379家；杭州，1 898家；苏州，1 221家（见图8.20）。每万人书店最多的城市是北京、成都、大连、广州、杭州等城市，均达到每万人1.5家。

三、城市品质改变了什么

格林斯通和加拉格尔（Greenstone et al.，2008）研究发现，美国清理高危垃圾场较好的地区，房价和房租较高。甘珀尔-拉宾德兰等（Gamper-Rabindran et al.，2011）研究发现，对垃圾场的清理会显著提高当地的房地产价值，并且这种提升效应在城市间存在异质性。城市品质对城市规模的影响历来是研究城市化问题的学者们的关注

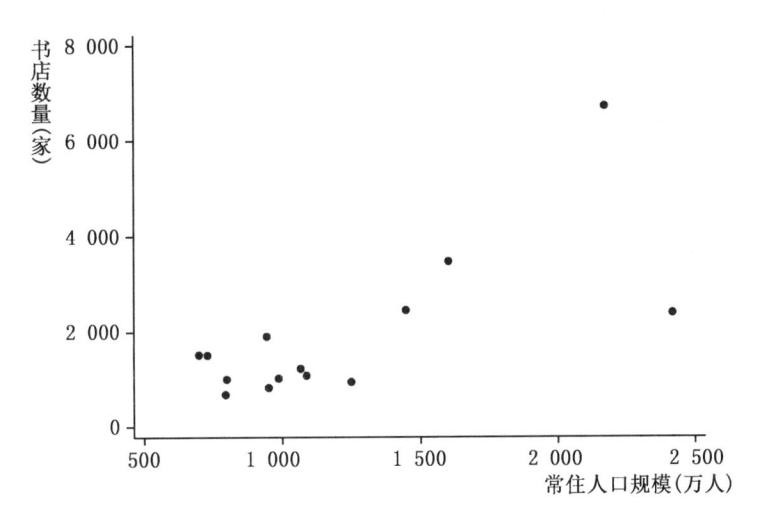

图 8.20　中国城市书店数量(前 15 位)与人口规模

热点。

拉帕波特(Rappaport,2007)发现,好气候作为一项重要的品质资源,是居民迁移的重要原因。许多学者认为,舒适的气候(Glaeser et al.,2001;Porell,1982;Sinha et al.,2013)、美丽的风景(Greenwood et al.,1989)和娱乐设施(Porell,1982)是城市吸引移民的自然条件。拉帕波特(Rappaport,2007)同时发现,除了气候,消费品质上30%的差异可以导致城市间人口密度 20 倍以上的差异。

第七节　中国住房制度

1949 年以来,中国城镇住房制度经历了 1949—1978 年城镇福利分房阶段、1978 年以来城市福利分房向市场化过渡阶段,以及 1998 年以来城镇住房市场化阶段;与此同时,农村住房制度也发生了变化。

一、城镇福利分房时代

1949—1978 年,中国实施计划经济体制,与此相适应,国家实施低工资、高福利、低租金的福利分房制度,住房作为实物福利分给城镇职工一度被认为是社会主义的特征。经过 30 多年的发展,城镇住房基本实现了公有化,1978 年我国城镇住房中74.8%为公有住房。然而,这种体制不仅没有实现居者有其屋,相反出现了住房供给短缺,1978 年城市人均居住面积 3.6 平方米,低于 1950 年的 4.5 平方米,城镇缺房户有869万户,占当时城镇总户数的47.5%。

在住房建设上,主要有两种途径:一是私有住房国有化。中央政府于1949年颁布了《公房公产统一管理的决定》,对属于国民党政府以及地主、官僚资产阶级等的房产采取了接管、没收、征收、征用的政策;1956年初,中共中央发布《关于目前城市私有房产基本情况及进行社会主义改造的意见》,对城市私人房屋通过国家经租、公私合营等方式,对城市房屋占有者用类似赎买的办法,即在一定时期内给予固定的租金,来逐步地改变这些房屋的所有制。通过以上两项政策,基本实现了城市住房的国有化。二是国家投资新建住房。"二五"到"五五"期间,住宅建设投资额分别为49.56亿元、39.32亿元、100.74亿元、294.49亿元,住宅投资占固定资产投资额不足10%,住房投资严重不足,不仅如此,由于免费分房,租金为零或非常低,使得租金不足以进行正常的住房维修。

供给短缺造成在住房分配上,住房作为实物福利分给城镇职工,占中国人口80%以上的农民被排除在福利之外。住房分配依据职工的行政级别、工龄、年龄、家庭人口等进行,其中行政级别更为关键,这样一方面,分配存在普遍的平均主义,另一方面,住房分配权往往掌握在级别更高的官员手中,走后门、拉关系在各个城市普遍存在。福利分房,既没有将住房蛋糕做大,又没有实现住房蛋糕分配上的公平,既缺效率,又乏公平。

二、城镇福利分房向市场化过渡阶段

1978年中国走进改革开放的新时代,住房制度也随之发生巨大变化,在理论上逐步明确了住房的商品化性质,在实践上鼓励居民买房,并借鉴新加坡经验建立住房公积金制度,但房价收入比较高阻碍了人们购房的积极性。这个转变在1979年拉开了序幕。1979年12月,广州市为了解决居民住房困难(1978年广州人均居住面积3.92平方米),与香港合资共同建设东湖新村,东湖新村成为全国第一个商品住宅项目、第一个实施物业管理的住宅小区,也是房地产领域第一次引进外资(港资)。1980年1月,《红旗》杂志发表著名经济学家苏星教授的文章《怎样使住宅问题解决得快些》。该文提出,住宅应属于个人消费品的重要组成部分,需要走商品化道路。这篇文章为中国住房的商品化奠定了基础。1980年4月,邓小平在《关于建筑业和住宅问题的讲话》中更明确地指出:"城镇居民个人可以购买房屋,也可以自己盖。不但新房子可以出售,老房子也可以出售。可以一次付款,也可以分期付款,10年、15年付清。住宅出售以后,房租恐怕要调整。要联系房价调整房租,使人们考虑到买房合算,因此要研究逐步提高房租。房租太低,人们就不买房子了……将来房租提高了,对低工资的职工要给予补贴。这些政策要联系起来考虑。建房还可以鼓励公私合营或民建公助,也可以私人自己想办法。"这个讲话正式开启了中国住房福利化改革的大门。1980年,国务院批转《全国基本建设工作会议汇报提纲》,这个提纲首次提出住房商品化政策,允许私人建房、买房和拥有个人住宅。1980—1985年开始补贴出售公有住房,1986年开始提租补贴。1988年,《国务院住房制度改革领导小组关于在全国城镇分期分批推行住房制度改革的实施方案》颁布,明确提出要实现住房商品化,将实物分配逐步改变为货币分配,由住户通过商品交换,取得住房的所有权或使用权,这使住房这个大商品进入消费品市场。1991年5月,上海市通过《上海市住房制度改革实施方案》,这套方案借鉴新加坡公积金制度经验,率先在国内建立了住房公积金制度。1992年,北京、天津等城市相继建立住房公积金制度。1994年7月,国务院发布《关于深化城镇住房制度改革的决定》,将住房实物福利分配的方式改变为货币工资分配方式,并以"个人存储、单位资助、统一管理、专项使用"的原则全面推行住房公积金制度,这个决定还提出建立以中低收入家庭为对象的经济适用住房供应体系,这是第一次明确提出建设公共住房体系。

三、城镇住房市场化深化阶段

1998年以来是城镇住房的市场化深化阶段。这一阶段的特点是:住房作为商品得到整个社会的认同,商品房走进千家万户,房地产价格增长迅速;中国特色的住房保障体系初步建立;住房价格调控成为房地产政策的主基调;房地产成为国民经济的支柱性产业。

1998年是住房市场化关键的一年,国务院发布《关于进一步深化城镇住房制度改革加快住房建设的通知》,要求:其一,停止住房实物分配,逐步实行住房分配货币化;建立和完善以经济适用住房为主的多层次城镇住房供应体系;发展住房金融,培育和规范住房交易市场。其二,提出经济适用房和廉租房制度。最低收入家庭租赁由政府或单位提供廉租住房;中低收入家庭购买经济适用住房;其他收入高的家庭购买、租赁市场价商品住房。其三,全面推行和不断完善住房公积金制度。同年,《建设部 国家发展计划委员会 国土资源部》关于印发〈关于大力发展经济适用房的若干意见〉的通知》明确规定,经济适用住房建设用地实行行政划拨,享受政府扶持政策,以微利价格向中低收入家庭出售。中低收入家庭购买新建的经济适用住房实行申请、审批制度。同年8月29日,《中华人民共和国土地管理法》修订通过,其第四十三条规定:"任何单位和个人进行建设,需要使用土地的,必须依法申请使用国有土地。"国有土地包括国家所有的土地和国家征用的原属于农民集体所有的土地,土地财政应运而生,影响了此后20余年中国房地产的发展。

2003年,全国首次房地产工作会议召开,首次提出房地产业对国民经济的支柱产业作用，房地产投资成为主要的投资方向。同年，国务院通过《关于促进房地产市场持续健康发展的通知》，明确了普通商品住宅是中国住房供给的主渠道。中国房地产业开始大跨步发展，城市房价进入快速增长期，房地产价格调控成为2003年后的十年中房地产政策的主旋律。2015年，住建部提出建立租购并举的住房制度。2016年，中央经济工作会议首次提出"房子是用来住的，不是用来炒的"，住房进入"房住不炒"时期。2017年中共十九大报告明确了"房住不炒"定位，并提出需要建立多主体供给、多渠道保障、租购并举的住房制度。2022年，中共二十大报告再次强调重申了这种定位。

在中国城镇住房市场化进程中，开始实施住房公积金制度，建设公共住房体系。住房公积金制度是中国住房制度的重要特点。住房公积金是国家机关、企业、社会团体以及其他在职职工缴存的长期住房储金，是一种强制性住房储蓄模式。1997年中共十五大报告再次要求建立住房公积金制度，1999年国务院通过《住房公积金管理条例》，2002年对该条例进行了进一步完善，至此住房公积金制度在全国普遍建立起来。中国的住房公积金参加者可以获得住房贷款的优惠，贷款利率低于市场利率，缴存比例各个地区和行业不同，根据2015年《住房公积金管理条例》的规定，住房公积金的缴存比例均不得低于职工工资的5%，不得高于12%，但具体实施过程中有些地区超过了上限。

住房公积金是一种强制性的储蓄制度（compulsory savings scheme），中国的住房公积金制度参考的是新加坡的中央公积金制度，但新加坡的中央公积金制度覆盖范围更为广泛。除公积金制度外，世界上还有两种住房促进制度，一是德国的住房储蓄制度，一是美国的住房抵押贷款制度。这四种制度各有特点。中国主要是住房抵押贷款制度与住房公积金制度的混合使用，以住房抵押贷款为主，公积金为辅。

中国于1994提出经济适用房体系，又于1998年提出多层次的住房保障体系，并在2003年、2007年、2010年等进行了完善，逐步形成了中国的公共住房制度（public housing）。这一制度包括经济适用房（economic and comfortable housing）、公共租赁房（public rental housing）、廉租房、限价房（限地价、限房价）。总体来说，这一制度在保障低收入人群住房权利方面发挥了作用，尽管出现了一些问题，如经济适用房面积过大，部分高收入群体享受了经济适用房等。表8.7归纳了中国公共住房体系的演变过程。

公共住房也称为社会住房（social housing），是普遍实施的制度，中国香港称之为公屋，中国台湾称之为国民住宅，新加坡称之为组屋。以欧盟为例，公共住房比重超过10%，其中荷兰的公共住房比重超过30%，法国超过15%，德国超过5%。

表 8.7 中国公共住房体系的演变

年份	最低收入	低收入	中等收入	高收入
1998	廉租房	经济适用房	经济适用房	商品房
2003	廉租房	经济适用房	商品房	商品房
2010	廉租房 经济适用房	高：商品房 低：公租房、限价房	商品房
2014	廉租房并入公共租赁房	商品房 中低收入者：可以公共租赁房	商品房

中国农民住房一直受到忽视，历次住房制度改革均不涉及农民住房问题，相反，农民住房受到严格规制。2007年《国务院办公厅关于严格执行有关农村集体建设用地法律和政策的通知》规定：农村住宅用地只能分配给本村村民，城镇居民不得到农村购买宅基地、农民住宅或"小产权房"。单位和个人不得非法租用、占用农民集体所有土地搞房地产开发。农村村民一户只能拥有一处宅基地，其面积不得超过省、自治区、直辖市规定的标准。农村村民出卖、出租住房后，再申请宅基地的，不予批准。不过，这种情况近年来有所改变，2016年中共十八届三中全会通过的《中共中央关于全面深化改革若干重大问题的决定》提出：保障农户宅基地用益物权，改革完善农村宅基地制度，选择若干试点，慎重稳妥推进农民住房财产权抵押、担保、转让，探索农民增加财产性收入渠道。

参考文献

[1] ARNOTT R,1987. Economic theory and housing[M]//NIJKAMP P,MILLS E S,CHESHIRE P C. *Handbook of Regional Science and Urban Economics*：Vol. 2. Amsterdam：Elsevier.

[2] BATES L J,SANTERRE R E,2003. The impact of a state mandated expenditure floor on aggregate property values[J]. *Journal of Urban Economics*,53(3).

[3] BRUECKNER J K,1982. A test for allocative efficiency in the local public sector[J]. *Journal of Public Economics*,19(3).

[4] CHAY K,GREENSTONE M,2005. Does air quality matter? Evidence from the housing market[J]. *Journal of Political Economy*,2005,113(2).

[5] CHOW G C,NIU L,2010. Demand and supply for residential housing in urban China[J]. *Journal of Financial Research*,44(1).

[6] CLAYTON J,1996. Rational expectations,market fundamentals and housing price volatility [J]. *Journal of Real Estate Economics*,1996,24(4).

[7] DAVIS M A,HEATHCOTE J,2007. The price and quantity of residential land in the United States[J]. *Journal of Monetary Economics*,54(8).

[8] DIPASQUALE D,WHEATON W C,1992. The markets for real estate assets and space：A

conceptual framework[J]. *Real Estate Economics*,20(2).

[9]DIPASQUALE D,WHEATON W C,1996. *Urban Economics and Real Estate Markets*[M]. Englewood Cliffs:Printice-Hall.

[10]DOWNES T A,ZABEL J E,2002. The impact of school characteristics on house prices: Chicago 1987—1991[J]. *Journal of Urban Economics*,52(1).

[11]DUSANSKY R,INGBER M,KARATJAS N,1981. The impact of property taxation on housing values and rents[J]. *Journal of Urban Economics*,10(2).

[12]EPPLE D,SIEG H,1999. Estimating equilibrium models of local jurisdictions[J]. *Journal of Political Economy*,107(4).

[13]Epple D,Gordon B,SIEG H,2010. A new approach to estimating the production function for housing[J]. *American Economic Review*,100(3).

[14]FOX R,FINLAY R, 2012. Dwelling Prices and Household Income[R]. Sydney:Reserve Bank of Australia.

[15]GAMPER-RABINDRAN S,MASTROMONACO R,TIMMINS C,2011. Valuing the benefits of superfund site remediation:Three approaches to measuring localized externalities[R]. *National Bureau of Economic Research*.

[16]GIBBONS S,MACHIN S,2003. Valuing English primary schools[J]. *Journal of Urban Economics*,53(2).

[17]GLAESER E L,KOLKO J,SAIZ A,2001. Consumer city[J]. *Journal of Economic Geography*,1(1).

[18]GLAESER E L,SHAPIRO J M,2001. *City Growth and the 2000 Census:Which Places Grew, and Why*[M]. Washington,DC:Brookings Institution,Center on Urban and Metropolitan Policy.

[19]GLAESER E L,GYOURKO J,2002. The impact of zoning on housing affordability[Z]. NBERWorking Paper 8835.

[20]GLAESER E L,GYOURKO J,2005. Urban decline and durable housing[J]. *Journal of Political Economy*,113.

[21]GLAESER E L,GYOURKO J,SAKS R E,2005. Why is Manhattan so expensive? Regulation and the rise in housing prices[J]. *Journal of Law and Economics*,48.

[22]GLAESER E L,GYOURKO J,SAKS R E,2006. Urban growth and housing supply[J]. *Journal of Economic Geography*,6(1).

[23]GLAESER E L,WARD B,2009. The causes and consequences of land use regulation:Evidence from Greater Boston[J]. *Journal of Urban Economics*,65.

[24]GLAESER E L,2013. A nation of gamblers:Real estate speculation and American history [J]. *American Economic Review:Papers and Proceedings*,103(3).

[25]GOLLIER C,2001. *The Economics of Risk and Time*[M]. Cambridge:MIT press.

[26]GREEN R,MALPEZZI S,2003. *A Primer on U. S. Housing Markets and Housing Policy* [M]. The Urban Institute Press.

[27]GREENWOOD M J,HUNT G L,1989. Jobs versus amenities in the analysis of metropolitan migration[J]. *Journal of Urban Economics*,25(1).

[28]GREENSTONE M,GALLAGHER J,2008. Does hazardous waste matter? Evidence from

the housing market and the superfund program[J]. *The Quarterly Journal of Economics*,123(3).

[29]IHLANFELDT K R,JACKSON J D,1982. Systematic assessment error and intrajurisdiction property tax capitalization[J]. *Southern Economic Journal*,49(2).

[30]KAHN M,WALSH R P,2015. The role of the amenities (environmental and otherwise) in shaping cities [M]// DURANTON G,HENDERSON J. V,STRANGE W S. *Handbook of Regional and Urban Economics*: Vol. 5. Amsterdam: North-Holland.

[31]KING A T,1977. Estimating property tax capitalization:A critical comment[J]. *Journal of Political Economy*,85(2).

[32]KNOLL K,SCHULARICK M,STEGER T,2017. No price like home:Global house prices,1870—2012[J]. *American Economic Review*,107(2).

[33]MALPEZZI S,WACHTER S M,2005. The role of speculation in Real Estate Cycles [J]. *Journal of Real Estate Literature*,33(2).

[34]MANKIW N G,WEIL D N,1989. The baby boom,the baby bust,and the housing market [J]. *Regional Science and Urban Economics*,19(2).

[35]MUELLBAUER M,1997. Booms and busts in the UK housing market [J]. *Economic Journal*,107(445).

[36]OATES W E,1969. The effects of property taxes and local public spending on property values:An empirical study of tax capitalization and the Tiebout hypothesis[J]. *Journal of Political Economy*,77(6).

[37]POLINSKY A M,ELLWOOD D T,1979. An empirical reconciliation of micro and grouped estimates of the demand for housing[J]. *The Review of Economics and Statistics*,61.

[38]PORELL F W,1982. Intermetropolitan migration and quality of life[J]. *Journal of Regional Science*,22(2).

[39]POTERBA J M,1984. Tax subsidies to owner-occupied housing:An asset-market approach [J]. *The Quarterly Journal of Economics*,99(4).

[40]RAPPAPORT J,2009. Moving to nice weather[M]// CARSON R T. *Environmental Amenities and Regional Economic Development*. London:Routledge.

[41]REINHARD R M,1981. Estimating property tax capitalization:A further comment[J]. *Journal of Political Economy*,89(6).

[42]ROBACK J,1982. Wages,rents and the quality of life[J]. *Journal of Political Economy*,90(6).

[43]ROSEN H S,1979. Housing decisions and the US income tax:An econometric analysis[J]. *Journal of Public Economics*,11(1).

[44]ROSEN S,1979. Wages-based indexes of urban quality of life[M]// Mieszkowski P,Straszheim M. *Current Issues in Urban Economics*. Baltimore and London:Johns Hopkins University Press.

[45]SINHA P,CROPPER M L,2013. The value of climate amenities:Evidence from US migration decisions[R]. *National Bureau of Economic Research*.

[46]YINGER J,BLOOM H S,BORSCH-SUPAN A,1988. Property Taxes and House Values [M]. *New York*:Academic Press.

思考与练习

1. 如何理解房地产是"房＋地＋产"的组合？中国物权法是如何定义不动产产权的？

2. 请查阅资料，分析美国、英国、德国、德国、日本、中国等国 1900 年以来的房地产价格演变历程。房价不会降吗？

3. 中国四个一线城市北京、上海、广州、深圳 2017 年 65 岁以上人口比率分别为 14.3%、10.9%、7.9%、3.4%，这对四个城市的房地产市场会有什么影响？

4. 请利用 Wheaton-Dipasquale(1992)模型分析利率对房地产价格的影响。

5. 一般来说，城市人口密度随着与 CBD 的距离增加而减少，假设呈指数分布：

$$density_i = \alpha e^{\beta distance_i + c}$$

取对数为：

$$\ln density_i = \ln \alpha + \beta distance_i + c$$

其中，$density_i$ 为城市 i 区位的人口密度，$distance_i$ 为区位 i 与城市 CBD 的距离。①请以北京、上海、广州、深圳与你所在城市第七次全国人口普查中街道层面的人口数据检验之；②如果公式中的人口密度换成就业密度，是否依然遵循该规律？③如果人口密度换成房价，又将如何？④将人口密度分布曲线、就业密度分布曲线和房价分布曲线进行比较，可以发现什么？

6. 请查阅资料，分析北京、上海、广州、深圳和你所在城市的学区房对房价的影响。大学、中学、小学、幼儿园对房价的影响程度有何不同？

7. 试估算 1998 年以来中国主要城市的房价租金比(price rent ratio)和房价收入比(price income ratio)及其影响因素。

8. 试估算 1998 年以来中国住房价格弹性、收入弹性。

9. 请查阅房地产的有关网站，利用特征定价方法分析区位、小区环境、楼层等对房价的影响。

10. 房地产本质之一是金融现象，货币发行量与房地产价格有重要关系，下图是中国 M2 的演变图，2021 年 M2 是 1990 年的 143 倍。

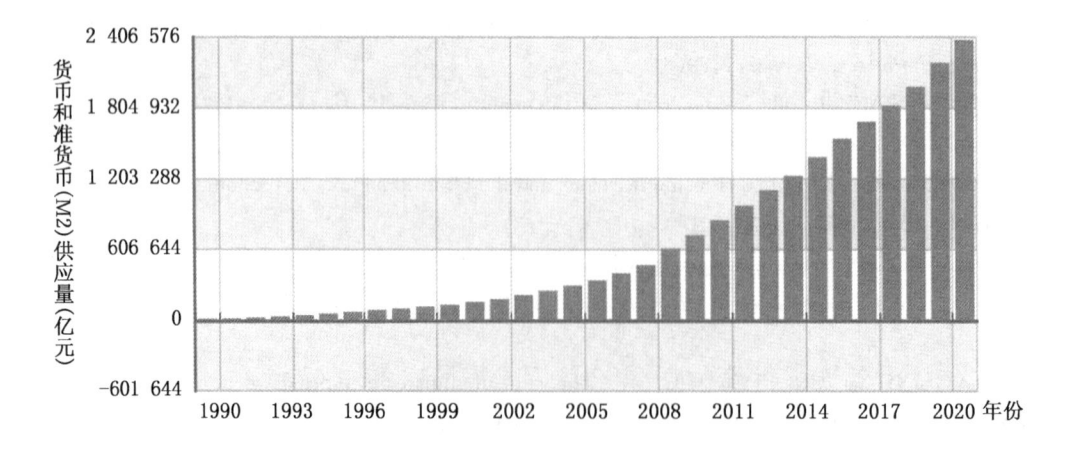

请分析：①M2 对中国住房价格有什么影响？②M2 通过什么机制影响住房价格？

11. 什么是城市品质？城市品质如何影响城市房价？

12. 如何界定一线、二线……城市？请分析各类城市的房价在过去 10 年的演变历程。

13. 下图是广东省两个城市的土地价格演变图：

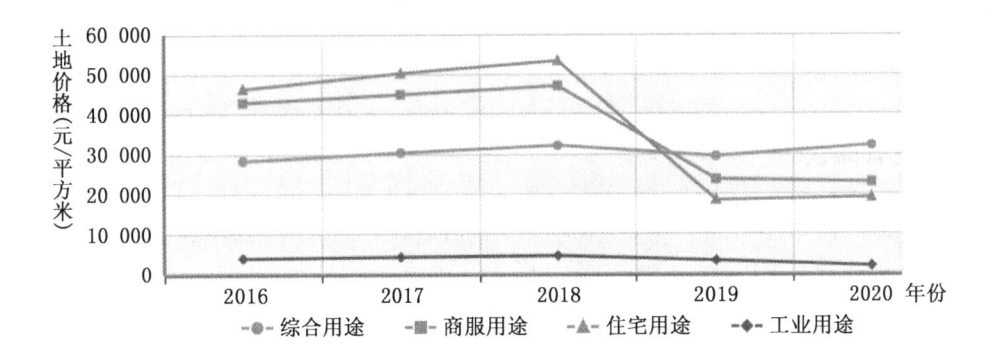

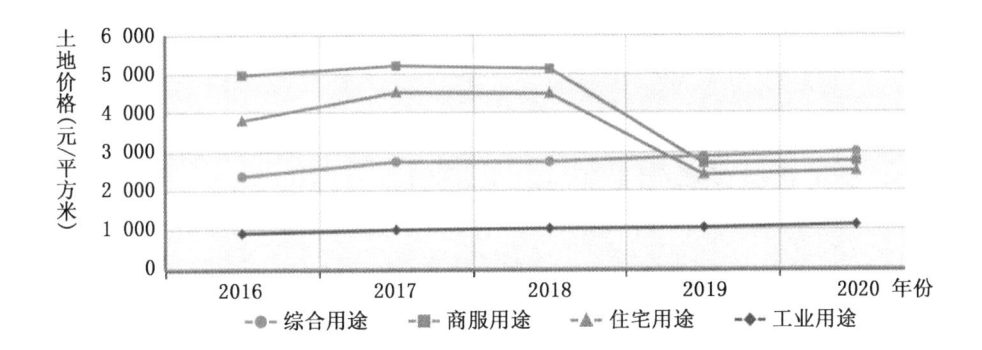

请回答：①图中哪个城市是深圳,哪个城市是汕头？②四类土地价格的演变趋势在两个城市是否相同？③形成两个城市的地价差异的原因是什么？

14. 中国城市工业用地价格明显低于商业用地、住宅用地的价格,为什么？

15. 请分析住房价格的快速增长对居民消费、居民收入差距、企业区位的影响。实地调查一下,高房价是否抑制了人们的消费,导致收入差距越来越大,使得一些企业发生区位迁移。

16. 请了解中国住房制度改革的历程,思考如何进一步推动中国住房制度的改革。

17. 查阅 1998 年以来中国住房政策的资料,请回答：①主要有哪些政策？②这些政策达到目标了吗？③未来应如何改革？

18. 地铁是重要的公共交通工具,地铁对房价有重大影响。以上海为例,1993 年地铁 1 号线开通,2000 年 3 号线开通,2005 年 4 号线开通,2007 年 9 号线开通,2013 年 16 号线开通,2020 年 18 号线开通,2022 年上海共有轨道线数 20 个,运营里程达到 831 公里。以北京、天津、上海、广州为例,①请利用 GIS 测算上海各居住小区到最近地铁站的距离；②请回答：在其他条件不变的条件下,距离地铁站越近,住房价格越高吗？

19. 波特巴(Poterba,1984)提出了住房市场模型。住房的使用成本包括折旧率 δ、住房维护成本 κ、财产税率 μ、抵押贷款利率 i、边际收入税率为 θ、通货膨胀 π。住房价格为 P,住房的租金为 R,请证明：①住房价格的变动 P' 可以表示为 $P'=[\delta+\kappa+(1-\theta)(\mu+i)]P - R-\pi P$；②如果定义

$S=R-[\delta+\kappa+(1-\theta)\mu]P$，则 $P'=-S+[(1-\theta)i-\pi]P$。

20. 不同城市的房价不同。房价是导致城市居民收入差距的原因吗？请用数据说明之。

21. 到北京、上海、深圳等城市工作的大学毕业生抱怨住房租金高，有人建议政府对住房租金实施最高限价或者补贴租房者以解决这一问题，有人认为住房租金的管制会造成住房的供给不足或质量下降。试讨论：你支持住房租金管制吗？请用数据说明之。

延伸阅读

[1] ARNOTT R, 1987. Economic theory and housing[M]//NIJKAMP P, MILLS E S, CHESHIRE P C. *Handbook of Regional Science and Urban Economics*: Vol. 2. Amsterdam: Elsevier.

[2] DIPASQUALE D, WHEATON W C, 1992. The markets for real estate assets and space: A conceptual framework[J]. *Real Estate Economics*, 20(2).

[3] GLAESER E L, KOLKO J, SAIZ A, 2001. Consumer city[J]. *Journal of Economic Geography*, 1(1).

第九章 区域差异与趋同

区域差异是指一个区域与另一个区域在经济、社会、文化、自然等方面的差别,这种差别有时候是巨大而且显而易见的,如江南的小桥流水,塞北的大漠风沙,南方的稻菽千层浪,蒙古高原的风吹草低见牛羊。世界范围内的差异更大,自然环境、人口、种族、文化等都存在很大的不同。城市与区域经济学主要研究经济发展水平的差异,并分析产生差异的原因和趋同的条件。

第一节 区域及其尺度

一、不同尺度的区域

尺度是个时空概念,是衡量区域的空间范围和时间的标准。《庄子·秋水》云:"井蛙不可以语于海者,拘于虚也;夏虫不可以语于冰者,笃于时也。"井底与大海是区域的范围标准,而夏季与冬季(冰)是时间尺度,在区域与城市经济研究中,我们更多地关注区域的空间范围这一尺度,就这一范畴而言,我们有全球尺度、国家尺度、区域尺度、城市尺度的划分,但区域有时候指几个国家之组合,比如欧盟,有时是一个国家内部的地区或城市之组合。

同一尺度的事务可以进行比较。比如,大学刚入学时,同一宿舍的4人见面时介绍自己,有山东的、有河南的、有广东的,如果第四人说自己是高家庄的,别人可能不知其所云。经过一过时间,大家都熟悉了,某山东同学可能发现隔壁宿舍也有个山东的,那么再介绍家乡时就需要问是哪个市的:济宁的,还是烟台的?

不同尺度的事务可以进行比较,但有一定的条件。例如,欧洲与中国有很多相似之处,具有较强的可比性,见表9.1。

表9.1 欧洲与中国比较

	欧洲	中国
面积(万平方公里)	1 018	960

续表

	欧洲	中国
人口(亿人)	7.4	14
GDP(万亿美元)	20.8	18
政区(个)	50	34
货币	欧盟统一货币,非欧盟除外	统一货币,但港澳台除外
语言	同属印欧语系,英语为重要工作语言	中文普通话
历史	历史悠久	历史悠久
贸易	中国最大的贸易伙伴之一	欧洲最大的贸易伙伴之一

二、常见的"区域"

(一)世界范围内的区域划分

1. 东西方

东亚一般指中国、日本、韩国、朝鲜和蒙古五个国家。东北亚一般指中国东部、日本、韩国、朝鲜和俄罗斯远东部分。东南亚位于亚洲东南部,包括中南半岛和马来群岛两大部分,地处亚洲与大洋洲、太平洋与印度洋之间的十字路口,马六甲海峡是这个路口的咽喉,具有重要的战略地位。东盟全称为东南亚国家联盟(Association of Southeast Asian Nations,ASEAN),现有10个成员国:文莱、柬埔寨、印度尼西亚、老挝、马来西亚、缅甸、菲律宾、新加坡、泰国、越南,1967年8月8日成立于泰国曼谷。南亚位于亚洲南部,喜马拉雅山脉中西段以南及印度洋之间的地区,印度和巴基斯坦是南亚最重要的国家。

2. "一带一路"沿线国家

一带一路是陆上"丝绸之路经济带"和"21世纪海上丝绸之路"的简称。古代的陆上丝绸之路以西安为起点,经中亚国家,最后到达地中海沿岸的意大利;古代的海上丝绸之路从广州、泉州、宁波等沿海城市出发,经东南亚到阿拉伯海,最后到达非洲东海岸。2013年,中国提出建设"新丝绸之路经济带"和"21世纪海上丝绸之路"的合作倡议;2015年,中国发布《推动共建丝绸之路经济带和21世纪海上丝绸之路的愿景与行动》。截至2019年3月底,中国政府已与125个国家和29个国际组织签署合作文件,共建"一带一路"国家已由亚欧延伸至欧洲、拉美、南太等区域。

3. 区域经济一体化组织

区域经济一体化组织以欧盟、东盟、北美自贸区等较为著名。

1951年4月18日,法国、意大利、比利时、荷兰和卢森堡以及联邦德国签署为期

50 年的《关于建立欧洲煤钢共同体的条约》(又称《巴黎条约》),1952 年成立欧洲煤钢共同体。1958 年 1 月 1 日又成立欧洲投资银行。1965 年 4 月 8 日,德国、法国、意大利、荷兰、比利时、卢森堡六国签订《布鲁塞尔条约》,决定将欧洲煤钢共同体、欧洲原子能共同体和欧洲经济共同体统一起来,统称欧洲共同体。1991 年 12 月,欧洲共同体马斯特里赫特首脑会议通过《欧洲联盟条约》,通称《马斯特里赫特条约》。1993 年 11 月 1 日,《马斯特里赫特条约》正式生效,欧盟诞生。1998 年 1 月,欧洲中央银行成立。2002 年 1 月 1 日,欧元正式流通,3 月 1 日,欧元成为欧元区国家唯一法定货币。2017 年,英国提出脱离欧盟。2020 年,英国正式脱离欧盟。

表 9.2 列出了欧盟成员入盟时间。

表 9.2　　欧盟成员入盟时间

年　份	国　　家
1958	比利时、法国、德国、意大利、卢森堡、荷兰
1973	丹麦、爱尔兰、英国(2020 年脱离)
1981	希腊
1986	葡萄牙、西班牙
1995	奥地利、芬兰、瑞典
2004	塞浦路斯、捷克、匈牙利、爱沙尼亚、立陶宛、拉脱维亚、马耳他、波兰、斯洛文尼亚、斯洛伐克
2007	保加利亚、罗马尼亚
2013	克罗地亚

资料来源:europa.eu。

1985 年 6 月 14 日,德国、法国、比利时、荷兰、卢森堡五国在卢森堡的小城申根(Schengen)共同签署了《关于逐步取消边界检查的条约》,即《申根协定》,于 1995 年 7 月正式全面生效。《申根协定》签订的目的是取消相互之间的边境检查点,并协调对申根区之外的边境控制。目前申根国家包括奥地利、比利时、丹麦、芬兰、法国、德国、冰岛、意大利、希腊、卢森堡、荷兰、挪威、葡萄牙、西班牙、瑞典、匈牙利、捷克、斯洛伐克、斯洛文尼亚、波兰、爱沙尼亚、拉脱维亚、立陶宛、马耳他、瑞士和列支敦士登。申根国家大部分是欧盟成员国,与欧盟是不同的概念。

(二)中国的区域划分

1. 九州

《尚书·禹贡》以名川大山为标志将天下分成九州:冀、兖、青、徐、扬、荆、豫、梁、雍。北部六个州,冀、兖、青、徐、豫、雍,南部三个州,扬、荆、梁。冀州大致相当于今天的河北和山西部分;兖州是指古济水和古黄河下游,大致相当于今山东北部和河北部分;青州为今山东、辽东半岛;徐州为泰山以南、淮河以北、东至黄海的地区,大致为今黄淮平原;扬州为淮河以南的长江三角洲地区;荆州为湖南、湖北的部分地区;豫州为今天河南的大部分地区;梁州大致为今天的四川盆地;雍州为今陕西、甘肃地区。九州边界的确定主要遵循三个原则:一是山脉确定山地、丘陵边界;二是河流确定高原、平原边界;三是山、河、海混合确定地形复杂地区的边界。每个州都面临区域整治的任务:冀州重点整治山、原、水,兖州为治水,青州治水和开发滩涂,徐州治水和开发平原地带,扬州治水,荆州治水和开发云梦泽,豫州治水,梁州治水、治山,雍州治水。这样,九州不仅是地理区划,而且是一个较为详细的国土开发规划,这个国土开发规划重点是治水,这也是每个州面临的共同任务(刘盛佳,1990)。2 000多年过去了,水资源的开发、利用与生态保护依然是现在区域与城市发展面临的突出问题。

2. 省

省是区域经济分析中的基本单位之一,大量的研究成果基于省级数据。中国目前有34个省级行政单位,包括:23个省(黑龙江、吉林、辽宁、山西、安徽、江西、河南、湖北、湖南、河北、江苏、浙江、福建、山东、广东、海南、四川、贵州、云南、陕西、甘肃、青海和台湾),4个直辖市(北京、天津、上海、重庆),5个自治区(广西、内蒙古、新疆、宁夏、西藏),以及两个特别行政区(香港和澳门)。

省或曰行省,起源于元朝初年,元朝设立10个行省,即岭北、辽阳、河南江北、陕西、四川、甘肃、云南、江浙、江西、湖广,后来明清完善了行省制度,这一制度延续至今。元朝的行省与现在相比差异很大,如江西行省包括了现在的江西、广东的大部分,江浙行省则包括了现在的福建省,而不包括江苏省的苏北地区。经过几百年的演变,清朝后期的省级行政区划和现在基本轮廓差别已经很小。

中国省域划分的原则是山川形便和犬牙交错,山川形便是地理因素,犬牙交错则是政治因素的考量(周振鹤,2013)。如河北省与山西省分界于太行山脉,而陕西省与山西省分界于黄河,这种是山川形便的因素;陕西省包括陕北、关中、汉中三个地区,汉中与关中陕北隔着秦岭山脉,汉中与四川的自然环境、人文特征更为相似,而之所以被划分到陕西,是为了控制四川之需要,这体现了犬牙交错的特征;类似的还有江苏,江苏的徐州、连云港等地区完全是中原文化区,与山东、河南同属于一个文化区,但被划到江苏省,主要是为了平衡苏南,削弱河南、山东的政治之需要。

3. 东中西部

改革开放以来,对区域经济的东中西部的划分开始于1986年的"七五计划"。"七五计划"将北京、天津以及上海等沿海地区划分为东部地区,共11个省(市);中部地区为10个省(区),西部地区为9个省(区)。1997年,重庆成为直辖市,相应地西部地区变为10个省(区、市)。2000年,西部大开发,内蒙古、广西享受西部政策,于是中部地区变为8个省(区),西部地区变为12个省(区、市)。上述皆为三分法,还有一种方法是将辽宁、吉林、黑龙江和内蒙古的东部地区单列为东北地区,这样就变成了东、中、西、东北四大地区,或称为四大板块。

表9.3　　　　　　　　　　　　　　中国东中西部划分

年份	事件	包含地区
1986	"七五"计划	东部地区:北京、天津、河北、辽宁、上海、江苏、浙江、福建、山东、广东和海南11个省(市) 中部地区:山西、内蒙古、吉林、黑龙江、安徽、江西、河南、湖北、湖南、广西10个省(区) 西部地区:四川、贵州、云南、西藏、陕西、甘肃、青海、宁夏、新疆9个省(区)
1997	重庆直辖	东部地区:不变 中部地区:不变 西部地区:增加重庆市,变为10个省区
2000	西部大开发	东部地区:不变 中部地区:内蒙古、广西调出,变成8个省(区) 西部地方:内蒙古、广西调入,变成12个省(区、市)

4. 南北方

中国基本可以由三条分界线划分为四个大的地理区域。三条分界线为大兴安岭-阴山-贺兰山线、昆仑山脉-祁连山脉-横断山脉线、秦岭-淮河线,四个地区为南方地区、北方地区、西北地区、青藏高原地区。秦岭-淮河以南为南方地区,以北为北方地区,大兴安岭-阴山-贺兰山线以西为西北地区,昆仑山脉-祁连山脉-横断山脉线以南为青藏高原地区。大兴安岭-阴山-贺兰山线是季风与非季风的分界线以及400毫米年等降水量线。昆仑山脉-祁连山脉-横断山脉线是地形之第一阶梯与第二阶梯分界线;秦岭-淮河线为1月份0℃等温线以及800毫米年等降水量线,还是古代中原王朝抗击游牧民族的第二道防线(第一道是长城)。

北方包括北京、天津、河北、山西、内蒙古、辽宁、吉林、黑龙江、山东、河南、西藏、陕西、甘肃、青海、宁夏、新疆16个省(区、市),南方包括江苏、安徽、浙江、上海、湖北、湖南、江西、福建、云南、贵州、四川、重庆、广西、广东、海南、香港、澳门与台湾18个省(区、市),西北包括新疆、甘肃、青海、宁夏、陕西5个省(区),东北包括黑龙江、吉林、辽宁3个省,东南包括广东、福建、浙江、江苏、上海5个省(市)。

5. 司马迁线和胡焕庸线

中国的地理环境特点从整体上塑造着中国的经济社会总体格局,中国人口、民族、耕地资源分布也形成了一条明显的分界线。

司马迁在《史记·货殖列传》中提出了从龙门山到碣石(河北省昌黎)的一条线,即龙门-碣石线,后人称为司马迁线。这条线从龙门山开始,向东北经过霍山,再往东北到河北省的昌黎。龙门、碣石之北多马、牛、羊、旃裘、筋角,为北方游牧民族居住的地区,之南则为中原民族居住的地区。

胡焕庸线是胡焕庸(1935)提出的,又称为瑷珲-腾冲线(或黑河-腾冲线),即从黑龙江省的瑷珲(黑河)到云南的腾冲画一条线,线之东南占全国36%的国土面积,分布着全国88%的耕地及96%的人口,线之西北占全国64%的土地,分布着全国12%的耕地及4%的人口。自1935年以来,中国人口分布的这种格局基本不变。

第二节　中国的地区差异

一、古代差异和经济中心迁移

(一)各地差异明显

中国幅员辽阔,各地差异明显,所谓十里不同风,百里不同俗,正是这种写照。2 000多年前的大史学家司马迁在其《史记·货殖列传》中比较详细地论述了中国的地区差异,尤其是汉族聚居区的差异。他注意到各地的自然资源的差异:

夫山西饶材、竹、谷、纑、旄、玉石;山东多鱼、盐、漆、丝、声色;江南出楠、梓、姜、桂、金、锡、连、丹砂、犀、玳瑁、珠玑、齿革;龙门、碣石北多马、牛、羊、旃裘、筋角;铜、铁则千里往往山出棋置;此其大较也。

司马迁还注意到各地的人口密度、生活习惯、生产方式的差异。他写道:

楚越之地,地广人稀,饭稻羹鱼,或火耕而水耨,果隋蠃蛤,不待贾而足,地埶饶食,无饥馑之患,以故呰窳偷生,无积聚而多贫。是故江淮以南,无冻饿之人,亦无千金之家。沂、泗水以北,宜五谷桑麻六畜,地小人众,数被水旱之害,民好蓄藏,故秦、夏、梁、鲁好农而重民。

当然随着时代的变迁,2 000多年后的今天,这种情况发生了诸多变化,但我们依然可以感受到中国地区之间的巨大差异。

(二)经济中心与政治中心的迁移

中国经济中心和政治中心演进的总体特点是(参见图9.1):隋唐之前,经济与政治中心重合,皆在长安与洛阳一线,如西汉都城为西安,东汉为洛阳,隋唐在西安和洛阳;隋唐之后,特别是宋朝之后,经济中心与政治中心分离,经济中心在江南地区,而政治中心则主要是在北京,宋朝是个过渡阶段,北宋都城为开封,南宋实际都城为杭州,金中都、元大都、明清都城皆为北京,南京曾短暂为明都城。秦汉时期经济中心集中于黄河中下游地区,洛阳和长安(西安)长期作为中国的政治和经济中心。东汉末年的战乱、西晋时期的永嘉之乱导致北方人口大规模南迁，隋唐时候江南已经成为富庶之地，唐朝的安史之乱又使人口进一步南迁，南方人口与经济又获得相应的发展，南方人口数量超过北方；北宋的靖康之乱使得南方特别是江南地区彻底超越北方成为中国的经济中心，至此这种地位几乎延续至今，明清两代南方经济占全国的比重约为80%，尤其是江南的苏州、常州、松江(上海)三府为最，三府占全国总量的1/3左右。经济中心南迁并没有改变政治中心北移趋势，除了南宋都城临安(杭州)和其他几个朝代短暂定都南方外，中国的首都和政治中心始终在北方，政治中心在北方、经济中心在南方，南北经济差异而不是东西经济差异成为1 000多年来中国经济地理的基本特征。

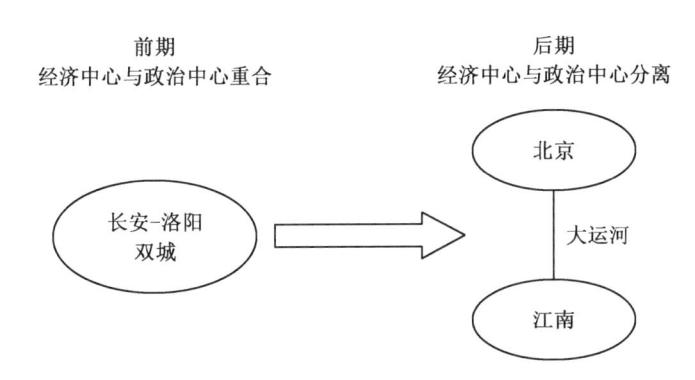

图9.1　中国古代经济中心与政治中心的迁移

(三) 古代教育的地区差距

江南才子多，人文冠中华，古今概莫能外，古代能够反映教育文化水平的一个重要指标是进士的数量，明清进士最多的省份为浙江、江苏和江西三省(见表9.4)，领先于其他各省，江苏的苏州地区更是进士和状元频出。特别值得指出的是江西省，由于江西之北由鄱阳湖连通长江，从而可由大运河抵北京，南由赣江穿越大庾岭要塞由东江到达广州，因而江西省虽处内陆但并不封闭，诗书传家蔚然成风，江西的抚州地区更是盛产进士的地区。

表9.4　　　　　　　　　　　明清进士的数量　　　　　　　　　　单位：人

省　份	明　代	清　代	合　计
浙江	3 697	2 808	6 505
江苏	2 997	2 949	5 926
江西	3 114	1 919	5 033
河北	1 621	2 674	4 295
山东	1 763	2 270	4 033

续表

省　份	明　代	清　代	合　计
河南	1 729	1 721	3 450
山西	1 194	1 420	2 614
安徽	1 169	1 119	2 288
湖北	1 009	1 247	2 256
四川	1 369	753	2 122
陕西	870	1 043	1 913
广东	857	1 011	1 868
湖南	481	714	1 195
云南	122	694	816
广西	207	568	775
贵州	32	607	639
甘肃	119	289	408
辽东	23	186	209
旗籍		1 281	1 281
其他	87	103	190

资料来源：沈登(1999)。

教育发展的一个重要因素是书院的兴起。书院肇始于唐,兴盛于宋,流行于元、明、清,是民间性教育与学术机构,宋以后书院向社会开放,成为历代教育文化不可或缺的一部分,出现了河南商丘的应天书院、湖南长沙的岳麓书院、江西庐山的白鹿洞书院、河南登封太室山的嵩阳书院等著名的书院。宋朝时期江西、浙江、福建三省书院数量最多。

二、现代经济差异

(一)东中西差异

中国经济发展的地区差异是明显的。

图9.2显示了中国四大地区GDP占比的演变。1978年东部地区占比为43.6%,中部地区占比为21.6%,西部地区占比为20.8%,东北地区占比为14.0%;1993年东部地区占比为50.21%,首次超过50%,中部地区占比为19.49%,西部地区占比为18.83%,东北地区占比则为11.47%;4年后的1997年,东北地区占比降至10%以下,为9.9%;2006年,东部地区占比为55.49%,中部地区占比为18.68%,西部地区占比为17.33%,东北地区占比为8.5%;2020年,东部地区地区占比为51.93%,中部

地区占比为21.95%,西部地区占比为21.07%,东北地区占比则进一步降至5.05%。

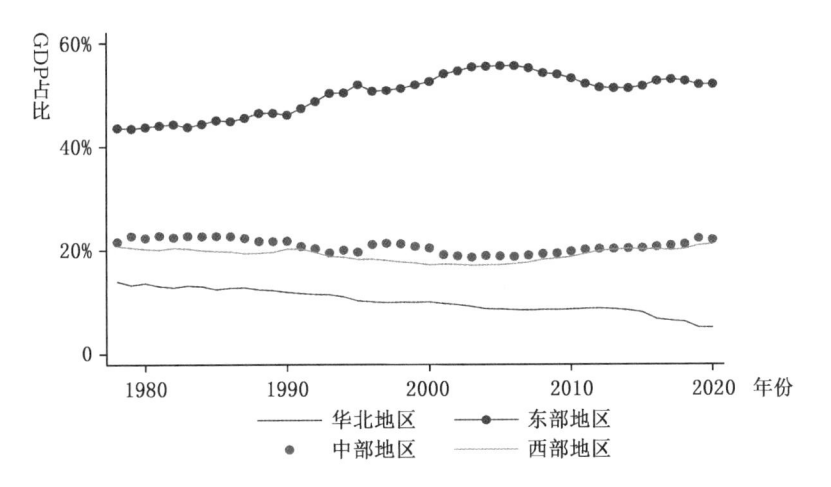

图 9.2 中国四大地区 GDP 占比的演变

图9.3显示了中国四大地区GDP的演变。1978年,中国人均GDP为0.0362万元,东北地区为0.0560万元,东部地区为0.0465万元,中部地区为0.0276万元,西部地区为0.0262万元,东北地区最高;1991年,东部地区人均GDP为0.2551万元,东北地区为0.2467万元,中部地区为0.1332万元,西部地区为0.1201万元,东部地区首次超过东北地区;1998年,东部地区人均GDP首次超过1万元,达到1.01万元;2003年,中国人均GDP首次超过1万元,达到1.086万元;2012年,中国人均GDP达到4.28万元,东部地区为5.75万元,东北地区为4.599万元,中部地区为3.237万元,西部地区为3.127万元;2020年,中国人均GDP超过7万元,东部地区为9.32万元,中部地区为6.10万元,西部地区为5.57万元,东北地区为5.20万元,中部地区和西部地区超过东北地区,其实在2019年这两个地区均已超过东北地区。

(二)南北差异

中国改革开放以后南北经济发展的差异可以划分为四个阶段进行分析:第一个阶段1978—1992年,1992年南方GDP占全国的56.96%,北方GDP占全国的43.04%,与1978年相比北方占比降低了3.27%;第二个阶段1992—2002年,2002年南方GDP占全国的58.56%,北方GDP占全国的41.44%,与1992年相比北方GDP占比降低了1.6%;第三个阶段2002—2012年,2012年南方GDP占全国的57.11%,北方GDP占全国的42.89%,与上一个阶段相比南方GDP占比降低了1.45%;第四个阶段2012—2020年,2020年南方GDP占全国的64.78%,北方GDP占全国的35.22%,与2012年相比南方占比增加了6.22%。从1978年到2020年,南方GDP占比增加了11.09%,其中增速最快的是2012—2020年,占比增加了6.22%。

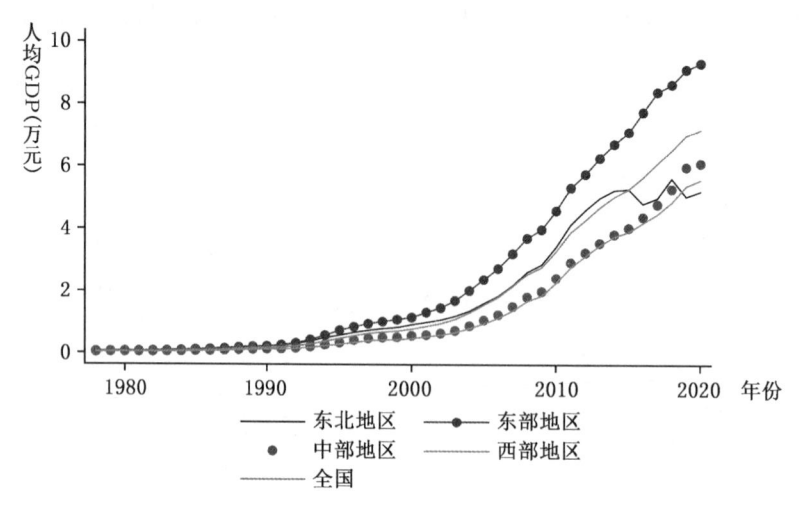

图 9.3 中国四大地区人均 GDP 的演变

下面再以人口的增长来探求南北差异。2000 年第五次全国人口普查显示,北方人口占比为 41.83%,而南方人口占比为 57.88%,南方比北方多 16.05%,即多 2 亿人口;2010 年第六次全国人口普查显示,北方人口占比为 41.87%,而南方人口占比为 57.61%,南方比北方多 15.74%,即 2.1 亿人口,但 2010 年南方人口占比比 2000 年略微降低;2020 年第七次全国人口普查显示,南方人口占比为 59.41%,而北方人口占比为 40.59%,南方人口比北方人口多近 2.66 亿人。

我们再进一步分析南北方内部各省份的发展情况。南方地区东南五省之广东省、福建省、浙江省、江苏省、上海市的 GDP 之和占整个南方地区的比重 1978 年为 48.07%,1992 年为 53.12%,2002 年为 58.30%,2012 年为 56.39%,2020 年为 55%;东北三省、西北五省和山河四省(山东、山西、河南、河北)的 GDP 占整个北方地区的比重 1978 年分别为 30.16%、13.41%、40.93%,1992 年分别为 25.71%、12.91%、46.93%,2002 年分别为 23.69%、11.12%、50.83%,2012 年分别为 20.41%、12.88%、47.84%,2020 年分别为 14.34%、15.68%、51.04%,我们发现 1978—2020 年东北三省的 GDP 占北方地区的比重降低了 15.82%,山河四省则增加了 10.11%。在人口比重方面,南方地区东南五省占整个南方地区的比重在 2000 年、2010 年和 2020 年分别为 35.35%、38.52%和 40.80%,占比增长了约 5%;东北三省占整个北方地区的比重在这三年分别为 20.13%、19.54%和 17.21%,占比下降了约 3%;西北五省在这三年的比重分别为 17.3%、17.26%和 18.09%,略有增加;山河四省的比重则分别为 53.57%、53.02%和 54.24%,略有增加。

(三)城乡收入差距

不仅人均 GDP 存在差异,而且居民的收入水平也存在巨大差异,图 9.4 显示了改革开放后中国城乡人均收入情况。无论是农村还是城市,居民人均收入都获得了较大增长,但是城市发展速度明显快于农村,差距越来越大。1978—2001 年,城乡收入比低于 3.0;2002—2009 年,城乡收入比超过 3.0;2010—2020 年,城乡收入比在 2.5～3.0 之间徘徊。如果加上城市居民的各种隐性福利(城市居民教育、医疗、住房等福利),可能差距更大。

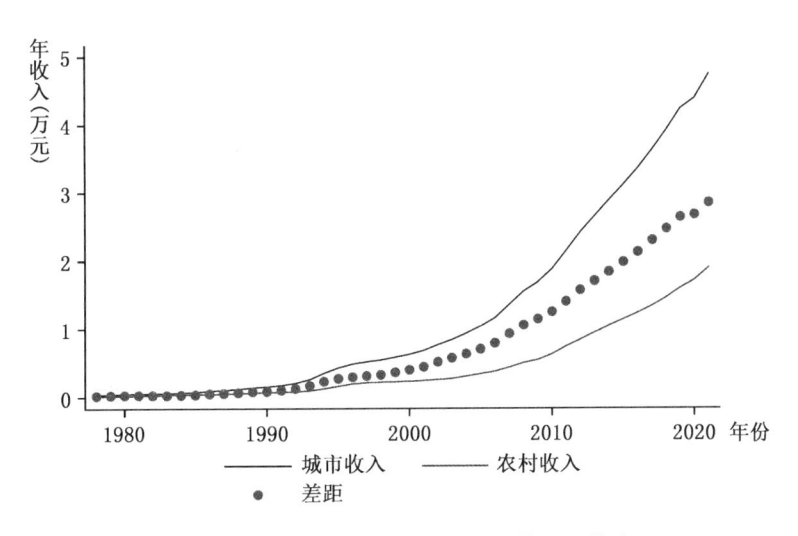

图 9.4　中国城市与农村的人均居民收入及其差距

资料来源:根据《中国统计年鉴(2022)》数据绘制。

城市各行业的收入差距也很明显。以城镇非私营单位平均工资为例,1978 年最高收入行业为电力、煤气行业,最低收入行业为社会服务业,比值为 2.17;到 2000 年,最高收入行业为金融业,最低收入行业为农林牧渔,比值为 2.60 倍;2020 年最高收入行业为信息技术业,最低收入行业还是农林牧渔,比值为 3.66(参见表 9.5)。

表 9.5　　　　　　　　　　　　收入的行业差距

年份	最高收入行业及其人均工资(元)		最低收入行业及其人均工资(元)		比值
1978	电力煤气	850	社会服务	392	2.17
1990	采掘	2 718	农林牧渔	1 541	1.76
2000	金融业	13 478	农林牧渔	5 184	2.60
2010	金融业	70 146	农林牧渔	16 717	4.2
2020	信息技术	177 544	农林牧渔	48 540	3.66

资料来源:相关年份《中国统计年鉴》。

(四)城市之间的差异

中国城市发展的差距也如此。表 9.6 显示了 GDP 最大的 10 个城市的演变过程。

1978年,十大城市中东北地区有4个,它们是长春、哈尔滨、沈阳、大连;2001年,深圳、苏州跃居十大城市之列,而东北地区无一个城市;2011年与2001年相比基本无变化;2017年,武汉跃居十大城市之列,深圳超过了广州,十大城市中长三角地区有上海、苏州、杭州,珠三角地区有广州、深圳,京津冀地区有北京、天津。

表9.6　　　　　　　　　　中国GDP最高的10个城市　　　　　　　　　单位:亿元

1978年		1992年		2012年		2020年	
上海	272	上海	1 114	上海	20 101	上海	38 700
北京	108	北京	709	北京	17 801	北京	36 102
天津	82	广州	511	广州	13 501	深圳	27 670
重庆	67	重庆	420	深圳	12 950	广州	25 019
长春	51	天津	411	天津	12 885	重庆	25 002
哈尔滨	45	苏州	360	苏州	12 011	苏州	20 170
沈阳	44	无锡	288	重庆	11 459	成都	17 716
广州	43	深圳	285	成都	8 138	杭州	16 106
大连	42	沈阳	273	武汉	8 003	武汉	15 622
武汉	39	杭州	268	杭州	7 803	南京	14 817

注:表中城市不含香港、澳门特区和台湾地区。数据均包括市辖区(县)。

资料来源:相关年份《中国统计年鉴》。

(五)省内差异

不仅省区之间有巨大差异,而且一个省区内部也有很大差异。例如,广东省与江苏省是中国经济第一、第二大省,其省内的差异比较明显。广东省的粤北、粤东、粤西地区与珠江三角洲地区差异明显。图9.5显示了广东省粤东地区潮州、汕头、梅州、汕尾2020年GDP和人均GDP与省内的深圳、东莞、广州等珠江三角洲核心区城市的巨大差异。

江苏省的苏南、苏北地区差距明显。江苏省以长江为界,长江以南是苏南地区,长江以北是苏北地区,有时候苏北地区的扬州、泰州、南通等地称为苏中地区。苏南发达,苏北欠发达。图9.6显示了苏北地区的徐州、宿迁、淮安等地与苏南地区的南京、苏州、无锡的GDP和人均GDP,差异明显。

图9.5和图9.6不仅绘出了广东省、江苏省部分城市的GDP和人均GDP,而且绘出了粤东、徐州附近省际交界地区的相邻省份的城市,可以很清楚地看出,粤闽交界处以潮州、梅州为代表的城市和苏鲁豫皖交界处以徐州为中心的城市是整个东部地区的经济发展洼地。

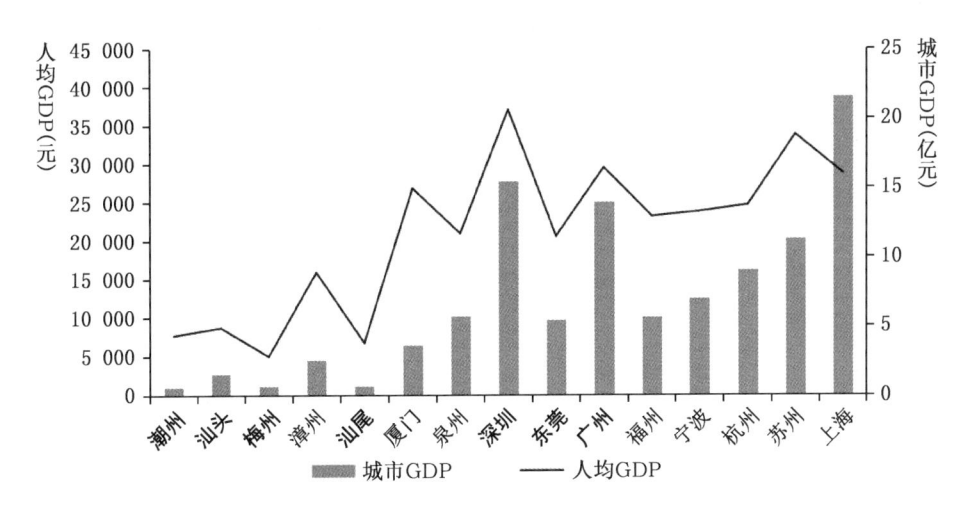

图 9.5　广东省的潮州、汕头、梅州、汕尾等城市与省内的
深圳、广州等城市的 GDP 和人均 GDP(2020)

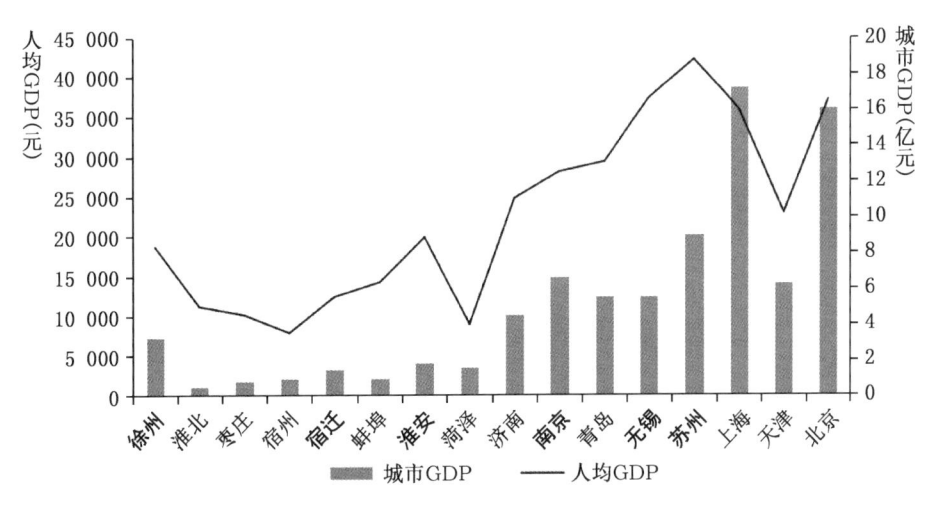

图 9.6　江苏省苏北地区的徐州、宿迁、淮安与苏南地区的南京、
苏州、无锡的 GDP 和人均 GDP(2020)

省内差异还有一个突出的特征是省会城市的一城独大,尤其是内陆的省份,更是如此。四川省省会成都市 GDP 在 1978 年占全省的 19.46%,2020 年达到 36.49%;吉林省长春市 1978 年 GDP 占全省的 34.02%,2020 年则增加到 53.97%。从 1978 年到 2020 年,省会城市中只有广东省省会广州市和青海省省会西宁市 GDP 所占比重略有下降,其他省会城市均有所增加。

表 9.7　　　　　　　各省省会城市 GDP 占该省 GDP 的比重　　　　　单位:%

城　市	1978 年	1992 年	2002 年	2012 年	2020 年
河北石家庄	16.33	8.77	21.16	15.59	16.48
辽宁沈阳	19.04	21.77	23.07	24.69	26.28
江苏南京	13.81	14.28	13.21	13.59	14.40
浙江杭州	22.90	21.43	22.5	23.26	24.88
广东广州	23.17	20.83	23.53	23.16	22.48
福建福州	20.45	25.0	22.22	21.29	22.94
山东济南	10.44	9.09	11.88	11.16	13.87
海南海口	6.09	20.5	25.31	30.78	32.19
河南郑州	12.45	15.38	15	18.97	22.10
湖北武汉	26.42	27.27	38.10	34.51	36.28
湖南长沙	11.43	10	21.43	29.25	29.16
江西南昌	16.55	15.78	23.92	22.48	22.27
安徽合肥	11.05	12.5	15.79	22.95	26.25
山西太原	21.25	21.23	20.72	18.70	23.33
吉林长春	34.02	31.0	38.44	33.71	53.97
黑龙江哈尔滨	22.46	27.48	30.41	28.97	37.76
四川成都	19.46	33.33	34.04	35.98	36.49
贵州贵阳	22.98	27.77	28.11	24.39	24.09
云南昆明	21.88	28.22	30.58	27.49	27.37
西藏拉萨	—	—	34.01	37.09	35.64
内蒙古呼和浩特	9.31	10.36	15.09	14.76	16.19
广西南宁	19.34	15.3	18.53	22.15	21.39
陕西西安	31.23	28.6	34.78	31.21	38.46
甘肃兰州	33.54	33.53	32.2	29.87	32.07
青海西宁	46.88	23.86	35.60	41.03	45.62
宁夏银川	29.23	38.63	44.42	45.44	49.65
新疆乌鲁木齐	22.01	21.8	22.94	25.61	24.18

注:数据均包括市辖区(县)。

资料来源:相关年份《中国统计年鉴》,各省统计年鉴。

第三节 世界范围的区域差异

一、语言的差异

语言和文化差异是显著的区域差异之一。世界现存语言 7 102 种,其中亚洲 2 301 种,非洲 2 138 种。使用最多的 12 种语言,其使用人数占世界人口的 2/3,其中汉语为 13.9 亿人,印度-乌尔都语为 5.88 亿人,英语为 5.27 亿人,西班牙语为 3.89 亿人,阿拉伯语为 4.67 亿人,孟加拉语为 2.5 亿人,葡萄牙语为 1.93 亿人,意大利语为 6 700 万人,德语为 1.32 亿人,日语为 1.23 亿人,法语为 1.18 亿人,俄语为 2.54 亿人(Noack et al.,2015)。

即使是使用同一种语言,方言的差异也是很大的。以汉语为例,中国目前存在七大方言区:北方方言、吴方言、赣方言、湘方言、闽方言、粤方言、客家方言。北方方言又叫北方官话,可以分成东北官话、北京官话、冀鲁官话、胶辽官话、中原官话、兰银官话、西南官话和江淮官话等几个次方言区。以江苏为例,江苏北部的徐州属于中原官话区,南方的苏州、无锡属于吴方言区,徐州地区的人完全听不懂苏州话与无锡话;又如福建省,被称为八闽地区,有客家话、闽南话、福州话等,各个地区说话几乎相互听不懂。印度的语言使用更复杂,印度共有 1 600 多种语言和方言。其中超 30 种使用人数超过百万,印地语和英语是主要的官方语言,印度的北方邦、中央邦、比哈尔、拉贾斯等主要使用印地语和乌尔都语等,南方主要使用泰米尔语、泰卢固语等,印度中部地区主要有桑塔尔语、蒙达语等。

二、经济发展

世界各国存在着巨大的经济发展差距,富裕国家主要分布在欧洲、北美和中东石油输出地区,贫困国家则集中在非洲、东南亚和朝鲜。卢森堡的人均 GDP 达到 10 万多美元,新加坡的人均 GDP 也达到 5 万多美元,中国 2017 年人均 GDP 为 8 836 美元,2019 年人均 GDP 突破 1 万美元,但仍落后于世界发达国家,见表 9.7。

表 9.8　　　　　　　　　世界人均 GDP 最高的国家　　　　　　　　　单位:美元

2021 年		2000 年		1978 年	
卢森堡	131 278	卢森堡	55 040	沙特	30 765
爱尔兰	106 852	新加坡	43 775	瑞士	12 733
新加坡	98 149	沙特	39 645	卢森堡	10 613

续表

2021 年		2000 年		1978 年	
挪威	80 496	挪威	36 941	美国	10 563
瑞士	75 951	瑞士	36 350	爱尔兰	9 696
美国	70 181	美国	36 300	加拿大	9 566
丹麦	64 898	荷兰	31 874	联邦德国	9 380
荷兰	63 419	爱尔兰	30 217	瑞典	9 053
澳大利亚	61 977	冰岛	29 874	荷兰	8 807
奥地利	59 976	瑞典	29 622	澳大利亚	8 554
瑞典	59 974	奥地利	29 380	奥地利	8 305
比利时	58 806	加拿大	29 362	比利时	8 178

资料来源:世界经济展望数据库,https://www.imf.org/en/Data。

图 9.8 显示了世界主要国家的经济增长速度。中国的经济增长速度一直处于世界最高水平,30 多年的高速发展创造了中国奇迹。该图还显示了一个现象,即发达国家经济增长速度的演化步调基本一致,这也说明经济全球化进程的日益加深。

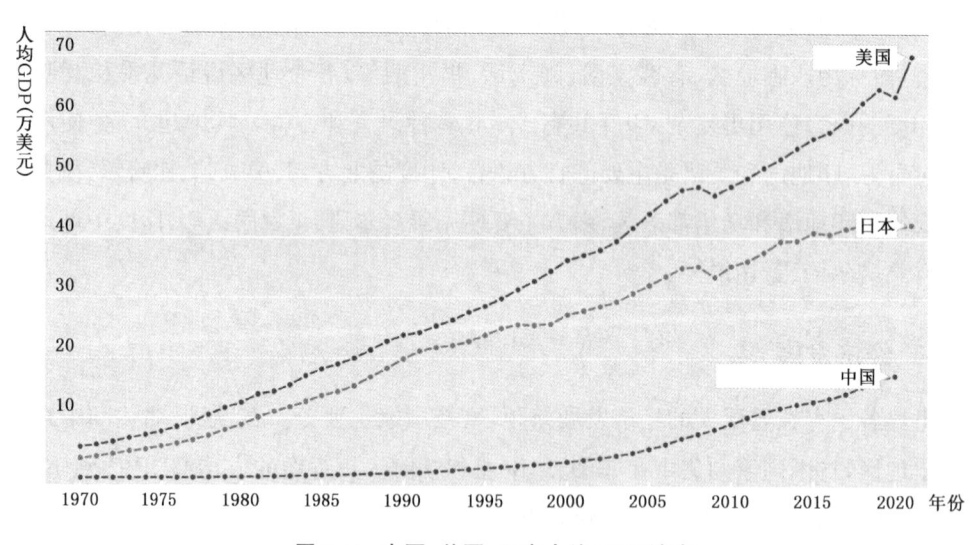

图 9.7 中国、美国、日本人均 GDP 演变

资料:OECD。

三、欧美

美国是世界上最发达的资本主义国家,2012 年 GDP 总量达到 13.43 万亿美元,2022 年 GDP 总量达到 25.46 万亿美元,是世界上最大的经济体。世界各国的经济发

展与美国相比,特别是经济总量上均存在着差异,美国一个州的经济总量往往相当于世界上一个国家或地区的经济总量。例如,美国的加利福尼亚州相当于意大利,佛罗里达州相当于荷兰,亚利桑那州相当于中国的香港特区,新墨西哥州相当于厄瓜多尔,得克萨斯州相当于澳大利亚,路易斯安那州相当于以色列,俄勒冈州相当于爱尔兰,内华达州相当于伊拉克,堪萨斯州相当于越南,科罗拉多州相当于智利,阿拉斯加州相当于保加利亚,夏威夷州相当于阿曼,田纳西州相当于新加坡,佐治亚州相当于奥地利,南卡罗来纳州相当于科威特,北卡罗来纳州相当于比利时。美国本身的经济发展也存在差异。2021年,美国加利福尼亚州GDP占美国的比重为14.8%,得克萨斯州占9.4%,纽约州占7.7%,佛罗里达州占5.2%,伊利诺伊州占4.0%,宾夕法尼亚州占3.7%,俄亥俄州占3.2%,其他州占比均在3%以下。

欧洲经济发展的区域差异也很明显。以欧盟为例,西欧的德国、荷兰、比利时、英国、法国,北欧的丹麦、瑞典、芬兰,欧洲中部的瑞士、奥地利等国家经济比较发达,而东欧的保加利亚、波兰、罗马尼亚、希腊等国家经济相对落后。如果有机会周游欧洲,一定会明显地感受到这种差异,最直接的感觉是欧洲发达区域社会治安比较好,如德国、丹麦等,而欠发达的一些国家如南欧、东欧,社会治安相对较差。在欧洲,一国内部的经济发展差异也很显著。如意大利北部比较发达,半岛南部比较落后;德国西部地区比较发达,东部地区比较落后,而南部的巴伐利亚、黑森等州最为发达;法国巴黎地区经济比较发达,其他地区相对落后;英国伦敦大都市区比较发达,其他地区特别是北爱尔兰比较落后。需要指出的是,意大利和希腊等国家也曾在历史上创造了经济发展的奇迹。意大利在1946—1962年经济年均增长率为7.7%,工业生产在1956—1965年的10年间增长了102%,超过同时期的德国(70%)、法国(58%);而希腊在1929—1980年经济年均增长率达到5.2%,超过了日本(4.9%)。

第四节 区域差距测度方法

区域差异主要用GDP、人均GDP、居民收入、销售额等变量通过极差、标准差、变异系数、Theil指数、基尼系数等来衡量。

一、极差、标准差与变异系数

极差(range)是最常用的离散程度的度量指标。极差就是观察变量(收入、GDP等)的最大值(maximum)和最小值(minimum)之差,即

$$极差 R = 最大值 x_{max} - 最小值 x_{min}$$

极差容易了解,也容易计算,因而常被应用于区域差异的研究。但是极差也有一个弱点,就是如果最大值与最小值有异常值,那么极差就会扭曲区域差异的程度。

标准差(standard deviation)也是常用的区域差异测度方法,与标准差相联系的几个概念是离差、离差平方和、方差。所谓离差,就是单个变量与均值之差,即

$$DV = x_i - \mu$$

其中,x_i 是第 i 个个体的收入,N 为总人口,μ 为人均收入,即 $\mu = \dfrac{\sum\limits_{i=1}^{N} x_i}{N}$。

离差平方和为单个变量与均值之差的平方和:

$$V(x) = \sum (x_i - \mu)^2$$

方差为离差平方和除以观察值:

$$\sigma^2 = \frac{\sum (x_i - \mu)^2}{N}$$

标准差为方差的平方根:

$$\sigma = \sqrt{\frac{\sum (x_i - \mu)^2}{N}}$$

变异系数(coefficient of variation, CV)是衡量各观测值变异程度的统计量。变异系数是标准差与均值的比值,是一个变量相对于其均值的变化程度。

$$CV = \frac{\sigma}{\mu} = \frac{\sum\limits_{i=1}^{N} x_i}{N} \sqrt{\sum\limits_{i=1}^{N} \frac{\left(x^i - \dfrac{\sum\limits_{i=1}^{N} x_i}{N}\right)^2}{N}}$$

变异系数可以衡量经济变量的相对变化程度,能有效度量方差和标准差相等时的离散程度。如果变异系数小,则相对波动小;如果变异系数大,则相对波动大。如果随着时间推移,经济变量的变异系数越来越小,则代表相对差异越来越小,反之,则越来越大。

二、集中度指数

集中度指数也称为库兹涅茨比率(Kuznets ratio),即最富裕的 1%,10%,20%,…占有的财富为 $x\%, y\%, z\%$,…一项研究发现,中国收入最高的 10%的人群占全部人群收入比例从 1978 年的 27%增加到 2015 年的 41%,而收入最低的 50%的人群占全部人群收入比例则从 27%降到 15%(Piketty et al.,2017),见图 9.8。

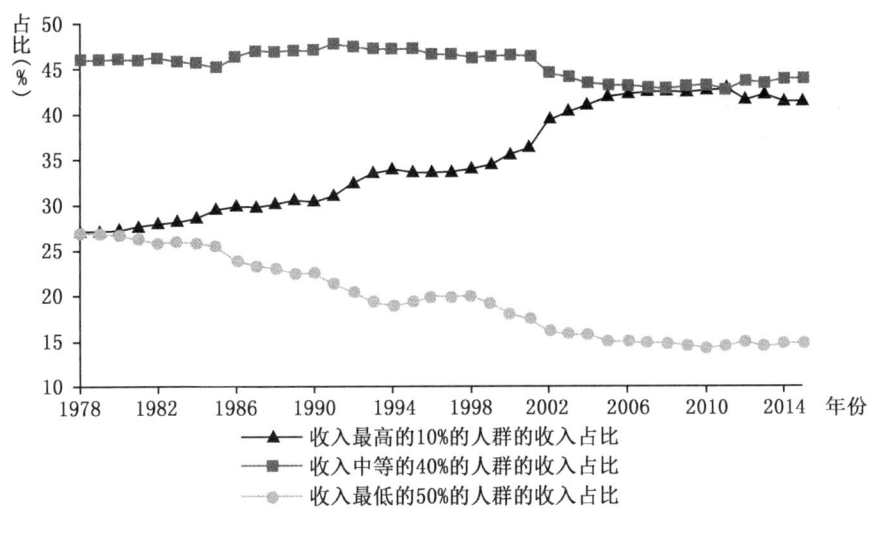

图 9.8 中国的收入集中度

资料来源：Piketty et al.，(2017)。

三、泰尔指数

泰尔指数是由泰尔(Theil,1967)提出的。一个经济体包括 N 个区位($i=1,2,3,\cdots,N$)，每个区位的某指标占整个地区的比重为 r_i，则泰尔指数定义为：

$$T = \sum_{i=1}^{N} r_i \ln(r_i)$$

泰尔指数越小，表示地区的收入差距越小；如果泰尔指数等于 0，则表示地区收入完全均衡。

如果 r_i 代表的是各区位的 GDP 比重 $y_i = \dfrac{Y_i}{Y}$，Y 为整个地区的 GDP，Y_i 为各区位的 GDP，则泰尔指数为：

$$T = \sum_{i=1}^{N} y_i \ln(y_i)$$

如果 r_i 代表的是各区位的人口比重 $p_i = \dfrac{P_i}{P}$，P 为整个地区的 GDP，P_i 为各区位的 GDP，则泰尔指数为：

$$T = \sum_{i=1}^{N} p_i \ln(p_i)$$

上述两式也可以分别进行人口和 GDP 加权，分别被称为 T 指数和 L 指数：

$$T_T = \sum_{i=1}^{N} y_i \ln\left(\frac{y_i}{p_i}\right)$$

$$T_L = \sum_{i=1}^{N} p_i \ln\left(\frac{p_i}{y_i}\right)$$

泰尔指数的一个重要特征是其可加性,即可分解成组间差距(between group)和组内差距(within group)。

$$T_总 = T_{组间} + T_{组内}$$

例如,我们计算中国各省的泰尔指数时,可以将泰尔指数分成东部、中部、西部地区的组间差距加上各地区的组内差距。如上所述,一个经济体有 N 个区位,每个区位有 M 个更小的区位($j=1,2,3,\cdots,M$),Y_{ij} 为 i 区位 j 次区位的 GDP,P_{ij} 为 i 区位 j 次区位的人口,则泰尔指数可以分解为:

$$T = \sum_i \sum_j \left(\frac{Y_{ij}}{Y}\right) \ln\left(\frac{Y_{ij}/Y}{P_{ij}/P}\right) = \sum_i \sum_j \left(\frac{Y_{ij}}{Y_i}\right) \ln\left(\frac{Y_{ij}/Y_i}{P_{ij}/P_i}\right) + \sum_i \left(\frac{Y_i}{Y}\right) \ln\left(\frac{Y_i/Y}{P_i/P}\right),$$

前一项为组内差距,后一项为组间差距。

四、基尼系数

基尼系数(Gini coefficient)是由基尼于 1912 年提出的。基尼系数与洛伦茨(Lorenz,1905)曲线有密切关系,洛伦茨曲线可以形象地描述基尼系数。洛伦茨曲线的横轴是人口的百分比,纵轴是收入百分比。洛伦茨曲线就是描述人口百分比与收入百分比的曲线(见图 9.9)。如果洛伦茨曲线是单位正方形的对角线,被称为完美洛伦茨曲线,这时候收入均等,10% 的人口占 10% 的收入,20% 的人口占 20% 的收入……完美洛伦茨曲线是个理想状态,很难有国家达到这种情况。

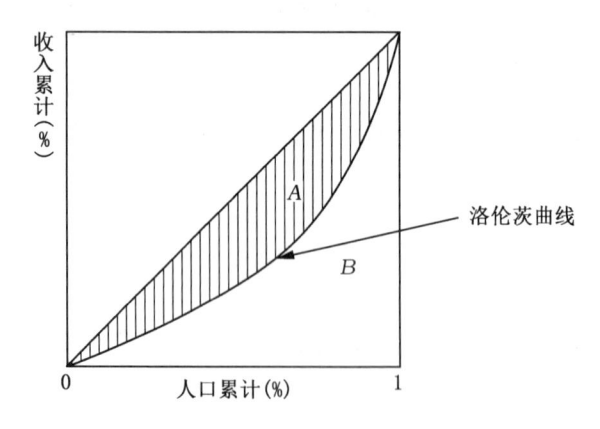

图 9.9 洛伦茨曲线

如果将对角线与洛伦茨曲线围成的区域称为 A,其下的区域称为 B,由于是单位正方形,所以 $A+B=1/2$,则基尼系数可以定义为:

$$G=\frac{A}{A+B}=2A=1-2B$$

如果洛伦兹曲线为 $f=L(x)$,则基尼系数为:

$$G=1-\int_0^1 L(x)\mathrm{d}x$$

基尼系数的值域为 $0 \leqslant G \leqslant 1$,最大值为 1,最小值为 0,值越大说明越不均衡,一般把基尼系数 0.4 作为贫富差距的警戒点。

基尼系数一个简单的计算公式为:

$$G=1-\frac{1}{n}\sum_{i=1}^{n}(x_i+x_{i-1})$$

也可以是:

$$G=\frac{\frac{1}{n^2}\sum_{i=1}^{n}\sum_{j=1}^{n}(x_i-x_j)}{2\mu}$$

第五节 区域差异的影响因素

众多因素影响区域经济差距,如地理、历史、制度、文化、产业发展、基础设施、城市化水平、人口学特征。地理是基础,历史是路径依赖,制度与文化是根本,技术发展是有效措施,而人口学特征包括年龄、性别、教育程度等。这些因素的共同作用形成了区域差异三角形,见图 9.10。

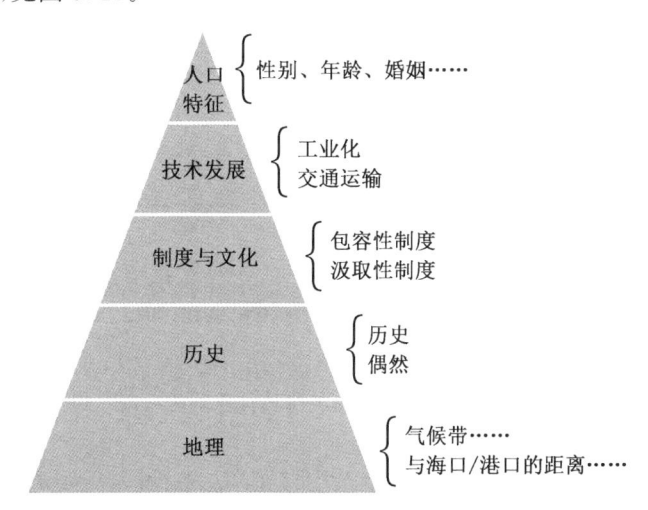

图 9.10　区域差异三角形

一、地理因素

亚当·斯密在《国富论》第四章中论述：

由于水运开拓出了比单一陆运更为广泛的市场，因此各行各业的分工改良，自然而然地最先出现于沿海沿河一带。这种改良往往要经过很长时间才能在内陆地区普及推广开来。

假如世界上只有陆运这一种运输方式，那么那些偏远地区之间肯定没办法进行商业往来……远离河海的内地生产出来的产品，长久以后都只能在附近区域销售，而无法远销各地。

世界范围内距离海洋或大河100公里以内的土地占17.4%，它们居住了50%以上的世界人口，产生了近70%的GDP。距离海洋或大河100公里以内土地的人均GDP是其他地区的2倍。

地理影响经济发展的一个重要表现是距离主要大城市或港口（海港）越远，经济越不发达。图9.11生动地显示出了大城市对经济发展的影响。在珠江三角洲内，距离香港越远，经济越不发达，在珠江三角洲外，受香港、广州的影响在减弱，其他因素居重要位置，长沙、武汉等人均GDP又有所上升。

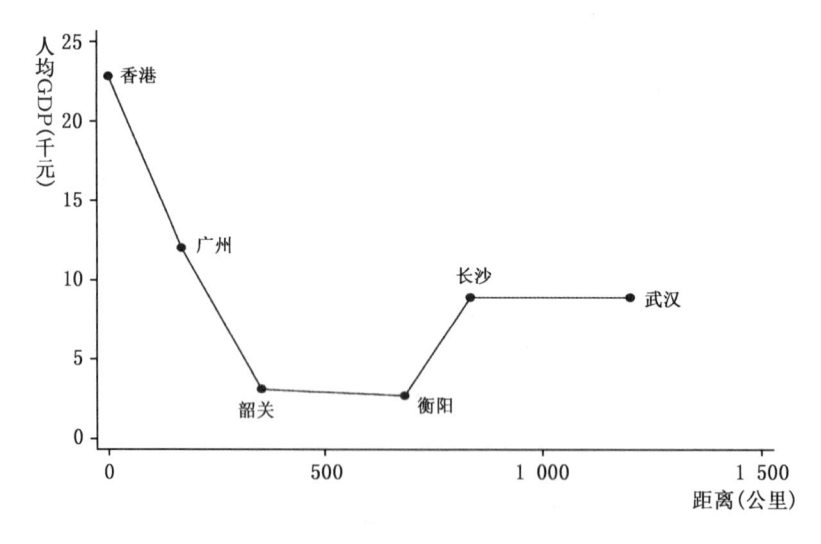

图9.11 从香港到武汉人均GDP变化(2015年)

注：图中城市为京广线的地级以上城市。

资料来源：根据相关年份《中国统计年鉴》与各市统计年鉴的数据绘制。

图9.12显示了中国35个大中城市人均城镇可支配收入与距离最近海港的变化趋势，离海港距离越远，人均收入越低，在500公里以内这种趋势更为明显。在海洋运

输是国际贸易运输的主导方式下,离海港近意味着离世界市场更近,更有利于参与国际分工。

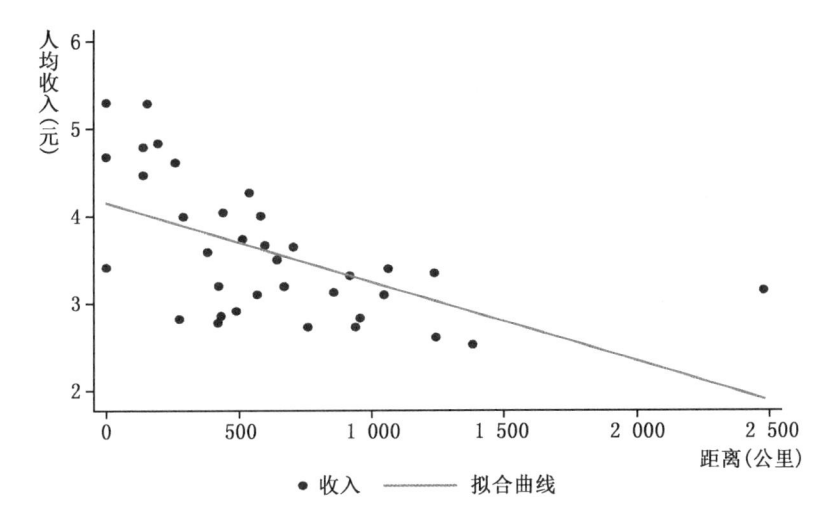

图 9.12　全国 35 个大中城市人均收入及与最近港口(天津、上海、广州)的距离

注:离港口的距离根据百度地图测算。
资料来源:根据相关年份《中国统计年鉴》与各市统计年鉴数据绘制。

图 9.13 和图 9.14 分别呈现了广东省和河南省各市人均 GDP 的分布,从中可以发现:河南省人均 GDP 最高的城市是省会郑州,距离郑州越近,人均 GDP 越高;广东省的情况与河南略有不同,除了珠海、深圳外,广东省省会广州的人均 GDP 最高,距离广州越远,人均 GDP 越低。这种情况不是个案,沿海省份的城市发展往往呈现"双子星"模式,而内陆省份则为省会城市一城独大。

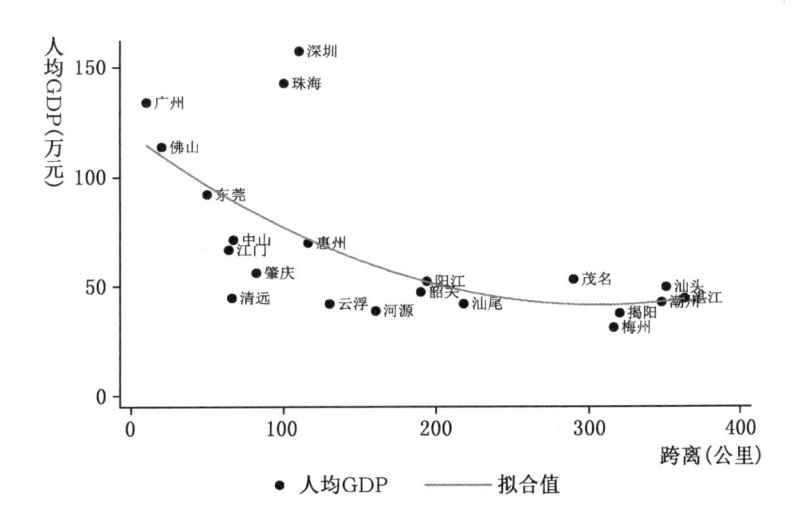

图 9.13　广东省各地级市人均 GDP 分布（2020 年）

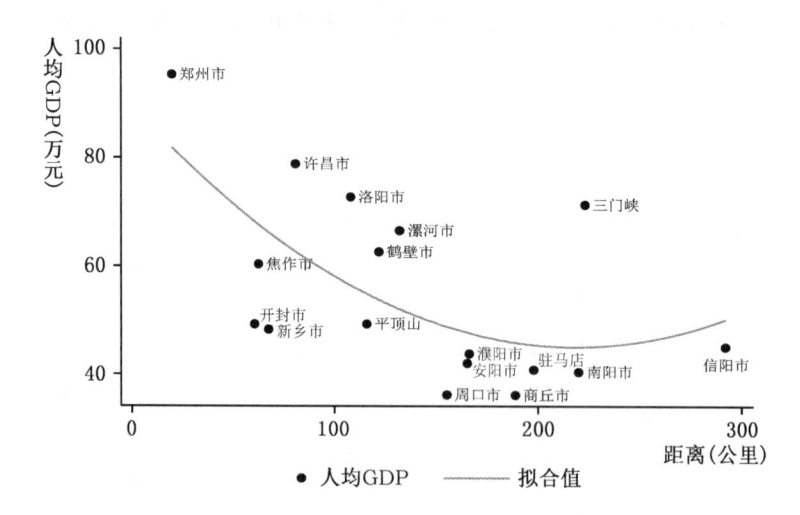

图 9.14　河南省各地级市人均 GDP 分布(2020 年)

二、历史的因素

区域差异的一个原因是历史的因素,简单地说,一个地区之所以发达,一个原因就是历史上它就很发达,历史赋予其发展的产业基础、技术和制度基础,区域差距是历史的函数。

(一)千年的江南

以我国江南地区为例,明清以降,江南多指苏南(含现在的上海)、浙北地区,即明清的苏州、松江、常州、镇江、江宁(南京)、杭州、嘉兴、湖州八府及原属于苏州的仓州,所谓八府一州(李伯重,2000)。江南自魏晋以来就是富庶之地,宋朝以来就是中国经济和文化最发达的地区,一千多年基本没有改变。

唐朝诗人杜荀鹤的《送人游吴》写道:

　　君到姑苏见,人家尽枕河。古宫闲地少,水港小桥多。
　　夜市卖菱藕,春船载绮罗。遥知未眠月,乡思在渔歌。

这首诗告诉我们,至少在唐朝的时候,江南的苏州地区(姑苏)就是一个小桥、流水、人家的富庶之地,而且土地利用非常集约(闲地少)。另外,市场交易比较活跃,夜市很繁荣,交易的物品除了农产品菱藕,还有手工业品绮罗(丝织品)。

宋朝婉约派大词人柳永的词《望海潮·东南形胜》对杭州(钱塘)进行了生动的描述:

　　东南形胜,三吴都会,钱塘自古繁华。烟柳画桥,风帘翠幕,参差十万人家。云树绕堤沙,怒涛卷霜雪,天堑无涯。市列珠玑,户盈罗绮,竞豪奢。

通过这首词我们可以看到宋朝之前,杭州就是个烟柳繁华之地。宋朝时期的杭州已经是个大都市,尽管十万人家可能是个虚数,我们也可以粗略地估算一下当时杭州的人口大概在几十万人,杨宽(2006)估计杭州人口最多时达到 150 万～160 万人,而且商品经济发达,买卖兴隆,市列珠玑,家家绫罗绸缎,竞相比争豪华阔绰。

明清时期的江南已经开始工业化进程,1850 年以前的三个世纪中,江南工业的发展使得工业在江南经济中所占的比重日益提高。到了 19 世纪初,在江南大部分地区,工业的地位已与农业不相上下(李伯重,2000)。陈真(1961)研究了 20 世纪 30 年代的中国工业发展,江南地区的工业产值占全国的近 60%。

不仅经济发达,江南也是我国文化最发达的地区。以明清时为例,明清 7 个进士中就有 1 个出自江南,是全国进士比例最高的地区(范金民,1997),参见图 9.15。

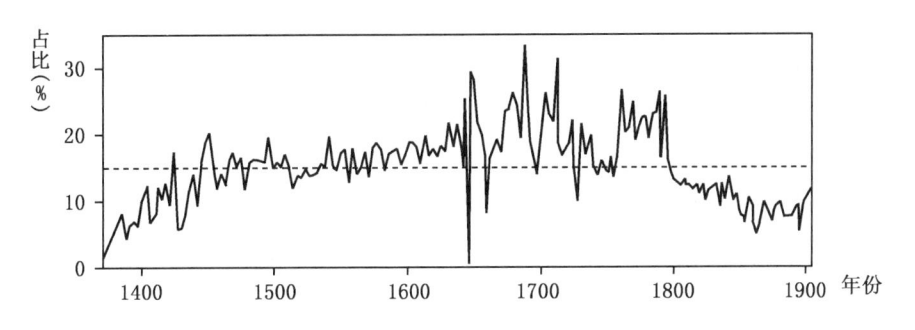

图 9.15 明清时期江南进士占全国的比重

资料来源:范金民(1997)。

(二)战后日本城市的复兴

日本由北海道、本州、四国、九州 4 个大岛及附近的小岛组成,经济发达地区主要集中在太平洋沿岸的东京湾、伊势湾、大阪湾和濑户内海沿岸一带,主要城市包括东京、大阪、名古屋等。第二次世界大战时期,盟国空军对日本帝国主义最后一击,空袭日本本土,摧毁了 66 个目标城市中的 220 万栋建筑和 2/3 以上的生产能力,但是战后经过 10 年发展,这些城市又迅速恢复到战前的水平,现在已经形成太平洋沿岸城市群,即使是被原子弹袭击的长崎、广岛两市,战后 20 年人口也恢复到战前水平。同期 1956—1970 年,日本实际国内生产总值年均增长率为 9.7%,创造了日本经济增长的奇迹。即使遭到重大的冲击,历史上人口较多的地区现在的人口依然较多,城市规模具有延续性(Davis et al.,2002)。

(三)哈布斯堡王朝(Habsburg)的长期影响

哈布斯堡王朝是欧洲历史上最为重要、影响力最大、地域最广的王室家族,从 1273 年鲁道夫一世成为神圣罗马帝国的皇帝到 1918 年最后一个哈布斯堡家族皇帝卡尔一世放弃皇位,哈布斯堡王朝存在了近 800 年。该家族成员曾出任过神圣罗马帝国皇帝(1273—1291年,1438—1806年)、奥地利公爵(1282—1453年)、奥地利大公(1453—1804年)、奥地利皇帝(1804—1918年)、匈牙利国王(1526—1918年)、波希米亚国王(1526—1619年8月,1620年11月—1918年)、西班牙国王(1516—1700年)、葡萄牙国王(1580—1640年)、墨西哥皇帝(1864—1867年)。哈布斯堡王朝虽然在1918年灭亡了,但国破山河在,遗风仍存(The Empire Is Dead, Long Live the Empire),它还在影响着欧洲的发展。一项对东欧的研究发现,在哈布斯堡王朝统治过的地区,相对于没有统治过的地区,人们具有更强的信任度,法院和警察的腐败更少(Becker等,2016)。

三、制度与文化原因

(一)宗教

宗教作为一种制度安排,对经济社会发展的作用尤其令人瞩目。"这些天然的希望、恐惧和猜疑,凭借人们的同情感而广为人知,通过教育而得到确认;人们普遍地讲述和相信众神会报答善良和仁慈,惩罚不忠和不义。因此,早在精于推论和哲理的时代到来之前,宗教,即使还处于非常原始的状态,就已对各种道德准则表示认可。宗教所引起的恐惧心理可以强迫人们按天然的责任感行事。这对人类的幸福来说太重要了,因而人的天性没有将人类的幸福寄托于缓慢而含糊的哲学研究。"(斯密,2014)

基督教新教占主导的国家有英国、美国、德国、加拿大、新西兰、澳大利亚、丹麦、挪威、瑞典、冰岛、芬兰、荷兰、瑞士等,天主教占主导的国家主要是南欧的意大利、法国、西班牙、葡萄牙和巴西、阿根廷等拉美国家。图9.16描述了基督教新教与其他宗教的分异。

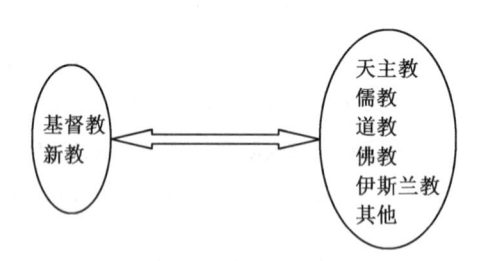

图9.16 基督教新教与其他宗教的分异

从全世界范围看,世界上最发达的国家是基督教新教国家,如美国、英国、德国、荷兰、北欧等国。在欧洲,基督教新教国家的经济发展优于天主教国家,如德国、北欧国家好于法国和意大利等。马克斯·韦伯(1986)注意到,"在任何一个宗教成分混杂的国家,只要稍稍看一下其职业情况的统计数字,几乎没有什么例外地可以发现这样一种状况,工商界领导人、资本占有者、近代企业中的高级技术工人,尤其是受过高等技术培训和商业培训的管理人员，绝大多数是新教徒"。在美洲，"从文化的角度看，北美（美国和加拿大）是一个新教国家，南美（拉美国家）是一个天主教国家，文化的差异导致了经济发展的不同。天主教及与此对应的普通法对经济发展的影响是负面的，而基督教及与此对应的大陆法对经济发展的影响是正面的"（杨小凯 等，1999）。

马克斯·韦伯的《新教伦理与资本主义精神》阐述了新教伦理与资本主义精神的关系，即一个人对天职负有责任乃是资产阶级文化的社会伦理中最具代表性的东西，即上帝赞赏人勤奋工作，而且工作都是神圣的，一个人的成功是靠诚实的行动、勤勤恳恳的工作取得的。在某种意义上说，这是资产阶级文化的根本基础。而新教徒具有的勤勉工作、获取利润、不安于现状的创新精神正是这种精神的代表者，这是因为新教徒终身都有负罪感，都要在上帝面前展现自己的美德而赎罪。

马克斯·韦伯对经济发展的影响因素提供了一个视角，他突出了基督教新教的作用，他的理论一提出就颇受争议，赞同者有之，批判者有之。

（二）法律制度

1776 年，也就是乾隆四十一年，亚当·斯密出版《国富论》，他发现："中国一向是世界上最富有的国家，就是说，土地最肥沃，耕作最精细，人民最多而且最勤勉。然而，许久以来，它似乎就停滞于静止状态了。今日旅行家关于中国耕作、勤劳以及人口稠密状况的报告，与五百年前视察该国的马可·波罗的记述比较，几乎没有什么区别。也许在马可·波罗时代以前好久，中国的财富就已经完全达到了该国法律制度所允许的发展程度。"原因何在？亚当·斯密认为最重要的是中国的法律制度问题。"中国似乎长期处于静止状态，其财富也许在许久以前已完全达到该国法律制度所允许的限度，但若易以其他法制，那么该国土壤、气候和位置所可允许的限度，可能比上述限度大得多。""在富者或大资本家在很大程度上享有安全，而贫者或小资本家不但不能享有安全，而且随时都可能被下级官吏借口执行法律而强加掠夺的国家，国内所经营的各种行业，都不能按照各种行业的性质和范围所能容纳的程度，投下足够多的资本。"除此以外，亚当·斯密认为，对外开放对一个国家或地区的发展非常重要，不能闭关锁国。"一个忽视或鄙视国外贸易，只允许外国船舶驶入一二港口的国家，不能经营在不同法制下所可经营的那么多交易。"（斯密，2007）

（三）殖民地的不同经济表现

阿斯莫格鲁[①]等（Acemoglu et al.，2001）在一篇非常有影响的论文中向我们讲述了一个国家（地区）与国家（地区）经济发展差异之原因的精彩故事，那就是为什么有些殖民地国家现在非常富裕，而另外一些殖民地国家却相反。阿斯莫格鲁等学者认为

---

① 阿斯莫格鲁，2024 年诺贝尔经济学奖得主。

制度是主要的原因,制度决定了它们之间的差距。富裕国家与贫困国家现有的制度差异来自其过去的制度差异,而过去的制度好坏受宗主国殖民政策的影响,不同的殖民政策又取决于当地是否适合殖民者居住,适宜殖民者居住的地区,殖民者就会建立一个包容性政治制度和包容性经济制度,特别是适合经济发展的产权保护制度,而不适宜居住的地区殖民者则实施榨取性制度。

(四)市场经济的发育程度

樊纲等(2009)通过连续编制中国各地区市场化指数,揭示出东部地区的市场化进程快于中部地区,中部地区的市场化进程快于西部地区。对比中国的地区经济增长,可以发现市场化程度高的地区如广东省、浙江省、江苏省、上海市等也是中国经济发展最迅速的地区,市场化低的地区如西部的很多省份也是中国经济发展缓慢的地区。市场化是中国各地经济快速增长的原因,市场化的差异也决定了各地经济增长的不同。

第六节　钟形曲线与发展战略

一、区域差异的演化

威廉姆斯(Williamson,1965)提出了区域发展的倒 U 形曲线假说(见图 9.17)。在经济发展的早期阶段,发展集中于一个或几个优势地区,区域差距逐渐扩大,这时熟练劳动力从贫困地区向富裕地区迁移,资本从贫困地区流向富裕地区,公共投资多配置于富裕地区,富裕地区像一个巨大的磁场吸引贫困地区的生产要素,没有带动贫困地区致富;经过一段时间的发展,区域差距达到拐点,区域差距不断缩小,这一阶段富裕地区土地价格上升,劳动力成本上升,交通拥挤加剧,企业利润空间缩减,导致企业向贫困地区迁移,贫困地区出现新的就业机会,贫困地区的公共投资也出现增长。

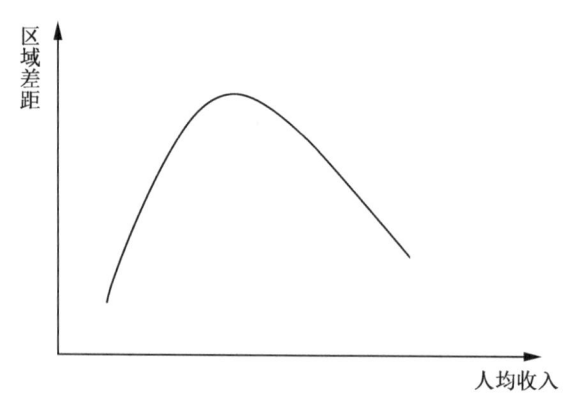

图 9.17　倒 U 形曲线

威廉姆森选择了 24 个国家进行研究。这 24 个国家包括 13 个欧洲国家、4 个与欧洲相连的国家、4 个拉美国家、3 个亚洲国家。他将它们分成 7 组：第一组为澳大利亚、新西兰、加拿大、英国、美国、瑞典，第二组为芬兰、法国、联邦德国、荷兰、挪威，第三组为爱尔兰、智利、奥地利、波多黎各，第四组为巴西、意大利、西班牙、哥伦比亚、希腊，第五组为南斯拉夫、日本，第六组为菲律宾，第七组为印度。区域差异的衡量是利用人均收入的加权变异系数，时间段主要是 1947—1960 年。威廉姆森研究发现：第一，在经济发展的早期，地区收入差距不断增大，当经济发展到一定阶段后，地区收入差距会逐渐减少并消失；第二，中等收入阶段的国家区域发展差距大，而高收入国家区域发展差距小；第三，劳动力参与度的不同可能是导致农业部门与工业部门巨大收入差距的部分原因。

威廉姆森注意到：第一，由于各个国家的区域单位不同，比如美国是州，而波多黎各是市，它们之间的人口与面积差异巨大；第二，缺乏各个地区的生活成本指数，这就影响了真实区域差距的测度；第三，以农业为主的国家，其地区的收入没有精确的数据；第四，各个国家的收入核算制度不同。所有这些对其研究都有影响。总而言之，威廉姆森的研究属于经验研究，缺乏微观经济学的理论基础，而且样本的选择等方面也存在诸多问题。

普加(Puga,1999)等在赫尔普曼(Helpman,1995)的基础上设计了一个新经济地理学模型，对空间发展的差异进行了深入的研究，提出了著名的区域发展差异的钟形曲线理论(Bell-shaped Curve)。如图 9.18 所示，λ_1、λ_2 分别为东部地区（富裕地区）、西部地区（贫困地区）的工人比例，也就是产业份额。交通运输成本过大时，产业的分散均衡是稳定均衡，随着交通运输成本的减少，产业向一个地区迁移成为选择，这个过程区域差异逐渐扩大，随着交通运输成本的继续降低，产业的对称均衡又成为稳定的均衡，这个过程区域差异逐渐缩小，分散均衡趋于稳定。钟形曲线告诉我们：要想富、先修路是有条件的，修路之初可能导致中心集聚力更强，中心与外围的差距会更大。

二、区域发展战略

威尔逊(Williamson,1965)和普加(Puga,1999)等人提出了区域差异的演化规律，这是对他们之前的学者和实践者工作的进一步发展。20 世纪五六十年代出现了解决区域差异的众多理论解释和实践，其中以增长极理论、循环累积理论等为著名。

（一）增长极战略

法国经济学家佩鲁(Perroux,1955)在英国经济学家威廉·佩蒂的基础上系统地提出了增长极理论(Growth Pole Theory)。增长极理论的核心思想是经济增长在空间上是不均衡的，总是出现在一些特定极点或集群，而不会同时在所有地方出现，这些极点或集

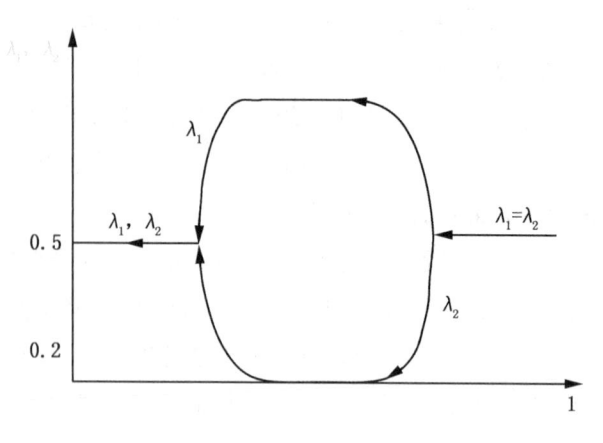

图 9.18 钟形曲线

资料来源:Puga(1999)。

群被称为增长点或增长极。增长极的特征是围绕一个关键性企业或产业,通过这一企业或产业的直接或间接效应来带动相关联的企业或产业发展,从而实现整个增长极的发展,可见,最初意义上的增长极就是产业集群。后来增长极的概念推广到城市,将增长极从一个关键性企业或产业扩展到一个主导型城市或地区。增长极强调的是经济的外部效应、产业的前向或后向联系和集聚带来的集聚效应,见图 9.19。

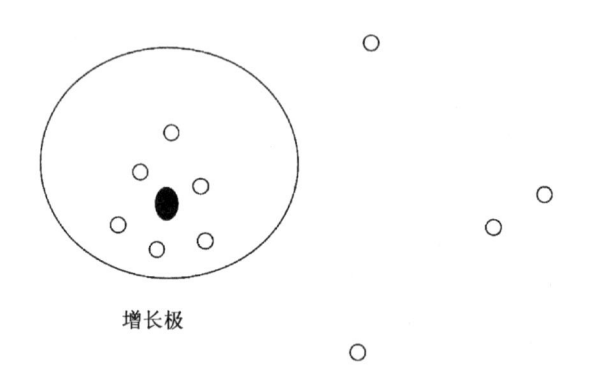

图 9.19 增长极示意图

增长极发展主要通过三个效应带动其他地方的发展:其一,支配效应,核心企业在区域发展中处于支配地位,对一个区域经济与社会经济发展中居于主导因素,起决定性作用;其二,乘数效应,主要是投资的乘数效应和产业间的前后向联系效应;其三,扩散效应,是指增长极通过产业的前后向联系推动其他地方发展的效应。

(二)循环累积战略

缪尔达尔(Myrdal,1958)在增长极理论的基础上提出了循环累积因果关系的假说,阐述了事物之间相互作用是累积的,最初的偶然发生的某个事件或状态可能导致一系列因果循环的原理。缪尔达尔(Myrdal,1958)提出了回波效应与扩散效应(backwash effect and spread effect)来具体阐述这个原理。所谓回波效应,就是增长极的极化效应,即劳动、资本等向富裕地区集聚;所谓扩散效应,就是指劳动、资本由富裕地区向贫困地区扩散。回波效应和扩散效应都是在说生产要素的流动方向,基本就是"人往高处走,水往低处流",由于循环累积的作用,富裕地区与贫困地区的结构一般来说是相当稳定的,要打破这种结构,与佩鲁的建立支柱性企业推动地区发展类似,缪尔达尔提出新建企业发展然后通过循环累积达到整个地区发展的逻辑框架(见图 9.20):新建企业发展→增加就业与人口→增加商品与服务需求,吸引更多资本和厂商→拓展基础设施和提升服务,满足当地需要→增加地区 GDP→增加税收→提供更好的基础设施与服务→更利于新建企业发展。

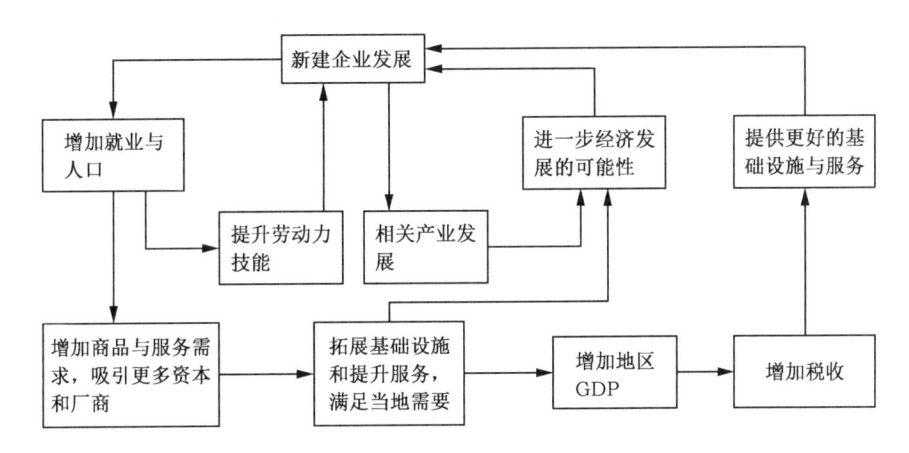

图 9.20　Myrdal 的循环累积因果模型

资料来源:卡佩里(2014)。

(三)极化与涓滴战略

赫希曼(Hirschman,1958)在不平衡增长理论中提出极化(Polarization Effect)与涓滴效应(Trickle Down Effect),与缪尔达尔的极化和扩散效应基本一致(如图 9.21 所示)。

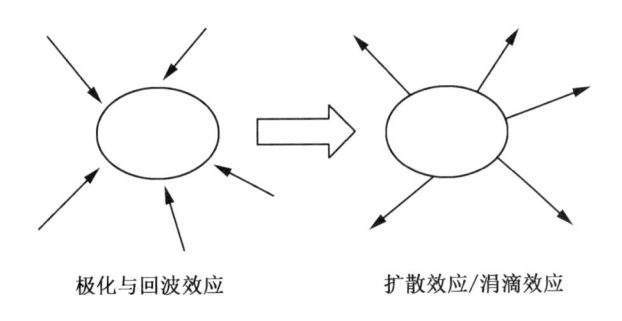

极化与回波效应　　　　扩散效应/涓滴效应

图 9.21　各种效应

(四) 几何开发战略

几何开发战略主要包括点轴开发战略、网络开发战略、梯度开发战略、某种几何图形开发战略等,基本上是佩鲁(Perroux,1955)增长极理论的扩展,主要包括:①点轴开发战略。以陆大道(1986)的点轴开发命题为著名,点即城市或重要居民点,轴即交通干线或自然轴线,点轴开发就是主要通过增长极开发、轴线的扩展进而达到经济发展的目的。②梯度开发战略。几何开发战略还缺少严谨的经济学解释,由于点轴相连的主要增长极点都是城市或城镇,因而这种开发战略本质上属于城市偏向的开发战略。

典型的几何开发已经实施或可能实施,包括:①长江经济带,包括上海、江苏、浙江、安徽、江西、湖北、湖南、重庆、四川、云南、贵州11个省市;②沿海开发带,包括从大连到海口的沿海地带;③T形开发战略,即长江经济带+沿海经济带;④陇海铁路开发带,包括从连云港到乌鲁木齐的陇海铁路沿线;⑤城市群开发,包括京津冀、长三角、珠三角、成渝城市群、关中城市群、中原城市群、汾渭城市群、淮海城市群等;⑥青银发展轴,即从青岛到银川画一条线,包括青岛、济南、石家庄、太原、银川等城市;⑦西南通道发展轴,从成都经重庆、贵阳、南宁、北部湾港口群到海南杨浦,形成西部陆海新通道;⑧大湾区,如粤港澳大湾区发展战略、杭州湾发展战略;⑨次区域的几何开发,如江苏的沿江开发、沿大运河开发、沿海开发,山东的半岛城市群战略,浙江的富春江—钱塘江开发等;⑩跨国家的开发,如"一带一路"倡议、湄公河开发等。

第七节 比较优势理论与偏离份额方法

一、比较优势理论

比较优势理论最早来自亚当·斯密,后来李嘉图(Ricard,1817)进一步发展了比较优势理论。亚当·斯密认为:"现在最富裕的国家,固然在农业和制造业上都优于邻国,但制造业方面的优越程度,必定大于农业方面的优越程度。在农业方面,富国劳动生产力未必都比贫国劳动生产力大得多,至少不像制造业方面一般情况那样大得多。所以,如果品质同样优良,富国小麦在市场上的售价,未必都比贫国低廉。就富裕和进步的程度说,法国远胜于波兰,但波兰小麦的价格,与品质同样优良的法国小麦同样低廉。"(斯密,2007)这个理论的内容可以简单地概况为:即使一个国家或地区相对于另一个国家或地区均无优势,两个国家或地区生产自己相对比较优势的产品进行贸易也是有益的。按照这个理论逻辑,一个落后国家或地区需要选择本国或本地区具有相对优势的产业进行生产和贸易,加入国际化或地区性生产体系。

赫克歇尔(Heckscher,1919)及其学生俄林(Ohlin,1933)提出要素禀赋理论。这个理论的内容为:假设只有两种生产要素劳动与资本,那么资本要素相对丰裕的国家或地区出口相对密集使用资本的商品。按照这个逻辑,一个国家或地区经济发展应该选择自己具有相对密集使用的生产要素的产业进行生产,加入国际化或地区性生产体系。

什么是相对要素丰裕呢?一个国家或地区的资本要素相对于劳动要素的比率大于另一个国家或地区的资本要素与劳动要素之比,则称这个国家或地区是资本要素相对丰裕的,即

$$\frac{K_1}{L_1} > \frac{K_2}{L_1}$$

其中,K_1、L_1分别为国家或地区1的资本与劳动要素,K_2、L_2分别为国家或地区2的资本与劳动要素。

什么是相对密集使用要素呢?一个国家或地区的商品是劳动密集型产品,则该商品单位劳动占有的资本较少,即

$$\frac{k_1}{l_1} > \frac{k_2}{l_1}$$

其中,k_1、l_1分别为生产商品1投入的资本与劳动要素,k_2、l_2分别为生产商品2投入的资本与劳动要素。

二、经济基础分析

经济基础分析(economic base analysis)将一个地区的经济部门分成两类,一类是基本部门(basic sectors),另一类是非基本部门(nonbasic sectors)。基本部门是将自己的商品与服务销售于地区外的消费者的部门,非基本部门则是满足区域内消费者的商品与服务的部门。经济基础分析认为,一个地区的发展决定于基本部门,基本部门在地区发展中起关键作用。非基本部门则服务于基本部门。

经济基础方法盛行于20世纪上半叶,它简单明了,不需要数理分析,容易了解与应用。第二次世界大战后"亚洲四小龙"韩国、中国香港、中国台湾、新加坡等实施的出口导向战略与此方法揭示的思考有异曲同工之妙。但是,基本部门的增长带动策略如果忽视非基本部门的成长,可能也会适得其反,达不到地方发展的初衷。

三、偏离份额方法

(一)增长份额的分解

偏离份额分析(shift-share analysis)是区域经济分析常用的一种方法,它的思路是将某区域k部门的增长分解成三个部分:一个是国家的基本面效应,一个是产业群

效应,一个是产业的竞争效应。某区域 k 部门的增长应该具有该国的基本特征,这就是国家的基本面效应;产业群效应是某部门的增长与该国所有部门增长的偏差,这就是所谓的偏离;竞争效应则是某部门的增长与该国同一部门的增长的偏差。如果没有这种偏离,那么某区域 k 部门的增长就是该国及其各部门平均增长率,正因为有这种偏离,我们才会去分析这种偏离及其程度,找到该部门持续增长的动力。

偏离份额分析一般有三种描述方式:

1. 第一种方式

$$\text{某区域 } k \text{ 部门的增长率} = \text{一国所有部门的增长率} \times \frac{\text{一国 } k \text{ 部门增长率}}{\text{一国所有部门的增长率}} \times \frac{\text{某区域 } k \text{ 部门的增长率}}{\text{一国 } k \text{ 部门的增长率}}$$

第一项:一国所有部门的增长率代表该国的平均水平;

第二项:$\dfrac{\text{一国 } k \text{ 部门增长率}}{\text{一国所有部门的增长率}}$ 是 k 部门与所有部门的偏离,代表该国 k 部门的比较优势;

第三项:$\dfrac{\text{某区域 } k \text{ 部门的增长率}}{\text{一国 } k \text{ 部门的增长率}}$ 代表该国某区域 k 部门的比较优势。

2. 第二种方式

$$\text{某区域 } k \text{ 部门的增长率} = \text{一国所有部门的增长率}$$
$$+ (\text{一国 } k \text{ 部门的增长率} - \text{一国所有部门的增长率})$$
$$+ (\text{某区域 } k \text{ 部门的增长率} - \text{一国 } k \text{ 部门的增长率})$$

第一项:一国所有部门的增长率代表该国的平均水平;

第二项:(一国 k 部门的增长率—一国所有部门的增长率)是 k 部门与所有部门的偏离,代表该国 k 部门的比较优势;

第三项:(某区域 k 部门的增长率—一国 k 部门的增长率)代表该国某区域 k 部门的比较优势。

3. 第三种方式

某区域 k 部门的产值或就业的增加值=某区域 k 部门的初始产值或就业×一国所有部门的增长率+某区域 k 部门初始产值或就业×(一国 k 部门增长率—一国所有部门的增长率)+某区域 k 部门初始产值或就业×(某区域 k 部门增长率—一国 k 部门增长率)。

(二)一个例子

我国和东部某省的第一、二、三产业增长及其增长率分别见表 9.10 和表 9.11,利用偏离份额方法对东部某省的三次产业进行分析。

表 9.10　　　　　　　　　　　　东部某省经济增长

	2015 年增加值(亿元)	2020 年增加值(亿元)	增长率(%)
第一产业	1 771.36	2 169.23	22.5
第二产业	20 606.55	26 412.95	28.2
第三产业	21 129.81	36 031.16	70.5
合　计	43 507.72	64 613.34	48.5

表 9.11　　　　　　　　　　　　国家的经济增长

	2015 年增加值(亿元)	2020 年增加值(亿元)	增长率(%)
第一产业	57 774.6	78 030.9	35.1
第二产业	281 338.9	383 562.4	36.3
第三产业	349 744.7	551 973.7	57.8
合　计	688 858.2	1 013 567.0	47.1

1. 求出国家的基本面效应(见表 9.12)

表 9.12　　　　　　　　　　　　国家的基本面效应

	2015—2020
第一产业	1 771.36×47.1%＝834.31
第二产业	20 606.55×47.1%＝9 705.69
第三产业	21 129.81×47.1%＝9 952.14
合计	20 492.14

2. 求出产业群效应(见表 9.13)

表 9.13　　　　　　　　　　　　产业群效应

	2015—2020
第一产业	1 771.36×(35.1%－47.1%)＝－621.27
第二产业	20 606.55×(36.3%－47.1%)＝－2 225.51
第三产业	21 129.81×(57.8%－47.1%)＝9 951.56
合计	7 104.78

3. 求出产业的竞争效应(见表 9.14)

表 9.14　　　　　　　　　　　　　产业的竞争效应

	2015—2020
第一产业	1 771.36×(22.5%−35.1%)=−398.21
第二产业	20 606.55×(28.2%−36.3%)=−1 669.13
第三产业	21 129.81×(70.5%−57.8%)=2 683.49
合计	615.98

4. 得出总效应(见表 9.15)

表 9.15　　　　　　　　　　　　　　总效应

	国家的基本面效应	产业群效应	产业的竞争效应	合　计
第一产业	834.31	−621.27	−398.21	−185.17
第二产业	9 705.69	−2 225.51	−1 669.13	5 811.05
第三产业	9 952.14	9 951.56	2 683.49	22 587.19

据此可知,该省第一产业不具有比较优势,而第二产业特别是第三产业比较优势较大。

应该指出,在计量经济学中应用较为广泛的 Bartik 偏离份额工具变量就是借鉴了偏离份额方法。

第八节　区域趋同

"趋同"(convergence,又翻译为"收敛")一词,柯林斯词典解释为一个群体、思想或组织变得越来越相似的过程。该词常用于数学和经济学研究中。在数学中,趋同简单地说就是向某一个值靠近的过程;在经济增长理论中,趋同是指国家或地区之间的收入差距随着时间的推移而不断缩小的过程。趋同与趋异或发散(divergence)相对。趋同主要有 σ 趋同、β 趋同和俱乐部趋同等。

一、绝对 β 趋同

绝对 β 趋同是指不同经济体之间的差距会随着时间推移而不断缩小最终趋于相同的稳定状态的过程,简单地说就是穷国(地区)比富国(地区)增长更快,最终穷国(地区)追上富国(地区)的过程。巴罗等(Barro et al.,1991)提出了绝对 β 趋同的检验方程:

$$g_{i,t+T}=\alpha+\beta\ln(y_{i,t})+\varepsilon_{i,t}$$

其中，i 表示第 i 个国家或地区，t 表示期初，$t+T$ 表示期末，T 表示观测时期长度，$y_{i,t}$ 表示地区 i 在 t 期的人均 GDP，$g_{i,t+T}$ 是 i 在 t 到 $t+T$ 的平均增长速度。如果 $\beta<0$，则说明存在绝对 β 趋同；$\beta>0$，则说明不存在绝对 β 趋同。

二、条件 β 趋同

条件 β 趋同是指国家或地区的经济发展受到各自资源禀赋、产业结构、要素流动、历史条件、地理条件等影响，不同地区向各自的稳定状态趋同，而不一定向同一个稳定状况趋同(Romer,1992)。巴罗和马丁(Barro et al.,1992)提出的条件 β 趋同的检验方程为：

$$g_{i,t+T}=\alpha+\beta ln(y_{i,t})+\gamma X_{i,t}+\varepsilon_{i,t}$$

条件 β 趋同比绝对 β 趋同多了 $X_{i,t}$ 这个控制变量，就代表了不同国家或地区的各种不同的条件。

三、俱乐部趋同

俱乐部趋同是指具有相同的初始经济特征、类似的增长路径等条件的国家或地区之间存在的趋同过程，这些国家或地区构成了一个俱乐部(*club*)，俱乐部内趋同，俱乐部外则不一定趋同。俱乐部趋同的检验方程为：

$$g_{i,t+T}=\alpha+\beta ln(y_{i,t})+\gamma D_{i,t}+\varepsilon_{i,t}$$

其中，D 就是为俱乐部虚拟变量，如果 $\beta<0$，则说明存在着俱乐部趋同的现象。

参考文献

[1] (澳)杨小凯,(澳)黄有光,1999.专业化与经济组织[M].张玉纲,译.北京:经济科学出版社.
[2] (德)马克斯,1986.新教伦理与资本主义精神[M].四川:四川人民出版社.
[3] (美)阿拉塞维奇,(美)索奇,2018.不平等简史[M].罗海蓉,智艳,译.上海:上海社会科学院出版社.
[4] (意)卡佩里,2014.区域经济学[M].赵飞,等,译.北京:经济管理出版社.
[5] (英)斯密,2007.张兴,田要武,龚双红,编译.国富论[M].北京:北京出版社.
[6] (英)斯密,2014.陈出新,陈艳飞,译.道德情操论[M].北京:商务印书馆.
[7] 范金民,1997.明清江南进士数量、地域分布及其特色分析[J].南京大学学报社会科学版,(2).
[8] 胡焕庸,1935.中国的地理分区[J].地理学报,(6).

[9] 李伯重,2000. 江南的早期工业化(1550~1850)[M]. 北京:社会科学文献出版社.

[10] 李实,罗楚亮,2014. 中国收入差距的实证分析[M]. 北京:社会科学文献出版社.

[11] 陆大道,1988. 区位论及区域研究方法[M]. 北京:科学出版社.

[12] 沈登,1999. 明清全国进士与人才的时空分布及其相互关系[J]. 中国文化研究,(4).

[13] 徐宽,2003. 基尼系数的研究文献在过去八十年是如何拓展的[J]. 经济学(季刊),(4).

[14] 杨宽,2006. 中国古代都城制度史[M]. 上海:上海人民出版社.

[15] 张文木,2014. 丝绸之路与中国西域安全[J]. 世界经济与政治,(3).

[16] ACEMOGLU D, JOHNSON S, ROBINSON J, 2002. Reversal of fortune: Geography and institutions in the making of the modern world income distribution[J]. *Quarterly Journal of Economics*.

[17] BARRO R J, SALA-I-MARTIN X, BLANCHARD O J, et al, 1991. Convergence across states and regions[J]. *Brookings Papers on Economic Activity*, 22(1).

[18] BARRO R J, SALA-I-MARTIN X, 1992. Convergence[J]. *Journal of Political Economy*, 100(2).

[19] BARRO R J, 1998. *Determinants of Economic Growth: A Cross-Country Empirical Study* [M]. Cambridge: The MIT Press.

[20] DAVIS D, WEINSTEIN D B, 2002. Bones, bombs, and break points: The geography of economic activity[J]. *American Economic Review*, 92(5).

[21] GALLUP J, SACHS J, ANDREW M, 1999. Geography and economic development[J]. *International Regional Science Review*, 22(2).

[22] GINI C, 1921. Measurement of inequality of incomes[J]. *The Economic Journal*, 31.

[23] HECKSCHER E F, 1919. The effect of foreign trade on the distribution of income [J]. *Ekonomisk Tidskrift*, (21).

[24] HELPMAN E, 1995. Politics and trade policy[J]. NBER working paper.

[25] HENDERSON V, THISSE J F, 2003. *Handbook of Regional and Urban Economics*: Vol. 4. Amsterdam, Netherlands: Elsevier.

[26] HIRSCHMAN A O, 1958. *The Strategy of Economic Development* [M]. New Haven, Connecticut: Yale University Press.

[27] Lorenz M O, 1905. Methods of measuring the concentration of wealth[J]. *Publications of the American Statistical Association*, 9(70).

[28] MANKIW N G, ROMER D, WEIL D N, 1992. A contribution to the empirics of economic growth[J]. *Quarterly Journal of Economics*, 107(2).

[29] MYRDAL G, 1957. *Economic Theory and Underdeveloped Regions* [M]. London: Duckworth.

[30] Noack, R., and Gamio, L. (2015). The World's Languages, in 7 Maps and Charts. The Washington Post. Available online at: https://www.washingtonpost.com/news/worldviews/wp/2015/04/23/the-worlds-languages-in-7-maps-and-charts/ (accessed September 4, 2019).

[31] Ohlin B, 1933. *Interregional and International Trade* [M]. Cambridge, MA: Harvard

University Press.

[32] PERROUX F, 1955. Note sur la notion de "pôle de croissance"[J]. *Économie Appliquée*, 8(1).

[33] PIKETTY T, YANG L, ZUCMAN G, 2017. Capital accumulation, private property and rising inequality in China[D]. 1978—2015 NBER Working Paper No. 23368.

[34] PUGA D, 1999. The rise and fall of regional inequalities[J]. *European Economic Review*, 43(2).

[35] PUGA D, 2002. European regional policy in light of recent location theories[J]. *Journal of Economic Geography*, 2(4).

[36] Romer C D. What ended the great depression?[J]. *The Journal of Economic History*, 1992, 52(4): 757-784.

[37] SHORROCKS A F, 1984. Inequality decomposition by population subgroup[J]. *Econometrica* 1984, 52(6).

[38] THEIL H, 1967. *Economics and Information Theory*[M]. Chicago: Rand McNally and Company.

[39] WILLIAMSON J G, 1965. Regional inequality and the process of national development: A description of the patterns[J]. *Economic Development and Cultural Change*, 13.

思考与练习

1. 请查阅资料，进一步熟悉中国的南北、东西、司马迁线、胡焕庸线、九州等。

2. 有人提出东、中、西部的新的划分方法，你认为这种划分方法有道理吗？如何按照社会经济发展与自然地理兼顾的原则，划分新的东、中、西部？

地区	包括的省（区、市）	所占面积比重（%）
东部	北京、天津、河北、辽宁、吉林、黑龙江、上海、江苏、浙江、安徽、江西、福建、山东、广东和海南15个省（市）以及香港、澳门、台湾地区	17.19
中部	山西、陕西、河南、湖北、湖南、广西、四川、重庆、云南、贵州、内蒙古11个省（区）	40.02
西部	西藏、新疆、甘肃、青海、宁夏5个省（区）	42.79

3. 请绘图分析1978年以来中国东、中、西地区GDP和人均GDP的演变；绘图分析1978年以来中国南方与北方GDP和人均GDP的演变。请回答：1978年以来中国经济的东、中、西部的差距是拉大了还是缩小了？南北差异是拉大了还是缩小了？

4. 请利用中国统计年鉴和各省（区、市）统计年鉴，计算中国人均GDP的Theil指数；并且利用Theil指数分解的方法分别研究中国东、中、西三个地区以及南方与北方对区域差异的贡献度。

5. 中国东南之广东、福建、浙江、江苏、上海五省市GDP占全国1/3以上，财政收入占比40%左右,地方对中央财政净上缴中贡献 80% 左右,并且该五省市吸纳了全国 70% 的跨省农民工就业。请思考:为什么会这样?

6. 请回答:1978 年以来中国各省(区、市)经济发展存在什么类型的趋同?中国东、中、西部地区存在俱乐部趋同吗?东北三省(黑龙江、吉林、辽宁)、山河四省(山东、山西、河北、河南)、江浙沪(有人称之为包邮区)各自存在俱乐部趋同吗?

7. 研究北京市与毗邻的河北省各县市,上海市与毗邻的江苏、浙江各县市,以及广东省的珠三角地区与粤北、粤东地区在 GDP、人均收入方面的差异,请回答:为什么环北京和环珠三角是相对贫困带,而环上海却不是?

8. 请分析广东省珠三角地区与粤北、粤东地区经济发展的差异,以及江苏省的苏南与苏北地区经济发展的差异,解释其原因。

9. 不仅城乡之间存在收入差距,而且不同行业之间也存在收入差距。请思考行业之间的收入差距对于产业发展的影响。

10. 请查阅 2000 年以来各省(区、市)大学入学率的资料,完成下列任务:①将大学入学率从高到低排列;②观察经济发达省份的上述两个指标是否更高;③解释产生上述差异的原因;④观察明清科举进士多的省份是否大学入学率更高。

11. 请查阅中国语言资源保护工程采录展示平台(www.zhongguoyuyan.cn),了解中国方言的多样性。你的家乡属于哪个方言区?

12. 亚当·斯密说:什么是好的经济制度呢?一个好的经济制度就是鼓励每个人去创造财富的制度。而市场经济制度就是这样一种好的经济制度,地区之间形成差异的一个原因是各地区之间的市场化差异,请以数据说明之。

13. 请回答:哪些制度因素影响收入差距?户口、土地是通过何种机制影响收入差距的?

14. 什么是区域差异的倒 U 曲线和钟形曲线?请验证中国区域发展过程中是否存在这两条曲线。

15. 请利用偏离份额分析方法分析河北省、福建省的各次产业 2010 年以来的发展。

16. 在落后国家或区域发展中,一种观点是发挥比较优势,发展劳动要素密集型产业;一种观点认为比较优势是动态的,在政府的支持下可以实施跨越发展。请以韩国与中国台湾、广东与东北地区为例说明哪种战略更有效。

17. 试讨论中国的几何开发的意义、途径及其局限。除本章所列的几种几何开发外,还有哪些几何开发?

18. 下页图是浙江省与江苏省长期发展的比较。浙江省城镇可支配收入自 1980 年以来一直大于江苏省,而人均 GDP 在 2009 年以后小于江苏省而且差距呈现扩大趋势。

请思考:①什么原因造成了两省的差距?②江苏和浙江在未来发展中可以相互学习借鉴什么?

19. 环江西一共有 6 个省:广东、福建、浙江、安徽、湖北、湖南。请查阅《中国统计年鉴》,回答环江西六省的 GDP、人均 GDP 比江西省高还是低,并分析原因。

20. 中国有 14 个经济发展较为落后的地区:六盘山区、秦巴山区、武陵山区、乌蒙山区、滇桂黔石漠化区、滇西边境山区、大兴安岭南麓山区、燕山-太行山区、吕梁山区、大别山区、罗霄山区等区域

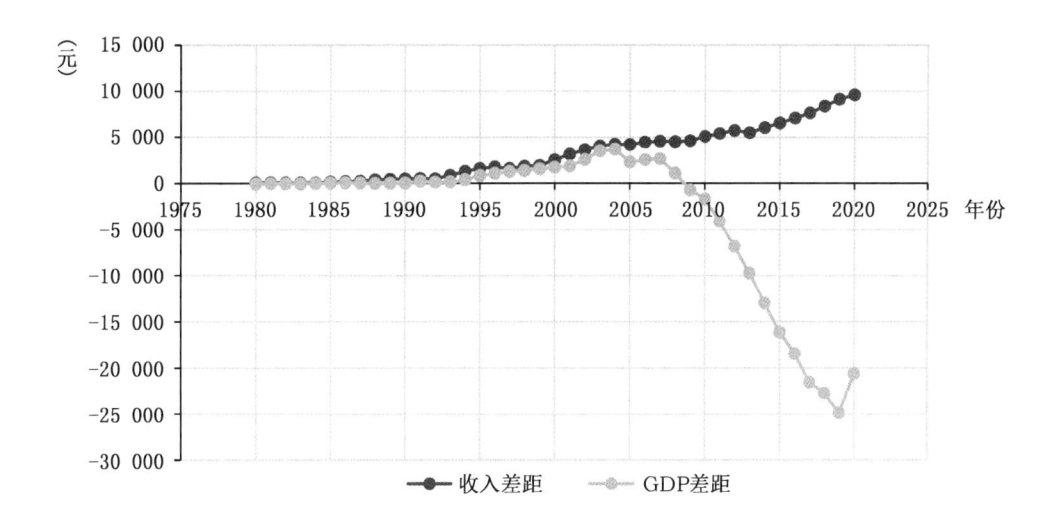

的连片特困地区,加上西藏、新疆南疆四地州、甘青川滇四省藏区,则是14个。①试用GIS绘制有关专题地图;②请分析这些地区经济发展缓慢的原因。

21. 2020年中国GDP前30名的城市如下表所示:

GDP区间	城　市
GDP大于2万亿元	上海、北京、深圳、广州、重庆、苏州
GDP在1万亿~2万亿元	成都、杭州、武汉、南京、天津、宁波、青岛、无锡、长沙、郑州、佛山、泉州、济南、合肥、南通、西安、福州
GDP在5 000亿~1万亿元	东莞、烟台、常州、唐山、大连、温州

请回答:①在上述城市中,东部、中部、西部、东北地区各有多少个城市?②京津冀、长三角、大湾区各有几个城市?③有几个是省会城市?④南北方各有几个城市?⑤与1978年相比,这些城市GDP排名次序是升了还是降了?

22. 比较中国大陆地区与中国台湾、中国香港、日本、韩国、新加坡等的发展历程,日本和亚洲"四小龙"(韩国、新加坡、中国台湾、中国香港)有什么发展经验与教训?

23. 下表是中国周边部分国家人均GDP情况,请分析:①以下数据什么特点?②为什么存在较大差异?

国家	1978年人均GDP(美元)	2021年人均GDP(美元)
韩国	1 400	34 800
日本	8 800	39 300
菲律宾	574	3 548
越南	2 311*	3 494
缅甸	28	1 187

续表

国家	1978年人均GDP(美元)	2021年人均GDP(美元)
印度	205	2 277
巴基斯坦	243	1 537

注：* 为1985年数据。

24. 下表是2020年部分国家和中国部分地区人口密度表。①请补充中国部分地区人口密度表；②从数据中，你发现了什么？

部分国家	人口密度（人/平方公里）	中国部分地区	人口密度（人/平方公里）
中国	150	东南五省市	
美国	36	东北地区	
法国	123	西部五省区	
德国	237	西南三省	
英国	275	四大直辖市	
日本	347	山河四省	
印度	455	广东省	
		山东省	
		河南省	

注：东南五省市包括广东、福建、浙江、江苏、上海；东北地区包括黑龙江、吉林、辽宁；西部五省区包括新疆、西藏、青海、甘肃、宁夏；西南三省包括云南、贵州、四川；山河四省包括山东、山西、河北、河南。

延伸阅读

[1] (以)盖勒,2022. 人类之旅：财富与不平等的起源[M]. 余江,译,北京：中信出版社.

[2] 司马迁,1982. 史记·货殖列传[M]. 北京：中华书局.

[3] GALLUP J L, SACHS J D, MELLINGER A, 1999. Geography and economic development[J]. *International Regional Science Review*, 22(2).

[4] BARRO R J, SALA-I-MARTIN X, 1991. Convergence across states and regions[J]. *Brookings Papers on Economic Activity*, 22(1).

第十章　区域经济增长与问题

第一节　地区经济增长

一、经济增长的影响因素

亚当·斯密(1776)认为分工及其带来的劳动生产率的提高对经济增长具有决定作用,而自由经济制度是促进国民经济增长的有效途径。亚当·斯密以后,大量经济学家研究世界范围的经济增长,现代经济学已经发现资本、劳动、技术、制度、自然资源等都是促进经济增长的因素。

定量研究影响经济增长的因素一般采用 Cobb-Douglas 生产函数,即

$$Y = TFP \times K^{\alpha} L^{\beta}$$

其中,α 和 β 分别表示资本贡献额和劳动贡献额,在规模报酬不变的条件下,满足 $\alpha + \beta = 1$;TFP 为全要素生产率。对上式求全微分,得:

$$\frac{\dot{Y}}{Y} = \frac{\dot{TFP}}{TFP} + \alpha \frac{\dot{K}}{K} + \beta \frac{\dot{L}}{L}$$

令 $\frac{\dot{Y}}{Y}$ 为经济增长率,$y = \frac{\dot{Y}}{Y}$,$\frac{\dot{K}}{K}$ 为资本增长率,$k = \frac{\dot{K}}{K}$,$\frac{\dot{L}}{L}$ 为劳动增长率,$l = \frac{\dot{L}}{L}$,则

$$y = \dot{TFP} + \alpha k + \beta l$$

全要素生产率是与单要素生产率相对的概念。单要素生产率是指一种要素投入带来的产出的增长,最常用的是劳动生产率。

$$劳动生产率 = \frac{产出}{劳动投入}$$

全要素生产率也可以称为多要素生产率,是总产出与多种要素投入的比率,例如投入资本 K 和劳动 L 两种要素,产出为 Y,则这时候的全要素生产率为:

$$TFP = \frac{Y}{K^{\alpha} L^{\beta}}$$

经济增长率等于资本增长率加劳动力增长率再加全要素生产率增长率,TFP 增长率是除资本、劳动外的组织、制度等因素带来的增长率,正因为这样,全要素生产率增长率又被称为"技术与制度进步率"。

全要素生产率的估算主要有索洛余值法、随机前沿分析法以及数据包络分析法,最常用的方法是索洛余值法。

二、中国经济增长的分解

1978 年后,中国经济开启了高速增长的快车道,书写了中国故事。1978—2017 年的 39 年间,中国 GDP 平均增长率在 9.5% 左右,这在人类历史上是没有出现过的。中国 GDP 总量 2014 年达到 64 万亿元,仅次于美国,居于世界第二位。图 10.1 列出了世界几个国家 1700 年以来 GDP 翻番所需要的时间,英国为 154 年,美国为 65 年,德国为 69 年,日本为 23 年,韩国为 11 年,印度为 17 年,中国为 12 年。中国比韩国 GDP 翻番多用了 1 年时间,但中国在翻番的基础上继续高速增长,2017 年的 GDP 是 1978 年的近 34 倍。图 10.2 描述了 1995—2013 年中国的 GDP 及其增长。

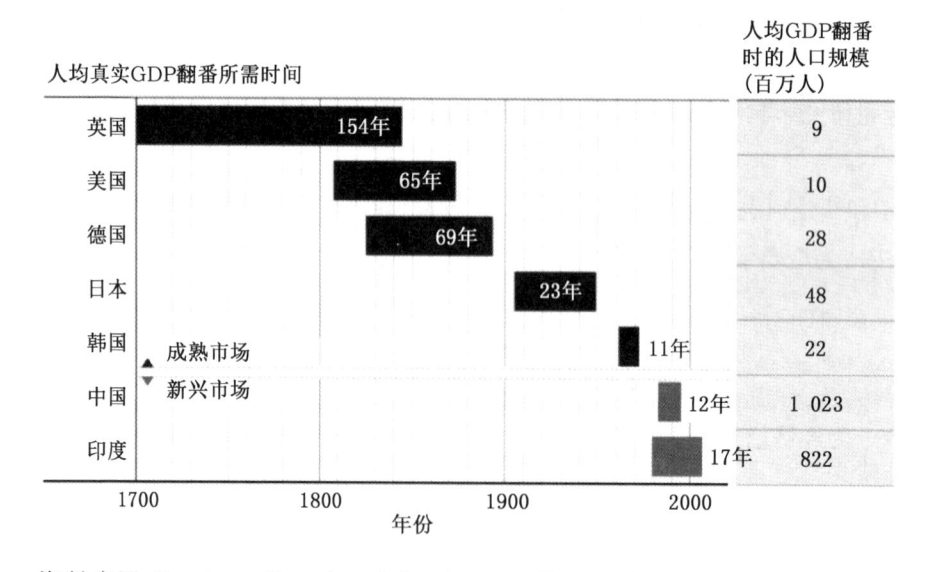

国家	人均真实GDP翻番所需时间	人均GDP翻番时的人口规模(百万人)
英国	154年	9
美国	65年	10
德国	69年	28
日本	23年	48
韩国	11年	22
中国	12年	1 023
印度	17年	822

资料来源:Groningen Growth and Development Center, The Maddison-Project database, Groningen, Netherlands, 2013. http://www.ggdc.net/maddison/maddison-project/home.htm, 2013 version.

图 10.1 GDP 翻番的时间

图 10.2、图 10.3 和图 10.4 分别是 20 世纪 60 年代以来中国大陆、韩国与日本、中国香港与新加坡的 GDP 增长率演变图,我们可以发现这 5 个经济体均有过高速的增长,曾达到 15% 的年均增长率;2000 年后,中国曾有近 10 年年均增长率超过 10%,而

韩国、日本的增长率大部分年份在5%以下,中国香港和新加坡则为5%以上;2008年全球范围的金融危机使得日本、韩国、中国香港和新加坡经济为负增长,而中国仍有近10%的增长率;2010年后,中国GDP增长率始终没有达到10%,驶入5%左右的车道。

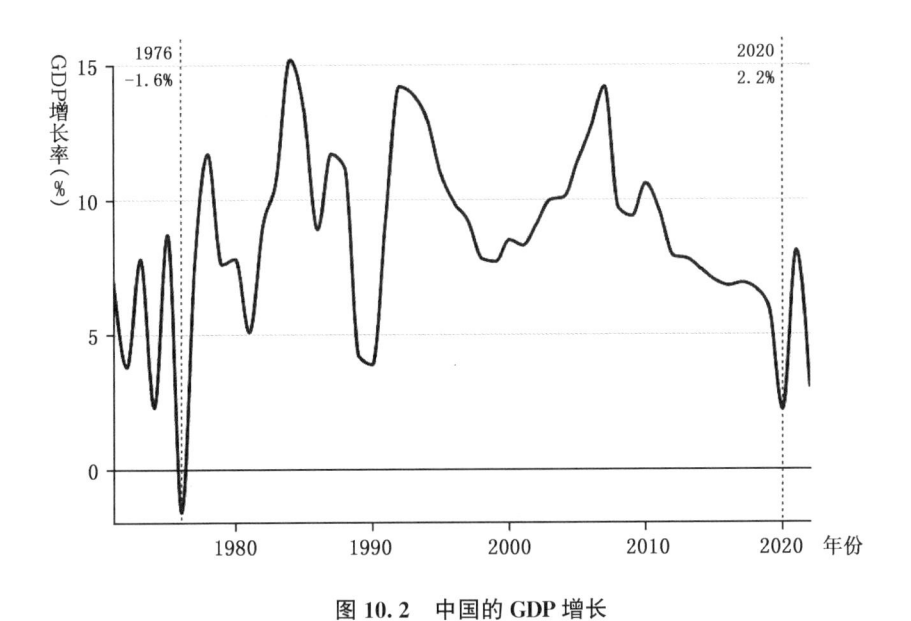

图10.2 中国的GDP增长

图10.3 韩国与日本的GDP增长

奇迹从何处来,是技术进步还是资本和劳动的投入带来了长期的经济增长,这个问题一直是人们的研究兴趣所在。研究的结论大多赞成中国的经济增长主要是要素投入(资本与劳动)的结果,但技术进步的贡献也是一个重要因素。博斯沃思等(Bosworth et al.,1995)发现,1980—1986年中国全要素生产率增长率为3.32%,对经济增长的贡献为39.1%。尼赫鲁等(Nehru et al.,1997)估计了1978—1995年中国全要

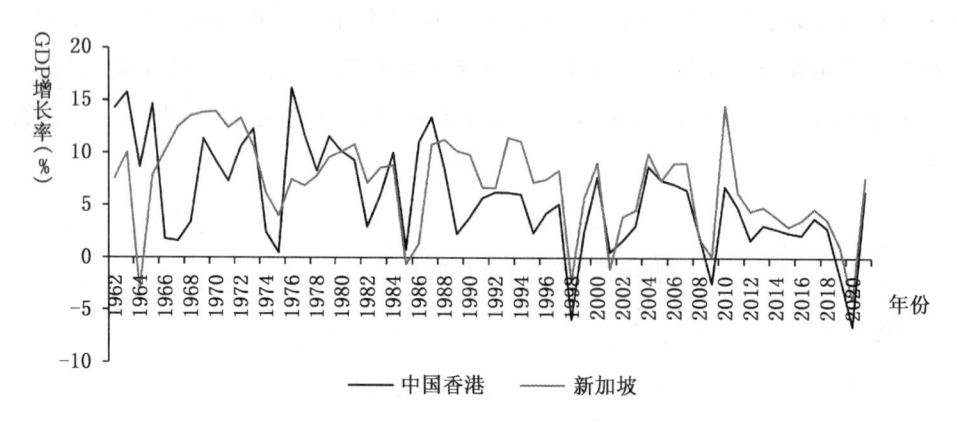

图 10.4　中国香港与新加坡的 GDP 增长

素生产率增长率约为 3.8%，对经济增长的贡献达到 40.4%。蔡昉等(1999)估算了 1982—1997 年中国全要素生产率增长率，他们的估计数字偏低，为 1.9%，对经济增长的贡献为 23.6%，见表 10.1。董敏杰等(2013)估算 1978—2010 年全要素生产率、劳动与资本对中国经济增长的贡献份额分别约为 10.9%、3.7% 与 85.4%，全要素生产率对东部地区经济增长的贡献远大于对中西部地区的贡献。

表 10.1　中国经济增长的动力分析

研究者	估计时间窗口	增长率	全要素生产率增长率	资本增长率	劳动增长率
博斯沃思等(Bosworth et al., 1995)	1980—1986 年	8.5(100)	3.32(39.1)	3.34(39.3)	1.84(21.6)
尼赫鲁等(Nehru et al., 1997)	1978—1995 年	9.4(100)	3.8(40.4)	3.4(36.2)	1.2(12.8)
胡永泰(1998)	1979—1993 年	9.11(100)	1.1~3.6 (12.1~39.5)	3.5~5.9 (42.8~64.8)	1.1~1.6 (12.1~17.6)
蔡昉等(1999)	1982—1997 年	8.0(100)	1.9(23.6)	4.2(52.7)	1.9(23.7)
刘明等(2011)	1978—2008 年	9.8(100)	3.51	5.27	1.02
珀金斯等(Perkins et al., 2009)	1952—2005 年 1978—2005 年 1985—1990 年 1990—1995 年 1995—2000 年	7.0 9.5 7.7 11.7 8.6	2.1(30.9) 3.8(40.1) 3.1(39.7) 6.7(57.3) 3.2(36.8)		

注：括号内为要素的贡献率。
资料来源：根据相应文献整理。

三、中国地区经济增长的差异

中国经济增长来自地区经济增长,各个地区也创造了各个地区的经济增长奇迹,虽然还存在巨大的差异。表 10.2 显示了 2020 年中国地区人均 GDP 的分布,人均 GDP 大于 1.2 万美元而且超过全国平均数的省(区、市)有北京、上海、江苏、福建、浙江、天津、广东、内蒙古、湖北、重庆、山东,人均 GDP 超过 1 万美元但低于全国平均数的有陕西、安徽、山西、湖南、江西、宁夏、辽宁、新疆、四川、海南,人均 GDP 小于 1 万美元的有河南、云南、青海、西藏、河北、吉林、贵州、广西、黑龙江、甘肃。1989 年广东省 GDP 超越江苏省,成为中国经济第一大省,江苏省则成为第二经济大省,这种次序至今一直没有改变。

表 10.2 中国各地区经济发展分类

分 类	地 区
人均 GDP 大于 1.2 万美元而且超过全国平均数	北京、上海、江苏、福建、浙江、天津、广东、内蒙古、湖北、重庆、山东
人均 GDP 超过 1 万美元,但低于全国平均数	陕西、安徽、山西、湖南、江西、宁夏、辽宁、新疆、四川、海南
人均 GDP 小于 1 万美元	河南、云南、青海、西藏、河北、吉林、贵州、广西、黑龙江、甘肃

将大陆与台湾相比,更能看出大陆的经济发展速度。1992 年台湾 GDP 是大陆的 45%,到 2014 年变为 5%,江苏省和广东省的 GDP 之和在 1992 年仅为台湾的 37.8%,2014 年则为台湾的 4 倍多,见表 10.3。

表 10.3 大陆省份与台湾地区 GDP 比较 单位:亿元

地区	1992 年	2000 年	2009 年	2014 年
江苏	2 136	8 554	34 457	65 088
广东	2 448	10 741	39 483	67 810
中国台湾	12 116(2 199)	26 977(3 262)	25 783(3 775)	32 776(5 295)
苏粤/台湾	0.378	0.715	2.87	4.05
中国大陆	27 195	100 280	349 081	643 974
台湾/大陆	0.446	0.269	0.074	0.051

注:括号内数据单位为亿美元,根据当年汇率换算成人民币。
资料来源:相关年份《中国统计年鉴》,国家统计局网站。

中国经济快速增长的代价是巨大的,以生产粗制滥造为特点的无效的 GDP、以环境污染为代价的肮脏的 GDP、以高能源消耗为特点的粗放的 GDP、以不顾食品安全为特点的带血的 GDP 成为经济增长的另一面(胡培兆,2004)。因此,通过技术制度创新,建立环境资源友好型增长方式,成为未来的选项。

四、中国地区经济增长的因素

(一)改革开放

中国 1978 年来经济高速增长的根本因素是由于中国进行改革开放,摆脱了计划经济体制的束缚,走向了市场经济体制的道路。市场化改革成为 1978 年以来的主旋律,这种市场化不仅包括商品市场的市场化,而且包括要素市场的市场化和政府本身的改革。中国的市场化可以分成两个阶段:

第一个阶段是 1978—1991 年,这个阶段以计划经济为主、市场调节为辅,出现了计划的价格与市场上的价格两种价格体制,即价格双轨制,即计划指标内实行固定价格,计划指标外实行市场调节。

1978 年 5 月 11 日,《光明日报》发表《实践是检验真理的唯一标准》,拉开了 1949 年以来第一次思想解放的序幕。

1978 年 11 月 24 日,安徽省凤阳县小岗村 18 位农民签订了包干到户的保证书,拉开了中国农村改革的序幕,随后全国范围内推行家庭联产承包制度,废除人民公社制度,放松户口制度。

1978 年 12 月 18 日—22 日,中共十一届三中全会召开,邓小平作《解放思想,实事求是,团结一致向前看》的讲话,全面改革开放正式启动。

1978 年,四川省开始试点国有企业改革,城市改革拉开序幕,80 年代后期开始股份制试点。

1979 年 8 月 26 日,在深圳市境内划出 327.5 平方公里(精确数字为 395.992 平方公里)地域设置经济特区,经济特区正式走上历史舞台。随后厦门、珠海、汕头等经济特区成立。经济特区是中国向全世界打开的开放之窗。建立经济特区的一个直接原因是对大逃港的反思。大逃港即大规模地以偷渡等形式逃往香港,其中以深圳(宝安)为出发地的大规模逃港就有四次:1957 年、1962 年、1972 年和 1979 年,偷渡人数达 50 多万,大逃港人员主要是农民,也有其他阶层人士,大逃港的主要原因是内地与香港的经济发展和人民生活水平的巨大差异,人们"用脚投票"摒弃计划经济带来的贫困。

1991 年邓小平视察上海,发表讲话:"开发浦东,影响就大了。不只是浦东的问题,是关系上海发展的问题,是利用上海这个基地发展长江三角洲和整个长江流域的问题,抓紧浦东开发不要动摇,一直到建成。浦东开发迟了,迟了至少五年,我在 84、85 年就觉得应该开发上海,但那时还没下这个决心。"浦东开发开放是中国深化改革开放的第二次号角。

  第二个阶段开始于1992年。1992年1月18日至2月21日,邓小平先后到武昌、深圳、珠海、上海等地视察,发表重要讲话,史称南方谈话。邓小平指出:计划多一点还是市场多一点,不是社会主义与资本主义的本质区别。计划经济不等于社会主义,资本主义也有计划;市场经济不等于资本主义,社会主义也有市场。计划和市场都是经济手段。判断改革开放姓"社"姓"资",标准应该主要看是否有利于发展社会主义生产力,是否有利于增强社会主义国家的综合国力,是否有利于提高人民的生活水平。以南方谈话为标志,中国开始全面建设社会主义市场经济体制,逐步发挥市场在资源配置中的基础作用。1992年,中共十四大召开,明确了改革的方向是建立社会主义市场经济体制。2001年,中国加入世界贸易组织,中国成为国际分工体系的一员。2013年11月12日,中国共产党第十八届中央委员会第三次全体会议通过了《中共中央关于全面深化改革若干重大问题的决定》,要求加快完善现代市场体系,使市场在资源配置中起决定性作用,同时更好地发挥市场的作用。

  1994年开始分税制改革,奠定了中国现代财税制度的基础,同年进行汇率体制改革,官方汇率与市场调剂汇率并轨,实行以市场供求为基础的有管理的浮动汇率制度;90年代中期继续推进国有企业股份制和公司制改革,1996—2000年,国有工业企业总数从11万户下降到5万户;1998年开始全面住房体制改革,住房商品化成为主流;农村改革进行推进,《中华人民共和国农业税条例》自2006年1月1日起废止,在中国延续两千多年的农业税正式成为历史。不仅如此,国家还增加了对农民的种粮补贴,农村土地的市场化改革从家庭联产承包到土地的流转、宅基地的改革等逐步深化。

  市场化的一个重要表现是户籍制度逐步放松,劳动力流动包括农村劳动力向城市流动的限制越来越少。1978—2014年中国经济发展得益于巨大的人口红利,特别是劳动力流动红利。研究也表明,劳动力流动不仅促进了城市化的发展,而且提升了城市全要素生产率的提升,对中国经济发展影响深远(都阳 等,2014)。没有市场化,则没有人口红利可言。

  市场化的另一个重要表现是民营企业获得很大发展。1980年,温州的章华妹领到了第一张个体工商户营业执照。1988年《中华人民共和国宪法修正案》规定,国家允许民营经济在法律规定的范围内存在和发展。民营经济已经成为社会主义市场经济的重要力量,2017年中国民营企业数量超过2 700万家,个体工商户超过6 500万户,注册资本超过165万亿元,民营企业大概贡献了50%以上的税收、60%以上的GDP、固定资产投资以及对外直接投资,70%以上的技术创新,80%以上的劳动就业,90%以上的新增就业,已经成为国民经济不可或缺的组成部分(习近平,2018)。民营企业发达的省份广东、江苏、浙江是经济增长迅速的省份,而民营企业大力发展也是促进诸如东北地区经济发展的重要条件。

吴敬琏(2018)说:"中国的经济改革进程可以归结为市场在地域与范围上不断扩展的过程。然而,在计划经济的历史背景下,市场的出现及其扩展并非是一帆风顺地直线进行的过程。"在曲折中前进,螺旋式上升,这是符合马克思主义的一般原理的。

(二)地区竞争

理解中国地区经济增长的第二个关键之处是中国地方政府间竞争。地方政府官员为增长而竞争、为晋升而竞争成为推动中国地区经济增长的重要力量。有学者认为,"对于中国经济的发展,没有任何力量有竞争产生的能量这么强大;没有任何竞争有地方'为增长而竞争'对理解中国的经济增长那么重要"(张军,2005)。地方政府官员的晋升锦标赛作为中国政府官员的激励模式,是中国经济奇迹的重要根源,世界上很少有国家的地方政府如中国地方政府官员那样热情地推动经济发展。维(Oi, 1992, 1995, 1999)认为,中国地方政府具有强大的行政能力,为追求财政收入和政绩,中国地方政府以经济法人的姿态组成公司企业介入生产过程,去追求地方资本积累与利润的最大化。"在经济发展过程中,地方政府具有公司的许多特征,官员们完全像一个董事会成员那样行动,这种能够政府与经济结合的新制度形式,我称之为地方法团主义。我所说的地方法团主义是指一个地方政府协调其辖区内各经济事业单位,似乎是一个从事多种经营的实业公司。"(Oi, 1992)官员晋升锦标赛是指上级政府对多个下级政府部门的行政长官设计的一种晋升竞赛,竞赛优胜者获得晋升,而竞赛标准由上级政府决定,它可以是 GDP 增长率,也可以是其他可度量的指标,很长时期内 GDP 增长率是重要的指标(周黎安,1997)。

张五常(2015)认为,中国的县际竞争(地方政府竞争)是中国经济增长经验的重要组成部分、中国经济增长奇迹的重要原因,见图 10.5。张五常(2015)认为:

中国的县可以作为企业看,而适合的比喻是一个庞大的购物商场。租用商场的客户可以比喻为县的投资者。商场收的基本固定租金可以看为县收的地价,而商场收的分成租金可以比喻为增值税。商场的大业主选租客(县干部选投资者),多方面给租客提供服务(县也如是),而有号召力的租客(投资者),商场(县)会给予不少优惠条件。

张五常注意到一个核心问题:中国的城市土地的特殊性。虽然中国城市(县城)土地属于国有制,但市(县)政府对土地具有实际上的所有权。为了吸引投资,地方政府普遍实行工业用地低地价或零地价的优惠措施,以低工业地价吸引投资、增加税收,然后以高的住宅和商业地价获得土地财政,实施城市经营,成为城市发展的常态。当然,中国地方竞争不仅仅是县际竞争,城市竞争和省际竞争也普遍存在,正是地方政府间的竞争才促进了中国经济的快速增长,当然地区竞争也可能带来很多负面影响。

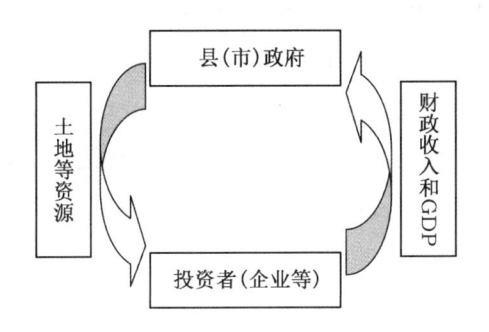

图 10.5　县(市)际竞争

(三)大国经济带来的红利

红利是指上市公司分给股东的利润,现在泛指经济社会发展带来的好处或竞争力。1978 年以来中国的发展是多种红利叠加循环累积的结果,这些红利主要包括人口红利、产业发展红利、FDI 红利、制度红利等,其中最主要的是人口红利,但如果没有产业发展红利、FDI 红利,如果没有改革开放,人口红利也无法表现,几种红利的耦合在正确的时间、正确的地点、正确的匹配方式下创造出中国的奇迹(见图 10.6)。

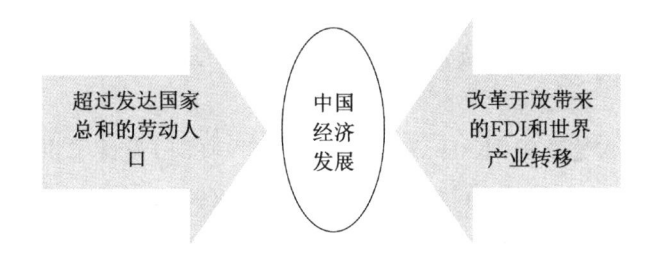

图 10.6　各种红利的叠加

人口红利是指一个国家的劳动年龄人口占总人口比重大而为经济发展创造了有利的优势条件。1949 年之后由于社会经济特别是医疗条件获得很大的提升,中国人口死亡率大幅度降低,而出生率没有降低,致使人口迅速膨胀,70 年代后期由于计划生育等因素的影响中国的出生率开始下降。1949—1978 年的生育带来了劳动力的极大丰富,15~59 岁的劳动年龄人口数量持续增加,2011 年达到峰值 9.3 亿,高于发达国家劳动年龄人口的总和。

人口红利的产生还有一个重要原因,是恢复高考。1977 年 9 月,教育部在北京召开全国高等学校招生工作会议,决定恢复高考,招考对象是工人、农民、上山下乡和回乡知识青年、复员军人、干部和应届高中生。1977 年 12 月,570 万考生走进考场,最后录取 27.3 万人。恢复高考既满足了改革开放的人才急需,又为解放思想打下了基础。

与东欧转型国家相比,中国和东欧在 20 世纪 80 年代后都经历了市场化进程,中国走的是带有双轨制特征的渐进道路,东欧走的是激进的市场化道路,应该说东欧转型国家比中国的市场化更彻底,但是东欧的人口少,劳动力更少,没有中国巨大的人口红利。中国巨大的人口红利是市场化带来的,没有市场化机制,巨大的人口就是巨大的负担,大国优势就会变成劣势,因此,也可以说,中国的人口红利本质上是一个大国市场化进程的红利。

第二节 交通运输发展

一、概述

交通运输是重要的基础设施之一,主要包括公路、铁路、机场、港口、地铁、网络等运输形式。交通运输在经济发展、城市发展和军事斗争中均具有重要的作用,交通先行的理念绵延古今。两千多年前的秦朝建立了驰道和直道,"秦为驰道于天下,东穷燕齐,南极吴楚,江湖之上,滨海之观毕至。道广五十步,三丈而树,厚筑其外,隐以金椎,树以青松"(班固,1974)。

罗马帝国也建立了以罗马为中心的较为完善的道路系统,可谓"条条道路通罗马"。

1817 年,德国人德莱斯(Karl von Drais,1785—1851)设计了世界上第一辆自行车。1842 年,苏格兰人柯克帕特里克·麦克米伦(Kirkpatrick Macmillan,1812—1878)发明了第一辆脚踏自行车。1885 年,德国人卡尔·本茨(Karl Friedrich Ben,1844—1929)发明了世界上第一辆汽车,1886 年申请专利,专利号为 37435。汽车发明使得人类进入汽车时代。随后 1932 年,世界上第一条高速公路——德国科隆—波恩高速公路建成通车,相比较而言,中国第一条高速公路是台湾省的高雄—基隆高速公路,建成于 1978 年,比德国晚了 46 年(见表 10.4)。

表 10.4 世界高速公路建设

线 路	建成年份	说 明
德国科隆—波恩	1932	世界第一条
美国洛杉矶—帕萨迪纳	1940	美国第一条
中国台湾高雄—基隆	1978	中国台湾第一条
中国上海市区—嘉定	1988	中国大陆第一条

人类铁路发展具有近 200 年的历史。1830 年,乔治·斯蒂芬森(George Stephen-

son)发明了名称为"火箭头"的机车,时速达 50 公里/小时。1964 年 10 月,人类历史上第一条投入商用的高铁——日本新干线(shinkansen)开始运行;1981 年,法国 TGV 高铁开始使用,时速达 260 公里/小时,这是欧洲首次运行高铁;此后,1988 年德国 ICE、1992 年西班牙 AVE、1994 年韩国 KTX、1996 年比利时 HSR、2003 年英国 HS1、2007 年中国台湾的高铁相继投入运行。2008 年,中国大陆高铁投入运行,揭开了中国高铁发展的新篇章(见表 10.5)。高铁是当代重要的基础设施之一,一般将时速超过 200 公里/小时的符合有轨道、车辆、信号系统、远程控制中心以及客货时空分离等条件的铁路系统称为高铁系统。高铁按照速度又可分成两类:200～250 公里/小时的高铁和 250 公里/小时以上的高铁。

表 10.5　　　　　　　　　　　　　世界高铁的发展

国　　家	类　　型	服务年份
日本	Shinkansen(新干线)	1964
法国	TGV	1981
德国	ICE	1988
西班牙	AVE	1992
韩国	KTX (Korea Train Express)	1994
比利时	HSR	1996
中国	台湾地区——台北高雄 大陆地区——京津城际	2007 2008

机场或航空港又是一项重要的交通基础设施。美国人莱特兄弟研制而成的世界上第一架飞机"飞行者"(Flyer)于 1903 年诞生,自此机场成为必需。机场不仅是城市的重要组成部分,而且在塑造城市。一种新的城市发展模式——航空城受到瞩目。国际民航组织(ICAO)根据机场的跑道长度和容许起降飞机的最大翼展长度将机场进行了划分,见表 10.6。

表 10.6　　　　　　　　　　　　　机场的等级　　　　　　　　　　　　　单位:米

跑道长度 (field length)		容许最大翼展(wing span)	
1	FL＜800	A	WS＜15
2	800≤FL＜1200	B	15≤WS＜24
3	1200≤FL＜1800	C	24≤WS＜36
4	1800≤FL	D	36≤WS＜52
		E	52≤WS

资料来源:ICAO。

按照上述划分,最低层次的机场是 1A 级机场,最高层次的是 4E 级机场。中国北京首都国际机场、上海虹桥国际机场和浦东国际机场、广州白云国际机场等主干机场都是 4E 级机场。世界上著名的机场包括:英国伦敦盖特威克(Gatwick)机场、希思罗(Heathrow)机场,法国巴黎戴高乐(Charies deGaulle)机场,德国法兰克福(Frankfurt)国际机场;美国纽约肯尼迪(JFK)国际机场、芝加哥奥黑尔(O'Hare)国际机场,亚特兰大(Atlanta)国际机场,中国北京首都国际机场、上海浦东国际机场和虹桥国际机场、香港国际机场,日本东京成田国际机场、羽田机场等。

二、交通运输的效应

鲍姆-斯诺等(Baum-Snow et al.,2007,2017)对交通与城市发展的关系进行了研究,成为近年来这方面研究的典范。鲍姆-斯诺等注意到,1950—1990 年间,美国大都市区的人口增加了 72%,而大都市区之核心城市的人口减少了 17%。鲍姆-斯诺等的研究还发现,离高速公路和 CBD 越远,人口密度就越低,一条新的穿越核心城市的高速公路将使得该城市人口减少 18%,中心城区的居民有相当大的比重会选择移居郊区。中国的很多城市也因为交通运输而生,例如明清大运河畔的众多市镇,而近代铁路的发展,也促生了石家庄、郑州等城市。

要想富,先修路。贾沃斯基和基钦斯(Jaworski et al.,2016)发现,美国阿巴拉契亚地区高速公路系统(the Appalachian Development Highway System,ADHS,1965—2000 年间共修建高速公路 2 500 英里)的建设促进了该地区贫困县收入增加 459 亿美元,人均收入增加 515 美元。他们还发现,阿巴拉契亚地区与美国其他地区的差距依然存在,几乎没有改变,这也说明减贫是个复杂的系统工程。

交通运输对于区域经济发展的效应的一个典型例子是江西的古今沉浮。我们发现一个现象:相比于江西,环江西的广东、福建、浙江、安徽、湖北、湖南的 GDP 和人均 GDP 均高于江西,江西成为南方的塌陷地区。

历史上江西(南昌)至少在唐朝时候就已经出名。初唐诗人王勃在《滕王阁序》中赞美南昌:"星分翼轸,地接衡庐。襟三江而带五湖,控蛮荆而引瓯越。物华天宝,龙光射牛斗之墟;人杰地灵,徐孺下陈蕃之榻。"两宋时期江西有进士 5 861 名,占全国的 13.8%,明朝为 3 338 名,占 13.4%,清朝为 2 050 名,占 7.6%。明朝一共有 90 位状元,其中江西有 18 位,"翰林多吉水,朝士半江西","一门三进士,隔河两宰相,五里三状元,十里九布政"。吉安府和南昌府进士数量排名前五。

原因何在?古代江西并不闭塞,因为交通运输主要是水运,从江西经过鄱阳湖进入长江,顺流东下可以直抵江南,然后可以由大运河北上到达开封(宋)和北京(明清),亦可以沿赣江溯流而上,经大庾岭达到东江,然后到达广州这一重要的通商口岸,见图10.7。

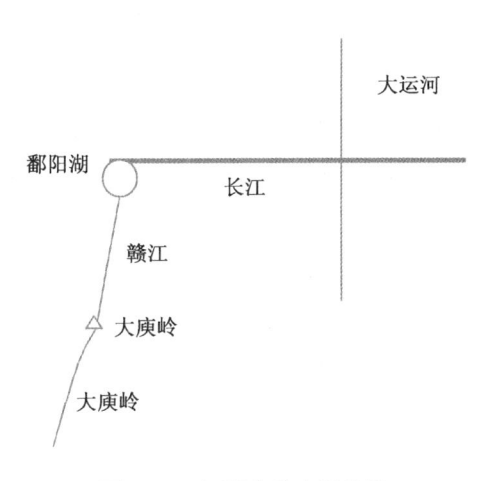

图 10.7 江西古代交通简图

应该指出,交通运输的效应一直是城市与区域经济学实证研究的热点问题,中国高铁或高速公路的发展促生了大量基于中国地级市和县的实证研究,研究议题从对经济发展的影响到某些更细而微的经济变量的影响,研究方法基本是多时期的双重差分法。历史上的铁路开通的影响和水运特别是大运河的影响也是实证研究的一个热点。

三、中国交通运输发展

2021年中国铁路营业里程达到15万公里,其中高铁超过4万公里,全国铁路网密度达到156.7公里/平方公里;全国公路总里程为528万公里,公路密度为55.01公里/百平方公里,其中高速公路里程为16.91万公里;全国港口拥有生产性码头泊位为20 867个;全国有53个城市开通了轨道交通,运营总里程为8 735.6公里,其中地铁线路223条,颁证民用航空运输机场248个。中国公路里程、铁路里程、航空运输居世界第二位,但人均数据仅处于世界中等水平。

1865年、1875年北京、上海曾分别修建铁路,但很快被拆除,真正投入运行的是1881年修建并于当年建成的第一条标准轨距铁路——唐胥铁路,从唐山到胥各庄,全长9.7公里。1903年,沙俄在中国修建"中东铁路"(西起满洲里,东至绥芬河,全长2 400公里)。1908年,沪宁铁路(上海到南京,全长307公里)全线通车。1912年,津浦铁路(天津到南京浦口,全长1 009公里)通车。1906年,京汉铁路(北京到汉口,全长 1 214 公里)通车。1936 年,粤汉铁路(广州到汉口,全长 1 059 公里)通车。1953年,陇海铁路通车。1996 年,京九铁路(北京到香港九龙,全长 2 398 公里)通车。青藏铁路(格尔木到拉萨,全长 1 142 公里)于 1954 年开建,2006 年全线建成通车。1978年后,中国铁路建设大发展,铁路于 1997 年、1998 年、2000 年、2001 年、2004 年、2007年进行了六次提速,时速从第一次提速时的最高 120 公里到第六次的 250 公里,已经是准高速铁路。2008 年,中国大陆地区的第一条高速铁路京津城际高速铁路建成并于当年 8 月 1 日正式通车运营,时速达 350 公里。至 2022 年底,中国高速铁路营业里程达到 4.2 万公里,约是世界其他国家和地区高铁运营里程的 2 倍。中国正在形成八纵八横的高速铁路网(《中长期铁路网规划》,2016),见表 10.7。

表 10.7　　　　　　　　　　中国高铁里程和密度(2022 年)

地区	省(区、市)	高铁里程(公里)	占全国比重(%)	高铁密度(公里/万平方公里)
东部地区	北京市	2 458	36.14	219.53
	天津市	414		
	浙江省	1 880		
	上海市	131		
	广东省	2 458		
	山东省	2 319		
	江苏省	2 216		
	福建省	1 904		
	海南省	653		
	河北省	1 771		
中部地区	湖北省	2 056	26.85	114.65
	安徽省	2 399		
	河南省	2 081		
	湖南省	2 291		
	江西省	2 094		
	山西省	1 120		

续表

地区	省(区、市)	高铁里程(公里)	占全国比重(%)	高铁密度(公里/万平方公里)
西部地区	四川省	1 705	26.86	17.53
	重庆市	1 080		
	贵州省	1 586		
	云南省	1 180		
	广西壮族自治区	1 890		
	甘肃省	1 661		
	陕西省	1 019		
	内蒙古自治区	577		
	青海省	268		
	西藏自治区	0		
	宁夏回族自治区	361		
	新疆维吾尔自治区	719		
东北地区	辽宁省	2 195	10.15	56.30
	吉林省	855		
	黑龙江省	1 501		

中国高铁方便了人们的交流,促进了地方经济增长,正在改变中国的经济地理格局。但中国高铁的平均运输密度在 1 700 万人公里/公里左右,远低于日本新干线的 9 000 万人公里/公里。京沪、京广通道上的高铁运输能力得到较高利用,其他高铁线路的运输能力则有所闲置。这些都是高铁未来发展中需要解决的问题。

2021 年中国公路总里程为 528.07 万公里,比上年末增加 8.26 万公里;公路密度为 55.01 公里/百平方公里,比上年末增加 0.86 公里/百平方公里。高速公路在公路中占有重要地位。中国第一条高速公路是台湾省的基隆至高雄(凤山)高速公路,1978 年建成通车。中国大陆早期建设的几条高速公路是:沪嘉高速(上海—嘉兴),1988 年建成通车;沈大高速(沈阳—大连),1990 年建成通车;京津塘高速(北京—天津—塘沽),1993 年建成通车。2021 年中国高速公路里程达 16.91 万公里,其中国家高速公路里程 11.70 万公里。根据 2022 年颁布的《国家公路网规划》,到 2035 年,将建成国家高速公路 16.2 万公里,包括 7 条首都放射线、11 条北南纵线、18 条东西横线。7 条首都放射线从 G1 到 G7 分别为京哈高速(北京—哈尔滨)、京沪高速(北京—上海)、京台高速(北京—台北)、京港澳高速(北京—港澳)、京昆高速(北京—昆明)、京藏高速(北京—拉萨)、京新高速(北京—乌鲁木齐);11 条北南纵线从 G11 到 G85(奇数)主要包括沈海高速(沈阳—海口)、兰海高速(兰州—海口)等;18条东西横线从G10到G80(偶数)主要包括青兰高速(青岛—兰州)、连霍高速(连云港—霍尔果斯)、沪昆高速(上海—昆明)等。

中国城市轨道交通从无到有,快速发展。2022年,中国共有城市轨道线数为261个,运营里程为9 020公里,其中位列前10位的城市为上海、北京、广州、深圳、成都、杭州、重庆、武汉、南京和青岛,见表10.8。

表10.8　　　　　　　　　中国轨道交通运行里程(2022年)

城市	轨道线数(个)	运营里程(公里)	城市	轨道线数(个)	运营里程(公里)
上海	20	831	佛山	4	124
北京	27	783	沈阳	4	117
广州	16	621	无锡	4	114
深圳	16	547	福州	4	111
成都	12	519	长春	5	107
杭州	12	516	厦门	3	98
重庆	11	463	济南	3	84
武汉	11	435	哈尔滨	3	80
南京	12	429	石家庄	3	77
青岛	7	286	贵阳	2	76
天津	9	286	徐州	3	64
西安	8	253	常州	2	54
郑州	8	233	呼和浩特	2	49
大连	5	213	绍兴	1	47
苏州	5	210	洛阳	2	44
长沙	7	209	南通	1	39
宁波	5	185	东莞	1	38
昆明	6	173	乌鲁木齐	1	28
合肥	5	171	兰州	1	26
南昌	4	128	太原	1	24
南宁	5	128			

资料来源:2022年各城市统计年鉴。

四、中国交通的空间四边形结构

改革开放以来,中国交通基础设施建设快速推进,形成了以北京、上海、广州、成都为顶点的交通四边形的基本骨架。在这个四边形结构中,京津冀的中心城市北京,长三角的中心城市上海,大湾区的广州、深圳、香港,以及成渝双城构成了四边形的四个顶点,见图10.8。

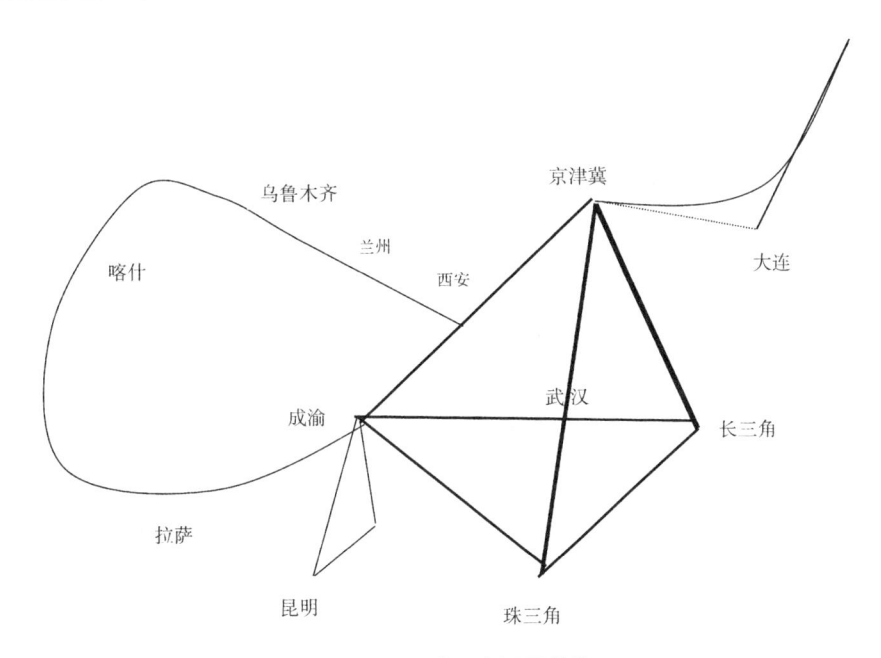

图 10.8　四边形交通网结构

第三节　地区分割

一、中外两个例子

第一个例子是德国的故事。第二次世界大战后,德国分裂成两个国家,西部是德意志联邦共和国(简称联邦德国),东部是德意志民主共和国(简称民主德国)。1990年,德国重归统一。瑞丁和斯特姆(Redding et al.,2008)以德国统一前的靠近联邦德国和民主德国边境的联邦德国城市人口的增长为例研究边界效应,他们发现在第二次世界大战后到柏林墙倒塌这段时间内,靠近联邦德国和民主德国边境的联邦德国城市人口增长速度明显慢于联邦德国其他城市。

第二个例子是关于长江三角洲的机场建设。江苏省的昆山、苏州工业园区是全球

IT装配基地。IT装配是典型的临空产业,需要较大型航空港与之配套,江苏方面希望上海虹桥机场尽快扩建,以便能够有更多的国际航线。但上海转而建设浦东国际机场,于是江苏不得不修建了苏南硕放国际机场,但很快上海又回头建设虹桥枢纽。硕放机场位于无锡市与苏州市之间,虹桥机场位于上海市区西部,浦东机场位于上海市区东部。在没有扩建虹桥机场之前,苏南的进出口产品要横跨上海市区到浦东机场,这无疑给苏南地区带来了巨大的运输等成本。

二、行政性分割

中国地区分割多是行政性分割及其衍生的地方保护造成的,也就是地方政府出于某一种或几种目的来保护本地企业和产品而限制外地企业和产品的行为。例如,长春市鼓励政府采购及各县(市)、区、开发区在购车和报废更新车辆时,按规定的标准首选一汽集团产品;对新购一汽集团产品并在长春市内落籍的用户,免收新购汽车检验费、验证费;此外,鼓励企业新购、更新设备时,优先选购地方产品(褚晓亮,2009)。安徽省鼓励各级党政机关、事业单位选购列入安徽省自主创新产品目录的省产汽车,鼓励城市出租车使用奇瑞、江汽等企业生产的轿车。再如,针对新能源汽车,北京、上海等城市设置内外不一致的优惠政策,鼓励使用本地企业产品,排挤外地新能源汽车(王秉刚,2014)。地区分割的另外一个例子是省际、市际、县际的"断头路"问题,几乎存在于每个省级行政区接壤之处。

三、地区分割的测量

为了研究中国地区分割的演化规律,可以构建地区分割指数,具体的构造步骤为:

(1)求 t 年地区 i 和地区 j 之间第 k 类商品相对价格波动的绝对值 $|\Delta Q_{i,j,t}^k|$:
$|\Delta Q_{i,j,t}^k| = \ln(p_{i,t}^k/p_{i,t-1}^k) - \ln(p_{j,t}^k/p_{j,t-1}^k)$。

(2)剔除相对价格波动中与商品种类相联系的固定效应带来的系统偏差。设 $|\Delta Q_{i,j,t}^k|$ 由 a^k 与 $\varepsilon_{i,j,t}^k$ 两项组成,a^k 仅与商品种类 k 相关,$\varepsilon_{i,j,t}^k$ 与 i、j 两地特殊的市场环境相关。对 t 年 k 类商品各省份的相对价格波动的绝对值 $|\Delta Q_{i,j,t}^k|$ 进行平均,得到其均值 $\overline{|\Delta Q_{i,j,t}^k|}$。再用各省份当年的 $|\Delta Q_{i,j,t}^k|$ 减去 $\overline{|\Delta Q_{i,j,t}^k|}$,差值记为 $q_{i,j,t}^k$。$q_{i,j,t}^k$ 仅与地区间的市场分割因素和一些随机因素相关。

(3)求省级和全国的分割指数。求出各省份 $q_{i,j,t}^k$ 的方差 $\text{Var}(q_{i,j,t}^k)$,按年进行加总并求平均值,得到各省份所有商品分类指数相对波动的均值,此即为省级分割指数。再将同省份的分割数据在全国范围内进行加总并求平均值,即可得到全国范围的市场分割指数。

图 10.9 显示了中国 1996—2015 年地区分割的变动趋势。1996—1997 年分割加剧,1997 年后地区分割指数一直降低,这种趋势也说明中国的国内市场一体化进程不断推进,市场一体化程度不断提升,地方分割在不断减弱。尽管如此,中国地方政府的行政力量和行政壁垒依然存在,促进国内地区之间的竞相开放仍然特别重要和急迫。

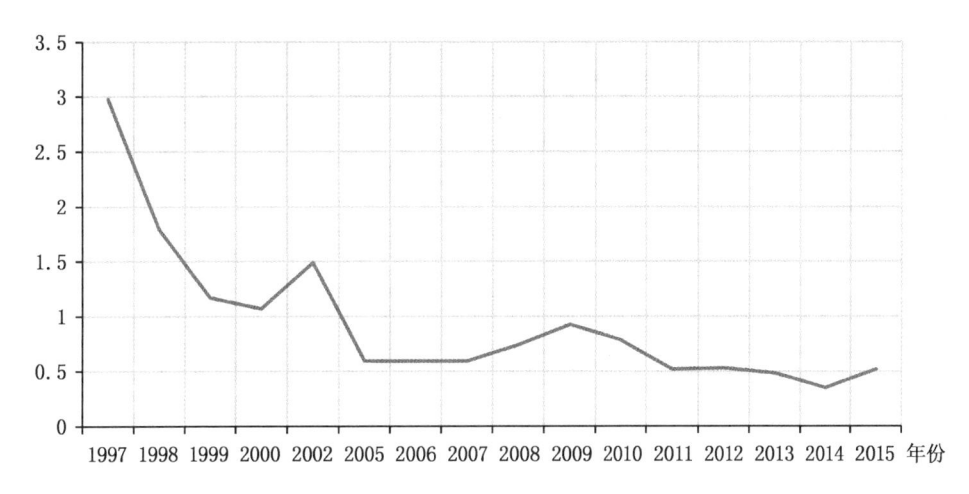

图 10.9　1997—2015 年全国市场分割指数演变趋势(指数均乘以 1000)

四、边界效应

边界效应(border effect)是指由于地区或国家之间的自然或人为边界而导致的边界两侧的社会经济差异。十里不同风,百里不同俗,隔一条河可能相互听不懂对方的方言;《晏子春秋》记载:"橘生淮南则为橘,生于淮北则为枳,叶徒相似,其实味不同。所以然者何? 水土异也。"这也是边界效应。

阿斯莫格鲁等(Acemoglu et al,2012)讲述了一个城市发展的故事——美国-墨西哥边境城市诺加莱斯市(Nogales)。诺加莱斯市北面的一半属于美国亚利桑那州,繁荣富足,南面的那一半属于墨西哥的索诺拉(Sonora)州,萧条衰败,而且经常发生偷渡到北面的情形。诺加莱斯市北半部实行美国的制度,南半部实行墨西哥的制度。诺加莱斯市北半部在经济上保护私人产权,实施法治,有运行良好的市场且市场运行得到国家支持,市场向新的企业开放、市场上的个体遵守契约,并且人们可以获得教育和普遍的致富机会;而南半部的情况远不及此。

省市之间的边界也存在边界效应。以北京与河北为例,2020 年北京市辖 16 个区,其中 11 个为 20 世纪 50 年代由河北省划入:1952 年宛平、房山部分、良乡部分划入北京,1956 年昌平、通县、顺义、大兴、良乡部分、房山部分划入北京,1958 年怀柔、密云、平谷、延庆划入北京。如表 10.9 所示,我们可以比较一下北京市辖区与相邻的河北省市县的 GDP,其中北京房山的 GDP 是河北涿州的 2.17 倍、涞水的 8.28 倍,北京大兴是河北固安的 2.79 倍,北京通州是河北大厂的 6.30 倍,北京昌平则是河北怀来的 8.57 倍。关于地均 GDP,除河北涿州高于北京房山外,河北其他市县均低于北京市辖区,北京怀柔则是河北丰宁的 12.44 倍。上述仅是 GDP 比较,而居民享受的公共服务如高考入学率方面差异更大。

表 10.9　　　　　　　北京市和河北省的边界效应(2020 年)

北京市辖区	相邻的河北省市县	GDP 倍数	地均 GDP 倍数
房山	涿州 涞水	2.17 8.28	0.8 6.84
大兴	固安 永清 涿州	2.79 4.24 2.66	1.87 3.17 1.91
通州区	三河 大厂 香河	2.08 6.30 4.69	1.48 1.23 2.32
顺义	三河	3.53	2.22
平谷	兴隆	2.49	8.19
密云	滦平	2.13	2.86
怀柔	丰宁	3.06	12.44
延庆	赤城	2.96	8.08
昌平	怀来	8.57	11.54

资料来源:2020 年北京市与河北省的统计年鉴。

第四节　环境污染与碳排放

一、环境污染与碳排放

1978 年以来,伴随中国经济高速增长的是大范围的环境污染,但近年来,中国的生态环境质量得到较大幅度提升。在大气污染方面,2016 年,338 个地级以上城市达标比例仅为 24.9%,PM2.5 年均浓度 47 微克/立方米,超标 34.3%,PM10 年均浓度为 82 微克/立方米,超标 17.1%,中国成为世界上大气污染严重的国家之一;2021 年,339 个城市中,环境空气质量达标城市比例为 56.9%,超标城市比例为 43.1%,PM2.5、PM10、O_3 的浓度分别为 30 微克/立方米、54 微克/立方米、137 微克/立方米。从 1990 年开始,中国 PM2.5 年均浓度一直在 50 微克/立方米以上,在 2016 年之前,中国 PM2.5 排放不仅高于 OECD 等发达国家,而且高于世界平均水平;2016 年后,中国 PM2.5 年均浓度逐渐降低到 50 微克/立方米以下,而世界平均数为略高于 40 微克/立方米,美国则长期在 20 微克/立方米以下,见图 10.10。

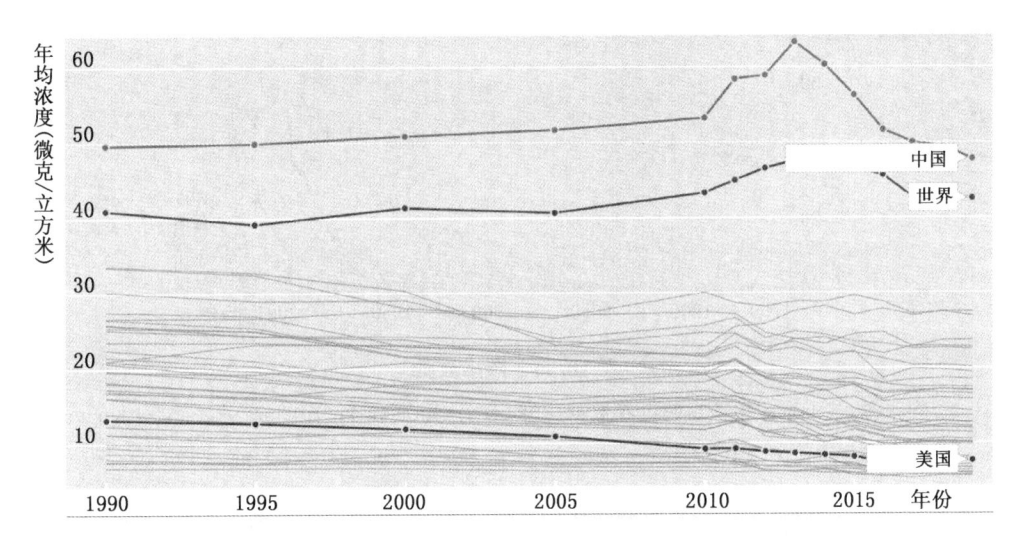

图 10.10　中外 PM2.5 排放比较

资料来源:OECD(2021)。

在水污染方面,2012 年,全国地表水国控断面总体为轻度污染,但长江、黄河等十大流域的国控断面中,Ⅰ—Ⅲ类、Ⅳ—Ⅴ类和劣Ⅴ类水质断面比例分别为 68.9%、20.9%和 10.2%;2012 年,62 个国控重点湖泊(水库)中,Ⅰ—Ⅲ类、Ⅳ—Ⅴ类和劣Ⅴ类水质的湖泊(水库)比例分别为 61.3%、27.4%和 11.3%。经过十多年的水环境治理,水环境质量得到改善。2021 年,全国地表水国控断面Ⅰ—Ⅲ类、劣Ⅴ类水质断面比例分别为 84.9%、1.2%;221 个重要湖泊(水库)中,Ⅰ—Ⅲ类、劣Ⅴ类水质的湖泊(水库)比例分别为 72.9%、5.2%。

在酸雨方面,2021 年,中国酸雨区面积约 36.9 万平方公里,占国土面积的 3.8%,较重酸雨区面积占国土面积的 0.04%,主要包括浙江、上海的大部分、福建北部、江西中部、湖南中东部、广东部分地区和重庆南部等地区。

在碳排放方面,2021 年中国一次能源消费总量为 5.24×10^9 吨标准煤当量,是世界最大的能源消费国,煤炭、可再生能源消费国。2020 年中国温室气体排放总量为 139 亿吨二氧化碳当量,占全球的 27%,是全球人均排放量的 1.5 倍;二氧化碳排放总量为 116 亿吨,其中能源活动排放量为 101 亿吨,占全球的 30%,中国成为世界碳排放量最大的国家,高于美国、英国等发达国家,也高于印度等发展中国家,见图 10.11。

图 10.11　碳排放量

资料来源:基于全球碳项目的世界数据(2022 年). OurWorldinData.org/co2-and-greenhouse-gas-emissions/ · CCBY.

中国人均碳排放量低于美国和加拿大等发达国家,但高于英国、法国等国家和全球人均水平,是全球人均排放量的 1.7 倍,见图 10.12。2021 年中国单位能耗为 0.46 吨标准煤当量/万元,是世界平均水平的 1.4 倍左右,中国已经探明的能源资源中油气等资源占比约为 6%,煤炭占比约为 94%,一半以上的煤炭用于发电。

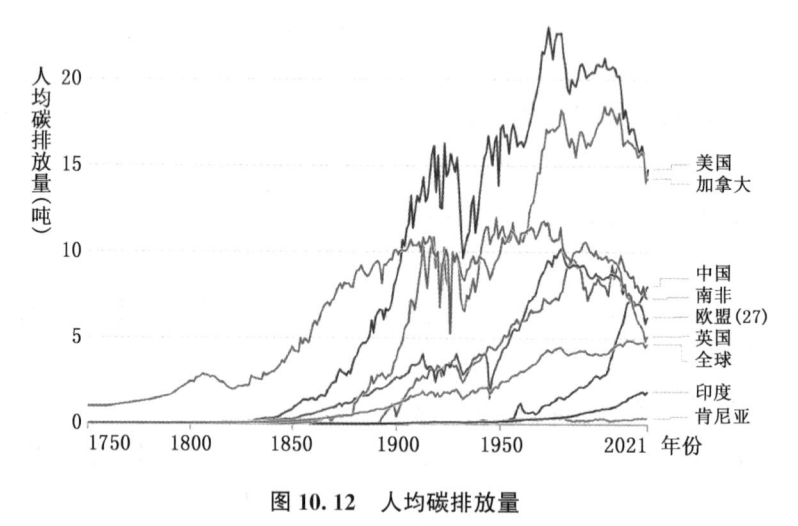

图 10.12　人均碳排放量

资料来源:基于全球碳项目的世界数据(2022 年). OurWorldinData.org/co2-and-greenhouse-gas-emissions/ · CCBY。

二、环境 Kuznets 曲线和污染天堂假说

（一）倒 U 形曲线及其拐点

格罗斯曼和克鲁格(Grossman et al.,1995)、世界银行(1992)研究发现经济发展与环境污染存在倒 U 形关系,这与库兹涅茨(Kuznets,1955)发现的库兹涅茨曲线相似,被称为环境库兹涅茨曲线。环境库兹涅茨曲线是关于经济发展与环境污染的一条经验曲线:在经济开始发展时,环境污染加速,环境问题凸显;在经济发展达到一定水平后,污染物排放量逐渐降低,环境污染减轻,人与自然重新回到比较协调的状态。

什么时候污染物排放量才能逐渐降低,也就是说环境库兹涅茨曲线的拐点在何处,这是人们关心的问题。大量的实证对此进行了检验,得出的结论存在很大的差异。潘纳约托(Panayotou,1993)利用 55 个发达与发展中国家 1987—1988 年的数据,发现拐点为人均 3 137 美元(1990 年美元),而他利用 30 个国家的城市数据研究发现拐点为人均 5 965 美元(1990 年美元);李斯特和加莱(List et al.,1999)利用美国 1929—1994 年数据,发现拐点是 22 675 美元(1990 年美元)。看来,环境库兹涅茨曲线的拐点的确定是个复杂的事情,每个国家、每个城市的拐点都可能不同。中国 2014 年人均 GDP 为人民币 46 500 元,约合 7 400 美元,但大量研究发现中国的环境拐点还没到来,也就是说还处于 Kuznets 曲线的左半边,见图 10.13。

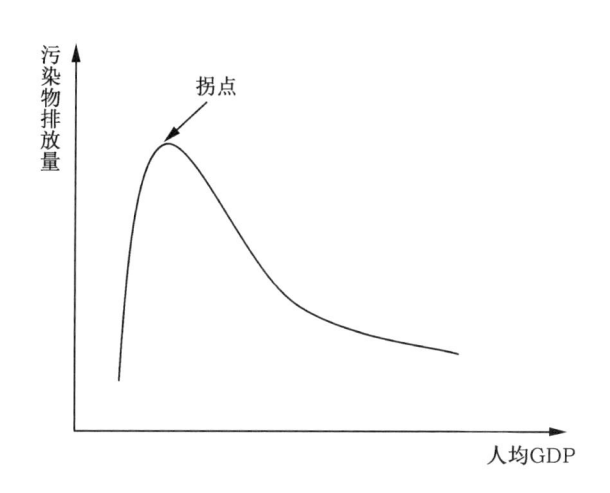

图 10.13　环境倒 U 形曲线

除倒 U 形曲线外,经济发展与环境污染(污染物排放量)是否还有其他关系呢?研究发现还可能存在直线、N 形曲线等形式,这不仅与经济发展阶段有关,而且与污染物的特性及其治理技术有关系,见 10.14。

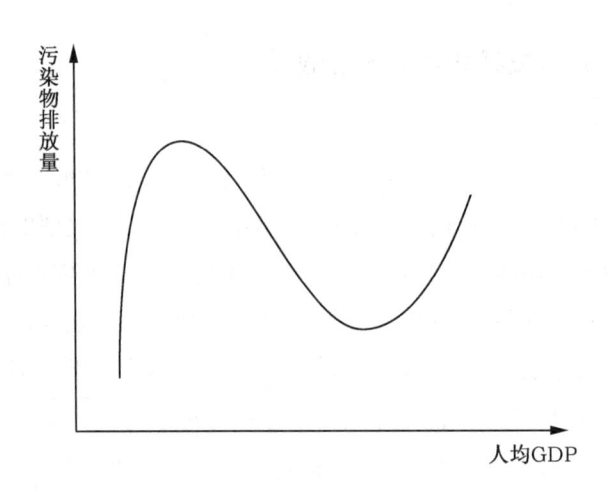

图 10.14 环境 N 形曲线

(二)污染天堂假说

科普兰和泰勒(Copeland et al.,1994)在研究国际贸易对环境影响时提出了污染天堂或污染避难所假说(Pollution Haven Hypothesis),这一假说认为发达国家或地区往往具有比发展中国家或地区更加严格的环境标准和监管体系,这些差异将导致污染产业从发达国家或地区向发展中国家或地区转移。一些实证研究支持这一假说,如贝克尔和亨德森(Becker et al.,2000),他们利用美国县级数据,以空气质量达到《洁净空气法案》的标准与否作为一个地区环境监管力度的代理变量进行研究,发现空气质量监管力度对企业区位选择有显著影响。还有一些实证研究不支持这一假说,如拉特纳亚克和德韦尔(Ratnayake et al.,1998)的研究表明,污染产业由发达国家向发展中国家转移的证据不足。中国引进外资是否成为污染天堂,相关的实证研究存在矛盾,支持这一假说的有之,不支持这一假说的亦有之。

应该指出,基于中国数据的实证研究,除了研究中国的环境 Kuznets 曲线特征、中国是否存在污染天堂外,环境污染的影响也是研究的热点,例如环境污染对生产率、房价、疾病、婴儿出生率、投资行为、学术行为等的影响。

三、碳达峰与碳综合

碳,是指二氧化碳,是温室气体的一种,其他温室气体还包括甲烷(CH_4)、氧化亚氮(N_2O)、氢氟碳化物(HFCs)、全氟化碳(PFCs)、六氟化硫(SF_6)和三氟化氮(NF_3)等,二氧化碳居于温室气体的主要部分。因此,碳中和、碳达峰、碳交易实质上是温室气体的中和、达峰和交易。

碳排放(carbon dioxide emissions)是指煤炭、石油、天然气等化石能源燃烧活动和工业生产过程以及土地利用变化与林业等活动产生的温室气体排放,也包括因使用外购的电力和热力等所导致的温室气体排放。碳中和(carbon dioxide neutrality)是指企业、团体或个人测算在一定时间内,直接或间接产生的温室气体排放总量,通过植树造林、节能减排等形式,抵消自身产生的二氧化碳排放,实现二氧化碳的"零排放"。而碳达峰(peaking carbon dioxide emissions)则指的是碳排放进入平台期后,进入平稳下降阶段。

2020年第七十五届联合国大会上,中国承诺二氧化碳排放力争于2030年前达到峰值,努力争取2060年前实现碳中和,见图10.15。

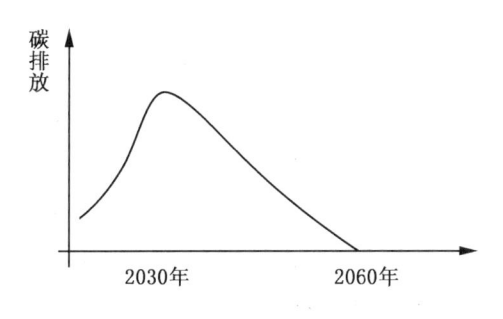

图 10.15 先达峰后中和

国际上,美国、英国、法国于1973年实现碳达峰,峰值分别为22.24吨/人、11.78吨/人、10.34吨/人,日本在2013年实现碳达峰,峰值为10.25吨/人,加拿大则为2000年,峰值为18.53吨/人。

四、环境污染与低碳治理的途径

解决外部性的途径包括政府介入、科斯方法、法律和非营利组织参与等。政府介入又包括价格方法(征税或补贴)、数量控制方法;科斯方法主要是科斯定理在处理外部性上的应用,科斯定理也成为排污权交易的理论基础;而非营利组织和公民的参与也是治理外部性的最要途径。

相对于调控价格的庇古税,命令与控制(CAC)方法主要基于政治标准如APEC蓝、技术标准如ISO的标准,还有绩效标准如关停小煤窑、小炼钢等。

政府可以利用价格(税)方法或命令控制方法介入外部性问题,但是面对异质性的企业存在如何设立税基税率的问题,命令控制也会遇到同样的问题,这就促使人们思考除了政府介入外的其他处理外部性的方法。科斯(Coase,1960)在《社会成本问题》一文中给出了一种方法。科斯方法可以表述为:如果产权界定清晰,交易费用为零,则产权初始配置不影响资源配置效率。现实生活中,交易费用为零的情况几乎没有,那么产权的初始配置就变得非常重要,产权清晰是市场交易的前提条件。

五、从为增长而污染到"两山"理论

中国环境问题没有到达 Kuznets 拐点。在快速经济发展中,中国没有逃脱先污染后治理的窠臼,依然是先污染后治理,甚至有些地区是先污染不治理。有些地区间还存在污染排放量"竞争",为增长而竞争演变为为增长而污染,为增长而竞争演变为为晋升而污染,环境污染与现有的政府治理体系休戚相关,因为中国经济高速增长的一个重要原因是地方政府之间的竞争。在地方政府竞争中,地方政府倾向于发展能显著提升 GDP 和财政收入的重化工业,经济发展中的区域竞次(race to bottom)成为常态,在污染治理中会出现地方政府决心不够、执行力不强的情况。

2005 年,习近平同志在浙江提出"绿水青山就是金山银山"的"两山"理论。2012年以来,中国加大了环境污染的治理力度,生态环境质量得到了持续改善,推动了生态文明建设迈上新的台阶。"青山不墨千秋画,绿水无弦万古琴",今后,应该继续坚持人与环境和谐共生、绿水青山就是金山银山的理念,以及良好的生态环境就是最普惠的民生福祉等理念,推动绿色发展,加强环境治理水平,实现环境的彻底好转,推动生态文明建设再上新台阶。

参考文献

[1](美)珀金斯,(美)拉瓦基,2009.预测 2025 年前的经济增长[M]//(美)勃兰特,(美)罗斯基.伟大的中国经济转型.方颖,赵扬,译.上海:上海人民出版社.

[2](美)库兹涅茨,1999.各国的经济增长——总产值和生产结构[M].常勋,等,译.北京:商务印书馆.

[3]班固,1974.汉书[M].北京:中华书局.

[4]蔡昉,王德文,1999.中国经济增长可持续性与劳动贡献[J].经济研究,(10).

[5]褚晓亮,2009.长春市:鼓励政府采购一汽集团产品[N].经济参考报,01-19.

[6]邓小平,2001. 邓小平文选:第三卷[M]. 北京:人民出版社.

[7]董敏杰,梁泳梅,2013.1978—2010 年的中国经济增长来源:一个非参数分解框架[J].经济研究,48(5).

[8]都阳,蔡昉,屈小博,等,2014.延续中国奇迹:从户籍制度改革中收获红利[J].经济研究,(8).

[9]胡永泰,1998.中国全要素生产率:来自农业部门劳动力再配置的首要作用[J].经济研究,(3).

[10]胡培兆,2004. 有效供给论[M]. 北京:经济科学出版社.

[11]林毅夫,蔡昉,李周,2014. 中国的奇迹:发展战略与经济改革[M]. 增订版. 上海:格致出

版社．

[12]刘明,李善同,2011. 改革开放以来中国全要素生产率变化和未来增长趋势[J]. 经济研究参考,(33).

[13]上海新规划:这次要考虑江浙了[N]. 第一财经日报,2014-06-10. https://www.yicai.com/news/3910607.html.

[14]世界银行,1992. 1992 年世界发展报告[M]. 北京:中国财政经济出版社.

[15]王秉刚,2014. 打破新能源车地方保护势在必行[N]. 中国青年报,06-12.

[16]吴敬琏,2018. 中国经济改革进程[M]. 北京:中国大百科全书出版社.

[17]习近平,2018. 在民营企业座谈会上的讲话[N]. 新华社,11-01.

[18]谢克昌,2022. 面向 2035 年我国能源发展的思考与建议[J]. 中国工程科学,24(6).

[19]张军,2005. 中国经济发展:为增长而竞争[J]. 世界经济文汇,(Z1).

[20]张五常,2015. 经济解释[M]. 北京:中信出版社.

[21]郑毓盛,李崇高,2003. 中国地方分割的效率损失[J]. 中国社会科学,(1).

[22]周黎安,1997. 中国地方官员的晋升锦标赛模式研究[J]. 经济研究,(7).

[23]ACEMOGLU D,JOHNSON S,ROBINSON A J,2002. Reversal of fortune: Geography and institutions in the making of the modern world income distribution [J]. *The Quarterly Journal of Economics*,117(4).

[24]BAUM-SNOW N,2007. Did highways cause suburbanization? [J]. *The Quarterly Journal of Economics*,122(2).

[25]BAUM-SNOW N,BRANDT L,HENDERSON J V,et al,2017. Roads,railroads,and decentralization of Chinese cities[J]. *Review of Economics and Statistics*,99(3).

[26]BECKER R,HENDERSON V,2000. Effects of air quality regulations on polluting industries[J]. *Journal of Political Economy*,108(2).

[27]BOSWORTH B,COLLINS S M,CHEN Y,1995. *Accounting for Differences in Economic Growth*[M]. Washington,DC:Brookings Institution.

[28]COPELAND B R,TAYLOR M S,ECON Q J,1994. North-South trade and the environment[J]. *Quarterly Journal of Economics*,109(3).

[29]ENGEL C,ROGERS J H,1996. How wide is the border? [J]. *The American Economic Review*,86(5).

[30]GALLUP J L,SACHS J D,2000. The Economic Burden of Malaria[R]. Center for International Development Working Paper No. 52.

[31]GROSSMAN G M,KRUEGER A B,1995. Economic growth and the environment[J]. *Quarterly Journal of Economics*,110(2).

[32]JAWORSKI T,KITCHENS C T,2019. National policy for regional development:Historical evidence from Appalachian highways[J]. *Review of Economics and Statistics*,101(5).

[33]KUZNETS S,1995. Economic growth and income inequality [J]. *American Economic Review*,45.

[34]LIST J A,GALLET C A,1999. The environmental Kuznets curve:Does one size fit all?

[J]. *Ecological Economics*,31(3).

[35]MILLIMET D L,LIST J A,STENGOS T,2003. The environmental Kuznets Curve:Real progress or misspecified models? [J]. *The Review of Economics and Statistics*,85(4).

[36]NAUGHTON B,1999. How Much Can Regional Integration Do to Unify China's Markets? [R]. Paper Presented for the Conference for Research on Economic Development and Policy Research,Stanford University.

[37]NEHRU V,KRAAY A,Yu X,1997. *China 2020:Development Challenges in the New Century*:Vol. 1 [M]. Washington:World Bank Publications.

[38]OI J C,1992. Fiscal reform and the economic foundations of local state corporatism in China [J]. *World Politics*,45(1).

[39]OI J C,1995. The role of the local state in China's transitional economy[J]. *The China Quarterly*,144.

[40]OI J C,1999. *Rural China Takes Off:Institutional Foundations of Economic Reform*[M]. California:University of California Press.

[41]PANAYOTOU T,1993. Empirical tests and policy analysis of environmental degradation at different stages of economic development[J]. *Pacific and Asian Journal of Energy*,4(1).

[42]PONCET S,2003. Measuring Chinese domestic and international integration [J]. *China Economic Review*,14(1)1.

[43]RATNAYAKE R,WYDEVELD M,1998. The mulitnational corporation and the environment:Testing the Pollution Haven Hypothesis[D]. University of Auckland,Department of Economics Working Paper Series 179.

[44]REDDING S J,STURM D M,2008. The costs of remoteness:Evidence from German division and reunification [J]. *American Economic Review*,98(5).

[45]SMITH A,1776. *The Wealth of Nations* [M]. London:Strahan and Cadell.

[46]VAN DONKELAAR A,MARTIN R V,BRAUER M,et al,2015. Use of satellite observations for long-term exposure assessment of global concentrations of fine particulate matter[J]. *Environmental Health Perspectives*,123 (2).

思考与练习

1. 绘制 1978 年、1988 年、1998 年、2008 年、2018 年等中国各省(区、市)的 GDP 总量及其增长率图(横轴为 GDP,纵轴为增长率),你发现了什么?

2. 1978 以来中国经济开始了长期的高速增长,主要原因是什么?中国经济未来如何持续增长?是否还要推进市场化进程?还有哪些红利可以挖掘?

3. 中国的一大优势是大国市场优势,而市场规模又与人口及其收入有关,可以简单地认为:市场规模=人口×收入。据此,请阐明:中国欲继续保持这种超大规模市场优势,需要做什么?

4. 下图是中国、日本、美国 1970 年以来出口占 GDP 比重的演变,请据图回答:①三个国家的出口各有什么特点,反映出三国经济发展各有什么特点?②为什么 2005 年前后中国出口占比达到峰

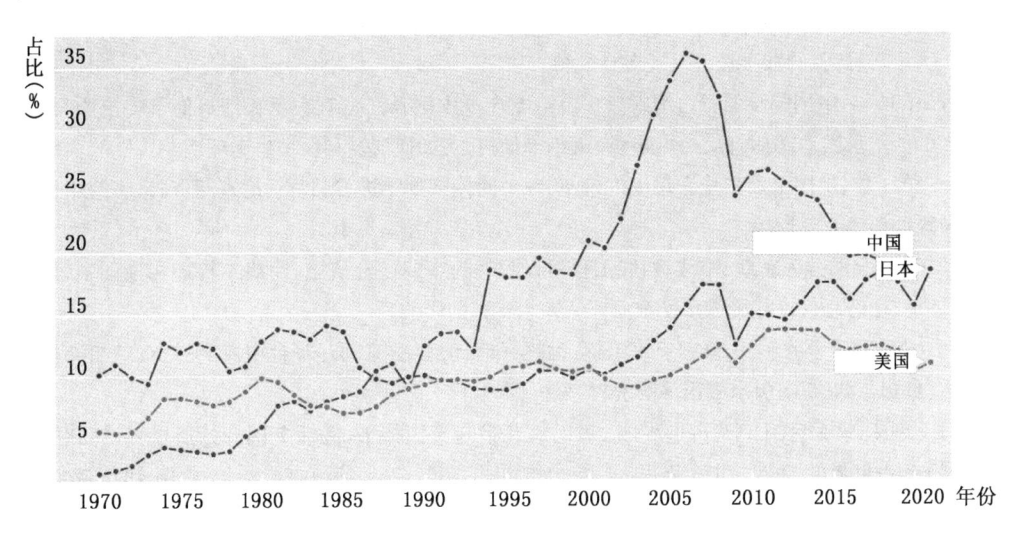

值?③对外贸易对中国经济发展的重要性如何?

占比(%)

纵轴: 5, 10, 15, 20, 25, 30, 35
横轴: 1970, 1975, 1980, 1985, 1990, 1995, 2000, 2005, 2010, 2015, 2020 年份

图例: 中国、日本、美国

5. 人力资本是经济增长的重要条件。中国人口面临两个事实,一是劳动力数量负增长,二是人口总量负增长。面对这两个负增长,中国应如何解决经济长期发展问题?

6. 中国地区分割特别是行政性分割形成的原因是什么?

7. 估算 2000 年以来中国的地区分割指数,以及长三角、京津冀的地区分割指数。

8. 请再举出几个边界效应的例子,并思考为什么存在边界效应。

9. 货物贸易不仅有国与国之间的国际贸易,而且有国内地区之间的贸易,请尝试建立 1994 年、2001 年、2012 年、2020 年中国各省(区、市)之间的贸易矩阵,如下图式样:

	北京	天津	上海	…
北京	□	□	□	
天津	□	□	□	
上海	□	□	□	
⋮	□	□	□	

10. 中国高铁是中国基础设施发展的典型代表。请回答:高铁开通是否促进了城市经济增长?环境污染是否沿着高铁线路扩展开来?

11. 中国交通运输的四边形空间结构的四个顶点分别为京津冀、长三角、大湾区和成渝地区,请阐述交通运输结构与京津冀等城市群发展的相互影响。

12. 请思考:中国高速公路收费是否造成了中国地区分割?废除收费可行吗?

13. 中国没有走出先污染后治理的老路,经济发展伴随着严重的污染,请分析其中的原因,并思考如何治理环境污染。

14. 以二氧化硫排放量为例,利用 Stata 绘制 1978 年以来中国的环境 Kuznets 曲线,并请回答:出现拐点了吗?

15. 区域发展中的问题很多,如资源诅咒问题。请查阅资料,分析中国是否也存在资源诅咒

问题。

16. 请比较分析浙江省义乌市、广东省潮汕地区、福建省莆田市、江苏省昆山市、河北省北三县(三河、大厂与香河)的社会经济发展各自的特点。

17. 1994 年,中国邮政发行白鲟邮票。白鲟主产于中国长江自宜宾至长江口的干支流中,是中国最大的淡水鱼类。2019 年,白鲟被宣布灭绝。试讨论:如何恢复和保护生态环境?

18. 2021 年,中国全面禁止洋垃圾进口,实现了固体废物零进口目标。请查阅资料,了解中国进口洋垃圾的历史及其影响。

19. 南水北调分为东线、中线、西线工程,目前东线、中线已经实施,西线工程还在论证中,请从经济、环境、生态、人口、移民等角度全面评估调水工程的影响。

20. 请查阅雅鲁藏布江-新疆引水工程、大连-烟台海底隧道、厦门-台中海底隧道、琼州海峡海底隧道、贝加尔湖-新疆引水工程等的资料,分析哪些可行、哪些不可行。

21. 美国 1913 年 GDP 约占世界的 18.9%,几乎与英国持平,随后美国开始居世界 GDP 第一位,1945 年占世界的 56%,1970 年占 36%,2000 年占 30%,2020 年占 24.8%。中国 1978 年 GDP 占世界的 1.8%,2020 年占 17.5%,麦德孙等人估计中国 1870 年 GDP 占世界的 17.3%。请进一步查阅资料,对 150 年来中美经济进行比较分析。

22. 下图是 OECD 国家人均碳排放量变化图:

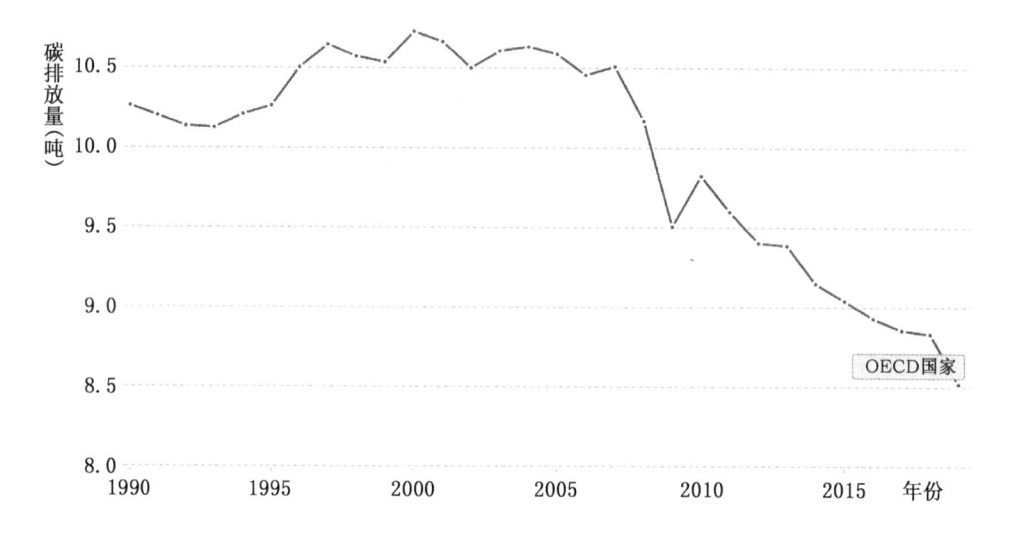

请回答:①OECD 包括哪些国家? ②OECD 国家碳达峰了吗? ③OECD 国家碳综合了吗?

23. 唐朝诗人皮日休的诗《汴河怀古》表达了他对大运河的看法:"万艘龙舸绿丝间,载到扬州尽不还。应是天教开汴水,一千余里地无山。尽道隋亡为此河,至今千里赖通波。若无水殿龙舟事,共禹论功不较多。"请查阅资料,完成下列任务:①阐述京杭大运河在中国特别是古代经济发展中的作用;②分析大运河沿岸的通州、沧州、德州、临清、聊城、济宁、兖州、徐州、邳州、淮安、扬州、镇江、常州、无锡、苏州、嘉兴、杭州、乌镇、台儿庄、南浔、惠山、胜芳、河西务、杨柳青等城镇的兴衰;③利用 GIS 分析大运河沿岸 20 公里、50 公里、100 公里的城镇数量、规模。

延伸阅读

[1](德)柯丽莎,2023.铁路与中国转型[M].金毅,译.南京:江苏人民出版社.
[2](以)埃尔赫南·赫尔普曼,2020.经济增长的秘密[M].王世华,吴筱,译.北京:中国人民大学出版社.
[3]历年中国生态环境状况公报[EB/OL].中华人民共和国生态环境部网站.
[4]吴敬琏,2018.中国经济改革进程[M].北京:中国大百科全书出版社.

第十一章 地理的力量

第一节 地理的概念

中国最早出现"地理"一词的是《易经·系辞》的"仰以观于天文,俯以察于地理"。现代科学意义上的地理可以定义为地球表面自然现象与人文现象的总和。在经济学研究中,面临不同的地理事物,有时候指距离,有时候指山川的组合,有时候指气候。地形、地貌、气候、水文、植物、海洋等地理条件是塑造经济社会发展格局的决定因素之一。

与地理相联系的一个概念是空间。"空间"一词由于空间经济学的发展而逐渐为经济学人所熟悉,空间大体上相当于地理,是指人类活动或可能活动的地球表面。空间的特性首先表现为区位,即在哪儿的问题;其次是外部联系或相互作用,即空间不是孤立的;再次是非均质性,严格说每个空间都不相同,是异质的。

第二节 地理的重要性

一、早期地理环境决定论

早期地理环境的影响形成了地理环境决定论,影响深远。这些理论中的代表人物包括古希腊的希波克拉底(Hippocrates,前460—前370)、法国的让·布丹(Jean Bodin,？—1596)、孟德斯鸠(Montesquieu,1689—1755)等人。让·布丹将地理环境(北半球)划分为北方、南方、中间地带,北方人体格强壮、体力充沛,南方人聪明机智、体力欠佳,而中间地带的人兼备南北方优势,因而最卓有成就。孟德斯鸠认为,气候塑造了不同的民族性格,寒冷地区的人更自信、更勇敢,而热带地区的人相对精神萎靡,"炎热国家的人民,就像老头子一样怯懦;寒冷国家的人民,则像青年人一样勇敢",不仅如此,地理环境还塑造着人们的行为方式和国家制度,"土地贫瘠,使人勤奋、简朴、耐劳、勇敢和适宜于战争……土地膏腴使人因生活宽裕而柔弱、怠惰、贪生怕死",前者更易产生民主政体,而后者则相反。

二、现代地理环境论

(一)地理决定大尺度发展的差异

贾雷德·戴蒙德(Jared Diamond)是美国生物学家和生理学家,1997年出版《枪炮、钢铁与细菌》,提出了地理因素而不是其他决定欧亚大陆强于世界其他区域的论断。"我们都知道,对于世界上不同地区的各个民族来说,历史的发展进程是很不相同的。在上一次冰期结束后的13 000年间,世界上的某些地区发展成为使用金属工具的、有文字的工业社会,另一些地区仅仅发展成为没有文字的农业社会,还有一些地区则仍然保留着使用石器的狩猎采集社会。这种历史上的差异对现代世界投上了持久的阴影,因为使用金属工具的、有文字的社会征服了或消灭了其他类型的社会。虽然这些差异构成了世界史的最基本的事实,但产生这些差异的原因始终是不确定的和有争议的。"但是,"不同民族的历史遵循不同的道路前进,其原因是民族环境的差异,而不是民族自身在生物学上的差异"。

莫里斯(2014)发表了《西方能主宰多久》,系统地阐述了欧亚大陆两端(中西方)的发展差异,他认为人类历史的15个千年中,西方14次都领先于东方,特别是近现代西方的发展远远超过东方。这里的西方主要是指从西欧至中亚的广大地区,东方主要指中国和印度等地区。莫里斯认为,地理因素是关键。地理因素决定了人类不同区域发展的脚步,这种发展反过来又改变了地理的意义。

(二)地理环境与古希腊文明

古希腊在人类的几乎一切活动领域,如天文、数学、航海、贸易、殖民、哲学、艺术和社会组织方面,均获得了杰出成就。古希腊文明的地理禀赋条件是:

(1)古希腊文明离中东地区的几大文明地理距离近,易于吸收先进文明的成果。继苏美尔文明而起的巴比伦文明,对周边的埃及文明和波斯文明发生渗透。波斯文明传播于小亚细亚地区;埃及文明则对位于相隔不远的东地中海上克里特岛的米诺斯文明发生影响。希腊本土文明在对邻近的米诺斯文明和小亚细亚文明的消化、吸收的基础上成长起来,包括拼音文字的采用与推广。

(2)古希腊面朝大海、背靠高山,面海仅有一小块盆地,背靠崇山峻岭有利于自卫,这种情况下有利于希腊城邦的独立存在,城邦之间不容易相互吞并,而只能是相互竞争。面朝大海,小块盆地不足以养活更多的人口,在人口压力下,开展跨海的对外贸易成为选择,所以各城邦有积极的经贸往来。与此相适应,希腊城邦有很高的城市化水平,达到20%~30%。

在这种情况下,古希腊城邦文明产生了科学发展的两个必要条件——内生型城市化和民主制度,以及古希腊城邦之间的相互竞争关系,古希腊在人类的几乎一切活动领域,例如天文、数学、航海、贸易、殖民、哲学、艺术和社会组织方面,均获得杰出成就(文贯中,2005)。

地理环境造成的竞争效应在中国的三个时期表现明显:其一,春秋战国时期。春秋战国时期,中国属于名义上统一而实际上分裂分治的状态。在相当长的时期内,各诸侯国相互独立而不能相互吞并,除军事外,各诸侯国之间的竞争尤其是对人才的竞争是激烈的。为了争当统一的主角或保住既得利益、争取生存,各政权、各地区的统治者都要网罗人才,采纳对自己有利的学说和策略,这就为各类人才和各种思想提供了用武之地。春秋战国时的各国或以纵横家为相,或以法家为师,或以尊王攘夷为号召,或以改革变法争霸主。各家人物也奔走于各国之间,不用于此却可用之于彼,今日的阶下囚或许就是明天的丞相大臣,连鸡鸣狗盗之辈也有人搜罗供养(葛剑雄,1991)。与古希腊不同,中国离几大文明中心较远一直处于孤立发展状态,没有发展跨海的对外贸易,各个诸侯国之间贸易也很少,工商业不发达导致城市化水平较低,没有如古希腊那样产生内生型城市化和民主制度。基于此,中国在春秋战国时期虽然创造了中国思想史的空前活跃,但由于没有产生内生型城市化和民主制度,因而是稍逊于古希腊文明的。这就部分地解释了李约瑟之谜(文贯中,2005)。其二,宋辽金时期。宋辽金政权的对峙与竞争,推动了宋朝的繁荣。宋朝不仅经济社会获得了巨大的发展,而且创造了科技史上的奇迹,中国的许多发明创造都兴起于宋朝并传播于世界,促进了其他文明的发展。其三,新中国成立后。新中国成立后,中国大陆、台湾与香港之间的竞争促进了三者的发展,而大陆各省(区、市)之间的竞争带来了中国大陆经济发展的奇迹。

(三)地理影响政治制度的选择

地理环境可能是解释中国朝代更迭的重要原因。司马迁注意到地理环境对朝代更迭的影响,他在《史记·六国年表》中写道:"东方物所始生,西方物之成孰。夫作事者必于东南,收功实者常于西北。故禹兴于西羌,汤起于亳,周之王也以丰镐伐殷,秦之帝用雍州兴,汉之兴自蜀汉。"由此看出,自北向南、自西向东的军事行动往往会成功并改朝换代,而相反方向成功的例子较少。

竺可桢(1973)提出了后来被称为竺可桢曲线的中国气温历史变化图(见图11.1),他证明我国在近5 000年的最初2 000年,即从仰韶文化时代到河南安阳殷墟时代,年平均温度比现在高2℃左右。在这以后,年平均温度有2~3℃的摆动,寒冷时期出现在公元前1 000年(殷末周初)、400年(六朝)、1200年(南宋)和1700年(明末清初)时期。

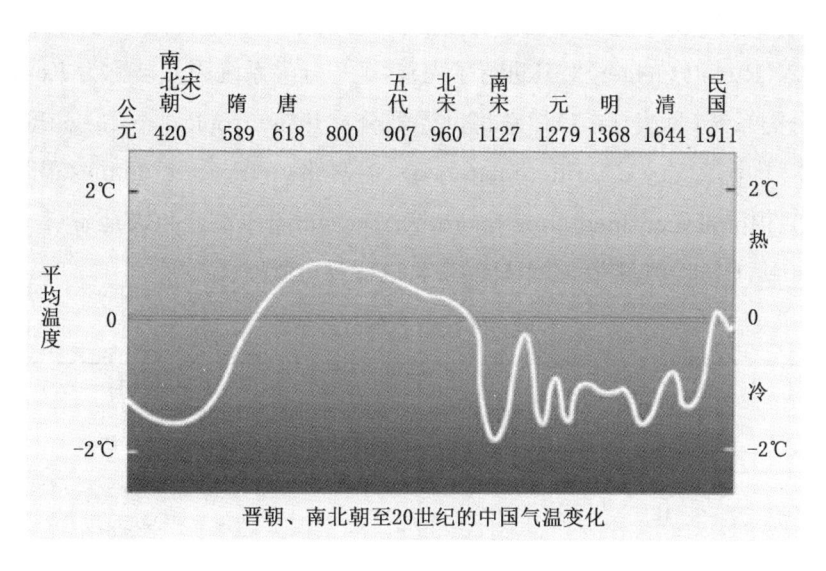

图 11.1 竺可桢曲线

这种周期性的气候变冷造成的灾难引发了中国近 2 000 年中的朝代变迁,汉、唐、北宋、南宋、明等朝代的衰落和灭亡都与气候变冷密切相关。低温天气可能带来旱灾或洪灾,可能还有蝗灾,会给农业生产带来不利的影响乃至致命的打击,农民起义随之而生;低温天气会破坏北方草原的草场资源,使草场退化乃至沙漠化,导致北方游牧民族南侵中原地区。农民起义和游牧民族的入侵单独或共同促进了旧王朝的瓦解和新王朝的诞生(Zhang et al.,2010)。这项研究的历史背景是中国作为一个多民族的国家,在大多数时间内都存在着中原王朝和北部少数民族政权。长江、黄河中下游区域是中国最重要的农耕区,也是历代中原王朝疆土最基础的轮廓。少数民族的活动有西迁和南下两个主要方向,而南下对于中原政权的更迭具有重要作用。

贝洛克、达龙和加尔比亚蒂(Belloc et al.,2016)利用 1000—1300 年意大利中北部的数据,研究地震对城市制度选择的影响。地震通常被认为是上帝对人类的惩罚,在这种认识下,地震会强化人们的宗教信仰和主教的权威,会阻碍主教统治的城市从封建制度(feudal regime)向自治政体(the commune)的转变。这与中国古人的理解相似,《汉书·宣帝纪》说:"盖灾异者,天地之戒也",即灾害是上天的惩戒。

(四)地理与经济增长

温带生态带与距离联运水道 100 公里以内的区域生产了世界上超过 50% 的经济产出,其区域面积仅占世界有人居住陆地的 8%。平均起来,近海地区的 GDP 密度是离海地区的 10 倍,而近海温带区的 GDP 密度是离海非温带区的 18 倍还多。

德国气候与生物学家弗拉基米尔·柯本(Wladimir Köppen,1846—1940)在

1918年根据温度和降水量将全世界划分为5个气候带,后来德国生物气候学家鲁道夫·盖格尔(Rudolf Geiger)对其进行了完善,这一分类系统因此被称为Koppen-Geiger气候分类系统(见表11.1)。它将世界划分成热带(tropical or megathermal climates,A)、干旱带(dry or arid climates,B)、温暖带(temperate or mesothermal climates,C)、内陆带(continental or microthermal climates,D)和极地带(polar or alpine climates,E)5个气候带,每个气候带又包括若干亚型。

表11.1　　　　　　　　　　　　Koppen-Geiger气候分类系统

A	Af 热带雨林 Am 热带季风 Aw 热带干湿草原
B	BW 干旱荒漠 BS 半干旱草原
C	Cs 温和干燥夏季 Cw 温和干燥冬季 Cf 温和湿润
D	Ds 大陆干燥夏季 Dw 大陆干燥冬季 Df 大陆湿润
E	ET 冻土 EF 冰盖

盖洛普等(Gallup et al.,1998)研究了世界人均GDP的分布,他们发现温带人均GDP高于非温带或热带地区,近海人均GDP高于离海地区,地理因素在经济发展中作用明显,参见表11.2。

表11.2　　　　　　　　　　　　自然地理因素影响经济发展

气候区	人均GDP		
	8近海区	离海区	合计
Af	0.66	0.54	0.64
Am	0.41	0.30	0.41
Aw	0.39	0.36	0.38
Cw	0.54	0.37	0.44
BS	0.80	0.49	0.55
BW	0.65	0.54	0.58
H	1.01	0.75	0.78
E	0	0.0	0.0

续表

气候区	人均 GDP		
	8 近海区	离海区	合计
Cf	2.42	1.63	2.24
Cs	2.22	1.51	2.10
Df	2.67	1.22	1.90
DW	0.92	0.53	0.64
热带(Af+Am+Aw+Cw)	0.48	0.37	0.43
非温带(热带+BS+BW+H+E)	0.54	0.48	0.50
温带(Cf+Cs+Df+DW)	2.32	1.18	1.94
总计	1.35	0.65	

资料来源：Gallup et al.，(1998)。

第三节 历史与地理的共同作用

现代经济发展和地区差距是历史的结果。以 20 世纪中国与世界人均 GDP 为例，拜罗克(Bairoch,1981)估计 1913 年西欧人均 GDP 为 693 美元，美国为 1 333 美元，日本为 310 美元，中国为 188 美元，1938 年这些数据分别变更为 868 美元、1 527 美元、660 美元、187 美元，又经过近 30 年的发展，1977 年这些数据分别变更为 2 491 美元、4 148 美元、2 830 美元、346 美元(见表 11.3)。中国的改革开放正是在与发达国家差距悬殊的薄弱基础上推进的，赶英超美不可能一蹴而就，而需要漫长的过程。

表 11.3　　　　　　　　20 世纪中国与世界人均 GDP　　　　　　　　单位：美元

年份	西欧	东欧	北美	日本	中国
1913	693	412	1 333	310	188
1938	868	566	1 527	660	187
1950	928	588	2 364	405	166
1970	2 098	1 606	3 547	2 130	306
1977	2 491	2 149	4 168	2 830	346

注：1960 年美元价格，按购买力平价折算。

资料来源：Bairoch(1981)。

历史作用的一个例子是法兰克福机场的兴起。法兰克福机场位于德国南部美因河畔的法兰克福,是德国最大的机场和欧洲第三大机场。法兰克福机场的兴起源于第二次世界大战期间。1936年,法兰克福建设莱茵-美因空军基地。从1945年到2005年,莱茵-美因空军基地一直是美国驻欧洲最大的空军基地。1948年,苏联封锁西柏林,柏林大空运开始,法兰克福机场成为最大的空运物资基地。机场兴起带来城市的发展,现在法兰克福不仅是德国最大的航空运输中心,而且是德国的金融中心和欧洲央行所在地。

历史会形成事务的路径依赖。路径依赖的一个著名例子是铁路的轨距。现在世界各国大多采用三种轨距:标准轨距,1 435毫米;宽轨距,大于1 435毫米,窄轨距,小于1 435毫米。美国、英国、加拿大、欧洲大部分国家以及中国大部分地区采用标准轨距。为什么这么多国家都采用标准轨距?为什么标准轨距是1 435毫米?标准轨距合四英尺八英寸半。标准轨距来自英国早期的铁路轨距,英国早期的铁路轨距来自电车的轨距,电车的轨距来自马车的轨距,而马车的轨距来自古罗马时期战车的轨距,古罗马战车的轨距就是四英尺八英寸半,这个长度是两匹马屁股的宽度(如图11.2所示)。这个故事说明了古罗马两匹马屁股的宽度决定了现代铁路的标准轨距,西方国家交通运输发展的历史就是从两匹马屁股的宽度开始,进而一步一步发展起来的,这个宽度可能不是最好的铁路轨距,全世界大多数国家却采用它,一旦采用,发展过程即被锁定。

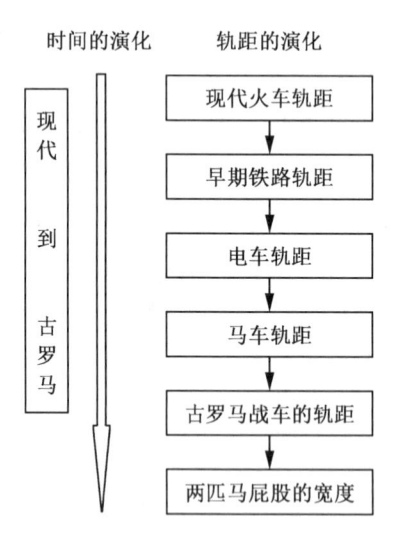

图11.2 铁路轨距的路径依赖

第四节　中国地理环境的特征

一、海陆兼备

中国是个重视地理环境的国家。《淮南子·天文训》所述"昔者共工与颛顼争为帝,怒而触不周之山,天柱折,地维绝,天倾西北,故日月星辰移焉;地不满东南,故水潦尘埃归焉",大体指出了中国地形西高东低的总特点。

中国位于亚洲东部、太平洋西岸,陆地面积约 960 万平方公里,东部和南部大陆海岸线长 18 000 多公里,海域总面积约 473 万平方公里,国土面积居世界第三位,是个海陆兼备的大国。

中国大部分地区处于北温带,南部部分地区位于热带。中国的热带地区是指处于北回归线以南的地区,1 月份平均气温高于 20℃,而温带地区则是北回归线以北地区,随着纬度的增加,气温逐渐降低,至黑龙江省漠河地区气温可达−40℃。

中国一般以淮河秦岭一线作为南北分界线,这条线是 1 月份 0℃ 等温线、日均温度大于等于 10℃ 的等值线、年降水量 800 毫米的等降水量线、湿润与半湿润地区分界线、旱地农业与水田农业分界线、长江与黄河的分水岭、冬季集中供暖与否的分界线。秦岭西起甘肃临洮,中贯陕西南部,东抵河南鲁山,东西长约 1 600 公里,南北宽约 300 公里。淮河发源于河南省桐柏山区,由西向东,流经湖北、河南、安徽、江苏、山东五省,全长 1 000 余公里,流域面积 27 万平方公里。淮河下游主要有入江水道、入海水道、苏北灌溉总渠和分淮入沂四条出路。

二、三大阶梯

根据地形地貌特征,可以将中国所有地区分成三大阶梯:第一阶梯为昆仑山、祁连山与横断山脉围成的青藏高原,平均海拔 4 000 米以上,有"世界屋脊"之称;第二阶梯为大兴安岭、太行山、雪峰山之西,平均海拔在 1 000～2 000 米,主要由山地、高原和盆地组成;第二阶梯以东为第三阶梯,主要是宽广的平原和丘陵。

三大阶梯所围成的是三大自然区:青藏高原区、西北干旱半干旱区和东部季风区。青藏高原区基本属于第一阶梯;西北干旱半干旱区属于第二阶梯;东部季风区跨越了第一阶梯和第二阶梯的黄土高原、四川盆地、云贵高原、横断山区,属于第三阶梯,面积约占全国陆地面积的 45%,人口约占全国总人口的 95%。

三、季风气候

中国的第三阶梯、第二阶梯的大部分地区、第一阶梯的部分地区属于季风区,是典型的东亚季风气候。季风中的"季"是季节的意思,季风就是随季节不同而风向不同的空气流动,夏季高温、潮湿、多雨,冬季气候寒冷、干燥、少雨,雨热同季。

我国秦岭淮河以南年降水量在 800 毫米以上,属于湿润地区;秦岭淮河以北至长城沿线年降水量多在 400～800 毫米,属于半湿润区;而内蒙古高原、黄土高原、西北内陆地区则属于半干旱和干旱地区,年降水量在 400 毫米以下。

四、历史悠久

至少在 170 多万年前,就有元谋人在中国这块土地上休养生息,特别是近 5 000 年来,中华民族创造了灿烂辉煌的文明,为人类发展做出了突出的关键性的贡献。对中国的历史发展和开发具有较为深远影响的是中国人口的大规模迁移活动。中国历史上曾出现大规模人口迁移现象:①西晋末年永嘉之乱(311 年)导致人口南迁,这次迁移持续了 100 多年,迁移的方向是长江中下游。②北宋靖康之难(1127 年)导致中原地区人口再次大规模南迁,迁移的方向还是长江中下游,至此南方人口第一次超过北方人口,中国经济中心南移到江南地区。③明朝初年山西南部人口迁移至河南、河北、山东、安徽、江苏各地,"问我老家在何处,山西洪洞大槐树"是这次移民的深刻记忆。④山东人、河北人闯东关。关东,即山海关以东的地区。清朝初年,清政府禁止汉族进入关东地区,并置"柳条边"作为封禁界线。"闯",就是要突破这条界线。1860 年后,东北封禁政策解除,清政府开始大量移民至东北,1850—1950 年间,东北人口从 300 万增加到 4 000 万,增加了 3 700 万人。⑤广东人、福建人下南洋。南洋,泛指东南亚地区。东南沿海地区特别是福建、广东的人口到南洋地区经商、做工、移民,从明朝开始一直持续到民国,时间跨度长,人口规模大,下南洋的人口达到 1 000 万左右,对南洋地区的经济文化影响深远(葛剑雄,1997)。此外,还有清朝以来的山西人、陕西人、河北人等走西口,他们通过打虎口、张家口等地进入内蒙古、外蒙古地区。

1978 年改革开放后,中国再次出现大规模的人口流动,这次人口流动不仅是中西部地区人口流往东部地区,更主要的是农村人口流向城市,流动人口的普遍化、流动时间的长期化、流入地分布的沿海集中化、年龄结构的成年化等成为流动的主要特点。

第五节　中国地理环境的影响

一、司马迁线与胡焕庸线的稳定性

司马迁在《史记·货殖列传》中阐述各地物产时写道:"夫山西饶材、竹、旄、玉石,山东多鱼、盐、漆、丝、声色,江南出棻、梓、姜、桂、金、锡、连、丹沙、犀、玳瑁、珠玑、齿、革,龙门、碣石北多马、牛、羊、旃、裘、筋、角,铜、铁则千里往往山出置。此其大较也。皆中国人民所喜好,谣俗被服饮食奉生送死之具也。"我们一般把龙门-碣石一线称为司马迁线,这是一条古代农牧的分界线。

胡焕庸在1935年提出了一条地理分界线,又称为黑河-腾冲线。胡焕庸线是一条多维的界线,不仅是一条人口分界线,而且与400毫米等降水量线、中国半湿润区和半干旱区分界线、地质地貌分界线相重合。胡焕庸线中国人口东西部分布格局形成于1235—1255年,以1230—1260年的气候突变为该人口分布特征线形成的主要动力(吴静 等,2008)。1978年以来,胡焕庸线以东地区人口的移动规模巨大,主要是空前的城市化带来的人口流动造成的,这股潮流主要由四川、河南、安徽等省份流向东部的广东省、浙江省、江苏省、福建省、北京市、上海市等地。但是胡焕庸线两侧的人口比重变化不大(戚伟 等,2015)。如表11.4所示,1982年,东南侧常住人口比例为94.23%,西北侧常住人口比例为5.77%;1990年,东南侧常住人口比例为94.13%,西北侧常住人口比例为5.87%;2000年,东南侧常住人口比例为93.89%,西北侧常住人口比例为6.11%;2010年,东南侧常住人口比例为93.68%,西北侧常住人口比例为6.32%。

表11.4　　　　　　　　　　改革开放后的胡焕庸线

年份	常住总人口(亿人)		常住人口比例(%)		人口密度(人/平方公里)	
	东南	西北	东南	西北	东南	西北
1982	9.45	0.58	94.23	5.77	230.25	10.82
1990	10.64	0.66	94.13	5.87	259.00	12.40
2000	11.67	0.76	93.89	6.11	283.98	14.18
2010	12.49	0.84	93.68	6.32	303.92	15.72

资料来源:戚伟等(2015)。

二、各地区的异质性

世界上没有两片相同的树叶,这就是异质性。中国陆地面积960万平方公里,十里不同风,百里不同俗,南船北马,南拳北腿,南甜北咸,东辣西酸,东南地区经济发达而西北地区经济不发达正是描述这种地区之间的异质性。

中国有八大著名的菜系:川、鲁、粤、苏、闽、浙、湘、徽。每一菜系都有各自的特色,如川菜无辣不欢、苏菜(淮扬菜)刀工精湛,每个菜系都有主要流行地区。我们以各地的面条为例来说明这种异质性。中国无论南方北方都吃面条,如兰州拉面、北京的炸酱面、扬州阳春面、闽南沙茶面等。虽然面条都由面粉制作,每种面都有浇头(菜码、酱料等),但风味各异,流行地区也有所不同,见表11.5。

表11.5 各地的面条

名称	特色
兰州拉面	"一清二白三红四绿五黄":一清(汤清)、二白(萝卜白)、三红(辣椒油红)、四绿(香菜、蒜苗绿)、五黄(面条黄亮)
武汉热干面	没汤,芝麻酱
北京炸酱面	黄瓜、香椿、豆芽、青豆、黄豆切好,炸酱
山西刀削面	面条刀削,肉炸酱、番茄酱、羊肉汤、金针菇、木耳、鸡蛋打卤
陕西biangbiang面	长宽厚的面条,用酱油、醋、味精、花椒等佐料调入面汤
四川担担面	扁担一头是煤球炉子,另一头装的是碗和筷子
延吉冷面	荞麦面上盖着牛肉、泡菜、苹果,外加一勺冰凉酸甜的汤料
河南烩面	荤、素、汤、菜、饭兼有之
杭州片儿川	浇头主要由雪菜、笋片、瘦肉丝组成
昆山奥灶面	浇头为大排和焖肉料
镇江锅盖面	大面锅里面煮小锅盖
扬州阳春面	白汤中加入猪油、葱花、香菜、胡椒粉、盐、白糖,不添加任何浇头和卤汁
闽南沙茶面	沙茶酱主料有虾干、鱼干、葱头、蒜头、老姜

有一种面条叫作biangbiang面,来自陕西,深受陕西人喜爱。Biang字的写法非常复杂,共有56画:

为了写出这个字,人们还发明了一个口诀:"一点飞上天,黄河两道弯,八字大开口,言字走进来,左一扭,右一扭,左一长,右一长,中间夹个马大王;心字底,月字旁,留

个勾搭挂麻糖,坐个车车逛咸阳。"

除了饮食方面的差异外,更重要的是经济方面的差异,我们已经在第九章了解了这种差异。中国的基本情况是东南财赋地,江浙人文薮,即东南是中国市场经济最为发达的地区,而且是人才辈出的地方。中国的经济重心在南宋时就南移至江南地区,此后几乎没有变动。这种趋势在东汉末年即已开始,唐朝时候继续,至少在唐朝时期,江南地区就是"烟柳繁华地,温柔富贵乡"了。唐朝白居易的《忆江南三首》就是最好的注脚:

江南好,风景旧曾谙;日出江花红胜火,春来江水绿如蓝。能不忆江南?
江南忆,最忆是杭州;山寺月中寻桂子,郡亭枕上看潮头。何日更重游!
江南忆,其次忆吴宫;吴酒一杯春竹叶,吴娃双舞醉芙蓉。早晚复相逢!

应该指出,在计量经济学的实证研究中,我们一般会设置地区虚拟变量来刻画东、中、西或者南北的异质性。当然更常见的是考虑地区固定效应,目的还是控制住这种地区的异质性。

三、跨区域资源迁移

中国自然资源的地理分布不均匀,煤炭资源集中在山西、陕西榆林、内蒙古鄂尔多斯、宁夏宁东、新疆北部地区,太阳能资源集中在新疆、青海、内蒙古、西藏等地,水利资源也集中在中西部地区。为此,中国进行了大规模的跨区域资源迁移,古代的大运河负责将江南的粮食运往京师,现代则主要实施了南水北调、西气东输、西电东输、东数西算、西氢东送等工程。

(一)南水北调

1952年,毛泽东主席在视察黄河时提出:"南方水多,北方水少,如有可能,借点水来也是可以的。"1958年8月,《中共中央关于水利工作的指示》颁布,第一次正式提出南水北调。1979年《政府工作报告》正式提出"兴建把长江水引到黄河以北的南水北调工程"。1991年4月,第七届全国人大第四次会议将"南水北调"列入"八五"计划。1992年,中共十四大报告提出要集中必要的力量,高质量、高效率地建设一批重点骨干工程,抓紧长江三峡水利枢纽、南水北调、西煤东运新铁路通道、千万吨级钢铁基地等跨世纪特大工程的兴建。2002年12月23日,国务院正式批复《南水北调总体规划》。2002年12月27日,南水北调东线工程正式开工;2003年12月30日,南水北调中线一期工程正式启动。2013年11月15日,东线一期工程正式通水运行;2014年12月12日,中线一期工程正式通水运行。

(二)西气东输

西气东输主要是将新疆的油气资源输送到东南沿海地区。2000年2月启动的西气东输工程主要有四条线:第一条线西起新疆轮台县塔里木轮南油气田,向东经过库尔勒、吐鲁番、鄯善、哈密、柳园、酒泉、张掖、武威、兰州、定西、宝鸡、西安、洛阳、平顶山、信阳、合肥、南京、常州、上海等地区,东西横贯新疆、甘肃、宁夏、陕西、山西、河南、安徽、江苏、上海9个省(区、市),全长4 200公里;第二条线途经新疆、甘肃、宁夏、陕西、河南、湖北、江西、广东、安徽、江苏、浙江、上海、湖南、广西、香港15个省(区、市);第三条线贯穿新疆、甘肃、宁夏、陕西、河南、湖北、湖南、江西、福建、广东10个省(区、市),总长度为7 378公里,设计年输气量300亿立方米;第四条线为川气东送而设计,该工程西起四川达州,跨越四川、重庆、湖北、江西、安徽、江苏、浙江、上海六省二市,管道总长2 170公里。

(三)西电东输与东数西算

图11.3是2020年中国各省(区、市)发电量和电力缺口图。总的看来,东部地区发电量多且用电多,缺口大,特别是江浙沪和广东地区;而中西部地区如内蒙古、新疆、四川等省(区)发电量多,电力盈余多。

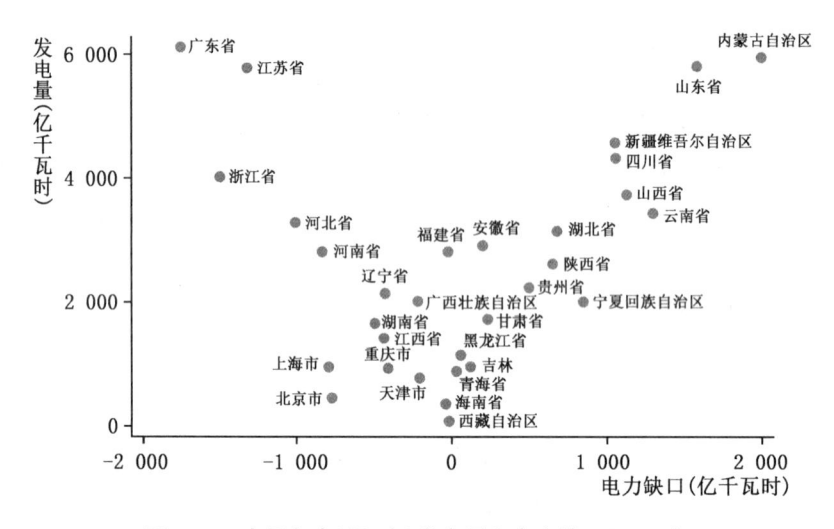

图11.3 中国各省(区、市)发电量和电力缺口(2020年)

表11.6列出了2002年和2021年中国各省(区、市)的电力缺口或盈余,东部地区2002年缺电798亿千瓦时,到2021年增加到5 835亿千瓦时,中部地区略有盈余,均为200亿千瓦时,西部地区2002年电力盈余300亿千瓦时,到2021年增加到7 007亿千瓦时。

表 11.6 　　　　2002 年和 2021 年中国各省(区、市)的电力缺口或盈余 　　单位:亿千瓦小时

地区	省(区、市)	2002年缺口	合　计	2021年缺口	合　计
东部地区	北京市	−297.96	−798.85	−774	−5 835.2
	天津市	−5.59		−206.8	
	浙江省	−232.52		−1 495.7	
	上海市	−36.81		−793.2	
	广东省	−162.33		−1 751.8	
	山东省	−20.94		1 575	
	江苏省	−128.54		−1 318.6	
	福建省	36.27		−22.8	
	海南省	1.1		−41.9	
	河北省	48.47		−1 005.4	
中部地区	湖北省	44.64	243.57	677.2	234.4
	安徽省	75.76		196.9	
	河南省	−39.45		−833.9	
	湖南省	−51.99		−494.4	
	江西省	1.43		−437.8	
	山西省	213.18		1 126.4	
西部地区	四川省	35.19	300.77	1 054.5	7 007.2
	重庆市	−63.21		−410.1	
	贵州省	180.47		496	
	云南省	20.0		1 296.3	
	广西壮族自治区	−49.25		−216.8	
	甘肃省	0.54		229.6	
	陕西省	−12.47		649.8	
	内蒙古自治区	194.47		1 995	
	青海省	13.99		29.1	
	西藏自治区	8		−16.7	
	宁夏回族自治区	−7.76		849.4	
	新疆维吾尔自治区	−19.2		1 051.1	
东北地区	辽宁省	−84.15	−103.89	−429	−256.6
	吉林省	−10.59		116.6	
	黑龙江省	−9.15		55.9	

东部地区电力缺口大,而中西部地区电力盈余大,那么就需要把中西部地区的电力超远距离输送到东部地区,这就是"西电东输"。此外,将耗电量大的产业迁移到西部地区也是另一种解决办法,其中"东数西算"就是典型例子。东数西算工程,即通过构建数据中心、云计算、大数据一体化的新型算力网络体系,将东部算力需求有序引导到西部,优化数据中心建设布局,促进东西部协同联动。2022年2月,京津冀、长三角、粤港澳大湾区、成渝、内蒙古、贵州、甘肃、宁夏八地启动建设国家算力枢纽节点,并规划了10个国家数据中心集群。至此,全国一体化大数据中心体系完成总体布局设计,东数西算工程正式全面启动。

四、黄河改道的长期影响

黄河是中华民族的母亲河,哺育了一代又一代中华儿女。黄河年输沙量曾高达16亿吨,是世界上含沙量最大的河流。四千多年来,黄河下游共发生决溢、改道等大小泛滥事件逾千次,明末清初决口频率甚至达到一年三决口(《黄河水利史述要》编写组,2003),如1523年黄河决口,徐州骤变为"高低远近,一望皆水,百里之内,寂无坎烟。死徙流亡,难以计数,所在白骨成堆。幼男稚女,称斤而卖"。自然原因可以导致黄河决口,人为原因亦能造成黄河决口,如公元前361年楚军决开黄河,1642年李自成决开黄河、水淹开封,1938年国民政府炸开郑州黄河花园口。

(一)历史上的黄河改道

有历史记载的黄河下游共发生决溢、改道等大小泛滥事件逾千次,其中至少有6次大的改道。

(1)公元前602年,黄河在浚县决口,在现河北黄骅市流入渤海;

(2)11年,黄河决口,经濮阳、清丰、阳谷、聊城、临邑、惠民,至利津,流入渤海;

(3)1048年,黄河决口,经大名、馆陶、临清、夏津、景县、东光、南皮,由青县、天津入渤海;

(4)1194年,黄河决口,夺淮入海,即经淮河流入黄海;

(5)1494年,黄河决口,经徐州,夺淮入海;

(6)1855年,黄河决口,再次流入大清河故道,流入渤海。

黄河的入海口曾在北到天津、南到长江口之间摇摆,跨幅之大,在全世界河流中是唯一的。黄河的决口、改道深刻地影响着黄河下游的经济社会和历史发展,其中有两点比较突出,一是黄河下游缺乏大城市,二是黄泛区经济发展较为落后。

(二)黄河下游缺乏大城市

黄河上中游的分界点是内蒙古托克托县河口,中下游的分界点则是河南郑州桃花峪。黄河下游缺乏大城市。我们首先看黄河下游沿岸地级市间的距离,以前黄河段开封—商丘—徐州—宿迁—淮安的平均距离为170公里,现今黄河段开封—菏泽—济南—滨州—东营的平均距离为128公里,如果不算济南,则平均距离为170公里。这显著高于长江下游沿岸地级市间63公里的平均距离。我们再来看入海口城市,现在黄河入海口城市为山东东营市,2020年常住人口为219万(包括辖区县),以前黄河的入海口为江苏省滨海县或射阳县之间,根本没有形成城市,即使以淮安为入海口城市,淮安人口为456万,而长江入海口城市南通人口为774万、上海人口为2 488万,珠江入海口城市广州人口为1 874万。

(三)黄泛区经济发展较为落后

黄河决口形成了以徐州为中心的黄泛区,黄泛区的经济发展与所在省份其他地区相比较为落后,江苏、安徽、山东、河南黄泛区15个城市中仅有1个城市略微超过所在省份的人均GDP,黄泛区15个城市中城市化率均低于所在省份平均城市化率,按照地均GDP比较,15个城市中仅有3个城市超过所在省份的地均GDP。

表11.7　　　　　　　　　徐州周围城市的经济状况(2020年)

地区	人均GDP(万元/人)	所在省份人均GDP(万元/人)	城市化率(%)	所在省份城市化率(%)	地均GDP(万元/平方公里)	所在省份地均GDP(万元/平方公里)
徐州	8.02	12.13	65.63	73.44	6 192	9 589
连云港	7.13	12.13	61.51	73.44	4 303	9 589
淮安	8.79	12.13	65.67	73.44	3 991	9 589
宿迁	6.56	12.13	62.25	73.44	3 823	9 589
宿州	3.84	6.24	43.76	58.33	2 090	2 721
淮北	5.68	6.24	64.16	58.33	4 083	2 721
阜阳	3.32	6.24	41.96	58.33	2 787	2 721
蚌埠	6.32	6.24	55.10	58.33	3 499	2 721
开封	4.87	5.47	51.82	55.43	3 747	3 251
商丘	3.74	5.47	46.18	55.43	2 733	3 251
周口	3.57	5.47	42.54	55.43	2 694	3 251
济宁	5.30	7.18	60.10	63.05	3 962	4 672
枣庄	4.49	7.18	59.30	63.05	3 798	4 672
临沂	4.36	7.18	55.08	63.05	2 795	4 672
菏泽	3.96	7.18	50.72	63.05	2 842	4 672

资料来源:相关年份各地市统计年鉴、各省统计年鉴。

参考文献

[1](美)阿瑟·格蒂斯,(美)朱迪丝·格蒂斯,(美)费尔曼,2017.地理学与生活[M].黄润华,韩慕康,孙颖,译.北京:北京联合出版公司.

[2](美)莫里斯,2014.西方将主宰多久:东方为什么会落后,西方为什么能崛起[M].钱峰,译.北京:中信出版社.

[3]《黄河水利史述要》编写组,2003.黄河水利史述要[M].郑州:黄河水利出版社.

[4]葛剑雄,1991.中国人口发展史[M].福州:福建人民出版社.

[5]葛剑雄,1997.中国移民史[M].福州:福建人民出版社.

[6]韩茂莉,2015.中国历史地理十五讲[M].北京:北京大学出版社.

[7]戚伟,刘盛和,赵美风,2015."胡焕庸线"的稳定性及其两侧人口集疏模式差异[J].地理学报,70(4).

[8]文贯中,2005.中国的疆域变化与走出农本社会的冲动——李约瑟之谜的经济地理学解析[J].经济学:季刊,(2).

[9]吴静,王铮,2008.2000年来中国人口地理演变的Agent模拟分析[J].地理学报,(2).

[10]竺可桢,1973.中国近五千年来气候变迁的初步研究[J].中国科学,(2).

[11]ACEMOGLU D,JOHNSON S H,ROBINSON J A,2001. The colonial origins of comparative development: An empirical investigation [J]. *American Economic Review*,91 (5).

[12]BAIROCH P,1981. The main trends in national economic disparities since the industrial revolution[M] // LEVY-LEBOYERD M. *Disparities in Economic Development since the Industrial Revolution*. London:Palgrave Macmillan UK.

[13]BELLOC M,DRAGO F,GALBIATI R,2016. Earthquakes,religion,and transition to self-government in Italian cities[J]. The Quarterly Journal of Economics,131(4).

[14]GALLUP J L,SACHS J,MELLINGER A D,1998. Geography and economic growth[C] // World Bank Conference on Development Economics.

[15]ZHANG Zhibin,TIAN Huidong,CAZELLES B,et al,2010. Periodic climate cooling enhanced natural disasters and wars in China during AD 10 – 1900 Proceedings [J]. *Biological Sciences*,277(1701).

思考与练习

1. 百度地图具有测距功能,请打开百度地图进行测距:①从美俄交界处的白令海峡到欧洲的荷兰距离大约7 000公里,从亚洲的新加坡到非洲的喀麦隆距离为10 000多公里,但是目测前者长度大概是后者的2倍多;②上海到合肥、宿迁、连云港的距离分别为410公里、420公里、430公里,但目测后两者距离远大于前者。请问这是为什么?

2. 请阐述古希腊地理环境的特点及其对古希腊文明的影响。

3. 请再举几个路径依赖的例子,并分析能否突破路径依赖。

4. 请描述竺可桢曲线并说明其意义。

5. 请查阅资料,分析大运河对元、明、清代产业发展的影响,以及铁路建设对近代中国产业集聚的影响。

6. 请将第一章"思考与练习"第 12 题下载的中国矢量地图增加到 GIS 中,并完成下列任务:①反复练习增加或减少图层,特别是山脉、气温、降水、行政区等图层;②求解各地级市政府驻地到最近的海港的距离(天津、上海、广州等);③增加有关铁路的图层,求各县级政府驻地到最近的铁路线的距离;④绘制 2023 年中国各省区市制造业比重分布图。

7. 中国经济最发达的两个省——广东省和江苏省——都存在省内差异,江苏存在苏南、苏北的差异,广东存在珠三角与粤东、粤北等的差异。苏北地区为里下河和黄泛区等平原或低矮丘陵地区,粤东、粤北等皆为山地,可以参见中国高程地图。请从两省的地理条件出发,分别给出两省缩小地区差异的策略。

8. 下图为 2002 年中国各省(区、市)发电量和电力缺口图:

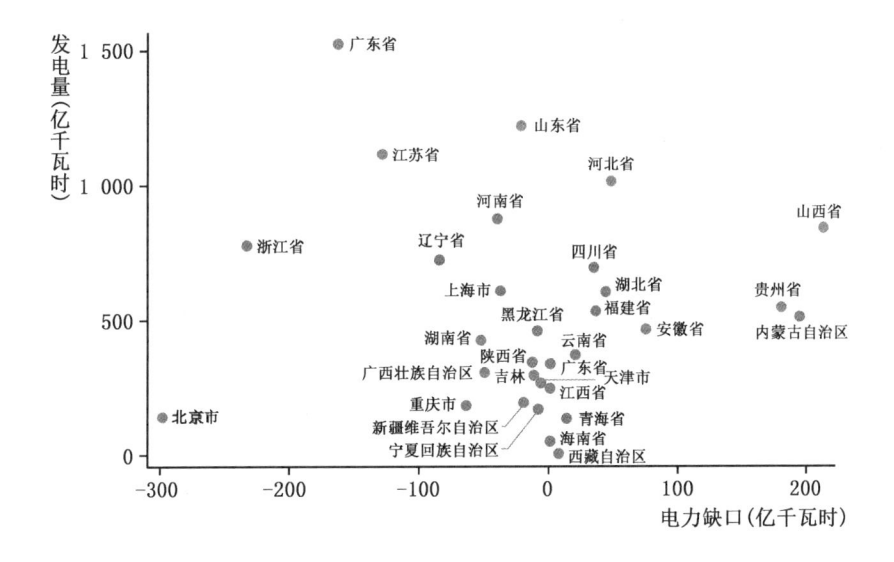

请回答:①中国各省(区、市)的发电量在 2002—2020 年间增加了多少? ②与图 11.3 进行比较分析,哪些省(区、市)的电力缺口减少了?

9. 请查阅资料,进一步了解南水北调、西气东输、西电东输、西氢东送这些重大工程及其重要影响,并思考还有什么资源或能源可以跨区域输送。

10. 改革开放以来,沿海 200 公里和沿长江、珠江等重要河流 50 公里以内的人口、GDP 占全国人口、GDP 比重是否上升了? 这与海洋运输有什么关系?

11. 爱本斯坦等在 2017 年的一项研究发现,由于集中供热等因素导致北方的 PM10 浓度比南方高 $41.7\mu g/m^3$(或 46%)。PM10 浓度每增加 $10\mu g/m^3$,预期寿命将减少 0.64 年。请回答:①南北方还有哪些方面的差异? ②为什么秦岭-淮河常被作为地理断点(geography discontinuity)来处理?

12. 请查阅资料,进一步了解黄河改道与泛滥对黄泛区的经济发展、城市发展乃至风土人情的长期影响,回答下列问题:①近500年黄河改道了多少次?②黄河改道对淮河及淮河流域产生了什么影响?③黄泛区的经济发展落后于周边地区吗?④与长江相比较,黄河下游为什么缺乏大中城市?

13. 血吸虫病是由裂体吸虫属血吸虫引起的一种慢性寄生虫病,曾广泛分布在长江以南12个省市,而以江苏、浙江、湖北三个省为最。1958年6月30日,《人民日报》报道了江西省余江县消灭血吸虫病的消息。毛泽东得知这一消息后,欣然写下《送瘟神二首》。其中第一首为:绿水青山枉自多,华佗无奈小虫何! 千村薜荔人遗矢,万户萧疏鬼唱歌。坐地日行八万里,巡天遥看一千河。牛郎欲问瘟神事,一样悲欢逐逝波。2000年后,我国血吸虫病得到根本控制,处于低流行状态。请查阅资料,了解这一伟大历史历程,并进一步思考瘟疫与瘟疫防控对中国经济的长期影响。

14. 新疆是中国陆地面积最大的省级行政区,面积为166.49万平方公里,约占中国陆地总面积的1/6,大致相当于辽宁、河北、天津、北京、山东、江苏、上海、浙江、安徽、福建、广东、广西、河南、重庆14个省(区、市)陆地面积之和。请查阅资料并回答:①新疆自然地理条件有何特点?②新疆的产业结构呈现什么特征?④新疆城市及其城市带发展有何特点?④如何进一步发挥对口支援作用,促进新疆发展?

15. 塔里木盆地南北最宽处为520公里,东西最长处为1 400公里,面积约为40多万平方公里。塔里木河位置偏于盆地北缘,水向东流,塔里木河以南是塔克拉玛干沙漠,面积为33.7万平方公里,占中国沙漠和戈壁总面积的26%,是中国最大的沙漠。现有两种设想:设想一是实施某项饮水工程,将塔克拉玛干沙漠变成湖泊;设想二是在塔克拉玛干沙漠上铺设光伏板,将塔克拉玛干沙漠变成发电厂。请思考:①上述两个设想可行吗?②如果可行,从何处引水?如何铺设光伏板?③如果塔克拉玛干沙漠变成湖泊或发电厂,那么对新疆发展有何影响?

16. 请查阅资料,用数据说明:①距离大的海港(如广州、上海、天津)越近,市场经济越发达吗?距离杭州越近,数字经济越发达吗?距离省会城市越近,越容易获得省政府政策优惠吗?②在计量经济学中,常用到某区位的距离(如到海港、赤道、铁路线、省政府等)作为工具变量,原因是什么?

17. 世界上生产咖啡最多的国家是巴西、越南、印度尼西亚、哥伦比亚、印度等国。请查阅资料并了解:①这些国家的咖啡的主产地及其地理条件;②世界范围内人均咖啡消费量最多的5个国家。

18. 中亚五国包括哈萨克斯坦、吉尔吉斯斯坦、塔吉克斯坦、土库曼斯坦和乌兹别克斯坦。请查阅资料并了解:①这5个国家的地理、历史、交通、能源发展;②中吉乌(中国—吉尔吉斯斯坦—乌兹别克斯坦)铁路的建设历史;③这5个国家在"一带一路"发展中的作用。

19. 非洲有些国家经济发达,有些国家经济落后,有些国家曾经发达,但是它们中的大多数曾经长期作为欧洲列强的殖民地。请回答:①同样是欧洲列强的殖民地,但它们的经济发展存在巨大差异,其中地理因素起到什么作用?②除了地理因素外,还有什么因素影响它们的发展?

20. 中国海关总署2023年44号公报《关于进一步拓展吉林省内贸货物跨境运输业务范围的公报》第一条为:增加俄罗斯符拉迪沃斯托克港为内贸货物跨境运输中转口岸。请查阅资料,完成下列任务:①分析这项政策对吉林省和东北地区发展可能产生的影响;②了解符拉迪沃斯托克(海参崴)的历史;③了解图们江出海口的历史;④分析除了增加出海口外,还有什么因素可以促进东北地区的发展。

21. 美国阿拉斯加州首府安克雷奇(Anchorage)市的泰德史蒂文斯安克雷奇国际机场(ANC)是世界上著名的客货运机场。请查阅资料,解释地理因素在该机场发展中的作用。

22. 根据世界大宗商品如石油、煤炭、铁矿石、大米、大豆、大麦、小麦等的流向,分析马六甲海峡、霍尔木兹海峡、土耳其海峡、直布罗陀海峡、苏伊士运河、巴拿马运河、新加坡、斯里兰卡、吉布提等地理位置的重要性。

23. 请填写下表,并阐述欧盟一体化进程的路径。

	中国	欧洲
面积		
人口		
GDP		
语言		
宗教		
货币		
重要大学		
排名前100位的公司		
钢铁产量		
能源来源		
中国省级行政区数量/欧洲国家数量		
汉帝国与罗马帝国		
江南与英格兰		

延伸阅读

[1](美)阿瑟·格蒂斯,(美)朱迪丝·格蒂斯,(美)费尔曼,2017.地理学与生活以[M].黄润华,韩慕康,孙颖,译.北京:北京联合出版公司.

[2]韩茂莉,2015.中国历史地理十五讲[M].北京:北京大学出版社.

第十二章 地方公共经济

第一节 多层级政府

世界上大多数国家有地方政府,发达国家以美国为典型。美国政府系统包括联邦政府、州政府和地方政府。地方政府主要由县、城市、城镇、学区、特别区政府组成。

美国县的数量从1942年至1992年的50年间仅仅减少了7个,城市的数量由1942年的16 220个增加到1992年的19 373个,城镇的数量由1942年的18 919个减少到1992年的16 629个,学区的数量由1942年的108 597减少到1992年的13 726个,特别区则从1942年的8 299个增加到1992年的34 683个。

中国的地方各级政府是地方各级国家权力机关的执行机关,是地方各级国家行政机关,主要由省(自治区、直辖市、特别行政区)、市、县、乡镇构成。其中省包括河北、山西、辽宁、吉林、黑龙江、江苏、浙江、安徽、福建、江西、山东、河南、湖北、湖南、广东、海南、四川、贵州、云南、陕西、甘肃、青海、台湾;自治区包括内蒙古、广西、西藏、宁夏、新疆;直辖市包括北京、天津、上海、重庆;特别行政区包括香港和澳门。中国省以下的地方政府主要包括市、县、乡镇。

多层级政府之间的政府权力一般非唯一级政府所独有,而是在不同层次政府之间进行权力分配,特别是中央政府与地方政府之间的分权;通过居民的用脚投票选择自己偏好的地方政府,可以解决地方公共物品的类似市场化配置问题。

第二节 转移支付

转移支付是上级政府对下级政府或者同级别政府之间的资金或财货的支付。如图12.1所示,上级政府对下级政府的转移支付一般称为纵向转移支付,纵向转移支付不仅存在于中央对地方,而且存在于地方不同层级的政府之间;同级政府之间的转移支付称为横向转移支付。

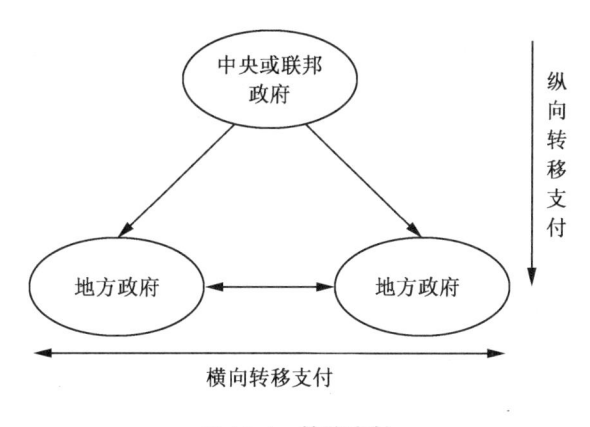

图 12.1　转移支付

转移支付存在的一个重要原因是地方政府有收支缺口。以中国的财政收支为例,地方政府收入低而支出高,1994年以来,地方政府的支出缺口逐年扩大,缺口的解决主要靠上级政府的转移支付,见图 12.2。

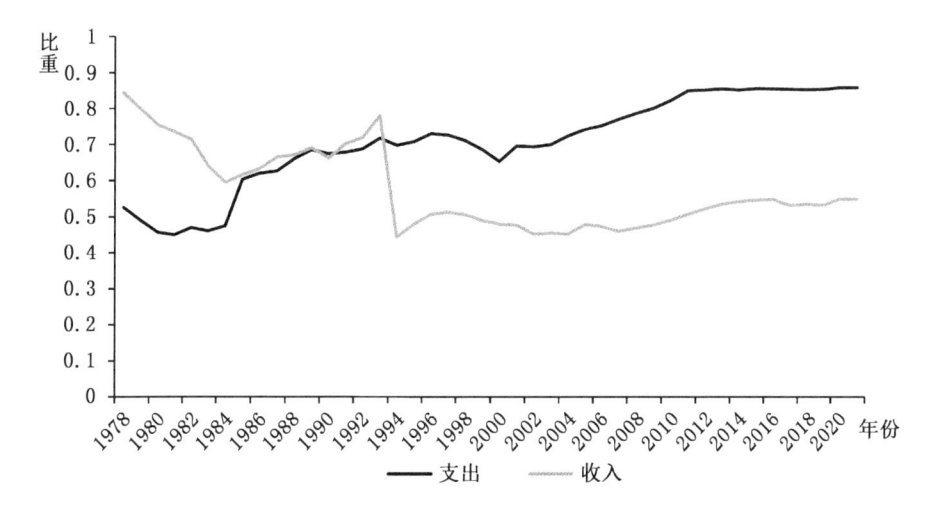

图 12.2　中国地方政府的收支缺口

转移支付已经成为当前一项重要的公共政策,无论是在国外还是在国内。政策制定本身所考虑的正是在公平和效率上的取舍问题。但转移支付对平衡地区经济发展究竟起到多大作用,仍然存在争议。

中国的纵向转移支付包括:①一般性转移支付,目的主要是缩小地区间财力差距,实现地区间基本公共服务的均等化;②专项转移支付,属于上级政府为实现特定政策目标以及对委托下级政府代理的一些事务进行的补偿;③税收返还,这是中国的一个特色。2003—2016年中国转移支付规模逐年上升,转移支付占中央财政支出的比重除2003年外均在60%以上,有些年份达到70%以上。

中国的横向转移支付体系还没有完全建立,目前主要包括两个方面:①对口支援;②地区间的生态补偿。对口支援又称为对口帮助、对口帮扶、对口协作等,始于20世纪70年代末期,主要是发达地区省市支持、帮助、扶持或协作西部民族地区、欠发达地区和革命老区等,促进这些地区的发展。对口支援是发扬中国特色社会主义优越性、促进民族地区和落后地区发展的重要的区域发展战略,更是中国特色的横向财政转移制度。对口支援不是单一的财政资金在地方政府之间的转移,而是一种全面的资金、技术、干部、扶贫等一揽子帮扶制度。1994年,中央召开第三次西藏工作座谈会,提出实施"对口援藏"政策,实行省-区和省-市县对口模式;1996年5月,中央确定北京、上海、天津、辽宁、山东、江苏、浙江、福建、广东、大连、青岛、宁波、深圳等9个东部省市和4个计划单列市与西部10个省区开展扶贫协作;2010年,全国对口支援新疆工作会议召开,部署中央部委及北京、上海、天津等19个省市对口支援新疆。地区间的生态补偿是指地区之间由于生态环境问题而产生的资金的横向转移,多是流域的上下游之间政府的资金转移,上游的生态环境治理达到某种标准,则下游地区需要"补偿"上游地区的全部或部分治理支出。2012年,我国浙江、安徽新安江横向生态补偿机制开始试点。每年补偿基金5亿元,其中中央财政3亿元,浙江、安徽各1亿元。如果新安江水质达标,浙江拨付安徽1亿元,否则相反。这是我国地方政府之间第一个生态补偿协议,也是中国生态环境领域第一个横向转移支付协议。

第三节 用脚投票与Tiebout筛选

1956年,蒂布特在美国的西北大学(Northwest University)任教期间,于《政治经济学杂志》上发表了那篇著名的《一个关于地方支出的纯理论》,以其开创性的研究和大胆的论证,提出了用脚投票可以解决公共物品的有效配置问题的命题,开启地方公共经济学研究和地方公共物品研究的序幕,是地方政府研究的一个里程碑,也成为城市经济学研究的一个重要参考系。蒂布特(Tiebout,1956)是对马斯格雷夫(Musgrave,1939)和萨缪尔森(Samuelson,1954)关于公共物品配置理论的回应。后者认为,公共物品与私人物品不同,由于存在着"搭便车"等问题,因而不能利用市场机制来解决最优配置问题。Tiebout(1956)提出消费者-投票者用脚投票选择社区(每个社区都有一个税收与公共物品组合套餐),可以起到类似于市场机制的作用。

蒂布特(Tiebout,1956)提出了7条假设:①消费者-投票者自由选择自己偏好的社区;②消费者-投票者对社区的收入、支出拥有完全信息;③社区数量足够多;④没有就业限制;⑤每个消费者均靠利息收入生活;⑥社区之间没有外部性;⑦每个社区在没有达到最优规模前追求最优社区。

有学者注意到,只有在很严格的条件下,蒂布特均衡才存在,而在社区数量相对少的时候,由于没有市场机制来协调个人的区位决策,因而迁移均衡可能是无效率的。假如将收入税作为提供地方公共物品的来源,那么可能社区间没有均衡配置,因为没有人有激励迁移到其他社区,而且只有在下述前提下,均衡才存在:是公共服务而不是公共物品;社区数量与消费者类型相匹配;利润最大化政府,均衡时利润为零;社区之间自由贸易(Bewley,1981)。但是,理论假设对于科学研究是必要的,没有一个社会科学的理论是完美的,蒂布特的"用脚投票"需要理论发展和实证检验。

人们用脚投票选择一个社区,则导致该社区的财产需求增加,价格或价值上升,而选择一个社区的实质是选择社区的税收-公共支出组合套餐,那么资产价格的上升就必然受组合套餐作用的影响。早期的奥茨(Oates,1969)、克恩(King,1977)、莱因哈德(Reinhard,1981)、杜桑斯基(Dusansky,1981)、费尔特和杰克逊(lhlanfeldt et al.,1982)以及英格等(Yinger et al.,1988)都研究了支出或财产税的资本化问题。最著名的研究是奥茨(Oates,1969)开创的,他利用特征定价法研究地方财产税收和地方财政支出对财产价值的影响,研究发现地方财产税与财产价值有负的效应,而地方财政支出对财产价值有正的影响,收入或支出资本化进入财产价值中,学校较好和税率较低的社区的住房价值更高。

人们通过用脚投票选择适合自己的社区,人以群分,物以类聚,社区会走向均质化,从经验上证明社区的均质化是蒂布特实证研究的重要内容;与此同时,社区也通过税收-公共物品组合筛选居民,这种筛选机制称为蒂布特筛选(Tiebout sorting),在现实生活中,房价、户口、环境等因素都可以发挥筛选功能(见图12.3)。

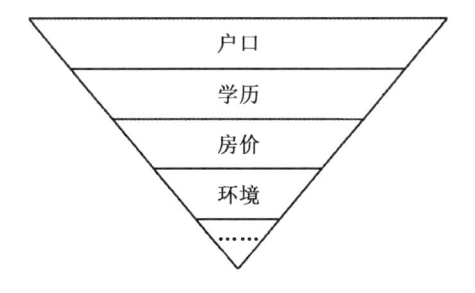

图 12.3 蒂布特筛选

第四节　地方政府竞争

一、概念与分类

政府竞争包括横向政府竞争和纵向政府竞争。横向政府竞争是指相同层级的地方政府之间的竞争,如北京、天津之争;纵向政府竞争是不同层级的政府之间的竞争,如中央政府与地方之争。

还有一种分类方法——地方政府之间的竞争可分为标尺竞争、逐顶竞争和逐底竞争。

标尺竞争(yardstick competition)是政府间竞争常见的一种类型。所谓标尺竞争,就是以其他政府为标杆,其他辖区的行为影响本辖区的决策。在实践中,经常可以看到这种现象:甲地区干什么,乙地区也干什么。甲地区建广场,乙地区也建广场;甲地区吸引外商直接投资,乙地区也吸引外商直接投资;甲地区发展服务业,乙地区也发展服务业……地方政府税收标尺竞争又称为税收模仿(tax mimicking),即甲地区减税,乙地区也减税,甲地区增税,乙地区也增税。

逐顶竞争(race to the top),又可表述翻译为力争上游、竞争到顶,是政府竞争的常见现象,意思是竞相比好,比如甲地区政府办事效率高,乙地区政府办事效率更高,等等。

逐底竞争(race to the bottom),又可表述为竞次、力争下游、竞争到底,也是政府竞争的常见现象,意思是竞相比差,比如甲地区降低环境标准吸引投资,乙地区则将标准降得更低,甲地区低地价吸引企业,乙地区则以更低甚或零地价吸引企业。

二、中国地方政府竞争

中国地方政府竞争主要表现在招商引资(项目)、资金、税收优惠、土地优惠政策等方面。

(一)招商引资竞争

招商引资竞争(争项目)是地方政府竞争的主要表现。张五常(2014)发现:

重要的发现是一九九七年。该年到昆山去为家族的一间在香港亏蚀的小厂找地盘,遇到不同地区干部的"争客"情况的激烈我前所未见。当时中国的地区竞争大家早有所闻,而地区竞争不是中国独有。但昆山之行我的感受很特别:只要投资者考虑下注,什么条件皆可商量,档次不同的干部说同样的话,而投资者有什么独特的要求,不出几天一定有答复。干部仿佛是"地主",怎么可能呢? 我要到二○○四年初才知道,地区干部果然是地主!

以汽车行业为例,成都、重庆争夺神龙汽车项目,武汉、杭州也争夺神龙汽车项目,南京、重庆争夺福特汽车项目,北京、上海争夺新能源汽车项目。例如,北京市在争取新能源汽车项目时的优惠措施为:对新能源汽车的财政补助按照国家和本市1∶1的比例确定标准,且国家和本市财政补助总额最高不超过车辆销售价格的60%;而上海市采取纯电动乘用车4万元/辆、插电式混合动力乘用车(含增程式)3万元/辆、燃料电池乘用车20万元/辆的定额补贴政策。

以高铁站点为例,有厦深高铁的潮汕三市之争,郑徐高铁的永城、砀山之争,津秦高铁的滦县、迁安之争,郑万高铁的邓州、新野之争,沪昆高铁的娄底、邵阳之争(见表12.1)。政府竞争演变成全民之争,出现了湖南邵阳十万民众高喊"争不到高铁,书记、市长下课"的景象。

表 12.1　　　　　　　　　　　　　　　高铁站之争

高铁线路	高铁站竞争城市	竞争结果
厦深高铁	潮汕三市	设立潮汕站,离潮州市区约12公里,距离揭阳市区约25公里,距离汕头市区约28公里
郑徐高铁	永城、砀山	设立砀山南、永城北两个车站
津秦高铁	滦县、迁安	设立高铁滦河站,位于滦县、迁安之间
郑万高铁	邓州、新野	站点设在邓州境内,距离新野县14公里,距离邓州市16公里
沪昆高铁	娄底、邵阳	设立娄底南站、邵阳北站

资料来源:根据有关资料整理。

(二)资金竞争

资金竞争主要是争取财政补贴、转移支付和国家财政投资,最出名的景观是"跑部钱进",即跑北京各大部委,争取更多资金。

(三)税收竞争

税收竞争主要涉及税收优惠和财政补贴。中华人民共和国审计署(2012)发现:接受审计的54个县中有53个县在2008—2011年出台了221份与国家政策明显相悖的招商引资优惠政策文件,变相减免应征缴的财政性收入70.43亿元,其中2011年变相免征33.36亿元,相当于其当年一般预算收入的5.81%。

(四)土地竞争

土地竞争主要是低地价或零地价出让土地,以招商引资。地方政府往往会通过一定的税收返还来变相地给予地价优惠。各地制定的招商引资政策中几乎无一例外地设置了土地优惠政策,包括以低价协议出让工业用地,按投资额度返还部分出让金等。

第五节　财政与政治的相互作用

一、中国的分税制

改革开放以来,中国的财政体制经历了1979—1993年财政包干阶段和1994年以来的分税制阶段。1979年,"财政包干"制度在江苏、四川两省进行试点。1980年,国务院正式颁布了《关于实行"划分收支、分级包干"财政管理体制的暂行规定》,建立了实行"分灶吃饭"的财政体制,按照经济管理体制规定的隶属关系将中央和地方的收支分开,中央和地方在各自的经济范围内实现财政平衡,彻底改变了计划经济时代财政统收统支的特征。随着国有企业"利改税"改革的不断推进,中央从1985年开始实行"划分税种、核定收支、分级包干"的政策,将原来的按收入分享改为按税收分享,同时在上缴的比例中实行总额分成,即将地方的全部财政收入(地方固定收入和地方分享收入)与支出挂钩,盈余部分与中央进行一定比例的分享。这一体制改革的核心是按照税种而不是隶属关系来划分中央与地方政府之间的财政权力。由于地方的留存比例过小,经济越发达的地区上缴的也越多,从而挫伤了地方政府组织财政收入的积极性,出现了减税让利较多、藏富于企业的现象,个别地区甚至出现了财政收入下降的情况(周黎安等,2011)。因此,1988年,中央政府针对不同的地区实行不同的包干制度安排,对37个地区实行了6种包干方法。财政包干制度使得地方政府构成了真正相对独立的一级财政,扩大了地方政府财政的职能,使地方政府成为供给地方公共物品的主体,调动了各地发展的积极性。但是财政包干制度带来的弊端也不容忽视。地方政府出现了道德风险,对中央隐瞒实际的财政收入,或是将预算内的收入转到预算外,导致中央财力被严重削弱。到1993年,中央财政收入占国内生产总值的比重降到18.0%,中央财政收入占整个财政收入的比重下降到22.0%,达到改革开放以来的最低点。1978—1993年,中央财政分别在1981年、1982年、1987年和1990年四次向地方借款,以弥补财力的不足。

在这种情况下,1993年9月9日至11月21日,时任国务院总理朱镕基率60多人到17个省(区、市)协调与解释分税制方案,12月15日,国务院作出《关于实行分税制财政管理体制的决定》,确定从1994年1月1日起对各省、自治区、直辖市以及计划单列市实行分税制财政管理体制。其中主要是三方面的规定:划分中央与地方的事权与支出责任,按照税种划分中央与地方之间的收入,建立完善政府间财政转移支付制度。中央税种主要是一些与国家宏观调控相关的大的税种,地方税种则是一些不具有外部性的税种,中央与地方共享的收入是与地方经济发展激励密切相关的税种,如增值税等。分税制改革的实质是财力向上集中。与此同时,分税制改革将原来的税务局分设为国税局和地税局,国税局除了征收属于中央的固定税种外,还负责征收中央和地方的共享税,这虽然增加了征收成本,但对于后来中央财力的显著增长具有重要作用。

分税制使得中央和地方政府的激励兼容,地方政府隐瞒收入的激励下降,预算外收入大幅度减少。两个比重(财政收入占国内生产总值的比重和中央财政收入占全国财政收入的比重)都得到了提高,其中财政收入占国内生产总值的比重从1994年的10.8%上升至2007年的20.6%,中央财政收入占全国财政收入的比重从1994年的22%上升至2002年的55%,之后基本维持在50%以上的水平,使得政府在进行宏观调控方面有了足够的空间。

分税制改革的重点是调整了中央与地方的收入责任,但中央与地方的支出责任没有根本变化,由此造成这样一个事实。地方收入少,支出责任大;中央收入高,支出责任小。地方财政支出一直比中央财政支出多1倍左右,财权上浮,事权下沉。中央、地方财政收支的不匹配和土地一级市场实际上的地方政府垄断,促使地方政府卖地生财,以增加财政收入,这是土地财政的根源。1999—2011年的13年中,中国土地出让收入累计达12.9万亿元,大概相当于2009—2011年所有的税收收入,2014年土地收入达到4.29万亿元,约等于1995年的100倍。

1994年的分税制改革调整了中央与地方的财政关系,主要是中央与省级政府的收入关系。但中国的地方政府层次众多,在省级以下还有副省级、地市级、县级、乡级等政府层次,对于省级以下的地方政府分税制改革基本没有涉及。在实践中,省级以下政府基本复制了中央与省的分税制特性,即上级政府的收入高、支出少,下级政府的收入少、支出高,同样是财权上浮、事权下沉。

二、中国城市的行政性

(一)城市具有行政级别

中国的地方政府体系较为复杂(见图12.4)。以省级行政区为例,从上至下有省、副省级城市、地级市、县(县级市)、乡镇街道、村(居委会),虽然村和居委会不是一级政府,但很多情况下村和居委会行使着一级政府的职责。这种五级到五级半的政府层次,不仅在中国历史上几乎没有出现过,而且在世界其他国家也难以找到。此外,中国的党委、政府、人大、政协、法院、检察院等权力交织在一起,使得这种行政等级制度更为复杂。中国共产党是领导中国改革开放和社会主义建设事业的核心力量,党处于主导和支配地位,党政军民学,东西南北中,党是领导一切的。

中国的地方政府不仅层次多,而且每一个层次都具有一定的行政级别,这些行政

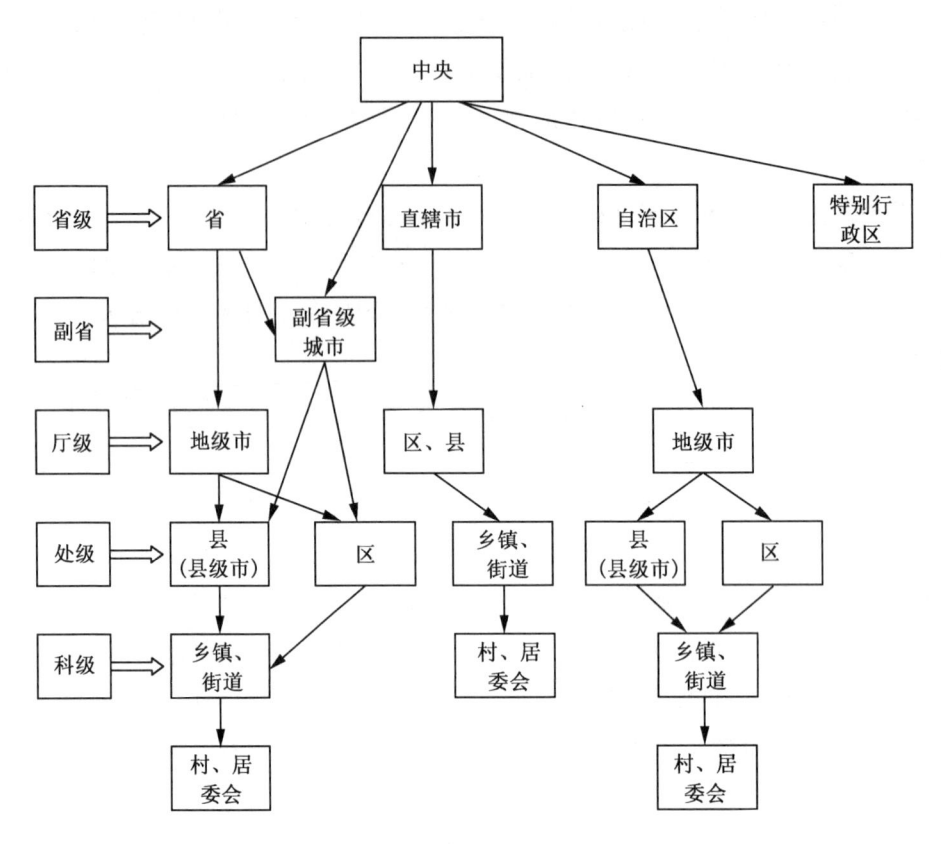

图 12.4　中国的政府体系

层次与党内的层次、政府组成部门的层次又是一一对应的：直辖市的市委书记一般是中央政治局委员、副国级（副总理级），市长则为正部级，相当于部长或省长；地级市的书记或市长一般为正厅级或正局级；县的书记或县长一般为正处级；乡镇长则一般为正科级。直辖市所属的县（区）、乡（镇）则不同，如北京市密云县（区）为正厅级，而其所辖乡（镇）为正处级。中国还有一类特殊的功能区如各种开发区、新区，也有行政级别，如天津开发区为正厅级。行政级别的复杂性还体现在相同的名称对应不同的行政级别，如直辖市的局为正厅级，而县的局为正科级，如重庆市公安局局长为正厅级，而香河县公安局局长为正科级。地方政府的行政性是中国地方政府与发达国家地方政府不同的地方，西方发达国家的城镇自治，城市一般没有行政级别，官员也没有行政级别。

（二）中央管县、省管县与市管县

在漫长的历史进程中，中国除县以外的各级行政区划在不断演变中，但县的数量基本保持在 2 000 个左右，这种情况在 1978 年以后也发生了变化，县的数量从 1980 年的 2 151 个降低到 2013 年的 1 559 个，消失了 500 多个县，主要原因是撤县设市或撤县设区。其他的行政区划数量为：2021 年中国省（区）28 个，直辖市 4 个，地级市

293个,市辖区977个,县级市394个,县1 301个,见表12.2。

表12.2　　　　　　　　　　　中国行政区数量　　　　　　　　　　单位:个

年份	省、自治区	直辖市	地级市	市辖区	县级市	县(旗)	镇
1980	27	3	107	458	113	2 151	2 678*
1985	27	3	163	621	158	2 046	9 140
1990	28	3	185	651	279	1 903	12 084
1995	28	3	210	706	427	1 716	17 532
2000	28	4	259	787	400	1 674	20 312
2005	28	4	283	852	374	1 636	19 522
2010	28	4	283	853	370	1 578	19 410
2013	28	4	286	872	368	1 559	19 531
2017	28	4	294	962	363	1 355	19 531
2021	28	4	293	977	394	1 301	19 531

注:数据不含中国香港、澳门与台湾;* 为1981年数据。

资料来源:相关年份《中国统计年鉴》。

1. 中央管县

公元前221年,秦始皇称帝,建立郡县制社会。到1912年清帝退位,郡县制一直是中国古代社会主要和根本的治理模式。在郡县制下,皇权不下县,县令或县长由中央直接任命。这一阶段可以称为中央管县阶段。

2. 省管县

1954年《中华人民共和国宪法》规定中国政府层级为省、县、乡三级,直辖市和较大的市分为区,1982年《中华人民共和国宪法》与1954年《中华人民共和国宪法》有所不同,规定直辖市和较大的市分为区、县,主流是省管县。从1982年开始,地方大规模撤地设市、地市合并,推行市管县体制。自1992年起,浙江、河北、江苏、河南、安徽、广东、湖北、江西、吉林等省份陆续推行"强县扩权"改革试点。2005年《中共中央关于制定国民经济和社会发展第十一个五年规划的建议》完善了中央和省级政府的财政转移支付制度,理顺了省级以下财政管理体制,提出有条件的地方可实行省级直接对县的管理体制,开始了大规模的省管县体制改革。省管县体制改革主要包括财政领域的省管县和全面的省管县。财政领域的省管县开始于1987年,当年山西省在雁北试点省直接对县财政包干;河南省于2022年1月起财政直管102个县(市)。全面的省管县不仅涉及财政领域,而且涉及人事权、经济管理权限等。1992年,浙江省扩大萧山、余杭、鄞县、慈溪等13个县(市)部分经济管理权限,1997年,浙江省对萧山、余杭试行市地一级部分经济管理权限;湖北省也于2003、2004、2007等年度进行了省管县的改革;2010年,安徽、河南、湖北等8个省(区)37个县(市)从财政省管县扩大为涉及财权、人事权、事权的全面试点。省管县体制千行反复,牵一发而动全身,涉及方方面面的改革,因而推进速度比较缓慢,它与市管县体制在矛盾中发展。

3. 市管县

市管县,一般是指地级市管辖县和县级市。1978年以来广泛实施的市管县体制,最早可追溯到1949年。1949年,兰州市领导皋兰县。1950年,旅大市(今大连市)领导金县、长山二县。1958年,国务院先后批准北京、天津、上海三市和辽宁省全部实行市领导县体制。1961年以后,随着经济调整和整顿的开始,市管县体制不仅停止了发展,而且大量县市又恢复了原有体制,特别是河北省,恢复了全部专区和专员公署。至1966年,全国辖县的市下降到25个,辖县数量还不到1960年的1/3。

1982年,中共中央第51号文件作出"改革地区体制,实行市领导县"的决策;1983年2月15日,中共中央、国务院发出《关于地市州党政机关机构改革若干问题的通知》,指出要以经济发达的城市为中心,以广大农村为基础,逐步实行市领导县的体制。在此背景下,"地市合并"大规模推行。"地"即原来的"地区","市"即地区所在的城市。例如,1952年11月江苏省辖徐州专区成立,1970年徐州专区改为徐州地区,专区行署驻地为徐州市,辖丰县、沛县、赣榆、东海、新沂、邳县、睢宁、铜山八县,1983年徐州地区与徐州市合并改称徐州市,下辖丰县、沛县等县。1999年,中共中央、国务院《关于地方政府机构改革的意见》[中发(1999)2号文件]明确要求"调整地区建制,减少行政层次,避免重复设置。与地级市并存一地的地区,实行地市合并;与县级市并存一地的地区所在市(县)达到设立地级市标准的,撤销地区建制,设立地级市,实行市领导县体制;其余地区建制也要逐步撤销,原地区所辖县改由附近地级市领导或由省直辖,县级市由省委托地级市代管"。至此,地区建制全面取消,地区变成地级市,市管县体制最终确立(见图12.5)。地级市数量1982年为55个,1987年为152个,1998年为202个,到2001年为265个,地级市管县的数量占全国总数的70%。

4. 辖区合并、撤县设市与撤县设区

辖区合并按照合并方式一般可以分成垂直合并、水平合并和分立合并等方式,如表12.3所示。垂直合并是指高行政级别的城市将其所辖市或县(市管县)合并成区,代表性例子是杭州合并萧山市和余杭市。水平合并是指两个或多个行政级别相等的县/市/区合并成为新的市/区,代表性例子包括天津市塘沽、汉沽、大港三区合并成一个滨海新区,北京市东城区和崇文区合并成立新的东城区,北京市西城区与宣武区合并成立新的西城区。分立合并是将一个城市/县的辖区分别并入其他城市,代表性例子是合肥、芜湖、马鞍山三市分别合并巢湖市的某些辖区。

```
    专区
     ↓
    地区
     ↓
   地级市
   ↙    ↘
  县    县级市
```

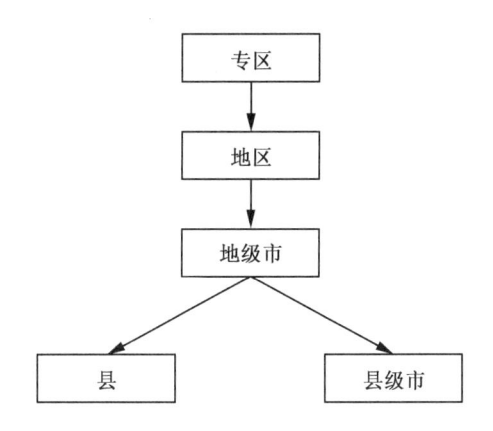

图 12.5　地级市演变及其市管县

表 12.3　　　　　　　　　　　辖区合并的三种方式

合并方式	典型例子
垂直合并	萧山和余杭(2001年)、富阳(2014年)、临安(2017年)并入杭州 江宁(2001年)、溧水和高淳(2013年)并入南京 相城和吴中(2001年)、吴江(2012年)并入苏州 奉化(2016年)并入宁波 高明、三水、南海、顺德等(2001年)并入佛山
水平合并(县/区)	2009年:天津市塘沽区、大港区、汉沽区等合并成立滨海滨新区 2010年:北京市东城区和崇文区合并成立新的东城区,西城区与宣武区合并成立新的西城区 2019年:莱芜市并入济南市,成为济南市一部分
分立合并	2011年:撤销地级巢湖市,其所辖的一区四县行政区划分别划归合肥、芜湖、马鞍山三市管辖

资料来源:根据各合并城市的网站整理。

垂直合并的主要模式是撤县设区或者撤市设区,即将原来县或县级市撤销改为上一级城市(一般为地级市)的一个辖区。1978 年后中国市辖区数量持续增加,1980 年市辖区数量为 458 个,1995 年增加到 706 个,2005 年又增加到 852 个,2021 年为 977 个,其中一个原因就是撤县/市设区。到 2020 年,北京、上海、天津三大直辖市全部撤县设区,省会城市中广州、南京、武汉等也全部撤县设区,石家庄下辖 8 区 11 县代管 2 个县级市,是省会城市中辖县最多的城市。

撤县设市是指撤销县在原来县的行政区域基础上建立市,这种市一般为县级市。1983 年,中国拉开大规模撤县设市的序幕,当年有 33 个县改为县级市。1986 年,《国务院批转民政部关于调整设市标准和市领导县条件报告的通知》对撤县设区进行了规定,1993 年《国务院批转民政部关于调整设市标准报告的通知》进一步提高了撤县设市条件,1997年全面暂停撤县设市。2017年开始恢复撤县设市。中国县级市数量1995为427个,达到峰值,此后由于暂停设市和撤县设区的原因,县级市数量减少,2005年为374个,2012年降为328个,2017年后县级市的数量又有所增加,2021年为394个。

三、行政性的资源配置与晋升的锦标赛

在中国,不同的城市处于行政区划的不同层级,拥有不同的行政级别,其政治地位、立法和管理权限差别较大,对资源配置有不同的影响。政府所掌握的各种资源如高等院校、科研事业单位、金融机构、国有企业、大型医院、文艺团体等,高度集中在等级较高的城市。行政等级较高的城市因处于权力和决策中心,能够从上级政府获取更多的资源和便利,因此,城市行政等级越高,人均占有的各种资源就越多,获得的各种机会就会越多,也就越有能力进行城市规模扩张。而且城市行政级别具有循环累积效应,级别越高,政治影响力越大,吸引力也就越大,城市规模也越大。

锦标赛(tournament)是体育竞赛的一种,获胜者被授予锦标或其他奖品。常见的锦标赛有世界乒乓球锦标赛、世界羽毛球锦标赛等。拉泽尔和罗森(Lazear et al.,1981)提出了锦标赛理论,他们认为,在一个企业中,级别越高,获得的奖励也越高,因而员工有不断升职、获得更高奖赏的激励。后来,锦标赛理论被用于政府等组织研究中,形成了官员晋升的锦标赛理论,即官员为了晋升而展开竞争。在层级体制中,中央设定指标考核省级、省级考核市级、市级考核县级、县级考核乡镇级。考核指标可能是单一的指标如GDP,也可能是多项指标如GDP、计划生育、环境保护等。而且考核指标层层加码成为各级政府的常态(周黎安,2017),比如中央定的GDP增长目标为6%,则省级往往高于6%,市级更高,县级更高。一方面,晋升锦标赛促进了中国地区之间的竞争和经济增长,有利于经济发展;另一方面,晋升锦标赛有一定的弊端,"官出数字、数字出官"成为各级政府官员的理性选择,GDP造假成为常用的手段。不仅如此,官员更替产生的"翻烧饼"效应可能不同程度地存在于一些地区。

新闻链接　　　　　　　**注水数据**

"如果统计数据不失真,东北经济发展后劲今天不至于此。"吉林省人大财政经济委员会主任认为,从各地固定资产投入上计算,"2010年底一汽集团的资产总额才1 725亿元,全省每年上万亿的投资,一年要建设多少个一汽?"倘若依照各地汇报的产业成长性计算,东北一些县域经济规模都超过香港了。2014年底,辽宁阜新市、葫芦岛市虚报年度新开工任务数,比实际开工数合计超过2万余套,占上报

开工数的 52.8% 和 29.3%；吉林省四平市虚报 8 165 套，占上报开工数的 87.2%，审计发现后又编造完成基础打桩 6 938 套，截至今年 5 月份仍有 6 356 套未开工。2014 年，审计署对辽宁省庄河市塔岭镇审计发现：2013 年全镇公布财政收入比实际财政收入高出 2 534 万元，虚增 16.24 倍。相邻的普兰店市将全市 2014 年公共财政收入由年初预算 53.35 亿元下调为 33.85 亿元，降幅近 20 亿元。2017 年辽宁省政府工作报告承认所辖市、县财政普遍存在数据造假行为。

2018 年 1 月 11 日，天津滨海新区宣布挤出"水分"，不再重复统计注册在当地但未在当地生产的企业的产值，将 2016 年的 GDP 从 10 002 亿元调整为 6 654 亿元。而在过去一年里，滨海新区一直顶着"首个万亿级国家新区"的光环，得到广泛宣传。2018 年初，内蒙古调减 2016 年一般公共预算收入 530 亿元，占总量的 26.3%；核减 2016 年规模以上工业增加值 2 900 亿元，占全部工业增加值的 40%。

在上级考核、地区竞争和个人升迁等因素的驱动下，部分官员开始竞相为经济数据"涂脂抹粉"、大胆"整容"，有的甚至不惜在公共财政上大做手脚。一时间，"上级压下级，层层加码，马到成功；下级哄上级，层层掺水，水到渠成"的歪风邪气在部分地区成了潜规则。殊不知，官员患上短视功利的"造假依赖症"无异于掩耳盗铃、饮鸩止渴。

资料来源：刘荒等（2015）、姚亿博（2015）、李鲲等（2018）。

四、土地财政与城市化

地方政府通过土地出让而获得的收入称为土地出让金，被形象地称为土地财政。2009 年全国土地出让收入规模为 1.4 万亿元，占地方财政收入两成左右；2021 年达到 8.7 万亿元，占地方财政收入超六成，占比相较 2009 年大幅提高。2022 年以来，土地出让收入连续两年下行，但 2023 年全国土地出让收入仍有 5.8 万亿元。

在二元土地市场（农村集体所有制和城市国有制）和政府治理机制（政治集中）共同作用下，为促进 GDP 和财政收入的增长，地方政府通过土地市场的地价收购、高价卖出获得土地收入，导致土地城市化和人口城市化异速增长。鉴于 18 亿亩耕地红线和城市建设用地指标的限制，地方政府开始通过土地整理、农民宅基地置换等方式推进土地城市化（如图 12.6 所示），"以地生财、以财促城，大拆大建、拉大城市空间"成为中国城市发展的常态，也是造成千城一面的重要原因（踪家峰 等，2012；李郇 等，2013）。

推进土地城市化（城市建设）的常用手段是地方政府融资平台（见图 12.7）。所谓地方政府融资平台，就是地方政府通过划拨土地和财政补贴等方式成立的城市建设投

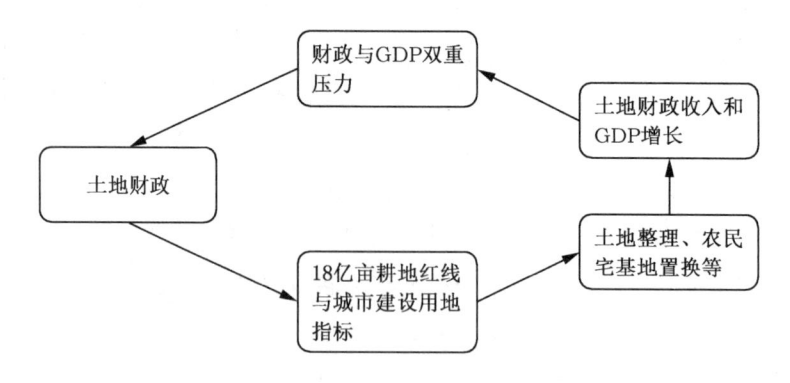

图 12.6　土地财政循环

资公司(城投公司、城建开发公司、城建资产经营公司、交通投资公司、土地开发公司等)。因为地方政府不能向金融机构负债,所以地方政府通过城投公司向银行和非银行机构借债或合资或合作等方式推进市政建设、交通建设、土地收储。向商业银行借款是地方政府融资平台的常用战略,最后这些借款成为地方政府债务,特别是 2008 年国际金融危机后,负债推进城市建设和城市化成为中国城市发展的主导力量。

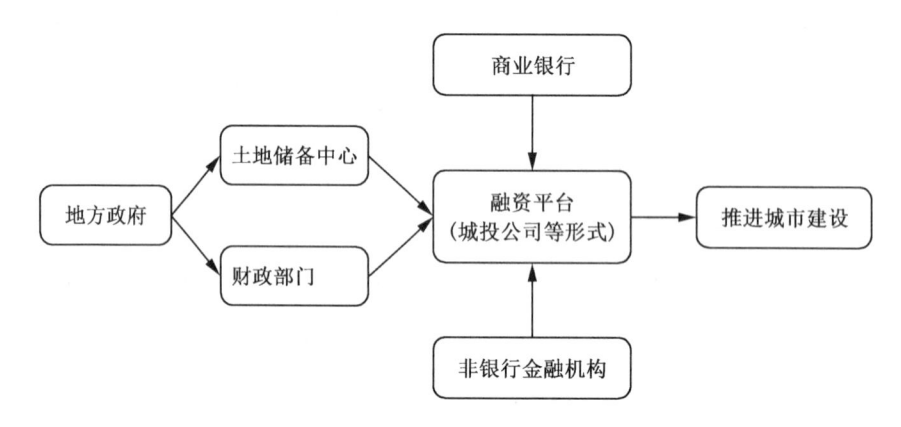

图 12.7　地方政府融资平台与土地城市化

土地财政与负债城市化的一个原因是分税制带来的中央与地方财政收支的不匹配,中央钱多,地方事多,除转移支付外,负债成为地方的主要融资手段。1994 年中央财政盈余 1 200 亿元,地方财政赤字 1 700 亿元;2008 年中央财政盈余 1.9 万亿元,地方财政赤字为 2.1 万亿元;2017 年中央财政盈余 5.1 万亿元,地方财政赤字 8.2 万亿元。

亨利·乔治(Henry George,1839—1897)是美国 19 世纪末著名经济学家和社会活动家,主张废除土地税收之外的其他税收,征收单一土地租税,并将之用于城市政府的公共支出。亨利·乔治定理(Henry George Theorem)是指城市人口规模达到最优的时候,城市的总公共支出等于城市的总地租。孙中山先生深受亨利·乔治的影响,他对乔治有过以下评价:"乔治曾著一书名为《进步与贫困》,其意以为世界愈文明,人类愈贫困,盖于经济学上均分之不当,主张土地公有。其说风行一时,为各国学者所赞同。其阐发地价税之理由,尤为精确,遂发生单一税社会主义之。亨利之学说,深合于社会主义之主张,而欲求生产分配之平均,亦必先将土地收回公有。"(孙中山,2008)但是,也有学者如英国启蒙时代最具影响力的思想家洛克(John Locke,1632—1704)的观点与亨利·乔治不同。

参考文献

[1]葛剑雄,2007.撤乡强县—中国行政区划的方向[N].南都周刊,07-08.

[2]兰小欢,2021.置身事内:中国政府与经济发展[M].上海:上海人民出版社.

[3]李鲲,毛振华,2018.多地自曝GDP"注水":刺破泡沫更要放下包袱[N].新华每日电讯,01-20.

[4]李郇,洪国志,黄亮雄,2013.中国土地财政增长之谜——分税制改革、土地财政增长的策略性[J].经济学(季刊),12(4).

[5]刘荒,齐海山,梁书斌,等,2015.警惕"注水数据"误了决策[N].新华每日电讯,12-11.

[6]浦善新,1991.中国历代行政区划研究[M].北京:中国社会出版社.

[7]孙中山,2008.论民生主义与社会主义[M].黄彦,编注.广州:广东人民出版社.

[8]姚亿博,2015."注水"的政绩观该退场了[N].中国纪检监察报,12-29.

[9]中华人民共和国审计署,2012.国务院关于2011年度中央预算执行和其他财政收支的审计工作报告[R].北京:中华人民共和国审计署办公厅.https://www.audit.gov.cn/n5/n26/c64265/content.html.

[10]周黎安,2017.转型中的地方政府[M].上海:格致出版社.

[11]周其仁,2014.城乡中国[M].北京:中信出版社.

[12]周振鹤,2013.中国历史政治地理十六讲[M].北京:中华书局.

[13]朱镕基,2011.朱镕基讲话实录[M].北京:人民出版社.

[14]踪家峰,2021.公共经济学十二讲[M].北京:中国人民大学出版社.

[15]踪家峰,杨琦,2012.中国城市扩张的财政激励——基于1998~2009年我国省级面板数据的实证分析[J].城市发展研究,19(8).

[16]BEWLEY T F,1981. A critique of Tiebout's theory of local public expenditures [J]. *Econometrica: Journal of the Econometric Society*,49(3).

[17]DUSANSKY R,INGBER M,KARATJAS N,1981. The impact of property taxation on housing values and rents[J]. *Journal of Urban Economics*,10(2).

[18]IHLANFELDT K R,JACKSON J D,1982. Systematic assessment error and intrajurisdiction property tax capitalization[J]. *Southern Economic Journal*,49(2).

[19]KING A T,1977. Estimating property tax capitalization: A critical comment[J]. *Journal of*

Political Economy,85(2).

[20]LAZEAR E P,ROSEN S,1981. Rank-order tournaments as optimum labor contracts[J]. *Journal of Political Economy*,89(5).

[21]MUSGRAVE R A,1939. The voluntary exchange theory of public economy[J]. *The Quarterly Journal of Economics*,53(2).

[22]OATES W E,1969. The effects of property taxes and local public spending on property values:An empirical study of tax capitalization and the Tiebout hypothesis[J]. *Journal of Political Economy*,77(6).

[23]REINHARD R M,1981. Estimating property tax capitalization:A further comment[J]. *Journal of Political Economy*,89(6).

[24]SAMUELSON P A,1954. The pure theory of public expenditures[J]. *The Review of Economics and Statistics*.

[25]TIEBOUT C M,1956. A pure theory of local expenditures[J]. *Journal of Political Economy*,64(5).

[26]YINGER J,BLOOM H S,BORSCH-SUPAN A,1988. *Property Taxes and House Values*[M]. New York:Academic Press.

思考与练习

1. 试比较欧、美、中、日的转移支付制度,并回答:转移支付一定能达到效果吗?
2. 中国政府治理的特点是财政分权(尤其是支出)与政治集中,请具体说明之。
3. 请查阅资料分析北、上、广、深及所在城市近10年的政府土地收入演变特点,并解释土地财政产生的原因、积极作用和消极影响。如果中央与地方政府共享土地收入,能解决土地财政存在的问题吗?
4. 亨利·乔治主张土地涨价归公,你如何看待?
5. 什么是逐底竞争,什么是逐顶竞争?请举例说明。
6. 中国城市的一大特点是行政化,每个城市都有行政级别,请说出从直辖市到县级市对应的行政级别。请回答:城市去行政化可行吗?
7. 分税制改革主要涉及中央与省级政府的收入分享机制,而没有涉及省以下政府间的分税机制。请回答:如何对省以下政府进行分税制改革?
8. 房地产税(财产税)是发达国家地方政府重要的收入来源,中国如果全面征收房地产税,将对地方政府与城市发展有何影响?
9. 2000—2010年,苏州人口增长51.31%,镇江人口增长7%,开封人口增长2.10%;2010—2020年,苏州人口增长21.88%,镇江人口增长3.09%,开封人口增长3.16%。请解释其原因,并回答:苏州、镇江、开封的行政级别有什么不同?除行政级别外,还有哪些因素决定城市的人口增长?
10. 请查阅资料,补充下表的数据,并进行分析。

省（区）	原省会	现省会	迁移年份	迁移时人口比例	1978年人口比例	2020年人口比例
河北省	保定	石家庄	1968			
河南省	开封	郑州	1954			
广西壮族自治区	桂林	南宁	1950			
吉林省	吉林	长春	1954			
内蒙古自治区	张家口	呼和浩特	1952			

11. 请阐述土地财政产生的原因及其利与弊，特别是土地财政是否促进了中国的城市化发展。

12. 中国的国有土地出让金额 1995 年为 420 亿元，2007 年首次突破 1 万亿元，2021 年突破 8 万亿元，见下表：

年份	国有土地出让金额（亿元）	地方财政总收入（亿元）	土地出让金占比
2012	28 517	95 281	29.93%
2013	41 250	116 976	35.26%
2014	42 606	125 856	33.85%
2015	32 547	122 148	26.65%
2016	37 457	130 808	28.64%
2017	52 059	150 420	34.61%
2018	65 096	170 852	38.10%
2019	72 517	183 877	39.44%
2020	84 142	193 043	43.59%
2021	87 051	208 186	41.81%

资料来源：财政部。

请问：①评述土地财政在地方财政中的重要地位；②土地财政的产生原因是什么？③土地财政的未来？

13. 请查阅资料，分析近 10 年中国地方政府融资平台的发展，并回答下列问题：①哪些地区的融资平台比较发达？②融资平台、地方债融合是如何将土地制度、地方财政与金融市场联系起来的？③如何预防地方债风险？

14. 中国城市发展形成了企表地里的发展模式，名义上发展企业，内在是以企业为中介进行土地开发，获得土地财政，如下图所示：

```
        ╭─────────╮
       ╱   企业    ╲
      │  ╭─────╮   │
      │  │ 土地 │   │
      │  ╰─────╯   │
       ╲          ╱
        ╰────────╯
```

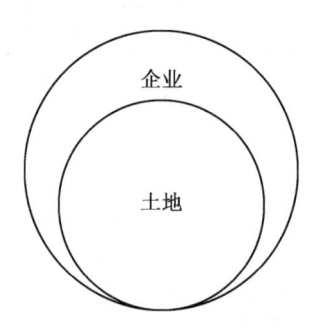

请回答:如何从企表地里转变为企里地表,即建立起以企业为本位,土地为企业服务的模式?

15. 中国行政区划等级从中央到乡镇共 5 级,试就如下几种未来改革的思路进行讨论:①由 5 级变为 3 级,取消地级市和乡镇,即中央-省-县,省级数量不变,市县同级,大镇改市;②主要通过增加直辖市来增加省级行政区数量,变为 50 个左右省级行政区,其他不变;③先财政省管县,再全面省管县,放开县改市,其他不变;④根据人口的迁移动态合并或取消村、乡镇和县;⑤合并或取消城市之区级行政单位。

16. 请研究省管县对县域经济发展、公共物品提供的影响。以省管县的一组为处理组,以非省管县的一组为对照组,进行比较分析。

17. 请实地调研富阳-杭州、吴江-苏州、莱芜-济南等撤县设区案例,并回答:撤县设区对经济发展、空气质量、房价等有什么影响?

18. 请查阅你所在学校的大学生就业城市,并回答:空气质量是否影响了大学生就业的区位选择? 除空气质量外,还有其他什么因素?

19. 试讨论:有人说投资不过山海关,你认同吗? 如果东北地区营商环境较差,如何改进? 如果东北地区营商环境较好,如何回应这句话? 请拿出数据。

延伸阅读

[1]朱镕基,2011.朱镕基讲话实录[M].北京:人民出版社.

[2]兰小欢,2021.置身事内:中国政府与经济发展[M].上海:上海人民出版社.

[3]SAMUELSON P A,1954. The pure theory of public expenditures[J]. *The Review of Economics and Statistics*.

[4]TIEBOUT C M,1956. A pure theory of local expenditures[J]. *Journal of Political Economy*,64.

第十三章　区域与城市经济政策

第一节　政策概念

一、政策的概念

区域与城市经济政策是政府为解决区域与城市经济发展中的问题或者为促进或规制特定区域与城市经济发展而制定的影响资源空间配置的政策或政策集合,是一种基于空间的经济政策(space-based policy)。国内习惯上称其为区域经济政策,这种政策包括城市经济政策。基于空间的发展政策(space-based policy)与基于人的发展政策(people-based policy)是两大类公共政策。基于人发展的政策是基础性政策,覆盖整个国家或地区;而基于空间发展的政策是从属性政策,主要是针对欠发达地区或衰退地区(问题区域)或某一个特殊区域的问题,尤其是发达国家更是如此,尽管空间政策的目的是人的全面发展,而基于人的发展政策离不开人活动的具体空间,但是空间政策往往伴随着政策优惠或政策扶持。

二、政策的分类

区域与城市经济政策根据政策施行的空间尺度可以大致分为如下几类:

(1)跨国家的区域经济政策,这类政策的空间范围超出了一个国家,往往是几个国家或者几十个国家,如美国的马歇尔计划、欧盟的各种区域政策、"一带一路"政策等。

(2)一国之内若干地区的区域经济政策,这类政策往往简称为区域经济政策,是一个国家为了促进某类地区发展而实施的经济政策,如西部大开发政策、东北振兴政策、京津冀协同政策、长三角一体化政策等。

(3)城市经济政策,是一个城市政府制定的为促进城市经济社会发展的政策,如城市的交通拥堵政策、住房政策等。

(4)区位导向政策,英文为 place-based policy,这是针对特定区位的政策,如各类开发区政策、自贸区政策。这类政策是英文文献中最常讨论的区域与城市发展政策。

第二节 政策的目标与工具

一、政策目标

(一)效率与均等

福利经济学有两个定理:第一定理说市场经济是有效率的,第二定理说有效率的配置都可以通过个人初始禀赋的再分配和市场竞争而达到。效率的获得与分配(再分配)可以分离,在这里效率与分配不再是权衡(trade-off)——一方的获得以另一方的损失为代价,而是可以兼得(见图 13.1)。效率的英文为 efficiency,是指帕累托效率,翻译成中文时几乎没有异议。均等的英文是 equity,一是翻译成"均等",一是翻译成"公平"。其本意是均等,类似于汉语"均贫富"的"均";翻译成"公平",容易与英文 fairness 相混淆,fairness 一般翻译为"公平",这个公平的内涵包括价值判断在内。如将首富的财富平均分给大家,这就是均等,但是否公平还是值得商榷的。

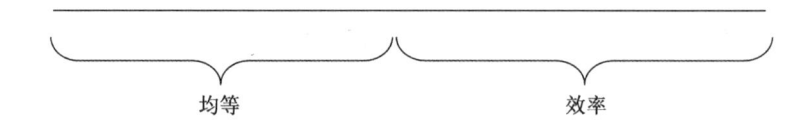

图 13.1 均等与效率可以兼得

福利经济学的两个定理的成立条件为完全竞争、没有公共物品、没有外部性、信息对称等(见表 13.1)。在这些条件都满足时,政府职能就只剩下收入再分配,但是这些条件常常无法满足,因此,政府有了发挥职能的空间。

表 13.1　　　　　　　　　　福利经济学的两个定理

福利定理	政府职能	成立条件
第一福利定理	无	完全竞争 没有公共物品 没有外部性 信息对称
第二福利定理	收入(再)分配	完全竞争 没有公共物品 没有外部性 信息对称

(二)集聚与均衡

效率与均等投射到区域与城市经济政策上对应着集聚与均衡,市场机制带来了资源空间的集聚,政府则可以采用空间政策促使资源的均衡配置。权衡集聚与均衡成为区域、城市与空间政策的选择。

区域与城市政策作为公共政策,其政策效果是有限的,表现在:①区域与城市政策可能失灵,这是因为市场会失灵,政府也会失灵,政策当然也会失灵。这种失灵主要表现在:其一,中央政府对问题区域的信息掌握不充分,导致目标偏差;其二,地方利益主体之争会导致援助的效率损失;其三,援助政策的时滞性和受援助地的依赖性也可能导致政策失灵。一些实证研究发现,美国联邦授权开发区对扶贫的作用不显著(Hanson,2009;Reynolds et al.,2014)。中国大量的地区产业政策也没起到预期的效果,成功的不多(张维迎,2016)。很多空间政策的治疗作用比疾病本身更致命,在政策的驱动下,很多空间政策变得更为严重,有些问题就是政府本身造成的。②政策只是市场机制的补充,市场机制是资源配置的基础工具,而政策起到辅助作用,很多区域与城市政策仅仅针对问题城市问题区域或者,而不是遍地开花,过多的区域或城市政策会造成政策的通胀(policy inflation),起不到应有的作用。③区域与城市是个复杂的大系统,政策的实施是个复杂的过程,受到多种因素的影响,很多问题牵一发而动全身,政策相互抵消的情况时常出现。不仅如此,出自不同部门的政策常常"打架",比如西部大开发、中部崛起等政策的一个主要目的是缩小与东部地区的差距,而控制大城市发展、户口政策、建设用地指标政策等客观上加大了东西部差距。

二、政策工具

(一)基本工具

区域与城市公共政策工具是为解决区域与城市问题、达到某一政策目标而采用的具体手段和方式,可以分成两类:一类是以政府为主导的政策,主要包括建立政策基金、经济刺激、公共投资和公共服务区位、人员交流,还有中国特色的官员交流;一类是以市场为主导的政策,目的是建立开放与包容的制度,主要包括人口自由迁移、保护产权、营造良好的法律环境和公平竞争环境(见表13.2)。竞争是市场经济的灵魂,竞争是一个发现过程,可以发现谁更有能力为消费者服务。地区落后的一个重要原因是竞争不充分。创造公平的竞争环境是最重要却常常被忽略的政策工具。

表 13.2 政策工具

偏好	工具	说明
以政府为主导	政策基金	区域或城市基金、开发银行等
	建立各类开发区	开发区、高新区等
	转移支付	一般性转移支付、专项转移支付政策等
	经济刺激	税收减免、财政补贴、贴息贷款等
	直接补贴	直接现金补贴落后地区或特殊地区的居民
	公共投资	基础设施投资、建设开发区等
	公共服务区位	教育、医疗等公共服务区位等
	公共服务均等化	提供每个地区大致相同的公共服务等
	对口支援	是中国特色的政策工具,也是中国特色的横向转移支付制度
以市场为主导	要素自由移动	竞争是市场经济的灵魂,创造公平的竞争环境是市场经济的基础条件
	产权保护	
	建立公平竞争环境	
	公私伙伴关系(PPP)	
	统一大市场	

资料来源:根据有关资料整理。

诺伊马克和辛普森(Neumark et al.,2014)总结了美国、英国、法国、欧盟等国家与地区的空间发展政策,区分了创业区(开发区)、集群发展、基础设施投资、转移支付等政策类型,发现大多数目标区域是发展水平落后的地区,常用的激励手段包括税收减免、补贴、基础设施促进、转移支付、人员培训等。欧盟的政策基金是最为著名的区域政策手段。欧盟的政策基金可追溯至 1958 年成立欧洲社会基金(the European Social Fund,ESF),1964 年创立农业指导与保证基金(the European Agricultural Guidance and Guarantee Fund,EAGGF)。1975 年成立区域发展基金(the European Regional Development Fund,ERDF),1988 年将社会基金、区域发展基金等基金合并为结构基金(Structural Fund),1993 年再将渔业指导基金(Financial Instrument for Fisheries Guidance,FIFG)纳入结构基金。这些基金对于扶持欧盟贫困地区经济社会发展、促进就业和改善工作环境、提升教育与职业水平起到了一些作用。

转移支付已经成为当前一项重要的公共政策,无论是在国外还是在国内。政策制定本身所考虑的正是在公平和效率上的取舍问题。但转移支付对平衡地区经济发展究竟起到多大作用,仍然存在争议。贫困地区通常财力不足,无法提供基本的公共服务,进而制约了产业集聚和经济发展(Bahl et al.,1992),因而需要通过转移支付的方式,平衡地区间的财政能力,实现公共服务的均等化(Boadway,2004),从而使得落后地区在补贴竞争中不至过于弱势,能够分享到发达地区经济增长的好处。与此同时,也有学者质疑转移支付效用,认为转移支付对产业集聚的正向效应并非总是具有一致性。当一个企业面对不同的区位选择时,两个政府之间的补贴竞争可能导致补贴过度(Albornoz et al.,2007)。

促进人口自由迁移、保护产权、营造良好的法律环境和公平竞争环境、建立包容性制度这些政策仍没有得到足够的重视,行业垄断、地方保护、违规给予市场主体优惠政策等有违公平市场竞争的现象还较严重。市场化导向的政策工具仍是中国区域与城市政策中的短板(吴敬琏,2018)。

(二)中国的政策工具

中国的区域、城市与空间政策工具可以分成两类:一类是促进型工具,主要包括国家发展战略资格,财政方面的转移支付、税收优惠和财政补贴政策,金融方面的开发银行贷款政策,国有企业投资,给予建设用地指标等土地政策,还有中国特色的对口支援政策、官员交流政策和领导视察政策;另一类为规制型工具,包括户籍、住房、交通、环境、主体功能区政策、三线一单、三规合一、18亿亩耕地红线等政策,如表13.3所示。

表 13.3　　　　　　　　　　中国的区域与城市政策工具

	工　具	解　释
促进型	国家发展战略	纳入国家重大区域发展计划、国家专项规划
	开发区政策	建立各种类型的经济开发区,给予先行先试权利
	财政	转移支付、税收优惠、财政补贴
	金融	开发银行、政策性银行、商业银行低息或贴息贷款
		政策性基金
	国有企业	国有企业投资特别是调整央企的投资方向
	土地政策	土地价格优惠甚至零地价
	建设用地指标	县内流转、省内流转、跨省流转
	对口支援	先进省份对口支援落后地区与民族地区,是中国式的横向转移支付制度
	产业转移	合作共建开发区、产业转移区、"飞地"等
	官员交流	发达与欠发达地区官员交流,部委官员空降地方等
	领导视察	领导视察,带来视察效应
	其他	

续表

规制型	户籍	限制农村人口进入城市,实施城市偏向的政策
	住房	限制新移民享受公共住房权利
	交通	征收庇古税 提高停车费用或在特定区域禁止停车
	环境	征收庇古税 中央环境督察 2+26个城市大气污染治理 酸雨区治理
	主体功能区	以国家重点生态功能区为主体,推动各地区严格按照主体功能定位发展
	三线一单	生态保护红线、环境质量底线、资源利用上线和生态环境准入清单
	三规合一	国民经济和社会发展规划、城市总体规划、土地利用规划统一起来
	18亿亩耕地红线	"十一五"期间提出
	区域之间生态补偿	本质是生态环境领域的横向转移支付

在这些政策工具中,我们重点阐述以下政策工具:

(1)土地指标交易。2016年2月,国家发布文件,允许集中连片特困地区、国家级贫困县以及省级贫困县产生的土地增减挂钩节余指标在省域内流转使用;2018年3月后,土地增减挂钩节余指标可跨省域流转。这项政策的目的是促进跨区域土地流转和土地资源优化配置。

(2)政策性基金。如长江绿色发展投资基金,2019年11月由国家发展改革委与三峡集团共同发起成立,首期募集资金200亿元,重点投资方向是长江经济带的水污染治理、水生态修复、水资源保护等;又如国家绿色发展基金,由财政部、生态环境部和上海市于2020年7月共同发起设立,首期基金规模为885亿元,其中中央财政为100亿元,主要聚焦长江经济带沿线绿色发展。

(3)区域之间的生态补偿,本质是生态环境领域的横向转移支付制度,目前主要是水环境的生态补偿。如2018年云贵川赤水河横向补偿基金,江苏、安徽滁河的生态补偿;2019年湖南、重庆酉水河补偿,江西、湖南渌水生态补偿;2020年重庆、四川长江干支流生态补偿。

第三节 国家区域发展战略

中国重大的区域发展发展政策涉及国民经济的方方面面,对国家发展具有重大而深远的影响,通常称这类区域发展政策为国家区域发展战略。国家区域发展战略大致经历了两个阶段:第一个阶段为 1949—1978 年,是以分散政策发展为主的阶段;第二个阶段是 1978 年以来的以集聚发展政策为主的阶段。

一、以分散政策发展为主的阶段

1949 年中华人民共和国成立,中国人民从此站起来了。当时产业布局的突出特点是中国的生产力绝大部分分布在东部地区,特别是东南沿海地区,这是 1840 年以来工业化集聚造成的。1949 年后,中国开始实施计划经济体制,再加上国际环境的巨大转变,需要对这种高度集中的生产力布局进行调整。毛泽东注意到这点,于 1956 年发表《论十大关系》,其中第二大关系就是沿海工业与内地工业的关系。毛主席认为,"我国全部轻工业和重工业,都有约百分之七十在沿海,只有百分之三十在内地。这是历史上形成的一种不合理的状况。沿海的工业基地必须充分利用,但是,为了平衡工业发展的布局,内地工业必须大力发展。好好地利用和发展沿海的工业老底子,可以使我们更有力量来发展和支持内地工业。如果采取消极态度,就会妨碍内地工业的迅速发展"。"这不是说新的工厂都建在沿海。新的工业大部分应当摆在内地,使工业布局逐步平衡,并且利于备战,这是毫无疑义的。"那是不是要放弃沿海的发展?回答是否定的。"但是沿海也可以建立一些新的厂矿,有些也可以是大型的。至于沿海原有的轻重工业的扩建和改建,过去已经作了一些,以后还要大大发展。"(中共中央文献研究室,1999)

在这种背景下,国家陆续实施了大学西迁、156 工程和三线建设等重大生产力由东向西转移。

1952 年,全国高等学校的院系调整,肢解综合性大学,建立理工科学院,全国理工科教授有四分之三被调离本校。院校调整随之而来的是大规模院校西迁。1956 年,交通大学从上海迁到西安成为西安交通大学,上海第一医学院迁到重庆成为重庆医学院,华东航空学院从南京迁到西安成为西北工业大学。1964 年,清华大学(651 工程)、华东化工学院(652 工程)、北京大学(653 工程)、南京大学(654 工程)迁出部分专业,分别到四川绵阳、四川自贡、陕西汉中、湖南常德建立分校;唐山铁道学院迁至四川峨眉,后改名为西南交通大学。在 1952 年之前,也有少量高校西迁,如同济大学医学院迁往武汉，与武汉大学医学院合并组成中南同济医学院。

156工程是20世纪50年代实施的一项重大工程，是当时苏联援建中国工业项目的总称，贯穿于"一五"和"二五"计划（实际建设项目150个）。这150个项目涉及军工企业44个、冶金工业企业20个、化学工业企业7个、机械加工企业24个、能源工业企业52个、轻工与医药企业3个。东北地区的沈阳、抚顺、辽阳、鞍山、本溪、大连以及其他地区的西安、太原、兰州、包头、洛阳、成都、武汉、大同、株洲等城市成为生产力重点布局的城市。有些中西部城市的工业从无到有发展起来，如湖南省株洲市，156工程和694限额以上项目中有13个布局于株洲，由此，株洲诞生了新中国第一辆电力机车、第一台航空发动机、第一枚空空导弹等多项工业第一，见表13.4。

表13.4　　　　　　　　　　　156工程的地区分布　　　　　　　　　　单位：个

东北地区	辽宁	24
	黑龙江	22
	吉林	10
中西部	陕西	24
	山西	15
	河南	10
	甘肃	8
	四川	6
	内蒙	5
	云南	4
	江西	4
	湖南	4
	湖北	3
	新疆	1
	安徽	1
东部地区	北京	4
	河北	5

1964年5、6月间，毛泽东提出"三五计划要考虑解决全国工业布局不平衡的问题，要搞一、二、三线的战略布局，加强三线建设"，三线建设由此拉开序幕。一线指的是东南沿海及东北、新疆等地区；三线指的是西南三省（四川、云南、贵州，含今重庆），西北四省（陕西、青海、甘肃乌鞘岭以东、宁夏），京广线以西的河北、河南、湖北、湖南的部分，以及广西河池地区和山西雁门关以南等省、自治区。一线和三线之间为二线。

从1964年至1980年,经过三个五年计划,国家投资2 052.68亿元(超过全国基本建设总投资的40%),建起1 100多个大中型工矿企业、科研单位和大专院校,修建了成昆、湘黔、襄渝、焦枝、枝柳、青藏(西宁至格尔木段)、阳安等铁路,建设酒泉导弹基地、西昌航天发射基地等45个大型生产科研基地和攀枝花、十堰等30多个工业城市。

1949—1978年,中国主要采取平衡发展战略,近30年的建设促进了中西部的工业发展和集聚。1952年,西部工业总产值仅占全国的9.61%,到1978年,西部工业总产值已占全国的13.26%,重工业占14.76%。虽然三线建设中的产业布局遵循"山、散、洞"的原则,缺乏对集聚经济效率的考量,而是考虑国防安全和领导人对国际形势的判断,但在客观上促进了西部地区工业和城镇的发展,而且三线精神激励了一代又一代人,历久弥新,永不泯灭。

二、以集聚政策为主的阶段

1978年,中国开始改革开放。随着国内外环境发生变化,国家重大区域发展战略进行了全面调整,由以发展中西部和东北地区为主的均衡发展战略转变为以发挥集聚经济效应、全面融入世界经济体系的集聚为主的阶段。这一阶段又分成几个时期,第一个时期为1978—1997年,第二个时期为1998—2012年,第三个时期为2012年至今。

(一)第一个时期:1978—1997年

1978年,党的十一届三中全会开启了改革开放伟大进程。1992年邓小平南方谈话指出,计划和市场是资源配置的手段,而不是姓社姓资的区别;同年中共十四大明确指出,我国经济体制改革的目标是建立社会主义市场经济体制,要使市场在社会主义国家宏观调控下对资源配置起基础性作用。至此,中国社会主义市场经济加速发展。

在国家区域发展上,1978年12月,邓小平在《解放思想,实事求是,团结一致向前看》的讲话中提出先富带动后富的战略,邓小平的先富后富思想很快反映到中国的区域发展战略上,中国区域发展战略开始转向不平衡发展,主要是优先发展沿海地区。1988年,邓小平提出区域政策的"两个大局"观:"沿海地区要加快对外开放,使这个拥有两亿人口的广大地带较快地先发展起来,从而带动内地更好地发展,这是一个事关大局的问题。内地要顾全这个大局。反过来,发展到一定的时候,又要求沿海拿出更多力量来帮助内地发展,这也是个大局。那时沿海也要服从这个大局。"(邓小平,1994)

在1978—1997年这一时期,中国共产党召开了四次全国代表大会,其中党的十三大和党的十四大均对区域发展战略进行了部署。1988年党的十三大报告指出:在产业发展的地区布局上,既要重点发挥经济比较发达的东部沿海地区的重要作用,又要逐步加快中部地区和西部地区的开发，使不同地区都能各展所长，并通过相互开放和平等交换，形成合理的区域分工和地区经济结构。对少数民族地区和贫困地区，要给予必要的支援。1992 年党的十四大报告指出：对外开放的地域要扩大，形成多层次、多渠道、全方位开放的格局。继续办好经济特区、沿海开放城市和沿海经济开放区。扩大开放沿边地区，加快内陆省、自治区对外开放的步伐。以上海浦东开发开放为龙头，进一步开放长江沿岸城市，尽快把上海建成国际经济、金融、贸易中心之一，带动长江三角洲和整个长江流域地区经济的新飞跃。加速广东、福建、海南、环渤海湾地区开放和开发，力争经过二十年的努力，使广东及其他有条件的地方成为我国基本实现现代化的地区。

无论从邓小平同志的"两个大局"谈话，还是从党的两次重要会议看，这一时期的特点是突出沿海这个大局，推进沿海地区的改革开放和经济社会发展，内地要服从于沿海这个大局。

在这一时期，1980 年创办了深圳等经济特区，1985 年确立了 14 个沿海开放城市和 3 个沿海经济开放区，1988 年沿海经济开放区又增加了辽东半岛等地区，1992 年浦东开发开放，同年 5 个沿江城市、13 个沿边城市和 11 个内陆省会城市开放，见表 13.5。

表 13.5　　　　　　　20 世纪 80—90 年代初中国的改革开放进程

年　份	事　件
1980	深圳、珠海、汕头、厦门经济特区
1985	沿海开放城市：大连、秦皇岛、天津、烟台、青岛、连云港、南通、上海、宁波、温州、福州、广州、湛江、北海 沿海经济开放区：珠江三角洲、长江三角洲和闽南三角洲
1988	沿海经济开放区：辽东半岛、山东半岛、环渤海等部分地区
1992	浦东新区 5 个沿江城市：芜湖、九江、岳阳、武汉和重庆 13 个沿边城市：珲春、黑河、绥芬河、满洲里、二连浩特、伊宁、博乐、塔城、畹町、瑞丽、河口、凭祥、东兴 7 个沿边和沿海地区省会：昆明、乌鲁木齐、南宁、哈尔滨、长春、呼和浩特、石家庄 11 个内陆省会城市：太原、合肥、南昌、郑州、长沙、成都、贵阳、西安、兰州、西宁、银川

（二）第二个时期：1997—2011 年

这一时期中国共产党召开了三次全国代表大会，即十五大、十六大和十七大，每次大会都对中国重大区域发展战略进行了部署，这一时期主要提出了西部大开发、东北振兴战略、中部崛起战略，这是因为随着中国于 2001 年加入世界贸易组织，东南沿海继续大发展，西部、东北、中部地区差距有拉大的趋势。这一阶段国家区域发展战略的主要特点是继续促进东部沿海这一大局,开始关注西、中部和东北地区的发展。

1997年党的十五大报告指出:促进地区经济合理布局和协调发展。东部地区要充分利用有利条件,在推进改革开放中实现更高水平的发展,有条件的地方要率先基本实现现代化。中西部地区要加快改革开放和开发,发挥资源优势,发展优势产业。国家要加大对中西部地区的支持力度,优先安排基础设施和资源开发项目,逐步实行规范的财政转移支付制度,鼓励国内外投资者到中西部投资。2002年党的十六大报告指出:积极推进西部大开发,促进区域经济协调发展。国家要在投资项目、税收政策和财政转移支付等方面加大对西部地区的支持,逐步建立长期稳定的西部开发资金渠道。中部地区要加大结构调整力度,推进农业产业化,改造传统产业,培育新的经济增长点,加快工业化和城镇化进程。东部地区要加快产业结构升级,发展现代农业,发展高新技术产业和高附加值加工制造业,进一步发展外向型经济。鼓励经济特区和上海浦东新区在制度创新和扩大开放等方面走在前列。2007年党的十七大报告指出:继续实施区域发展总体战略,深入推进西部大开发,全面振兴东北地区等老工业基地,大力促进中部地区崛起,积极支持东部地区率先发展。加强国土规划,按照形成主体功能区的要求,完善区域政策,调整经济布局。

1999年中共十五届四中全会通过的《中共中央关于国有企业改革和发展若干重大问题的决定》提出要实施西部大开发战略,2000年国务院成立西部地区开发领导小组并下设办公室,同年10月中共十五届五中全会作出进一步部署,西部大开发战略全面启动。2003年《关于实施东北地区等老工业基地振兴战略的若干意见》颁布,东北振兴战略开始实施;2004年国务院《政府工作报告》首提中部崛起,2005年开始推进中部崛起战略。2004年浦东新区、滨海新区、成渝等地开始推进综合配套改革试验区政策。

2001年12月11日,中国正式加入世界贸易组织,开始了新一轮的改革开放,见表13.6。

表13.6　　　　　20世纪90年代末到21世纪初中国的开放开发进程

名　称	事　件	解　释
西部大开发	1999年,中共十五届四中全会:国家要实施西部大开发战略 2000年,国务院成立西部地区开发领导小组并下设办公室	12个省(区、市)为四川、陕西、甘肃、青海、云南、贵州、重庆、广西、内蒙古、宁夏、新疆和西藏
加入世界贸易组织	2001年12月11日,中国正式加入世界贸易组织	

续表

名　称	事　件	解　释
东北振兴	2003年,《关于实施东北地区等老工业基地振兴战略的若干意见》	辽宁省、吉林省、黑龙江省,以及内蒙古自治区呼伦贝尔市、兴安盟、通辽市、赤峰市和锡林郭勒盟(蒙东地区)
中部崛起	2004年,《政府工作报告》 2006年4月,《中共中央、国务院关于促进中部地区崛起的若干意见》	山西、河南、湖北、湖南、安徽和江西6省
综合配套试验区	2004年,上海浦东新区综合配套改革试验区 2006年,天津滨海新区综合配套改革试验区 2007年,成渝统筹城乡综合配套改革试验区 2007年,武汉和长株潭两型社会建设综合配套改革试验区	上海浦东新区、天津滨海新区成为中国最著名的两大新区

(三)第三个时期:2012年至今

这一时期中国共产党召开了三次全国代表大会,即十八大、十九大和二十大,每次大会都对中国重大区域发展战略进行了部署。

2012年党的十八大报告指出:继续实施区域发展总体战略,充分发挥各地区比较优势,优先推进西部大开发,全面振兴东北地区等老工业基地,大力促进中部地区崛起,积极支持东部地区率先发展。采取对口支援等多种形式,加大对革命老区、民族地区、边疆地区、贫困地区扶持力度。

2017年党的十九大报告指出:加大力度支持革命老区、民族地区、边疆地区、贫困地区加快发展,强化举措推进西部大开发形成新格局,深化改革加快东北等老工业基地振兴,发挥优势推动中部地区崛起,创新引领率先实现东部地区优化发展,建立更加有效的区域协调发展新机制。以城市群为主体构建大中小城市和小城镇协调发展的城镇格局,加快农业转移人口市民化。以疏解北京非首都功能为"牛鼻子"推动京津冀协同发展,高起点规划、高标准建设雄安新区。以共抓大保护、不搞大开发为导向推动长江经济带发展。支持资源型地区经济转型发展。加快边疆发展,确保边疆巩固、边境安全。坚持陆海统筹,加快建设海洋强国。

2022年党的二十大报告指出:深入实施区域协调发展战略、区域重大战略、主体功能区战略、新型城镇化战略,优化重大生产力布局,构建优势互补、高质量发展的区域经济布局和国土空间体系。推进京津冀协同发展、长江经济带发展、长三角一体化发展,推动黄河流域生态保护和高质量发展。高标准、高质量建设雄安新区,推动成渝地区双城经济圈建设。

这一时期提出了"一带一路"倡议、京津冀协同发展、长江经济带发展、长三角一体化发展、粤港澳大湾区建设等重大区域发展战略(见表13.7)。

表 13.7　　　　　　　　　　　新时代以来中国的区域发展战略

名　　称	解　　释
"一带一路"倡议	2013年秋,习近平总书记提出建设"新丝绸之路经济带"和"21世纪海上丝绸之路"的合作倡议
京津冀协同发展	2014年,京津冀协同发展上升为国家战略 2015年,中央印发《京津冀协同发展规划纲要》
雄安新区建设	2016年5月27日,中央政治局会议审议《关于规划建设北京城市副中心和研究设立河北雄安新区的有关情况的汇报》 2017年4月1日,中央决定设立雄安新区
长江经济带发展	2014年9月,国务院印发《关于依托黄金水道推动长江经济带发展的指导意见》 2016年9月,中央印发《长江经济带发展规划纲要》
长三角一体化发展	2019年12月,中央印发《长江三角洲区域一体化发展规划纲要》
粤港澳大湾区建设	2019年2月,中央印发《粤港澳大湾区发展规划纲要》
黄河流域生态保护和高质量发展	2021年10月,中央印发《黄河流域生态保护和高质量发展规划纲要》

1. "一带一路"倡议

2013年秋,习近平总书记提出建设"新丝绸之路经济带"和"21世纪海上丝绸之路"的合作倡议,合称"一带一路"合作倡议(the Belt and Road Initiative)。2015年3月,中国政府发布《推动共建丝绸之路经济带和21世纪海上丝绸之路的愿景与行动》,倡议"一带一路"秉持和平合作、开放包容、互学互鉴、互利共赢的理念,致力于高标准、惠民生、可持续的合作目标。2014年12月29日,中国外汇储备、中国投资有限责任公司、国家开发银行、中国进出口银行共同出资,在北京注册成立丝路基金。2015年12月25日,亚洲基础设施投资银行(Asian Infrastructure Investment Bank,AIIB)成立,这是全球首个由中国倡议设立的多边金融机构。2016年,中国铁路正式启用"中欧班列"品牌。中欧班列(China Railway Express,缩写为CR Express)是由中国铁路总公司组织,运行于中国与欧洲以及"一带一路"沿线国家间的集装箱等铁路国际联运列车,是推进"一带一路"建设的重要抓手。"一带一路"的主体框架是"六廊六路多国多港",其中"六廊"是指新亚欧大陆桥、中蒙俄、中国-中亚-西亚、中国-中南半岛、中巴和孟中印缅六大国际经济合作走廊。截止到2022年末,中国已经同150个国家和32个国际组织签署200余份共建"一带一路"合作文件。

2. 京津冀协同发展战略

京津冀,即北京、天津、河北。2014年2月26日,习近平总书记在北京主持召开座谈会,将京津冀协同发展上升为国家战略,同年6月,京津冀协同发展领导小组成立。2015年6月,中共中央、国务院印发《京津冀协同发展规划纲要》,提出"功能互补、区域联动、轴向集聚、节点支撑"的京津冀空间布局思路,指出协同的核心是有序疏解北京非首都功能。2016年6月13日,工业和信息化部会同北京市、天津市、河北省政府共同制定《京津冀产业转移指南》,自2016年6月13日起实施。2017年4月1日,中共中央、国务院决定设立河北雄安新区,这是党中央作出的一项重大的历史性战略选择,是党中央深入推进京津冀协同发展作出的一项重大决策部署,是千年大计、国家大事。2017年12月,京津冀三省市协同发展领导小组办联合印发《加强京津冀产业转移承接重点平台建设的意见》。2019年1月,国务院批复河北雄安新区总体规划(2018—2035年)。2023年6月30日,中共中央政治局召开会议,审议通过《关于支持高标准高质量建设雄安新区若干政策措施的意见》。2015年,"通武廊"三地(北京的通州区、天津的武清区、河北的廊坊市)建立了人才工作联席会议制度;2023年,通州区政府、武清区政府、廊坊市政府共同签署了《"通武廊"区域一体化高质量发展试点示范合作协议》,"通武廊"正成为京津冀协同发展示范区。

3. 长三角一体化发展战略

长三角,即长江三角洲,其经济地理范围随着时代的发展而有所不同,在2016年之前多是江苏、浙江和上海两省一市的全部或部分地区,2016年后的国家发展规划一般包括江浙沪和安徽省共三省一市全部地区。长三角一体化发展,即三省一市地区的一体化发展战略。2018年11月5日,习近平总书记在首届中国国际进口博览会上宣布:"支持长江三角洲区域一体化发展并上升为国家战略,着力落实新发展理念,构建现代化经济体系,推进更高起点的深化改革和更高层次的对外开放,同'一带一路'建设、京津冀协同发展、长江经济带发展、粤港澳大湾区建设相互配合,完善中国改革开放空间布局。"2019年10—11月,国务院批复成立长三角生态绿色一体化发展示范区,包括上海青浦、江苏吴江、浙江嘉善三地,面积约2 300平方公里,作为长三角一体化发展示范区。2019年12月1日,中共中央、国务院印发了《长江三角洲区域一体化发展规划纲要》,提出长三角需要强化区域联动发展、加快都市圈一体化发展、促进城乡融合发展、推进跨界区域共建共享,形成区域协调发展的新格局,需要加强协同创新产业体系建设,需要提升基础设施互联互通水平、需要强化生态环境的共保联治,需要加快公共服务的便利共享等。

4. 长江经济带发展战略

长江经济带(Yangtze River Economic Belt)覆盖上海、江苏、浙江、安徽、江西、湖北、湖南、重庆、四川、云南、贵州11个省市,面积约205.23万平方公里,人口和生产总值均超过全国的40%。2014年,习近平总书记在部署2015年经济工作时指出:"要重点实施'一带一路'、京津冀协同发展、长江经济带三大战略。"2016年1月7日、2018年4月26日、2020年11月15日、2023年10月12日,习近平总书记又先后四次主持召开推动长江经济带发展座谈会,擘画长江经济带发展宏图,提出并强调长江经济带发展坚持共抓大保护、不搞大开发的总方针,要求长江经济带坚持生态优先、绿色发展,这充分彰显了党和国家对长江经济带的高度重视。2020年12月,《中华人民共和国长江保护法》通过,自2021年3月1日起正式实施,这对于加强长江流域生态环境保护和修复,促进资源合理高效利用,保障生态安全,实现人与自然和谐共生、中华民族永续发展具有重要意义。2016年9月,《长江经济带发展规划纲要》正式印发,这是指导长江经济带发展的纲领性文件。自2021年1月起,长江流域重点水域实行十年禁捕。2021年9月,财政部印发国务院批准的《关于全面推动长江经济带发展财税支持政策的方案》,要求更好发挥一般性转移支付调节作用,加大污染防治专项资金投入力度,引导地方建立横向生态保护补偿机制和推进市场化多元化生态补偿机制建设。2022年9月,生态环境部等17个部门联合印发《深入打好长江保护修复攻坚战行动方案》,提出长江保护修复行动指南。

5. 粤港澳大湾区建设战略

粤港澳大湾区(Guangdong-Hong Kong-Macao Greater Bay Area),简称大湾区,包括香港特别行政区、澳门特别行政区和广东省的广州、深圳、珠海、佛山、惠州、东莞、中山、江门和肇庆9市,有时还包括广东省的其他地区。2016年,国家"十三五"规划提出建设粤港澳大湾区。2017年大湾区建设战略上升为国家战略。2019年2月18日,中共中央、国务院印发《粤港澳大湾区发展规划纲要》。

第四节 城市化政策

中国城市经济政策最主要的是城市化政策,城市化政策伴随着1949年以来中国的城市化进程。与此形成鲜明对比的是,城市化是一个自然历史过程,西方发达国家普遍不存在城市化政策或城市化战略。中国城市化政策最核心的是城市规模政策,即发展何种规模的城市,除了城市规模政策外,还有其他的一些政策。

一、城市规模政策

1949—1978年,中国的城市化水平由10.6%增加到17.9%,30年仅增加了7%,城市化基本处于停滞状态,在此期间,中国人口从5.5亿增加到9.6亿,人口增加了75%,形成强烈对比,这个时期的城市发展政策基本是为计划经济建设、为"必战备荒"

服务,严格限制人口流入城市。1978年后,中国城市化进程真正开启并加速发展,随之而来的有关城市化政策的选择与争论持续了40余年。中国城市化政策的核心是城市规模政策,城市规模政策几乎隐含了其他一切政策,包括户口管理体制。围绕着城市规模一直有两条主线,一条是国家历次五年发展计划或规制政策,一条是学界对城市规模政策之争,这两条主线交织在一起,相互影响。

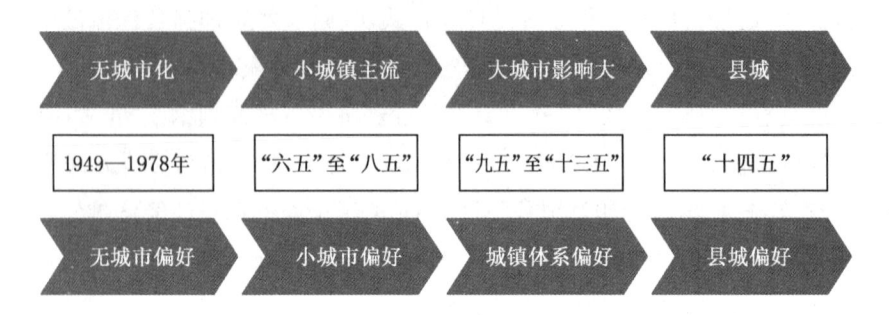

图 13.2 城市化争论

国家政策对城市规模的偏好从"六五"时期开始,大致可以分成三个阶段。第一个阶段为"六五"至"八五"的小城市偏好阶段,主题是控制大城市,发展小城市和小城镇。第二个阶段为"九五"至"十三五"的城镇体系偏好阶段,主题是发展城市体系(城市群),暗含着不再控制大城市化,不再偏好小城市。在这一阶段,2001年中国第一个城镇化规划《国民经济和社会发展第十个五年计划城镇化发展重点专项规划》颁布,2012年和2021年又颁布《国家新型城镇化规划(2014—2020)》和《国家新型城镇化规划(2021—2035)》。第三个阶段为"十四五"以来的县城偏好阶段。"十四五"规划是在新冠疫情和中美贸易摩擦等情形下制定的,在经过5个五年规划后,国家政策重新偏好小城市:推进以县城为重要载体的城镇化建设,因为中国的县城绝大多数是小城市。无论哪个时期,发展小城市始终是重要内容,见表13.8。

表 13.8　　　　　　　　　　国家政策对城市规模的偏好

计划/规划	政　　策	阶　段
"六五"	认真执行控制大城市规模、合理发展中等城市、积极发展小城市的方针。新建大中型工业项目,一般不要放在大城市,尽量放到中小城市或郊区。工业技术改造要和城市规划相结合。特大城市和部分有条件的大城市要有计划地建设卫星城镇。	小城市偏好阶段
"七五"	继续认真贯彻"控制大城市规模,合理发展中等城市,积极发展小城市"的基本方针。重点建设一批城市,包括三大直辖市、省会城市、沿海开放城市、风景旅游城市等,同时,坚决防止大城市人口特别是市区人口过度膨胀。	
"八五"	城市发展要坚持实行严格控制大城市规模、合理发展中等城市和小城市的方针,有计划地推进我国城市化进程,并使之同国民经济协调发展。	

续表

计划/规划	政　策	阶　段
"九五"	逐步形成大中小城市和城镇规模适度、布局和结构合理的城镇体系。有序地发展一批小城镇,引导少数基础较好的小城镇发展成为小城市,其他小城镇向交通方便、设施配套、功能齐全、环境优美的方向发展。	城镇体系偏好阶段（不再控制大城市阶段）
"十五"	推进城镇化要遵循客观规律,与经济发展水平和市场发育程度相适应,循序渐进,走符合中国国情、大中小城市和小城镇协调发展的多样化城镇化道路,逐步形成合理的城镇体系。有重点地发展小城镇,积极发展中小城市,完善区域性中心城市功能,发挥大城市的辐射带动作用,引导城镇密集区有序发展。防止盲目扩大城市规模。	
"十一五"	坚持大中小城市和小城镇协调发展,鼓励农村人口进入中小城市和小城镇定居,特大城市要从调整产业结构的源头入手,形成用经济办法等控制人口过快增长的机制。把城市群作为推进城镇化的主体形态。	
"十二五"	遵循城市发展客观规律,以大城市为依托,以中小城市为重点,逐步形成辐射作用大的城市群,促进大中小城市和小城镇协调发展。在东部地区逐步打造更具国际竞争力的城市群,在中西部有条件的地区培育壮大若干城市群。特大城市要合理控制人口规模,大中城市要加强和改进人口管理,继续发挥吸纳外来人口的重要作用,中小城市和小城镇要根据实际放宽落户条件。	
"十三五"	坚持以人的城镇化为核心,以城市群为主体形态,加快新型城镇化步伐,努力缩小城乡发展差距,推进城乡发展一体化。省会及以下城市要全面放开对高校毕业生、技术工人、职业院校毕业生、留学归国人员的落户限制。超大城市和特大城市实行差异化的落户政策。优化提升东部地区城市群,建设京津冀、长三角、珠三角世界级城市群。	
"十四五"	以城市群、都市圈为依托促进大中小城市和小城镇协调联动、特色化发展,使更多人民群众享有更高品质的城市生活。 放开放宽除个别超大城市外的落户限制,试行以经常居住地登记户口制度。全面取消城区常住人口 300 万以下的城市落户限制,确保外地与本地农业转移人口进城落户标准一视同仁。全面放宽城区常住人口 300 万~500 万的 I 型大城市落户条件。完善城区常住人口 500 万以上的超大特大城市积分落户政策,精简积分项目,确保社会保险缴纳年限和居住年限分数占主要比例,鼓励取消年度落户名额限制。 促进大中小城市和小城镇协调发展,优化行政区划设置,发挥中心城市和城市群带动作用,建设现代化都市圈。提高城市治理水平,加强特大城市治理中的风险防控。推进以县城为重要载体的城镇化建设。	县城偏好阶段

资料来源:历次五年计划/规划。

费孝通、饶会林、王小鲁等是中国城市规模政策的代表性学者。费孝通直接促进了国家小城镇偏好,而饶会林、王小鲁、陆铭等学者则反方向发力,在国家控制大城市发展的时候论证和呼吁大城市的发展。费孝通 1983 年 9 月 21 日在南京"江苏省小城镇研究讨论会"做了《小城镇大问题》的发言,提出"小城镇大问题"的命题。费孝通认为,小城镇是农村的政治、经济和文化中心,是发展农村经济、解决人口就业出路的一个大问题,从内部看应该发展工业,从外部看应该发展小城镇。"离土不离乡,进厂不进城。"费孝通的思想与其于 20 世纪 30 年代在家乡开弦弓村(今属苏州市吴江区七都镇)的调查是一脉相承的,费孝通在其所著《江村经济》中写道:"开弦弓是中国国内蚕丝业的重要中心之一。因此,可以把这个村子作为在中国工业变迁过程中有代表性的例子;主要变化是工厂代替了家庭手工业系统,并从而产生的社会问题。工业化是一个普遍过程,目前仍在我国进行着,世界各地也有这样的变迁。在中国,工业的发展问题更有其实际意义,但至今没有任何人在全面了解农村社会组织的同时,对这个问题进行过深入的研究。"(费孝通,2006)费孝通的观点与当时的国家政策是一致的,1980年全国城市规划大会就提出"控制大城市规模、合理发展中等城市、积极发展小城市"的政策,当时城市的大中小是按照市区非农业人口50万和20万来进行划分的。

在众多的规划实践中,对小城市或小城镇的青睐胜过大城市。英国城市规划学家霍华德(Ebenezer Howard,1850—1928)在其划时代的著作《明日的田园城市》中提出了田园城市的规划设想:田园城市占地为6 000英亩,包括城市与农村两个居住区域,城市居中占地1 000英亩,四周的农业用地占5 000英亩,居住32 000人,其中30 000人住在城市,2 000人在乡间,城市人口若超过32 000人,则新建一个城市。农业用地包括耕地、牧场、果园、森林、农业学院、疗养院等。农业用地是保留的绿带,永远不得改作他用。田园城市的人口规模在32 000人,基本上是一个小城镇规模,远小于我国大多数县城的人口规模。

《周礼·考工记·匠人营国》上说:匠人营国,方九里,旁三门。匠人营国,没有给出明确的城市人口规模,但我们可以从方圆9里测算出这样的城市是个典型的小城镇,至多是小城市。《老子》主张的小国寡民、邻国相望、鸡犬之声相闻、民至老不相往来的聚居之地,规模也非常小,因为稍微大点,则听不到对方的鸡犬之声了。

控制大城市规模、发展小城镇长期成为我国城市建设的指导思想,这种思想的一个主要理论来源于费孝通命题。1978年第三次城市工作会议明确了城市建设方针:"控制大城市规模,多搞小城镇。"1980年城市规划工作会议明确了城市发展的总方针:"控制大城市规模,合理发展中等城市,积极发展小城市",并附有规模标准。1989年颁布的《中华人民共和国城市规划法》规定:"严格控制大城市规模,合理发展中等城市和小城市。"

但是总的看来,小城镇没有发展起来,村庄在消失,有待振兴,大城市化趋势明显成为中国城市发展的基本趋势。最优规模的核心不在于发展什么规模的城市,而在于人口的自由迁移和人们对城市的自由选择,人为控制任一规模的城市的发展,必然导致既无效率又无公平,既发展不了本规模城市,又延误了其他规模城市的发展。

二、城市群发展战略

城市群是城市体系的通俗说法。1978年以来的城市化发展特别是2000年后的城市化发展使得党和政府以及理论工作者都认识到：就城市看城市可能无法解决城市发展中的问题，必须从更广阔的地域即城市群的视角来解决城市发展和经济发展问题。

2005年《中共中央关于制定"十一五"规划的建议》提出加强区内城市的分工协作和优势互补，增强城市群的整体竞争力，这是国家层面较早关注城市群问题。中共十八大报告指出，要科学规划城市群规模和布局，增强中小城市和小城镇产业发展、公共服务、吸纳就业、人口集聚功能。2021年颁布的"十四五"规划则将城市群提升到更高的地位："以促进城市群发展为抓手，全面形成'两横三纵'城镇化战略格局。"2022年中共二十大报告指出：以城市群、都市圈为依托构建大中小城市协调发展格局，推进以县城为重要载体的城镇化建设（见表13.9）。

表 13.9　　　　　　　　　　　　城市群发展战略

年　　份	文　　件	具体提法
2005	《中共中央关于制定"十一五"规划的建议》	珠江三角洲、长江三角洲、环渤海地区要继续发挥对内地经济发展的带动和辐射作用，加强区内城市的分工协作和优势互补，增强城市群的整体竞争力。继续发挥经济特区、上海浦东新区的作用，推进天津滨海新区等条件较好地区的开发开放，带动区域经济发展。有条件的区域，以特大城市和大城市为龙头，通过统筹规划，形成若干用地少、就业多、要素集聚能力强、人口分布合理的新城市群。
2007	中共十七大报告	走中国特色城镇化道路，按照统筹城乡、布局合理、节约土地、功能完善、以大带小的原则，促进大中小城市和小城镇协调发展。以增强综合承载能力为重点，以特大城市为依托，形成辐射作用大的城市群，培育新的经济增长极。
2012	中共十八大报告	科学规划城市群规模和布局，增强中小城市和小城镇产业发展、公共服务、吸纳就业、人口集聚功能。
2014	《国家新型城镇化规划（2014—2020年）》	优化提升东部地区城市群，主要优化京津冀、长江三角洲和珠江三角洲城市群；培育发展中西部地区城市群，加快培育成渝、中原、长江中游、哈长等城市群，使之成为推动国土空间均衡开发、引领区域经济发展的重要增长极。
2017	中共十九大报告	以城市群为主体构建大中小城市和小城镇协调发展的城镇格局，加快农业转移人口市民化。

续表

年 份	文 件	具体提法
2021	《中华人民共和国国民经济和社会发展第十四个五年规划和2035年远景目标纲要》	以城市群、都市圈为依托促进大中小城市和小城镇协调联动、特色化发展,使更多人民群众享有更高品质的城市生活。 以促进城市群发展为抓手,全面形成"两横三纵"城镇化战略格局。优化提升京津冀、长三角、珠三角、成渝、长江中游等城市群,发展壮大山东半岛、粤闽浙沿海、中原、关中平原、北部湾等城市群,培育发展哈长、辽中南、山西中部、黔中、滇中、呼包鄂榆、兰州-西宁、宁夏沿黄、天山北坡等城市群 依托辐射带动能力较强的中心城市,提高1小时通勤圈协同发展水平,培育发展一批同城化程度高的现代化都市圈
2022	中共二十大报告	以城市群、都市圈为依托构建大中小城市协调发展格局,推进以县城为重要载体的城镇化建设。

三、其他相关政策

除了城市规模政策、城市群政策外,中国城市发展还有其他补充政策,这些政策包括城镇化、有序城镇化、新型城镇化、智慧城市、高质量城镇化、世界城市、国际城市、世界级城市群、国际消费城市、青年友好城市、老年友好城市、以县城为载体的城镇化、特色小镇、海绵城市建设等政策。

城镇化,英文为urbanization,就是城市化,但城镇化还包含着重点发展小城镇、控制大城市规模的意思。有序城镇化是指城镇化需要政府主导,要人口迁移的速度要控制。新型城镇化是指相对于土地城镇化的发展,重点解决人口的城镇化和市民化问题。世界级城市群往往是针对京津冀、长三角、大湾区而言的,虽然它们现在就是世界级的城市群。老年友好型城市战略是为了应对老龄化社会的到来而实施的政策。

第五节 开发区政策

一、概述与类型

开发区,全称为经济技术开发区,属于特殊经济区(special economic zone,SEZ)一类,又泛称特殊经济区,包括经济技术开发区、出口加工区、特殊经济区、产业园区、高科技产业园区、软件园区、文旅产业园、保税区、多功能经济区、临空经济区、自贸区、产业孵化器等,即英文文献中常见的 free trade zones, free ports, economic and technological development zone, export processing zone, border economic cooperation zones 等。2018 年全国有各类国家级开发区(包括国家级经济技术开发区、高新区、海关特殊监管区、边境合作区、自贸区、新区、自创区等)675 个,省级开发区 2 107 个,其他市县开发区数量更多。

二、发展历程

(一)开创期(1978—1991 年)

1979 年 1 月 31 日,中央同意在广东建立蛇口工业区,正式拉开了特殊经济区建设的序幕。1984 年,中国设立深圳、汕头、珠海、厦门 4 个经济特区,同年在 14 个沿海开放城市建设经济技术开发区(Economic and Technological Development Zones),简称经济开发区或开发区,建设高新区或火炬园区(High-tech Industry Development Zone)。邓小平同志在 1986 年视察天津开发区时,题写了"开发区大有希望"。1988 年科技部提出火炬计划,开始建设高新技术产业开发区(如表 13.10 所示)。

表 13.10　　　　　　　　　第一批国家级经济技术开发区

号	名称	批准时间
1	大连经济技术开发区	1984 年 9 月
2	秦皇岛经济技术开发区	1984 年 10 月
3	烟台经济技术开发区	1984 年 10 月
4	青岛经济技术开发区	1984 年 10 月
5	宁波经济技术开发区	1984 年 10 月
6	湛江经济技术开发区	1984 年 11 月
7	天津经济技术开发区	1984 年 12 月
8	连云港经济技术开发区	1984 年 12 月
9	南通经济技术开发区	1984 年 12 月
10	广州经济技术开发区	1984 年 12 月
11	福州经济技术开发区	1985 年 1 月
12	上海 闵行经济技术开发区	1986 年 8 月
13	上海 虹桥经济技术开发区	1986 年 8 月
14	上海 漕河泾新兴技术开发区	1988 年 6 月

1991 年,14 个国家级经济技术开发区(简称国家级经开区)总共实现工业产值 145.94 亿元,税收 7.90 亿元,出口 11.4 亿美元,合同利用外资额 8.14 亿美元,实际利用外资 3.61 亿美元。

(二)快速发展(1992年以来)

1. 各级政府竞办开发区

1992—1993年,国务院批准了营口、长春、沈阳、哈尔滨、威海、昆山等第二批19个经济技术开发区。此外,国务院又在1992年和1994年先后批准浦东新区和苏州工业园区实行国家级经济技术开发区的政策。

1992年后,省、市、县、乡镇乃至村开始竞相举办开发区,开发区遍地开花。2003年,国家开始整顿开发区,在2003年7月至2006年12月期间全国各类开发区由6 866个核减至1 568个。

2. 中外合办开发区

1994年2月11日,中华人民共和国国务院下发《关于开发建设苏州工业园区有关问题的批复》,同意江苏省苏州市同新加坡有关方面合作开发建设苏州工业园区;2月26日,中新双方签署《关于合作开发建设苏州工业园区的协议书》《关于借鉴运用新加坡经济和公共管理经验的协议书》和《关于合作开发苏州工业园区商务总协议书》三个重要文件;5月12日,苏州工业园区建设正式启动。

中新天津生态城是中国、新加坡两国政府合作项目,于2008年启动。中新(重庆)战略性互联互通示范项目(CCI)是新加坡与中国合作发展中国西部地区的项目,于2015年11月7日正式启动。

此外,1998年,国务院决定由天津开发区承担帮助埃及建设苏伊士西北经济区的任务,这是中国开发区走出国门的序幕。2016年底,我国企业在36个国家的在建海外园区有77个。

3. 开发区的地位

1996年,首批14个国家级开发区总共实现工业产值1 887.86亿元,税收101.45亿元,合同外资额57.88亿美元,同年广州开发区工业产值占全市工业产值的11.2%,天津开发区则为18%。2018年,国家级经开区实现地区生产总值10万亿元,占全国的比重为11.3%;财政收入1.9万亿元,占全国的比重为10.8%,实际利用外资和外商投资企业再投资金额513亿美元,占全国的比重是20.4%;实现进出口总额6.2万亿元,占全国的比重是20.3%。2021年,国家级经开区的产值达到13.7万亿元。

三、开发模式

(一)制造业为主导的产业

开发区尤其是国家级经济技术开发和高新区的产业以制造业为主导。例如,2016年,国家级经开区实现GDP 8.3万亿元,其中第二产业为5.9万亿元,占

71.08%;2019年,全国218家国家级经开区实现GDP10.8万亿元,其中第二产业为6.7万亿元,占62.04%;其他年份也基本如此。

1984—1991年,国家级经开区主要吸引中小企业,发展传统产业;1992年后特别是2001年后,开发区成为大中企业特别是外企集聚之地,发展现代产业和高新技术产业。从开发区的五年规划中可以看出端倪:在"十五"规划中主要发展装备制造、轻工纺织,"十一五"规划为装备制造、汽车、船舶、冶金、化学等,"十二五"规划为装备制造、汽车、船舶、冶金、石化等,"十三五"规划则为航空航天装备、海洋工程装备、先进轨道交通装备、机器人设备、高性能医疗器械等。

(二)税收优惠与管制的宽松

开发区吸引企业投资的优势之一在于税收等优惠政策。1984年,4个经济特区的税收政策为企业税率15%,并且实行"两免三减半",14个沿海开放城市也适用此政策;从1990年起,上海浦东新区区内的生产性"三资"企业,其所得税减按15%的税率计征,经营期在10年以上的,自获利年度起,两年内免征,三年减半征收等,见表13.11。

表13.11　　　　　　　　　　　开发区的税收优惠政策

年份	开发区	税收优惠政策
1984	深圳、汕头、珠海、厦门4个经济特区	企业税率为15%;"两免三减半"(头两年免征,接下去的三年减半按7.5%的税率征收)。
1990	浦东新区	1990年:区内的生产性"三资"企业,其所得税减按15%的税率计征;经营期在10年以上的,自获利年度起,两年内免征,三年减半征收;允许外商在区内投资兴建机场、港口、铁路、公路、电站等能源交通项目,从获利年度起,对其所得税实行前五年免征,后五年减半征收;在区内实行土地使用权有偿转让的政策,使用权年限50～70年,外商可成片承包进行开发等共10项政策。 1995年:允许外资银行在浦东试营人民币业务;允许在浦东建立中外合资外贸公司;允许在浦东设立中外合资保险公司;允许内地其他省份的外贸公司到浦东设立子公司;在外高桥保税区实行某些自由港的政策。
2020	海南自由贸易港	"一线"放开,"二线"管住,岛内自由;全岛封关运作、简并税制后,对进口征税商品目录以外、允许海南自由贸易港进口的商品,免征进口关税;对在海南自由贸易港实质经营的企业,实行企业所得税优惠税率;对符合条件的个人,实行个人所得税优惠税率。

开发区吸引企业投资的另一个优势在于管制的放松,例如,浦东新区允许外商在区内投资兴建机场、港口、铁路、公路、电站等能源交通项目。

(三)土地滚动开发

开发区通常实行土地滚动开发模式。以天津经济技术开发区为例,1984年12

月,天津经开区于塘沽盐场三分场成立,开发区就是盐场。天津经开区规划面积33平方公里,其中25平方公里为工业区,8平方公里为生活金融商贸区,8平方公里中有3平方公里为起步区。1996年前后,天津经济区在区外建立了3个园区:天津武清区的逸仙科学工业园区、天津西青区的微电子工业园区和天津汉沽区的化学工业区。2000年6月,天津经开区建立西区。至2023年,天津经开区总规划面积达403平方公里,涵盖一区十园。

开发区的土地开发从最初的"三通一平",到后来的"五通一平"和"七通一平",乃至"九通一平"。"三通一平"是指水通、电通、路通和场地平整;"五通一平"是指通给水、通电、通路、通信、通排水和平整土地;"七通一平"是指通给水、通排水、通电、通路、通热力、通电信、通燃气及平整土地等。

土地开发一般通过开发区的投融资平台进行,这也是地方政府较早的利用融资平台进行土地和基础设施建设、改善投资环境的举措。开发区开发的土地主要是工业用地,一般以低价格或者零地价方式进行招商引资。

参考文献

[1] (德)马克思,(德)恩格斯,2014. 共产党宣言[M]. 中共中央马克思恩格斯列宁斯大林著作编译局,编译. 北京:人民出版社.

[2] (法)皮凯蒂,2014. 21世纪资本论[M]. 巴曙松,陈剑,余江,等,译. 北京:中信出版社.

[3] 邓小平,1994. 邓小平文选:第2卷[M]. 北京:人民出版社.

[4] 费孝通,2006. 江村经济[M]. 上海:上海人民出版社.

[5] 冯兴元,2002. 欧盟与德国:解决区域不平衡问题的方法和思路[M]. 北京:中国劳动经济出版社.

[6] 国家发展改革委,2023. 高质量共建"一带一路"取得新进展[N]. 中国一带一路网,01—18.

[7] 数说"一带一路"2022[EB/OL]. 中国一带一路网,2022—12—31.

[8] 吴敬琏,2018. 中国经济改革进程[M]. 北京:中国大百科全书出版社.

[9] 张维迎,2016. 产业政策是与非[J]. 商业观察,(11).

[10] 中共中央文献研究室,1999. 毛泽东文集:第7卷[M]. 北京:人民出版社.

[11] ALBORNOZ F, CORCOS G, 2007. Regional integration, subsidy competition and the relocation choice of MNCs[J]. *The BE Journal of Economic Analysis & Policy*, 7(1).

[12] ALDER S, SHAO Lin, ZILIBOTTI F, 2016. Economic reforms and industrial policy in a panel of Chinese cities[J]. *Journal of Economic Growth*, 21(4).

[13] BAHL R, WALLACE S, 1995. Intergovernmental fiscal relations in China[C] // Proceedings of the Annual Conference on Taxation Held under the Auspices of the National Tax Association-Tax Institute of America. National Tax Association, 88.

[14] BOADWAY R, 2003. National taxation, fiscal federalism and global taxation[R]. WIDER

Discussion Paper.

[15] BUSSO M, GREGORY J, KLINE P, 2013. Assessing the incidence and efficiency of a prominent place-based policy[J]. *American Economic Review*, 103(2).

[16] GLAESER E, 2005. Reinventing Boston: 1630—2003[J]. *Journal of Economic Geography*, 5(2).

[17] GRANT M, 2020. Why special economic zones? Using trade policy to discriminate across importers[J]. *American Economic Review*, 110(5).

[18] HAM J, SWENSON C, IMROHOROGLU A, SONG H, 2011. Government programs can improve local labor markets: Evidence from state enterprise zones, federal empowerment zones, and federal enterprise communities[J]. *Journal of Public Economics*, 95(7—8).

[19] HANSON A, 2009. Local employment, poverty, and property value effects of geographically-targeted tax incentives: An instrumental variables approach[J]. *Regional Science and Urban Economics*, 39(6).

[20] KLINE P, MORETTI E, 2014a. Local economic development, agglomeration economies, and the big push: 100 years of evidence from the Tennessee Valley Authority[J]. *Quarterly Journal of Economics*, 129(1).

[21] KLINE P, MORETTI E, 2014b. People, places and public policy: Some simple welfare economics of local economic development programs[J]. *Annual Review of Economics*, 6(1).

[22] MERCADO R, PAEZ A, 2009. Determinants of distance traveled with a focus on the elderly: A multilevel analysis in the Hamilton CMA[J]. *Journal of Transport Geography*, 17(1).

[23] Mills, E., 2005, Why do we have urban density controls? Real Estate Economics 33, 571 585.

[24] NEUMARK D, SIMPSON H, 2015. Place-based policies[M] // DURANTON G, HENDERSON V, STRANGE W. *Handbook of Regional and Urban Economics*: Vol. 5. Amsterdam, Netherlands: Elsevier.

[25] RAVALLION M, CHEN S, 2003. Measuring pro-poor growth[J]. *Economics Letters*, 78(1).

[26] REYNOLDS C L, ROHLIN S, 2014. Do location-based tax incentives improve quality of life and quality of business environment?[J]. *Journal of Regional Science*, 54(1).

[27] SUGIYARTO G, et al., 2007. Poverty impact analysis: Selected tools and applications[Z]. Manila: Asian Development Bank.

[28] JAWORSKI T, KITCHENS C T, 2019, National policy for regional development: Historical evidence from appalachian highways[J]. *Review of Economics and Statistics*, 101(5).

[29] World Bank, 2005. Economic growth in the 1990s: Learning from a decade of reform[R]. Washington DC: World Bank.

[30] WORLD BANK, 2008. What are the constraints to inclusive growth in Zambia?[R]. Report No. 44286-ZM. Washington DC: World Bank.

[31] WORLD BANK, 2015. Global monitoring report 2014/2015: Ending poverty and sharing

prosperity[R/OL]. www.worldbank.org.

思考与练习

1. 什么是区域与城市政策？区域与城市政策的常用工具有哪些？
2. 请简要阐述1978年以来的国家区域发展战略演进及其特点。
3. 请简要阐述1978年以来的中国城市化演进及其特点。
4. 请查阅2000年以来的中国各省(区、市)政府工作报告。政府工作报告对增长目标的描述可以分成几种情况：①点型，如年增长8%；②闭区间型，如年增长7%~8%；③开区间型，如增长不低于7%；④模糊型，如保持增长，或者不提增长目标。请回答：增长目标的类型是否影响了该省(区、市)的经济增长？
5. 请查阅资料，并回答：①缩小地区差距的政策之间是否"打架"？②哪些政策缩小了地区差距？哪些政策扩大了地区差距？
6. 请查阅资料，了解生态环境治理中的"河长制"以及产业发展过程中的"链长制"。请回答："河长制"是否促进了生态环境改善？"链长制"是否促进了产业链升级？
7. 请了解大学西迁、三线建设、家庭联产承包责任制、股份制改革、国有企业改革、土地制度改革、加入世界贸易组织的历程，并思考在地区发展中如何发挥地方的首创精神。
8. 中国大豆年消费量为1.1亿吨以上，进口大豆超过80%，大豆的亩产量约为250千克。中国年产玉米约2.7亿吨，其中1.8亿吨用作家畜饲料。根据以上数据，请回答：①如果不进口大豆，全部国内种植，那么需要多少亩土地？②家畜可以吃草，而不吃玉米，多少吨草可以产生1.8亿吨玉米的功效？③以上两个例子有什么启示？
9. 有人认为城市的交通拥挤、环境污染等城市病是由于城市人口规模造成的，而小城市"看似一幅画、听似一首歌"，是解决城市病的出路所在。你同意这种观点吗？请以数据说明之。
10. 人工智能的发展，特别是自动驾驶、飞行汽车等的发展，是否可以解决城市交通拥挤问题？为什么？
11. 城市的开放不仅包括对外开放，更重要的是对内开放，包容不同层次的人在城市生活，城市化政策就是包容不同层次人口的政策。请以北上广深和你所在城市为例，分析外来人口(特别是农民工)是否改善了本地居民的生活，是否影响了本地居民的就业，是否影响了本地居民的幸福，是否使得城市变得更美好。
12. 一城市欲制定住房公共政策。第一种观点是城市中心区为大户型和别墅，城市郊区为小户型；第二种观点正好相反，中心区为小户型，郊区为大户型和别墅；第三种观点是根据产业特别是工业企业的区位迁移而匹配建设小户型。那么，你支持哪种观点呢？请用数据说明之。
13. 中国的开发区政策是典型的区位导向型政策。请实地考察你所在城市的开发区，并回答：你所在城市的开发区的产业发展是否比老市区更有效率？开发区成功了吗？
14. 东北振兴政策实施于2003年。2000—2010年的10年间，东北地区净流出人口达180万；2010—2020年间，东北地区人口净流出1 100万。以黑龙江省为例，下面是黑龙江省人口数量变化图。1952年黑龙江省人口为1 110.5万，1964年增长到2 053万，1976年增长到3 019万。两次人口增长1 000万各用了12年。2000年人口数量达到3 807万，2010年增加到3 833万人，10年增长

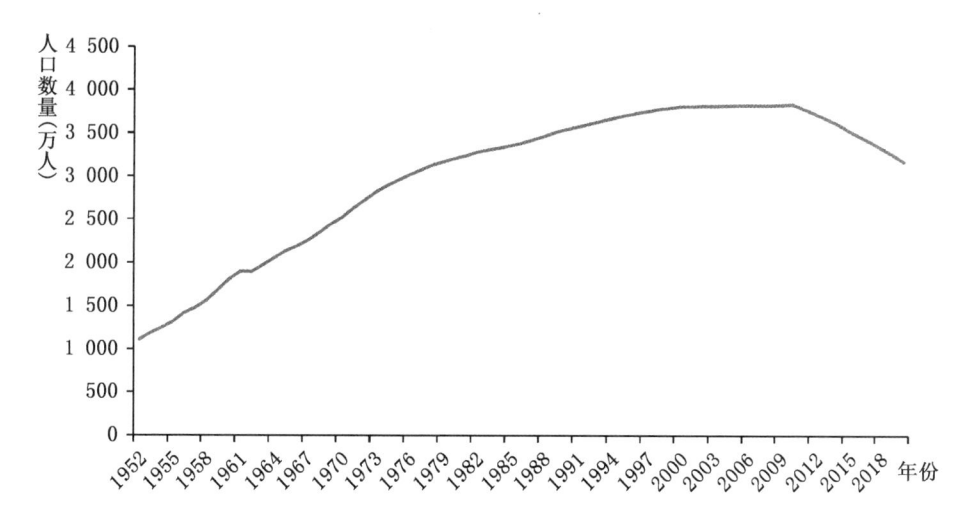

了26万人。2010年后人口下降到3 800万以下,2020年为3 171万人。

请查阅资料并分析:①1978年之前黑龙江省人口快速增长与大庆油田开发(1963年全面开发)和百万知青开发北大荒等事件有什么关系?②1978年之后黑龙江省人口相对较慢地增长与知青返城、资源型城市的资源枯竭有什么关系?③2010年后黑龙江省人口净减少与中国加入世界贸易组织后东南沿海地区崛起有什么关系?④气候因素是东北地区人口净减少的唯一因素吗?东北地区未来应该如何发展?

15. 2020年第七次全国人口普查数据显示:深圳的流动人口为1 244万,上海为1 047万,广州为938万,成都为846万,北京为842万,东莞为795万,佛山为481万。请回答:①这些城市为什么有相应数量的流动人口?②这些城市应如何进一步深化户籍制度改革?废除户籍制度可行吗?

16. 中国有一些城市和地区出现收缩现象,表现为产业衰落、人口外流。请查阅资料并回答:①城市和地区收缩的原因是什么?②收缩城市和地区是否需要合并相关的机构?③如何根据收缩城市和地区的差异性,制定相应的政策?

17. 我们打算进行地区或国家之间发展的比较,处理组和对照组及其分组理由如下表所示:

处理组	对照组	其中的一个理由
辽宁	黑龙江/吉林	东北三省
河北	河南/山东/山西	山河四省
江苏	浙江	包邮区
广东	日本	人口规模
中国香港	新加坡	同属"亚洲四小龙"
中国的江南地区	英国的英格兰地区	均为国内经济发达区域
陕西	英国	肉夹馍与汉堡
中国	欧洲	面积、人口与历史

请回答:这种分组及其理由是否合理?

18. 截止到2020年,中国共有世界遗产55项,其中,文化遗产37项、自然遗产14项、自然与文化双遗产4项。14项世界自然遗产为武陵源、九寨沟、黄龙、三江并流、四川大熊猫栖息地、三清山、中国南方喀斯特、中国丹霞、澄江化石地、新疆天山、神农架、可可西里、梵净山、中国黄(渤)海候鸟栖息地(第一期);4项双遗产为泰山、黄山、峨眉山-乐山大佛和武夷山。①请查找上述自然遗产与双遗产的经纬度,利用GIS制作中国自然遗产分布图,并说明其分布的特点;②请思考如何发挥中国自然遗产在生态保护与国土治理体系中的作用。

19. 甘肃省的博罗转井镇、青海省的冷湖镇等曾是石油城镇,四川省的芭沟镇(芭蕉沟镇)曾是煤炭城镇,后因资源枯竭,这三座城镇相继衰落,请查阅资料并回答:①中国衰退型资源型城市有哪些? ②这些城市或城镇有什么转型途径? ③了解博罗转井镇、冷湖镇、芭沟镇的历史与现状,它们的发展有什么启示?

20. 京津冀协同发展最重要的是北京非首都职能的纾解,请查阅资料并回答:①哪些是首都职能,哪些不是首都职能? 哪些是首都的核心职能,哪些又不是? ②一些北京的企事业单位迁移到长三角、大湾区等地,而不是河北省、天津市,这是为什么?

21. 关于长江经济带,请查阅资料并回答:①长江干支流已经建设和正在建设的水电站有哪些? 这些水电站有何效应? ②长江干流已经建设和正在建设的跨江大桥有哪些? 这些大桥是否促进了长江两岸的经济发展和一体化? ③长江是黄金水道,又是重化工业产业带,这些重化工业应如何发展? 如何解决化工围江问题?

22. 下图是东亚三国——中国、日本、韩国的长期人口出生率演变图示。请进一步查阅资料并回答:①三国人口出生率分别在何时出现了下降? ②三国人口出生率何时下降到了10‰以下? ③2020年三国的60岁以上人口所占比重分别是多少? ④少子化与老龄化对三国经济、社会、城市与创新发展有什么长期影响?

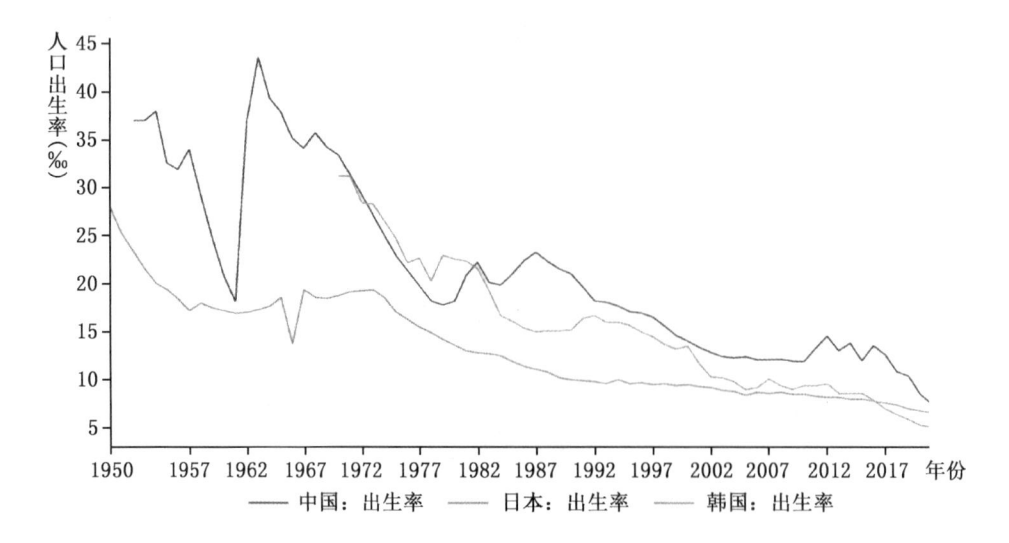

资料来源:Wind。

23. 2024年地方政府工作报告中出现一些专有名词,见下页表。

序号	名　词
1	国家重大战略、高质量发展、双循环、新质生产力、自贸试验区、离岸金融、RCEP、CPTPP、地方一般公共预算收入、城镇调查失业率、一把手工程、面子工程、"三公"经费、一带一路、粤港澳大湾区、京津冀协同发展、长三角一体化
2	增值税留抵退税、GVC、链主、"专精特新"企业、瞪羚企业、"小巨人"企业、灯塔工厂、中间品贸易、平台经济、锂电池、光伏产业、新能源、未来产业、前店后厂、制造业立市、跨境电商、PCT、"揭榜制"项目、一企一策、零工驿站、冷链物流、充电桩、新基建、特高压、6G、人工智能＋
3	陆海统筹、飞地、反向飞地、对口合作、园区、三区三线、三线一单、多规合一、双碳、河湖长制、无废城市、生态系统生产总值（GEP）、单位国内生产总值能耗、乡村振兴、农村"三块地"改革、城市更新、城中村改造、REITs、PPP、TOD、个人养老金制度、网红城市、打卡

①查阅资料，解释这些名词；②利用流行的大语言模型研究人工智能对你所在城市产业发展的影响。

延伸阅读

[1]1978年以来党的历次代表大会关于区域、城市与产业发展的论述．
[2]1978年以来中国历次五年规划关于区域、城市与产业发展的论述．
[3]2000年以来国务院政府工作报告和省市政府工作报告．

附 录

常用数据库与地图

国家统计局：http://www.stats.gov.cn/
中国经济信息网：https://db.cei.cn/
万得数据库：https://www.wind.com.cn/
中国工业企业数据库：咨询学校图书馆
中国海关数据库：咨询学校图书馆
中国综合社会调查：http://cgss.ruc.edu.cn/
中国家庭追踪调查：https://www.isss.pku.edu.cn/cfps/
中国科学院资源环境科学与数据中心：https://www.resdc.cn/
地理空间数据云：https://www.gscloud.cn/
国家气象科学数据中心：https://data.cma.cn/
全国雨水情信息：http://xxfb.mwr.cn/
国家地球系统科学数据中心：https://www.geodata.cn/
夜间灯光数据：https://www.lightpollutionmap.info/
天地图：https://www.tianditu.gov.cn/
标准地图服务：http://bzdt.ch.mnr.gov.cn
中国历史地理信息平台：https://timespace-china.fudan.edu.cn/

软件下载

Stata：www.stata.com
R语言：https://www.r-project.org/
Python：https://www.python.org/
GIS：www.arcgis.com